U0137904

郭沫若谈读书

郭沫若　著

华东师范大学出版社

图书在版编目（CIP）数据

郭沫若谈读书 /郭沫若著 . 一上海：华东师范大
学出版社，2023
ISBN 978 – 7 – 5760 – 3858 – 3

Ⅰ. ①郭… Ⅱ. ①郭… Ⅲ. ①读书笔记 – 中国 – 现代
Ⅳ. ①G792

中国国家版本馆 CIP 数据核字（2023）第 087052 号

郭沫若谈读书

著　　者　郭沫若
责任编辑　乔　健
特约审读　袁子微
责任校对　邱红穗　时东明
装帧设计　吕彦秋

出版发行　华东师范大学出版社
社　　址　上海市中山北路 3663 号　邮编 200062
网　　址　www. ecnupress. com. cn
电　　话　021 – 60821666　行政传真　021 – 62572105
客服电话　021 – 62865537
门市（邮购）电话　021 – 62869887
地　　址　上海市中山北路 3663 号华东师范大学校内先锋路口
网　　店　http：//hdsdcbs. tmall. com

印 刷 者　三河市中晟雅豪印务有限公司
开　　本　710 × 1000　16 开
印　　张　28
字　　数　456 千字
版　　次　2024 年 1 月第 1 版
印　　次　2024 年 1 月第 1 次印刷
书　　号　ISBN 978 – 7 – 5760 – 3858 – 3
定　　价　68. 00 元

出 版 人　王　焰

目　录

我是有点历史癖的人，但关于历史的研究，秦以前的一段我比较用过一些苦功，秦以后的我就不敢夸口了。中国的历史实在太长，史料也实在太浩瀚，以一个人的有限生命，要想把全部都弄精通，恐怕是不可能的事吧。

　　不过关于秦前后的一些历史人物，我倒作过一些零星的研究。主要是凭自己的好恶，更简单地说，主要是凭自己的好。因为出于恶，而加以研究的人物，在我的工作里面究竟比较少。我的好恶的标准是什么呢？一句话归宗：人民本位！

　　我就在这人民本位的标准下边从事研究，也从事创作。但在事实上有好些研究是作为创作的准备而出发的。我是很喜欢把历史人物作为题材而从事创作的，或者写成剧本，或者写成小说。在几篇短篇小说中，我处理过孔丘、孟轲、老聃、庄周、秦始皇、楚霸王、贾谊、司马迁。在几部历史剧中，我处理过聂政与聂嫈、屈原、信陵君与如姬、高渐离等。但有的创作流产了，而只剩下了些研究文字。在本书里面所收集的，如《万宝常》《甲申三百年祭》都是。我还有一篇《钓鱼城访古》，也是想把钓鱼城的故事写成史剧的调查工作。史剧没有写成，那篇调查记，论性质尽可以收在这儿，但已经被收进《今昔蒲剑》里面去了。

　　我对于王安石是怀抱着一种崇敬的念头的，实际上他是一位大政治家，在中国历史上很难找到可以和他比配的人。他有政见，有魄力，而最难得的是他是比较以人民为本位的人。他在历史上出现得太早了，孤立无辅，形成了一个屈原以来的历史上的大悲剧。这悲剧不限于他晚年的失意，而是在他的新政废止之后，宋室遭到异民族的颠覆，中国的农民老是不得翻身，又苦了一千年。

我很有意思把王安石、司马光、苏轼三个人拿来写成一部《三人行》，以王安石代表人民意识，司马光代表地主阶层，苏轼作为游移于两端的无定见的浪漫文人。这些倒也并不是我一个人的主观见解，他们三个人在当时实在是代表着这样的三方面。以司马光为代表，漫衍而为南北两宋及其后的道学家，他们在表面上虽然打着儒家的招牌，吃的是孔、孟的残饭，实际上他们是把儒家形式上最坏的一些成分和道家的精神结合了。那些顶戴着司马光的所谓大儒，周、程、朱、张辈，认真说只是一些道士。在秦、汉以后要找一位纯正的儒家代表，恐怕就只有一位王安石吧。

王安石被埋没了一千年，近代人渐渐知道他的价值了。然而他在思想史上所占的地位，就在我们新兴历史家的头脑里似乎都还抵不过司马君实和周、程、朱、张。一种传统观念一旦形成，要打破实在是一件不容易的事。

《三人行》没有写成，王安石的研究，在本书所收的实在只是一点轮廓。关于他，我在重庆时曾经作过几次讲演，自己觉得讲得也还不错，然而记录得实在太简单了。那差不多只是王安石的糟粕的糟粕。不过要了解王安石的精神也不在乎要有更详细的文字，只消举出他的两句话已就足以认识他的真面目。

一、"某自诸子百家之书，至于《难经》《素问》《本草》诸小说无所不读，农夫女工无所不问。"顶重要的就是这"农夫女工无所不问"，这不是我们现在所说的"向老百姓学习"吗？

二、是他的政策的基本用意是"榷制兼并，均济贫乏"。这不就是我们今天所说的打倒土豪劣绅，使耕者有其田吗？

《甲申三百年祭》是曾经引起过轩然大波的一篇文章。主要的原因就是因为我同情了农民革命的领导者李自成，特别是以仕宦子弟的举人而参加并组织了革命的李岩，这明明是帝王思想与人民思想的斗争，而这斗争我们还没有十分普遍而彻底地展开。

关于李岩，我们对于他的重要性实在还叙述得不够。可惜关于他的资料是毁灭了，我们可以坚决地相信，他一定是一位怀抱着人民思想的人，须知他是主张"均田"的。唯其这样，所以他能够与李自成合伙，他的参加农民革命是有他自己的在思想上的必然性，并不是单纯的"官激民变"。

认识了李岩的这层重要性，我们请把他和约略同时的一些学者或思想家来比较一下吧。例如顾炎武在前是被视为承先启后的一大鸿儒，特别被人尊重的是他有民族思想，他不受清廷的羁縻，而且还有组织地下运动的传说。但他对李自成是反对的，可以证明他只有民族思想而无人民思想。

又例如王船山，他在思想史上的重要性近来是够被强调着，骎骎乎驾诸顾炎武之上了。他的民族思想也异常强烈，曾参加南明的抗清斗争，明亡隐于苗洞，坚苦著书，书也到了两百年后才为曾国藩所刊行。这些往事的确足以增加人对于他的尊敬。然而在我看来，他也只富于民族气节而贫于人民思想。

这儿有这么一段事实。张献忠到了湖南，慕王船山的大名，特别礼聘他，请他参加他的队伍。王船山躲起来了，不肯和"草寇"合流。张献忠便用绑票的方式把王船山的父亲捉了来，要挟他。弄得王船山没法，只好毁伤自己，被肩舆抬着去见张献忠。张献忠看他那样固执，便把他父子一同释放了。据这个故事看来，我们可以了解张献忠也并不如一般传说所讲的那么糊涂，而王船山的固执倒是可以惊人的。请把这种态度和李岩比较一下怎样呢？李岩不是可以更令人向往的吗？

我本来想把李岩写成剧本的，但没有成功。已经有好些朋友把《甲申三百年祭》写成剧本了，可以省得我费事。不过我还有一种希望，我们应该把注意力的焦点，多放在李岩的悲剧上。这个人我们不要看他只是一位公子哥儿的读书人，而是应该把他看成为人民思想的体验者、实践者。虽然关于他的资料已经遭了湮灭，在思想史上也应该有他的卓越的地位的。

一九四七年七月二十一日

本文选自《郭沫若全集》历史编第四卷

一、历史人物

　　我们评价一位历史人物，应该从全面来看问题，应该从他的大节上来权其轻重，特别要看他对于当时的人民有无贡献，对于我们整个民族的发展、文化的发展有无贡献。公平地说来，曹操对于当时的人民是有贡献的，不仅有而且大；对于民族的发展和文化的发展是有贡献的，不仅有而且大。在我看来，曹操在这些方面的贡献，比起他同时代的人物来是最大的。例如诸葛亮是应该肯定的人物，但他所凭借的西蜀，在当时没有遭到多大的破坏，而他所成就的规模比起曹操来要小得多。然而诸葛亮却被后人神化，而曹操被后人魔鬼化了。这是不公平的。其所以产生这种不公平或者使曹操特别遭受歪曲的最主要原因不能不归之于正统观念的统治。

屈原研究

一 屈原身世及其作品

（一）

中国有史以来的第一个伟大的诗人要推数屈原。他是生在战国后半期的楚国的。司马迁的《史记》上有一篇《屈原贾生列传》，前半部便是传的屈原。我现在把那大要摘录在下边：

> 屈原者名平，楚之同姓也，为楚怀王左徒。博闻强志，明于治乱，娴于辞令。入则与王图议国事，以出号令；出则接遇宾客，应对诸侯。王甚任之。上官大夫与之同列，争宠，而心害其能。怀王使屈原造为宪令，屈平属草稿未定，上官大夫见而欲夺之。屈平不与，因谗之。曰："王使屈平为令，众莫不知，每一令出，平伐其功曰，以为非我莫能为也。"王怒而疏屈平。

> 屈平疾王听之不聪也，谗谄之蔽明也，邪曲之害公也，方正之不容也，故忧愁幽思而作《离骚》……《国风》好色而不淫，《小雅》怨诽而不乱。若《离骚》者可谓兼之矣。上称帝喾，下道齐桓，中述汤武，以刺世事。明道德之广崇，治乱之条贯，靡不毕见。其文约，其辞微，其志洁，其行廉，其称文小，而其指极大，举类迩而见义远。其志洁，故其称物芳。其行廉，故死而不容。自疏濯淖污泥之中，蝉蜕于浊秽，以浮游尘

埃之外，不获世之滋垢，皭然泥而不滓者也。推此志也，虽与日月争光可也。

屈平既绌，其后秦欲伐齐，齐与楚从亲，惠王患之。乃令张仪佯去秦，厚币委质事楚，曰"秦甚憎齐，齐与楚从亲。楚诚能绝齐，秦愿献商於之地六百里"。楚怀王贪，而信张仪，遂绝齐；使使如秦受地。张仪诈之曰："仪与王约六里，不闻六百里。"楚使怒去，归告怀王。怀王怒，大兴师伐秦。秦发兵击之，大破楚师于丹、浙，斩首八万，虏楚将屈匄，遂取楚之汉中地。怀王乃悉发国中兵以深入击秦，战于蓝田。魏闻之，袭楚，至邓。楚兵惧，自秦归，而齐竟怒，不救楚，楚大困。

明年，秦割汉中地与楚以和。楚王曰："不愿得地，愿得张仪而甘心焉。"张仪闻，乃曰："以一仪而当汉中地，臣请往如楚。"如楚，又因厚币用事者臣靳尚，而设诡辩于怀王之宠姬郑袖。怀王竟听郑袖，复释去张仪。是时屈平既疏，不复在位，使于齐，顾反，谏怀王曰："何不杀张仪？"怀王悔，追张仪不及。

其后，诸侯共击楚，大破之，杀其将唐眛。时秦昭王与楚婚，欲与怀王会。怀王欲行。屈平曰："秦虎狼之国不可信，不如毋行。"怀王稚子子兰劝王行，曰"奈何绝秦欢？"怀王卒行。入武关，秦伏兵绝其后，因留怀王，以求割地。怀王怒，不听。亡走赵，赵不纳。复之秦，竟死于秦而归葬。长子顷襄王立，以其弟子兰为令尹。

楚人既咎子兰，以劝怀王入秦而不反也。屈平既嫉之，虽放流，眷顾楚国，系心怀王，不忘欲反……令尹子兰闻之，大怒。卒使上官大夫短屈原于顷襄王。顷襄王怒而迁之。

屈原至于江滨，被发行吟泽畔，颜色憔悴，形容枯槁……乃作《怀沙》之赋……于是怀石，遂自投汨罗以死。

屈原既死之后，楚有宋玉、唐勒、景差之徒者，皆好辞而以赋见称；然皆祖屈原之从容辞令，终莫敢直谏。

这便是《屈原传》的大略。在传的最后司马迁还有几句评论是：

余读《离骚》、《天问》、《招魂》、《哀郢》，悲其志。适长沙，观屈原所自沉渊，未尝不垂涕，想见其为人。

这也是很重要的一段文字，因为他把《天问》《招魂》《哀郢》诸篇，和《离骚》并列，都认为是屈原的作品。

自从有了司马迁这篇评传之后，两千年来讨论屈原的人大都奉以为圭臬。没有人怀疑过。但在近几年来却是大大地发生了问题，竟连屈原的存在都有人要加以否认了。这个问题虽然是新发生出来的，但既有问题发生，如在未能解决之前，又来肯定着对于屈原要作进一步的研究，那等于是在砂上筑台，全部的努力会有成为空费的危险，所以我在这儿要多费一点笔墨来讨论这个问题，看看怀疑的人所持的理由究竟是否充分，而屈原这个人究竟是否存在。

提出了这个问题的人，第一个是四川的廖平，据谢无量的《楚辞新论》上说：

> 我十年前在成都的时候，见着廖季平先生。他拿出他新著的一部《楚辞新解》给我看，说"屈原并没有这人"。他第一件说《史记·屈原贾生列传》是不对的，细看他全篇文义都不连属。他那传中的事实前后矛盾，既不能拿来证明屈原出处的事迹，也不能拿来证明屈原作《离骚》的时代……他第二件拿经学的眼光说《楚辞》是《诗经》的旁支……他以为《诗经》本是天学，所讲的都是天上的事，自然《楚辞》也是一样。所以有那些远游出世的思想，和关于天神魂鬼的文词……他第三件说《离骚》首句"帝高阳之苗裔"是秦始皇的自序。其他屈原的文章多半是秦博士所作，《史记》"始皇不乐，使博士为《仙真人诗》，及行游天下，传令乐人歌弦之"。（秦皇三十六年）……

廖先生的《楚辞新解》我还没有看见过，他的详细的论证我自然无从知道，但在这个简单的转述中他的主张的要点是揭示出来了。

其次，是胡适的《读楚辞》，对于《屈原传》也表示过同样的态度。他说：

> 屈原是谁？这个问题是没有人发过问的。我现在不但要问屈原是什么人，并且要问屈原这个人究竟有没有。为什么我要疑心呢？因为：第一

《史记》本来不很可靠，而《屈原贾生传》尤其不可靠。（子）传末（案在《贾生传》末）有云："及孝文崩，孝武皇帝立，举贾生之孙二人至郡守，而贾嘉最好学，世其家，与余通书，至孝昭时列为九卿"，司马迁何能知孝昭的谥法？一可疑。孝文之后为景帝，如何可说"及孝文崩，孝武皇帝立"？二可疑。（丑）《屈原传》叙事不明。先说"王怒而疏屈平"。次说"屈平既疏，不复在位，使于齐，顾反，谏怀王曰何不杀张仪？王悔，追张仪不及"。又说"怀王欲行，屈平曰：秦虎狼之国，不可信，不如无行"。又说"顷襄王立，以子兰为令尹。楚人既咎子兰以劝怀王入秦而不反也，屈平既嫉之，虽放流，眷顾楚国，系心怀王，不忘欲反"。又说"令尹子兰闻之大怒，卒使上官大夫短屈原于顷襄王。王怒而迁之。屈原至于江滨，被发行吟泽畔"……既疏了，既不在位了，又"使于齐"，又"谏"重大的事，一大可疑。前面并不曾说"放流"，出使于齐的人，又能谏大事的人，自然不曾被"放流"。而下面忽说"虽放流"，忽说"迁之"，二大可疑。"秦虎狼之国不可信"二句，依《楚世家》是昭睢谏的话。"何不杀张仪"一段《张仪传》无此语，亦无"怀王悔，追张仪不及"等事，三大可疑。怀王拿来换张仪的地，此传说是"秦割汉中地"，《张仪传》说是"秦欲得黔中地"，《楚世家》说是"秦分汉中之半"，究竟是汉中是黔中呢？四大可疑。前半称屈平，后半称屈原，五大可疑。

胡适的文章，我因为手头无书也还没有窥到他的全豹。这一段也是由《楚辞新论》所转录下来的。他所揭出的疑问，骤看，的确是很值得令人怀疑。我想廖先生以为《屈原传》不可靠，大约也就是根据的这些疑窦吧。

这样的怀疑是应该首先解决的，我们应该来当一个公正的审判官，要看是司马迁可靠，还是廖、胡两位可靠。

廖、胡两位，特别是胡适，对于《屈原传》所提出的疑问，骤看都觉得很犀利，但仔细检查起来，却一项也不能成立。（子）项所列的那一段话，早就有人说过是"后人所增"①，而那增窜过的文字也还有传讹。"孝文崩"，应该是"孝景崩"的错误。（丑）项的五大可疑也疑得不周到。第一层的既疏了，既不在位了，而又使于齐，又谏重大的事，我们如想到现在的一些要人下野出洋且发抒伟论的近事，便可以不费笔墨地得到了解。第二层的"放流"两个字当成流谪解，是后来的人讲错了的。其实"放流"就等于"放浪"，并不是说屈原在楚怀王时便遭过流刑。第三层的"秦虎狼之国不可信"的那两句话，本来是很平常的话，昭雎可以说，屈原也可以说，就如现在的"打倒日本帝国主义"的口号三尺童子都可以喊叫的一样，那是毫不足怪的。但关于这一层更有人说昭雎就是屈原的。《楚辞新论》上引刘申叔的话说：

> 昭姓源流不可考，后世亦无昭姓。惟屈、景二姓是楚同姓。《史记》所说屈原谏怀王及使齐的话，《战国策》都作昭雎，无屈原名字。恐怕昭雎就是屈原。古音本通。

这个见解的根据是非常薄弱的。《庄子·庚桑楚篇》上说："三者虽异，公族也。昭、景也，著戴也。甲氏也，著封也。"所说的就是楚国的"三闾"屈、景、昭。甲氏就是屈氏，说它是音变固可以②，说它是字误也未尝不可。据此可见昭、屈原本是二氏。昭是楚昭王的支庶③，所以说是"著戴"，戴是代的假借。屈是楚武王的儿子屈瑕所封的采邑④，所以说是"著封"。三者是完全不同的。《庄子·齐物论》中有善鼓琴的昭氏，其名为文⑤，还有他的儿子也是承继着父业的，可见昭氏并不是没有流传。总之，昭雎不能说就是屈原。他与屈原同时而且大约是同志，所以他们说话相同。使齐时他是做了屈原的副使或随员，也是说得过去的。

至于第三大疑问中言《屈原传》中所有的事为《张仪传》所无，这是司马迁惯用的详略互见的笔法，毫不足怪。第四大疑问的黔中和汉中，是胡适太着急，把原书看脱了一半。《张仪传》上是说"秦要楚，欲得黔中地，欲以武关外易之"。黔中是楚地，到了顷襄王二十二年才为秦所取。"武关外"便是指的汉中，三篇文章并没有冲突。只是《张仪传》多提出了"秦欲得黔中地"的事实，后来楚也没有给它，不用说武关外的汉中也没有到楚国手里。第五大疑问的前称屈平后称屈原，更不能成为疑问，因为"屈原者名平"，司马迁在开首一句就交代清楚了，称平称原本是两可。前半有"怀王使屈原造为宪令"也明明称的是原。而且"高平曰原"见《尔雅》，"上平曰原"见《公羊》昭公元年传，名平字原也是很合乎古训的，不能够说司马迁是误把两个人合成一个人。

据上所述可见胡适对于《屈原传》所发出的疑问均不能成立，更推到廖平所怀的疑问大约也不过如此。若要更进一步，疑及屈原这个人的存在，那就未免飞跃了。本来屈原和现在已经相隔了二千多年，所有实质上的物证都是消灭了的，假定他的尸首被捞出而埋葬，将来有那样的幸运把他的坟墓发掘了——传说秭归县（今湖北省秭归县）的屈沱有屈原的衣冠冢，但这是不可信的，只是后代的人所假托的东西。——能够得到多数地底的证据，那是再好也没有的。但在目前仍然是只好信凭着和屈原相去不远的人们的著述。司马迁并不是对于屈原关心的第一个人，在他之前有长沙王的太傅贾谊和建都在楚末的旧都寿县的淮南王刘安。贾谊有《吊屈原赋》，收在《屈原贾生列传》里面。赋体既仿效《楚辞》，且多摹拟《离骚》的辞句，而赋中又明明说：

> 侧闻屈原兮自沉汨罗，
>
> 造托湘流兮敬吊先生。

屈原在贾谊的耳目中是存在的。贾谊离屈原仅百余年，所寄寓的地方又是长沙，曾经亲眼见过屈原的故老，都是有存在的可能的，关于屈原的遗说不用说是还十分新鲜。淮南王刘安是做过《离骚传》的人⑥，那篇传虽然失传，但在《屈原传》中还保存着一部分，便是"《国风》好色而不淫，《小雅》怨诽而不乱"至"推此志也虽与日月争光可也"的那一节⑦。淮南王既住在楚的旧都，他的门下又有不少的文人学士，关于《离骚》的来历，他也必然是有所根据的。

还有《楚辞》里的《卜居》《渔父》两篇虽由近人的研究判定它们都不是屈原的作品，但那一定是屈原的后辈宋玉、唐勒、景差之徒所作。两篇都寄托于屈原，那也刚好证明屈原是确有其人。

有了贾谊和刘安以及做《卜居》《渔父》的作者楚人在前，《屈原传》在细节上纵使有疏失和为后人所审改的地方，而在大体上是不能推倒的。更何况屈原的存在与否和《屈原传》的可靠与否也没有必然的关系。譬如从前的人说地球是方的，那自然是不可靠，然而我们不能因此就怀疑地球不存在。问题倒还是应该更进一步讨论《离骚》或其他认为是屈原作品的几篇，究竟是不是屈原所作。

廖平所说的"《诗经》本是天学"，"《楚辞》是《诗经》的旁支"，那些话可以说完全是乱说。《楚辞》和《诗经》的相关在下章中还有讨论的机会，在这儿暂且不提。但他疑《离骚》是秦博士的作品，却有他的相当的根据。在上面所揭出的他的证据之外，我也可以替他想出两个证据。一个是"名余曰正则"的一句很像是在暗射吕政，这个证据在廖先生的著作中想来一定是有的，但秦始皇讳避政字，连正月都要改成"端月"⑧，哪有他的臣下做诗敢于直用正字？又一个是《离骚》的文辞主于以六字为句，和秦的"数尚六"颇相符，但这也只好说是偶然的现象。秦始皇时所做的一些有名的韵文，如《泰山刻石》《琅邪台刻石》《海上议》《芝罘东观铭》《芝罘西观铭》《刻碣石辞》《会稽刻石》⑨《峄山刻石》⑩等，却都是以四字为句，事实上秦人所做的文字都是很质实的，如《诗经》上的《秦风》，秦襄公时的《石鼓文》⑪，与这些刻石辞，和《楚辞》的气韵格调完全不同。那是和民族的气质与地理的风土有关，无论怎么是不能扯在一道的。只有《楚辞》中的《大招》一篇，旧以为是屈原所作或景差所作的，要认为是秦人的文章倒还可以说得过去。那篇是摹仿《招魂》，但却貌合而神离，不仅决不是屈原所作，而且还不会是景差或楚人所作。因为那里面有"自恣荆楚安以定只"的一句话，荆是楚以外的人对于楚国的恶名，楚人自己是决不称荆的。而且在那里面又有"直赢在位近禹麾只"的一句，"赢"我怕就是秦姓的嬴。不过那里面有好些"政"字，又有"正"字，犯了秦始皇的讳，或者怕因为是私家著述，不是公文，所以没有十分讲究吧。总之，除掉这《大招》而外，廖先生的新颖见解是完全说不过去的。关于高阳的一节，王逸的注已经说得很明白，楚人的传说也是以颛顼为祖先的，不限于秦。在古代传说中，嬴与芈两姓是共祖。

不过在《离骚》里面也还有一个疑问，便是那"名余曰正则兮，字余曰灵均"的两句。要说是屈原自述其名号，何以他不说名平字原？旧时的人有以为这是屈原的小名和小字的⑫，我看这种解说也未免吃力。在我的意思，以为正则和灵均是屈原的化名。文学作品惯用化名是古今中外的通例。屈原在我们中国要算是最先发明了这个例子。

屈原不仅是存在，而且很幸运地连他的生卒年月日都是可考的。这要算是古人中仅有的一例。

他的诞生年月日见于《离骚》，"摄提贞于孟陬兮，惟庚寅吾以降"。他是生于太岁在寅的那年正月的庚寅。据《吕氏春秋·序意篇》言："维秦八年岁在涒滩"，知道公元前二三九年是申年。推数上去，前三四一年的楚宣王二十九年（周显王二十八年）该是寅年，但那年的正月小，庚申朔⑬，没有庚寅那一天。我看这是因为岁星在事实上超了一次辰。岁星每八二至八六年超辰一次，在那期间中超了一次辰，寅年便当得是前三四〇年。那年的正月小，甲申朔，庚寅是初七，与《离骚》相合。

至于他的死年是公元前二七八年的楚顷襄王二十一年（周赧王三十七年），死的月日据传说是五月五日。关于他这死年我在下章的论《哀郢》一节中要详细讨论，在此我只揭出我所得到的结论：屈原是活上了六十二岁的人。

由上可知屈原的生是上距孔子卒（前四七九年）一三九年，下距秦始皇兼并天下（前二二一年）五七年⑭。他是生存于战国时代（前四六三——前二二一年）的后半期，是中国的统一快要完成的时代，也是中国的文化最为灿烂的时代。他的同时代的学者，比他稍前的有商鞅、申不害、环渊、接舆、尸佼、宋钘、孟轲、惠施、庄周、田骈、慎到、陈良、许行，比他稍后的有邹衍、公孙龙、荀况、韩非，整整同时的政治家和他并且有特殊关系的有苏秦和张仪。他的时代的确是群星丽天的时代，而他在这个时代中尤其是有异彩的一等明星。因为其他的人大概都是在理智方面发展的散文家，而他自己虽然也是一位政治人物，但同时是在感情方面发展的纯粹诗人。秦以前的诗人有诗集存在于世的就只有他一个。

他的同时代人中如环渊、陈良、许行是楚人，庄周是宋人，但和楚的关系很密切，这些人在他的思想和文艺上有怎样的关系，我要留在下边去讨论。

屈原的家世却不甚详细。据《渔父》知道他是三闾大夫，便是楚国的贵族屈、景、昭三氏之一。《史记》说他和楚同姓，那是不可推断的。他的父亲据《离骚》上说来是伯庸，那定然是号。古时候子孙称父祖的字号是常事，金文中这种例子屡见不鲜。但准正则与灵均为化名之例，伯庸是否也是化名却很难说。不过他的先世是有过功劳的人，《惜往日》上说：

> 惜往日之曾信兮，
>
> 　　受命诏以昭诗。
>
> 奉先功以照下兮，
>
> 　　明法度之嫌疑。

这是很明白的。第二句的意义，王逸说，是"君告屈原明典文"，又说"诗一作时"[⑮]，但照屈原的执掌上看来当以诗为正确。诗与辞通，《屈原传》上所说的"明于治乱，娴于辞令。人则与王图议国事，以出号令，出则接遇宾客，应对诸侯"，就是这一节的注脚。

他为楚怀王左徒在怀王十六年许秦绝齐之前，是他三十二岁以前的事。但究竟是哪一年就职，哪一年去职，却无可考。"左徒"的官职在令尹之下，颇不低贱，看《楚世家》说"考烈王以左徒为令尹，封以吴，号春申君"，便可以知道。

《离骚》又有"女嬃之婵媛兮申申其詈予"的一节，《说文》"嬃，女字也。《楚辞》曰'女嬃之婵媛'，贾侍中说'楚人谓姊为嬃'"。段玉裁注云"王逸、袁山松、郦道元皆言女嬃屈原之姊，惟郑（玄）注《周易》'屈原之妹名女须'，《诗正义》所引如此"。据此可知对于"女嬃"有二说，或以为姊，或以为妹。但嬃又有妾义，《易·归妹》"归妹以须"，陆德明《释文》引陆注"须妾也"。须即嬃的省略。朱熹的《楚辞集注》也以委为"贱妾之称"，但他又说以"比党人"，解婵媛为"妖态"，那却不免是道学家的见解了。据我看来，"女嬃"不应该是屈原的姊或妹。因为《离骚》是屈原晚年六十二岁的作品（说详后），在那时候不应该还有老姊和老妹陪着他过窜逐的生活，而且做老姊、老妹的人也不好那样"申申"地去骂他。"女嬃"可以解为屈原的侍女，"婵媛"为其名。《九歌》的《湘夫人》歌里面，有"女婵媛兮为余太息"，正可以为互证。又如把"女嬃"解为天上的星名"须女"，似乎也可通。因为《离骚》里面，以丰隆（云神）、望舒（月神）等为仆御，则以须女为侍，亦很近情理。

屈原的后人大约会是有的。据《长沙府志》，称屈原有子。虽不知其何所据，但他的故乡还有屈姓存在，至少螟蛉也是应该有的。

屈原的故乡，据郦道元《水经注·江水注》，是在秭归县境内。他引袁山松说：

> 屈原有贤姊，闻原放逐，亦来归，喻令自宽。全乡人冀其见从，因名曰秭归。即《离骚》所谓"女婆婵媛以詈余"也。

这完全是臆解。因为屈原被放逐之地是在"汉北"（见《抽思》），后又自窜湘沅间，并非归老故乡。秭归的"归"字是古归子国的孑遗，金文有《归伯簋》，便是那个归国的遗器。秭字不能解，并不是因为姊姊回来而名之曰"秭归"。但同一注文上又说：

> 县东北数十里有屈原旧田宅，虽畦堰糜漫，犹保屈田之称也。县北一百六十里有屈原故宅，累石为室基，名其地曰乐平里。宅之东北六十里有女婆庙，捣衣石犹存。

又引《宜都记》曰：

> 秭归，盖楚子熊绎之始国，而屈原之乡里也。原田宅于今具存。

乡里的说法大约是正确的，但女婆庙便是后人因《离骚》及其旧解而附会出来的东西。

屈原是产在巫峡邻近的人，他的气魄的宏伟、端直而又娓婉，他的文辞的雄浑、奇特而又清丽，恐怕也是受了些山水的影响。关于巫峡，《水经注》上有一段文章描写得很好，我不妨把它抄录在这儿，对于屈原及《楚辞》的了解上或许有点帮助。

> 江水历峡，东径新崩滩，其间首尾百六十里，谓之巫峡，盖因山为名也。自三峡七百里中，两岸连山，略无阙处，重岩叠嶂，隐天蔽日，自非亭午夜分，不见曦月。至于夏水襄陵，沿溯阻绝。或王命急宣，有时朝发白帝，暮到江陵。其间千二百里，虽乘奔御风，不以疾也。春冬之时，则素湍绿潭，回清倒影。绝巘多生怪柏，悬泉瀑布，飞漱其间，清荣峻茂，良多趣味。每至晴初霜旦，林寒涧肃，常有高猿长啸，属引凄异，空谷传

> 响，哀转久绝。故渔者歌曰：巴东三峡巫峡长，猿鸣三声泪沾裳。

这段描写是可以信任的。我是经过过巫峡的人。我经过的时候是在秋天，虽然不曾领略过春冬和夏季的情景，并也不曾听见过猿声，但那峡中的风光的确是颇有神秘的趣味。屈原的辞赋在这种风味上很和三峡接近。

（二）

屈原的存在既不可动摇，我要进而讨论他的作品。

屈原作品见于《史记·屈原传》的有《离骚》《天问》《招魂》《哀郢》及《怀沙》。《汉书·艺文志》的《诗赋类》首揭"《屈原赋》二十五篇"。王逸的《楚辞注》本，是以《离骚》《九歌》（十一篇）《天问》《九章》（九篇）《远游》《卜居》《渔父》共二十五篇为屈原所作，篇数与《艺文志》相符。而以《招魂》为宋玉所作，和司马迁的说法便相违背。关于这二十五篇的配合，后来讨论的人意见纷纷不一，但我觉得在这儿没有纠缠的必要。大率王逸所根据的古本和《艺文志》所著录的是一套，是司马迁以后的人所纂集的（或者即是刘向父子所为），故和《史记》不同。问题的要点是当来讨论：王逸所列的二十五篇是不是全为屈原所作？《招魂》的作者究竟是屈原还是宋玉？各篇作品的时代是否可考？至于篇数的离合都是枝叶上的问题，并且讲起来有时是很可笑的。我在下面论《九章》的一节中要稍稍说到。以下依王逸本的次序，就各篇的文字来作分论。

甲 《离骚》

《离骚》是屈原作的，断无可疑。汉时的著录如《史记·屈原传》、司马迁的《报任少卿书》（首见《汉书·司马迁传》）、刘向的《新序·节士篇》《汉书·贾谊传》《风俗通·六国篇》都是一致的主张着。就是《离骚》本身中也有它的内证。

> 余以兰为可恃兮，
>
> 　羌无实而容长；

> 委厥美以从俗兮，
>
> 　苟得列乎众芳。
>
> 椒专佞以慢慆兮，
>
> 　樧又欲充夫佩帏；
>
> 既干进而务入兮，
>
> 　又何芳之能祗？

这儿所说的"兰"，王逸以为是令尹子兰，所说的"椒"以为是楚大夫子椒（洪兴祖补注谓《古今人表》有令尹子椒），由前后文意看来，这些解说是正确的。屈原的确是在用隐喻来指责当时的权贵。因为兰和椒是《离骚》中通体所赞美着的东西在这儿突然变了，我们很可以揣察到他的用意之所在。

至于作《离骚》的时期，《屈原传》叙在屈原被怀王疏远之后，《报任少卿书》又说"屈原放逐乃赋《离骚》"[⑩]。这两个见解在司马迁自己本来是有先后之不同。屈原第一次见"疏"，并不是"放逐"。而屈原的被放逐是在顷襄王时代。《报任少卿书》后于《屈原传》，我们可以看出司马迁到后来是把自己旧时的见解修正了。这个修正的见解我觉得是对的。因为《离骚》和《怀沙》《惜往日》等篇的辞意气韵多属相同，而《离骚》的末尾一句"吾将从彭咸之所居"，也和《怀沙》的"知死不可让愿勿爱兮"，《惜往日》的"不毕辞而赴渊"的意趣别无二致，同是屈原所留下的绝命辞。因为彭咸是死了的人，他的"所居"无论是在天上或地下，要屈原去"从"都非他死去不可的。但不幸的是《屈原传》在见"疏"之后，被"迁"之前，又用了"放流"两个字，被人误解了，便生出了屈原两次被放逐的揣测，于是乎司马迁的第二个见解也就被湮没了。自刘向的《新序》以来大率都认《离骚》为屈原在怀王时第一次被放逐后的作品，那是错误了的。又有人说《屈原传》"王怒而疏屈平"的"疏"字是"流"字的错误，那也是拘泥着"放流"两个字的误解而生出的臆说。其实上官大夫在怀王面前所诋毁屈原的罪状，仅仅是夸功，并不就是该受流刑的大罪。而且如果是受了流刑，后来又使齐，又谏王，那倒真是讲不通的。一笔糊涂账就是从错解了两个字来，说穿了我相信是可以清算的。我要再说一遍，"放流"就是"放浪"，并不是"放逐"！

总之，《离骚》是屈原在顷襄王时真正被放逐后的东西，是屈原的晚期作品，也是他最成熟的作品，《九章》中有好几篇都是这篇大作的前驱。看它已言到"济沅、湘以南征兮，就重华而陈词"，可知它的作期是在到了江南以后，大约是在《怀沙》之前，在长沙时做的。

还有关于"离骚"两字的解释，自来也异说纷纷，大率都是望文生训的臆说，只有近人游国恩讲得最好。他说：

> 《汉书·扬雄传》载雄榜《惜诵》以下至《怀沙》一卷，名曰《畔牢愁》。"牢愁"古叠韵字，同在"幽"部，韦昭训为"牢骚"。后人常语谓发泄不平之气为"发牢骚"，盖本于此。"牢愁"、"牢骚"与"离骚"古并以双声叠韵通转……其声再转，又为唐人语的"惆怅"了。[⑰]

这个见解是很正确的，的确是一大发明。游先生又见到《大招》的"伏戏《驾辩》，楚《劳商》只，讴和扬阿，赵箫倡只"中有"劳商"两个字，王逸以为是楚歌，他却更进一步，说就是《离骚》。"劳商"与"离骚"并为双声字[⑱]，这也是再确切也不过。但他说"离骚""劳商"是楚国的一种曲名，好像是楚国先有了这种曲，而屈原又才来按谱作他的《离骚》一样，我觉得有点不大圆满。据我的揣想，《大招》本是秦人做的，大约因为有了屈原的《离骚》之后，便成了楚声的代表名，就如后人称《楚辞》文体为"骚体"的一样，声转入秦而成为"劳商"，这也足证赢秦之前是已经有了《离骚》的。还有"驾辩"两个字王逸也说是曲名。据我看来就是《九辩》，九和驾是双声字。《九辩》和《九歌》，据《离骚》和《天问》明明说是启乐，在《大招》却说是伏戏的，这也足证《大招》绝不是楚人的作品。还有《九辩》的九字并不是数目名。宋玉的《九辩》本是拟古，并没有分章，洪兴祖把它分成十章还勉强可通，朱熹硬要派它成九章以合"九"的数目，那是未免有点滑稽的。

乙 《九歌》

《九歌》一共是十一章，目次是《东皇太一》《云中君》《湘君》《湘夫人》《大司命》《少司命》《东君》《河伯》《山鬼》《国殇》《礼魂》。这《九歌》和《九辩》一样，并不是数目有九。《九歌》和《九辩》都是夏启王的歌曲，《离骚》说"启《九辩》与《九歌》兮，夏康娱以自纵"，《天问篇》"启棘宾帝⑲，《九辩》《九歌》"，《山海经》的《大荒西经》也说"夏后开（即启）上三嫔于天，得《九辩》与《九歌》以下"。郭璞注引《归藏启筮》"昔彼九冥，是与帝辩同宫之序，是为《九歌》"。可见《九歌》和《九辩》都是因九冥而得名。但在《左传》和《周礼》上却已经把它当成数目字在讲。《左传》文七年言"《夏书》曰'戒之用休，董之用威，劝之以《九歌》，勿使坏'，九功之德皆可歌也，谓之九歌。六府三事谓之九功，水火金木土谷谓之六府，正德利用厚生谓之三事"。又昭二十年言"一气、二体、三类、四物、五声、六律、七音、八风、九歌，以相成也"。又二十五年言"为九歌、八风、七音、六律，以奉五声"。三项都沾扯到了五行，我看都是刘歆作的怪。做伪书《大禹谟》的人更糊涂到把文十年传文的解释语都偷去做了"《夏书》"。《周礼》的《春官·大司乐》也说"九德之歌，九磬之舞"。这一样是刘歆玩的把戏。《左传》和《周礼》都是被刘歆窜改过的东西，在这些地方正一样地露着马脚。知道"九"并不是数名，便可以知道凡旧时的人对于这十一篇的分合，以及求合于《汉书·艺文志》的二十五篇的牵就，都是一笔糊涂账，那是没有一顾的价值的。

《九歌》的作者，王逸以为屈原，当然是承袭着《艺文志》以来的旧说。他说：

> 《九歌》者屈原之所作也。昔楚国南郢之邑沅、湘之间，其俗信鬼而好祠。其祠必作歌乐鼓舞以乐诸神。屈原放逐，窜伏其域，怀忧苦毒，愁思沸郁，出见俗人祭祀之礼，歌舞之乐，其词鄙陋，因为作《九歌》之曲。上陈事神之敬，下见己之冤结，托之以风谏。故其文意不同，章句杂错，而广异义焉。

朱熹的《楚辞集注》对于他这种说法稍稍改正了一下，是说本来有那样的神曲，但因为"文词鄙俚"，又不免有"亵慢荒淫"的地方，是放逐后的屈原把它删改了的。到了胡适的《读楚辞》却又倡出了异论，他说：

> 《九歌》与屈原的传说绝无关系，细看内容，这九篇大概是最古之作，是当时湘江民族的宗教歌舞。

他这个新说又为陆侃如、游国恩所继承而扩充着，他们都说了一些理由，但都难以令人首肯。他们是看到这十一篇的内容和《离骚》等篇的专表忧愁幽思的不大相同，而格调也有些悬异，故要把它们特别区划出来，剥夺屈原的著作权。但把这十一篇通盘看来是一个体例，必然是一人一时所做出来的东西。所谓格调的不同是句句用"兮"字，又把来夹在句中，但这种句法在《九章》的《涉江》中是屡屡用着的。而且还有一个重要反证，为三位所看脱了的，便是十一篇中有《河伯》的一篇。楚人经常祀河，必须在楚的疆域已经达到了黄河流域以后。春秋末年楚昭王有病，卜问的结果是黄河为祟。他的臣下便请祷河，昭王不肯。他说的话是：

> 自吾先王受封，望不过江汉，而河非所获罪也。

这段故事见《史记·楚世家》，也见《左传》哀公六年，据此可知《河伯》一篇决不能作于鲁哀公以前，而同时也可以推定是应该作于楚惠王十年灭陈（是年孔子卒）以后。宣十二年邲城之战，楚军虽曾祀河，但只是临时性质。故《河伯》断然是战国时代的作品，同时和它格律相同的其他的十篇也必然是战国时代的作品。游国恩根据《国殇》中有车战的描写，以为"车战之法到战国时已经不用，可见《九歌》必是战国以前春秋的产品"[2]。其实车战的全废当在赵武灵王习胡服骑射以后，武灵王与楚怀王同时。又春秋时人称大国每言"千乘"，而战国时人则言"万乘"，苏秦游说列国，屡举出各国车乘的实数（见《史记·苏秦列传》），足证车战之法在战国时还曾盛极一时。况《国殇》乃伊古以来之死国事者，自不能专门用新武器来从事歌咏。游先生又说到"吴戈"的吴字，以为吴、越之吴，那也不大正确。"吴戈"其实即是"吴科"，刘熙《释名》又作"吴魁"，乃盾之别名。吴国在战国开首的三四年间早已是灭亡了的。

据我的看法，《九歌》应该还是屈原的作品，当作于他早年得志的时分，而不是在被放逐之后。要这样看，对于屈原的整个发展才能理解。一个伟大的诗人不能说在晚年失意的时候突然产出了一批长篇大作的悲哀诗，而在早年得志的时候却不曾有些愉快的小品。并且《九歌》的艺术异常的美妙，由内容看来，爱用美人香草，爱写超现实的境界，在遣辞用意上和《离骚》等篇均有一脉相承的痕迹，那其间的历程，是毫没有理由要嵌上一两百年进去的。

丙 《天问》

《天问》这一篇司马迁首先认定是屈原所作。这所依据的一定是旧说，不会有问题，那末尾有"何试上自予而忠名弥彰"的一句，我推定它是作在顷襄王时被放逐于汉北以后，是在《悲回风》之后，《哀郢》之前。

这篇文字在研究中国的古代史上可以说是极重要的一项资料，它替我们保存下了无数古代的神话传说，可惜直到现在有好些都还不得其解。还有它所叙述的传说顺序和北方或后代的人所"信史"化了的事迹多不相符，因此便愈使人不得其解。王逸早就说它"文义不次序"[21]，更有妄作聪明的人说它是错简，替它另行编辑了一个次序的。至近人的胡适更说《天问》文理不通，见解卑陋，全无文学价值，我们可以断定为后人杂凑起来的"（《读楚辞》）。这些却真真是活天冤枉！其实《天问》这篇要算空前绝后的第一等奇文字。全篇以一"曰"字领头，通体用问语，一口气提出了一百七十二个问题。以那种主于以四字为句、四句为节的板滞的格调，而问得参差历落，奇矫活突，毫无板滞的神气，简直可以惊为神工。而那所提出的问题，从天地开辟以来一直问到他自己，把他对于宗教信仰上的、神话传说上的、历史记载上的、人生道德上的各种各样的怀疑，都痛痛快快地表示了一个淋漓尽致。那种怀疑的精神，文学的手腕，简直是前无古人而后无来者。怎么能说成"文理不通，见解卑陋"来呢？更单就它替我们保存下来的真实的史料而言，也足抵得过五百篇《尚书》。那里面有好些传说还是被封锁着的，我们还没有找到打开它的钥匙。但有些也很幸运地是由地底有新资料出土把它打开了。例如：

该秉季德，

　厥父是臧，

> 胡终弊于有扈，
>
>   牧夫牛羊？
>
> 恒秉季德，
>
>   焉得夫朴牛？
>
> 何往营班禄，
>
>   不但还来？

这几节是叙在殷代的先公里面的，自来不得其解。直到近年，王国维在由安阳小屯所发掘出的殷代卜辞里面发现了殷的先人中有王亥、王亘和季的名字，才揭穿了这儿的该、恒、季几个字的哑谜。特别是该的故事，在《山海经》和《竹书纪年》中还找着了比较详细的记述。

> 有困民国句姓而（脯）食。有人日王亥，两手操鸟，方食其头。王亥托于有易河伯仆牛，有易杀王亥，取仆牛。（《大荒东经》）

郭璞的注引古本《竹书纪年》云：

> 殷王子亥宾于有易而淫焉，有易之君绵臣杀而放之。是故殷王甲微假师于河伯以伐有易，克之，遂杀其君绵臣也。

就这样，由种种的新旧史料参互证明，知道了该、王亥、殷王子亥通是一人，而有易与有扈也是传闻而异其辞的一个国族。以上是王国维的发现。单有这一发现也就尽足以证明《天问》一篇断不是"后人（所）杂凑起来"的。而且由这里可以发掘出的宝物还没有尽境。例如在叙殷的先公先王的时候，把舜和象的事也叙在里面，这也是后代的人所不能了解的。但在殷代卜辞里面，王国维又找着了一位"高祖夒"，被他证明了就是《山海经》中所屡见的帝俊，也就是后人称为名夋的帝喾。喾和夒（猱）是音近通用，夒和夋或俊是形近而讹[22]。其后更经我的证明[23]，知道帝喾、帝俊、帝舜、高祖夒实是一人，舜又是俊或夋的音变，古代的传说被周末北方的儒者搞乱了，把帝喾和帝舜化为了两个人，故尔后来的人便于《天问》不得其解。知道舜就是帝喾，那他的事迹自然该叙在殷的先公里面和夏的桀王以后。而舜的兄弟象，所谓"眩弟并淫，危害厥兄，何变化以作诈，而后嗣逢长"的，叙在把有扈灭了的上甲微之后，成汤之前，也就适得其所。孟子说过"象封于有庳"（《孟子·万章上》），有庳也就是有扈。以象的那样诡诈，他的后嗣直到上甲微的时代才遭了鞫灭，故不能不说是"逢长"了。此外可发现的东西还很多，但要等待辛苦的发掘，和能作那种辛苦工作的人。

丁　《九章》

《九章》的目次据王逸本是《惜诵》《涉江》《哀郢》《抽思》《怀沙》《思美人》《惜往日》《橘颂》《悲回风》。班固的《离骚赞序》说："至于襄王，复用谗言，逐屈原在野，又作《九章赋》以风谏。"王逸说："《九章》者屈原之所作也。屈原放于江南之野，思君念国，忧心罔极，故复作《九章》。"但这《九章》并不是一时所作的，而《九章》的命名也和《九歌》《九辩》等不同，并不是屈原自己所命的名字。《九章》中的《哀郢》与《怀沙》见《屈原传》，但无《九章》之名。《汉书·扬雄传》上说"雄又榜《惜诵》以下至《怀沙》一卷，名曰《畔牢愁》"，也还很明显地没有用《九章》的名字。朱熹以为"后人辑之，得其九章，合为一卷，非必出于一时之言也"，我看是说得最为恰当。这辑录的人我怕就是刘向父子。因为恰好有九篇，故汇集起来，仿效误解了的《九辩》与《九歌》的意思，而名之为《九章》。

关于《九章》的次第，研究者的意见也各有不同。据我看来，《橘颂》作得最早，本是一种比兴体，前半颂橘，后半颂人，所颂者不知究系何人。这里面找不出任何悲愤的情绪，而大体上是遵守着四字句的古调。其余的八篇气象和格调都迥然不同，都是在顷襄王时被放逐以后作的。

关于屈原放逐的年代，我的见解和旧时的人不同，我始终认定屈原在怀王时不曾被放逐。而他在顷襄王时的放逐应该在顷襄王六年以后。这里《史记·楚世家》上有一段记述是值得注意的。

> 顷襄王三年，怀王卒于秦，秦归其丧于楚，楚人皆怜之，如悲亲戚。诸侯由是不直秦。秦楚绝。六年，秦使白起伐韩于伊阙，大胜，斩首二十四万。秦乃遗楚王书曰："楚倍（背）秦，秦且率诸侯伐楚，争一旦之命，

愿王之饬士卒，得一乐战。"楚顷襄王患之，乃谋复与秦平。七年，楚迎妇于秦。秦楚复平。

在怀王死后三年之间秦楚是断绝了关系的。屈原是主张绝秦的人，秦楚的断绝关系，便是屈原的主张得到胜利，屈原在这期间没有被放逐的理由。在顷襄王六年议与秦恢复旧好，到七年公然又腆颜事仇的时候，屈原一定力争过，但他终竟遭了失败，故他的被逐当在这一二年间或稍后。《离骚》上所说的"初既与余成言兮，后悔遁而有他"，《抽思》上所说的"昔君与我成言兮，曰黄昏以为期。羌中道而回畔兮，反既有此他志"，都应该是指斥的顷襄王初绝秦而又改变的这段事实。故尔《橘颂》以外的八篇和《离骚》《天问》都是顷襄王六七年以后的屈原的晚期作品。

至于那八篇的先后，在我看来该得以《悲回风》《惜诵》《抽思》《思美人》《哀郢》《涉江》《怀沙》《惜往日》为次。《悲回风》最为悲愤，是他初遭放逐时感情最激烈的时候做的。《惜诵》《抽思》和《思美人》要来得缓和一点，是悲愤稍稍平淡了，由追忆的情怀所荡漾出来的东西。据《抽思》的"有鸟自南兮，来集汉北"，可以推定屈原的谪地是在楚国的北境。《思美人》和《抽思》的情怀是相连的，大约是一个时期的作品。那里面说"指嶓冢之西隈兮，与纁黄以为期"，也明明表示他在北境。但又说"开春发岁兮，白日出之悠悠，吾将荡志而愉乐兮，遵江夏以娱忧"，好像又在南边。但我们要注意那个"将"字，他是说到明年开春的时候想到南方去。故尔那篇末的"独荣荣而南行"也和《抽思》的"枉顾南行聊以娱心"是一样的。《哀郢》以下的诸篇当作于到了江南以后。

《哀郢》的一篇，应该从王船山说，是顷襄王二十一年楚为秦兵所败，郢都为秦白起所据，"东北保于陈城"时做的[21]。那时候白起的军势来得异常凶猛，《史记》仅说他"据郢，烧先王墓夷陵"，而韩非的《初见秦》却说"秦与荆人战，大破荆，袭郢，取洞庭、五湖、江南，荆王君臣亡走，东伏于陈"，楚国实在到了几乎快要亡国的形势。《哀郢》开首的几句：

皇天之不纯命兮，
何百姓之震愆？

> 民离散而相失兮，
>
> 　方仲春而东迁。

完全叙的是国破家亡的情感。"东迁"就是"东北保于陈城"。又所谓"曾不知夏之为丘兮，孰两东门之可芜"，夏通厦，王逸注为"大殿"，最为正确，也可以想见那时的焚烧的惨状。我们请想，屈原是被放逐在汉北的，当秦兵深入时，他一定是先受压迫，逃亡到了郢都。到郢都被据，又被赶到了江南。到了江南也不能安住，所以接连着做了《涉江》《怀沙》《惜往日》诸篇，便终于自沉了。

《哀郢》的"东迁"是在"仲春"。《涉江》"乘鄂渚而反顾兮欸秋冬之绪风"是说秋冬的寒风还有绪余，时令相接。《怀沙》说"滔滔孟夏兮，草木莽莽，伤怀永哀兮，汩徂南土"，南行的时刻是在孟夏。"《怀沙》"当据蒋骥说是怀长沙的意思（《山带阁注楚辞》）。屈原南行至长沙，由长沙再返向汨罗，故有"进路北次"之语，戴震《屈原赋注》所引的方晞原说也是正确的。到了《惜往日》便言"临沅湘之玄渊兮，遂自忍而沉流"，又言"不毕辞而赴渊"，那自然是屈原的绝笔了。据传说屈原是死于五月五日，时令也还是完全相连。

以上就我的考察，屈原的死是在顷襄王二十一年，那么屈原的年纪便好像有点问题。屈原生于公元前三四〇年的正月初七，那年是楚宣王三十年（周显王二十九年），下距楚顷襄王二十一年（周赧王三十七年，公元前二七八年），共六十二年。屈原要算活了六十二岁。这个年纪似乎未免太长。但《涉江》上明明说过：

> 余幼好此奇服兮，
>
> 　年既老而不衰。

古者"七十曰老"[⑤]和这实在的年纪是相符的。屈原有了那样大的年纪还要自杀，好像又有点难解。但在这难解之中刚好证明《哀郢》一定是楚顷襄王二十一年国破迁陈时的作品。屈原被放逐了，是忍耐了多年而没有自杀的人。《哀郢》说"忽若不信兮，至今九年而不复"，这九年还不仅只是九个年头：九在古是视为极数，他的被放自顷襄王七年至二十一年是应该有十五个年头的。他忍耐了这样久而没有自杀，可见得单单的被放逐与不得志，不能成为他的自杀的原因。他的所以年老了而终于自杀的，是有那项国破家亡的惨剧存在的！

戊 《远游》《卜居》《渔父》

这三篇并不是屈原做的，陆侃如和游国恩都说得很明白[●]，我无异辞。只是《远游》整抄《离骚》和司马相如《大人赋》的地方太多，而结构与《大人赋》亦相同，我疑心就是《大人赋》的初稿。《史记·相如列传》说："臣尝为《大人赋》未就，请具而奏之"，据此看来，分明是有未就的稿本与具奏的定本两种。因为稿本未脱《楚辞》的窠臼，不好拿去见皇帝，所以他以"未就"目之。待到具奏本，他只把稿本的精粹语保存了下来，而用自己既成的风格来完全改作了一遍。稿本被后人寻得，因首韵有"远游"二字遂摘以为篇名，又因多整袭《离骚》的地方，遂被收入《楚辞》而误认为屈原所作。《卜居》和《渔父》当是宋玉、景差之徒作的，都是很轻妙的文章，而且还替我们保证着屈原是果有其人。

己 《招魂》

这篇文章《史记》明说是屈原的作品，据我看来也明白地是为追悼楚怀王而作。文辞中所叙的宫庭居处之美，饮食服御之奢，乐舞游艺之盛，不是一个君主是不能够相称的。王逸认为宋玉做来招屈原，林云铭辈又认为屈原自招（《楚辞灯》），都是不正确的。屈原是自称为"贱贫"的人（《惜诵》"忽忘身之贱贫"），哪里有那样的豪兴！认为自招者的根据，是因为文的开首有一个"朕"字，文的煞尾有一个"吾"字。那些第一人称代名词诚然是作者的自称，但被招的却不是这"朕"和"吾"。那头几句是：

> 朕幼清以廉洁兮，
> 　身服义而未沫。
> 主此盛德兮，
> 　牵于俗而芜秽。

上无所考此盛德兮，

　　长离（罹）殃而愁苦。

这儿所说的"主此盛德"以下便是指的怀王，是说以此有盛德者为君，而此有盛德者不幸为俗所牵累，遭了芜秽。这上古以来所未曾见的盛德者，不幸是长久受了祸殃而不得解脱。须要知道"牵于俗而芜秽"的并不是"身服义而未沫"的"朕"，不然那文义岂不矛盾？

　　再看煞尾的所谓"乱"。那儿开首说"献岁发春兮汩吾南征"，接着又说"与王趋梦兮课后先，君王亲发兮惮青兕"，落尾是"魂兮归来哀江南"。这儿的"吾"和"君王"更是分析得明明白白的。自称为"吾"者所招的"魂"是"君王"的魂，而不是"吾"的魂。

　　还有《招魂》中巫咸的招辞都在每句的煞尾上有一个"些"字，有人说这是空前绝后的一种体裁，又有人说和"兮"字音同字通，都是不妥当的见解。据我看来"些"字和《周南·汉广》与《周颂·赉》的"思"字是一个系统。

《汉广》

南有乔木，

　　不可休思。[21]

汉有游女，

　　不可求思。

汉之广矣，

　　不可泳思。

江之永矣，

　　不可方思。

《赉》

文王既勤止，

我应受之，

　　敷时绎思。

我徂维求定，

时周之命，

于绎思。

体裁和《招魂》完全相同，"些""思"是一声之转。至于兮字古音当读如阿。关于这个字，孔广森有一段很透辟的见解。

> 兮，《唐韵》在十二齐，古音未有确证。然《秦誓》"断断猗"，《大学》引作"断断兮"，似兮猗音义相同。猗古读阿，则兮字亦当读阿。尝考《诗》例，助字在韵句下者必自相协。若《墓门》之止同用，《北门》之哉同用，《采菽》之矣同用，皆"之咍部"字也。兮字则《旄丘》、《君子偕老》、《氓》、《遵大路》皆与也字同用。今读兮为阿，于也声正相类。又《九歌》"愁人兮奈何，愿若今兮无亏"，《天问》"斡维焉系？天极焉加？八柱何当？东南何亏"，亏字亦五支之当改入"歌戈"者。《说文》本从亏，或从兮，未必非兮声也。(《诗声类·阴声歌类》末附)

这个见解是无可怀疑的。从字形上说来兮字是叫人张口发出可(同考)声，八就是张口的意思，那样发出来的声音自然和阿声极相近。知道这个兮字的发音来读《楚辞》，可以知道《楚辞》就是当时的白话。兮字的所在是表示音节，这种读法在后人读诗的音调上也还是保存着的。譬如我们读王绩的《过酒家》[②]：

此日长昏饮，

非关养性灵。

眼看人尽醉，

何忍独为醒？

在"饮"字和"醉"字下总是要拉长着发出一个"阿"声来的。读七言诗时也是这样，又如这个"阿"声读五言时放在每句的第二字下，读七言时放在每句的第四字下，那便成为《九歌》的体裁。知道这层可以解决《楚辞》兮字的秘密，同时也可以知道《诗经》中何以《国风》里面常见兮字，而"大小《雅》"和《周颂》里面几乎一个也没有^㉑。这是因为《国风》是当时的民间口头文学，而《雅》《颂》是当时的庙堂文学。

兮字在古时北方的文字中每每用乎字来代替。乎字最古的发音应该是哈（ha），感叹词的"乌乎"也就是"啊哈"。乌是鸦的古字，是由鸦叫的声音得来。

还有孔广森说和兮字协韵的"也"字，古音是读如"呀"的。关于这个字，陆侃如在《楚辞》里发现了一个秘密，他说"觉得他（也字）实等于疑问号及惊叹号"^㉒。我们如晓得把它当成"呀"字读，他这种说法是可以不用解释的。

据此可知，古时的人用猗兮乎也，也就和今时的白话文用啊呀吧吗一样。固执文言的夫子们对于前者叩头百拜，对于后者则肆口谩骂，其实他们自己是毫不通古文的。

在这儿我顺便还要解决一个字，便是《楚辞》在煞尾处每每要用短歌来作结，称为"亂"，如《离骚》《抽思》《哀郢》《涉江》《怀沙》《招魂》都是有这"亂"的。《抽思》的煞尾更是用的三重奏，有"少歌"，有"唱"，最后是"亂"。"少歌"即小歌。"少歌""唱"，我们都可以了解，"亂"实在令人难于了解。王逸说："亂，理也。所以发理词指，总撮其要也。"古书上也每每有训亂为治的^㉓，其实这已经就是一件怪事体，治亂音既不同，义又正反，那里会有相反的东西来相训的呢？假使亂可以训治，训理，那么理和治不也可以训为亂吗？为着一个"亂"字，讲《尚书》的人就每每闹乱子。但在我们研究过殷周金文的人，这件怪事是已经解决了的。古金文凡司徒、司马、司空的司字都作嗣，有治理的意思，即治丝之象。有时也写作辭（见《兮甲盘铭》），两个字其实是一个字。古文的亂字只作嗣。或作𤔔。亂字实在是别字，是嗣字写错了的。凡是古书上有亂字应该训治的地方应该通作嗣。嗣就是辭，可以知道《楚辞》的"亂曰"本来是作"嗣曰"，即"辭曰"。这便是《楚辞》的"辭"的命名之所由来。贾谊的《吊屈原赋》上又作"讯曰"，那也是"词"字的错误，即是"词曰"。据此可知《楚辞》的"辭曰"在汉初还没有弄错，是后世不通古文的人把它认错了的。这一错一直错了两千多年，我相信那些不通古文而盲从古文的人，就经过我这样说穿，恐怕也还会有人以为我是在捣乱的。但这个亂字实在是值得捣它一下。

以上我把屈原的作品通同检点了一下，据我看来，他的作品可以分为三期。

第一期　《橘颂》《九歌》《招魂》；

第二期　《悲回风》《惜诵》《抽思》《思美人》《天问》；

第三期　《哀郢》《涉江》《离骚》《怀沙》《惜往日》。

《橘颂》《九歌》最早，绝对的年代不能断定，大抵作于楚怀王时，是四十岁以前的东西。《招魂》作于楚怀王死时，是顷襄王三年，屈原四十六岁时做的。第二期的全部作于五十岁以后至六十二岁，长久被放逐在汉北的十一二年中。第三期的全部是作于六十二岁时二、三、四、五的几个月之间，是诗人精神最后一次强烈的燃烧。在这儿或许又有人要发出疑问：屈原到了那样大的年纪为什么还有那样的魄力，作得出《离骚》那样的长诗？这个疑问，我们如想到德国的歌德在他八十岁前后把《浮士德》第二部完成了的事例，是无须乎再费笔墨来解答的。

（三）

中国的真实的文化期起源于殷代。殷人在公元前一一〇〇年前后为周人所灭，周人便继承了他的文明。周人本来是后起的民族，在文王的祖父太王的时候，都还在穴居野处^⑫。殷代末年特别是帝乙和帝辛两代征伐东南夷，几乎倾尽了全力，没有功夫顾到西北，因而周人便乘着机会兴盛起来了。

关于东南夷在《后汉书》的《东夷传》上有比较详细的记载。那里说：

> 夷有九种，曰畎夷、于夷、方夷、黄夷、白夷、赤夷、玄夷、风夷、阳夷……殷汤革命伐而定之。至于仲丁，蓝夷作寇。自是或服或畔，三百余年。武乙衰敝，东夷浸盛，遂分迁淮、岱，渐居中土。

这里面所列的九夷不一定都在东南，有些是在东北或北方的，如畎夷便是犬戎即匈奴。但如于夷和方夷便的确是在东南。帝乙时代的卜辞里面征伐夷方和盂方的记录很多，期限也很长^⑬，师次的地方大都在山东和淮河流域一带。夷方大约就是方夷，盂方一定就是于夷。到殷纣王的时候，《左传》昭四年说："商纣为黎之蒐东夷叛之"，又在昭十一年说："纣克东夷而陨其身"，可见殷纣王是打了胜仗而亡了国。这殷和周的关系颇有点像后来的吴和越的关系。吴到中原，在黄池会上与晋争雄，而他的后方却为越人所袭击㉚。周和越是占了渔人之利的。

周人是文化比较低的民族，他把殷灭了，把殷的文化继承着，在中国的北部有所损益地加以发展。殷人虽然亡了国，他的后人有一部分还存在，那便是宋国，在今河南商丘县以东、江苏铜山县以西的一带地方。还有殷的同盟国徐和楚，起初都是淮河流域的国家，后来渐渐发展，徐的疆域到了江西，楚的疆域到了湖北、湖南。徐、楚在西周时代被称为徐戎和荆蛮或淮夷，但徐、楚两国并不是殷朝时候所说的夷人。殷朝的夷人大约是吴、越，是被殷人驱逐到了长江以南的。《说苑·善说篇》上有一首《越人歌》，是公元前五世纪中叶的鄂君子皙泛舟时所得的。那原文是：

> 滥兮抃草滥予，昌枑泽予昌州州，饳州焉乎秦胥胥，缦予乎昭，澶秦踰渗，惿随河湖。

这首歌到今还不知道该怎样读。（最近听人说：有人研究了出来，同于苗歌。其所研究，余尚未见。）当时的楚人子皙也不懂，叫了"越译"把它翻译了出来是：

> 今夕何夕兮，搴舟中流？今日何日兮，得与王子同舟？蒙羞被好兮，不訾诟耻。心几烦而不绝兮，得知王子。山有木兮木有枝，心说君兮君不知。

这要算是中国最古的译诗，无论怎样看都得是两种国语。据此可知楚和越在古是不同的民族。吴、越人的汉化一定是受了徐、楚人的影响。吴的支配者虽然是周人的伯夷、仲雍，但他们初到吴时也还是半个蛮子。徐、楚人和殷人的直系宋人，是把殷代的文化传播到中国南部，而加以发展的。

就这样，同是由殷人所创造出来的文化，在殷朝灭后分为了两大支。一支在周人手下在北部发展，一支在徐、楚人手下在南方发展。西周三百六十余年间南北是抗争着的，周人一直把徐、楚人当成蛮夷，但南人并不是那样的蛮子。宋时在湖北武昌出土的《楚公逆镈》，经孙诒让考定⑥，楚公逆就是熊咢。熊咢元年当周宣王二十九年。那铭文的字体异常雄壮，铭辞明白的也有"隹（惟）八月甲申，楚公逆自作夜雨雷镈……逆其万年又寿……孙子其永宝"的句子，和周人的铭文并没有怎样的差别。

徐人也有很多古器⑦，有《沇儿钟》《徐語尹钲》《徐王鼎》《义楚钟》《徐王义楚耑》等，铭文都是韵文。我现在把那些铭文通录在下边。

《沇儿钟》（为了易于了解之便古字多已改书今文）

隹正月初吉丁亥，徐王庚之淑子沇儿，择其吉金，自作和钟。中翰且扬，元鸣孔皇，孔嘉元成，用盘（乐也）饮酒，和会百姓。淑于威仪，惠于明祀。歔（吾）以晏以喜，以乐嘉宾，及我父兄庶士。皇皇熙熙，眉寿无期，子子孙孙，永保鼓之。

《徐語尹钲》（文中用×者表示缺文）

隹正月，月初吉，日在庚，徐語尹×故×自作征城。（征城即是钲之古名。）×诸父兄，微至剑兵。亿万子孙，眉寿无疆。皿（通盂，勉也。）彼吉人享，士余是尚。

《徐王鼎》

徐王粮用其良金，铸其鑐（将）鼎。用胹庶腊，用饔宾客，子子孙孙，世世是若。

《义楚钟》

隹正九月，初吉丁亥，曾孙俦儿，余迭斯于之孙，余幽佫之元子，曰于摩（呜呼）敬哉。余义楚之良臣，而逐之字父。余倬逐兄敔（通择）吉金镈铝，以铸和钟，以追孝先祖。乐我父兄，饮饲歌舞。孙孙用之，后民是语。

《徐王义楚耑（觯）》

隹正月吉日丁酉，徐王义楚择其吉金，自作祭耑。用享于皇天及我文考，永保怡（余）身，子孙×宝。

最后的《徐王义楚耑》是前清光绪年间在江西高安出土的。义楚便是《左传》

昭公六年"徐仪楚聘于楚"的仪楚，是在春秋末年。因此可以知道《义楚钟》也是同时代的作品。其余三器年代虽不明，但大抵是春秋年间的东西。我们请细细读那些铭文，可以知道那和北方出土的东西没有多么大的差异，而且和周人的《雅》《颂》格调也有一脉相通的地方。

还有一个《王孙遗者钟》是出土于湖北的（地名未详）。有人说是楚器，但我疑是徐器。遗者怕就是《礼记·檀弓》上的徐人容居，遗容双声，者居迭韵。那文字和《沇儿钟》相仿佛，更要堂皇。

《王孙遗者钟》

隹正月初吉丁亥，王孙遗者择其吉金，自作龢钟。中谞且扬，元鸣孔皇。用享以孝，于我皇祖文考，用祈眉寿。余宏龚舒迟，畏忌翼翼。肃哲圣武，惠于政德。淑于威仪，谋猷丕饬。阑阑和钟，用晏以喜。用乐嘉宾父兄及我朋友。余恁訇（通台，我也）心，诞×余德，龢滲民人，余敷昀于国。煌煌熙熙，万年无期，亿万孙子，永保鼓之。

还有受了徐、楚影响的吴、越也有不少的古器。特别是吴国，有《者减钟》十二具，是前清乾隆二十六年（公元一七六一年）在临江出土的。据说"临江民耕地得十一钟"（见《甯寿鉴古》），临江即今江西清江县。经余研究，钟确是十二具，有一具近藏刘体智家，与前所著之十一具均不同，可知出土时曾有匿藏未报者。其钟有七具的铭文⑦，共有八十多个字，但均甚残泐，经我把它们参缀起来，才成了全文⑧。

《者减钟》

隹正月初吉丁亥，工歔王皮黙（然）之子者减，择其吉金，自作瑶钟。不帛（白）不羊（骍），不铄不雕，协于我灵籥，俾和俾孚。用祈眉寿繁釐，于其皇祖皇考，若召公寿若参寿。俾汝惠惠歔歔，和和钦钦。其登于上下××，闻于四旁，子子孙孙，永保是尚。

吴国古时候是称为勾吴的，这儿的工歔就是勾吴。黙字是古然字，皮然便是吴王柯转。据《史记·吴世家》知道柯转（《史记》误为"转"，此据谯周《古史考》）的儿子是颇高，颇高的儿子是句卑，句卑时晋献公灭虞（《春秋》僖五年）。者减是颇高的兄弟行，可以知道他的时代是在春秋初年。

上面所举的一些古器铭，因为是古书上所没有的东西，所以我特别一一把它们整录了出来。为使读者易于了解起见，所有的古字我大抵都写成了现在的通用文字，但那里面有许多文句仍然是难解的，我在这儿只好希望读者本"好读书不求甚解"的办法去读它们一遍，读了便可以有下列几个见解抽绎得出。

（一）南方的江淮流域，在春秋以前，已经是有高度的文化。周人骂徐、楚是蛮子，那是周人的敌忾心所发出来的不公正的批评。

（二）南方的文字也有"台阁体"，和《周书》的《诰》《命》，《周诗》的《雅》《颂》相仿佛，而和《楚辞》的风格不同。

在这儿可以看到屈原思想的渊源和他的艺术的特异性。

《楚辞》中使用的方言，即当时的白话最多。如"兮"字"些"字是人人所知道的《楚辞》的特征，后世的文人对于有这种字面的文辞特别称为"骚体"，也就是见到了这两个字的特异。"兮"和"些"都是写的当时的口音，就是白话。还有一个"也"字用来表示疑问和惊叹，是和今人的"呀"字相当的，也是当时的口语。这些都在上面说过。不过这三个字的使用不始于《楚辞》，《诗经》的《国风》中多用"兮"字句，屈原以前的南方人的诗文也多用"兮"字。些字在《周诗》中已有"思"字的先例。"也"字尤其是春秋以来的散文家所惯用的，秦文又多用"殹"字来代替。这些都不是屈原的独创，只是屈原把"兮"字和"些"字用得更多，而"也"字用得更特别一些。

此外为屈原所使用的楚国的方言，据可考的有如下列。

（一）汨——《离骚》"汨余若将不及兮"，《方言》云"疾行也，南楚之外曰汨"。

（二）搴——《离骚》"朝搴阰之木兰兮"，《说文》云"拔取也，南楚语"。

（三）莽——《离骚》"夕揽洲之宿莽"，《方言》云"莽，草也，南楚曰莽"。

（四）冯——《离骚》"冯不厌乎求索"，王逸注云"满也，楚人名满曰冯"。

（五）羌——《离骚》"羌内恕己以量人"，王逸注云"羌楚人语辞，言卿何为也"。案此字在屈原作品中凡十三见，用"卿何为"意，多讲不通。据余所见，有些地方等于乃，有些地方等于而，有些地方只表示感叹。又有謇或謇字用为语词者凡八见，与羌字相等，而口气略轻。

（六）诼——《离骚》"谣诼谓余以善淫"，《方言》云"诼，愬也。楚以南谓之诼"。

（七）佗傺——此二字连语凡五见。《离骚》"忳郁邑余佗傺"，王逸注云"楚人名住曰傺"。又《惜诵》"心郁邑余佗傺"，注云"楚人谓失志怅然住立为佗傺"。《方言》亦云"傺，住也。南楚谓之傺"。

（八）阊阖——《离骚》"倚阊阖而望予"，《说文》云"阊，天门也。楚人名门曰阊阖"。

（九）篿——《离骚》"索琼茅以筳篿"，王注云"楚人名结草折竹以卜曰篿"。

（十）軑——《离骚》"齐玉軑而并驰"，此軑言毂端锗也，《方言》云"关之东西曰辖，南楚曰軑"。又"轮，韩楚之间谓之軑"。

（十一）邅——《离骚》"邅吾道夫昆仑"，王注云"楚人名转曰邅"。

（十二）灵——《云中君》"灵连蜷兮既留"，王注云"灵，巫也。楚人名巫为灵子"。

（十三）坛——《湘夫人》"荃壁兮紫坛"，高诱云"楚人谓中庭为坛"。

（十四）褋——《湘夫人》"遗余褋兮澧浦"，《方言》云"禅衣，江淮南楚之间谓之褋，关之东西谓之禅衣"。

（十五）咍——《惜诵》"众兆之所咍"，王注"咍，笑也。楚人谓相调笑曰咍"。

（十六）悼——《抽思》"心震悼而不敢"，《说文》"悼，惧也。陈楚谓惧曰悼"。

（十七）笯——《怀沙》"凤皇在笯"，《方言》云"笼，南楚江沔之间谓之篓，或谓之笯"。

（十八）诧——《惜往日》"或诧谩而不疑"，《说文》"沇州谓欺曰诧"。

（十九）娃——《惜往日》"妒娃冶之芬芳"，《方言》"娃，美女。吴楚衡淮之间曰娃，秦晋之间曰娥"。

（二十）闬——《招魂》"去君之恒幹"，注云"幹或作闬，闬，里也，楚人名里曰闬"。

（二十一）爽——《招魂》"厉而不爽"，注云"楚人名羹败曰爽"。老子《道德经》"五味令人口爽"，同此意。《老子》为战国时楚人环渊所辑录㉘，也足以证明爽为楚国方言。

（二十二）蔽——《招魂》"菎蔽象棋"，《方言》"博谓之蔽，秦晋之间谓之博，吴楚之间谓之蔽"。博蔽一音之转。

（二十三）瀛——《招魂》"倚沼畦瀛"，注"瀛，池中也。楚人名池泽中曰瀛"。

（二十四）梦——《招魂》"与王趋梦"，洪兴祖补注"楚谓草泽曰梦"。

此外《涉江》有"款秋冬之绪风"一句，洪兴祖补注引《方言》云"款，然也，南楚凡言然者曰款"。但这个字在原文是动词，并不是用为然字，我看是假借为哀，这一例当除外。

还有"离骚"两个字也是楚国的口语，梁章钜的《文选旁证》引《项氏家说》："《楚语》伍举曰'德义不行，则迩者骚离，远者距违'。"又王伯厚《困学纪闻》："伍举所谓'骚离'，屈原所谓'离骚'，皆楚言也。"这虽然不是白话入文，而是以白话命题，尤其是创例。

白话入诗已经可以说是诗体的解放，然而更有醒目的是《楚辞》中诗的句法之延长与诗的篇章之放大。

中国古代诗歌的句法多是以四言为定格，《诗经》里面的《风》《雅》《颂》是这样，秦人的《石鼓诗》，以及始皇帝的各种刻石辞也是这样。就连周代的彝器铭文凡有韵的也都是这样。这种定格在南方的有韵的金文中，如上面所举出的那些，也没有改变。只有在春秋、战国时人的有韵的散文里面才有些把这种格律解放了。《易经》中的韵文也多是解放了，但那经部是纂成于战国初年，传部多是秦始皇时荀子的门人所做的（此别有说）㉙。真正在诗中的解放只有在南方的歌谣里面可以看见，如上举的《越人歌》的楚译是绝好的例子。

《孟子·离娄》上有一首《孺子歌》：

> 沧浪之水清兮，
> 可以濯我缨；

> 沧浪之水浊兮，
>
> 　可以濯我足。

是孔子听来的童谣。（《渔父词》里面的渔父亦唱此歌，足证其晚成。）这大约也是南方的歌谣吧。因为是孺子，出口自成天籁，故没有拘守一定的格律。

《左传》哀公十三年有吴申叔仪《乞粮歌》：

> 佩玉蕊兮，
>
> 　余无所系之。
>
> 旨酒一盛兮，
>
> 　余与褐之父睨之。

也没有遵守四言的格律。这些歌自然可以称为《楚辞》的前驱，都是突口而来的，并不是经意的创作，同时也就可以说是白话诗。

《吕氏春秋·音初篇》上又有《候人歌》，只单独的一句。那儿说：

> 禹行水，见涂山之女。禹未之遇而巡省南土。涂山氏之女命其妾候禹于涂山之阳，女乃作歌曰"候人兮猗"！实始作为南音。

禹的传说自然是伪托，这单独一句的《候人歌》确只是一句表示着情绪的白话。大率古时白话的土俗歌谣是不遵守一定的格律的，而一到诗人手里，要经意做作起来的时候，便立地为四言格律所限定了。《国风》应该有大部分是民间歌谣，然也多是守着格律的，我相信是经过了孔门的删改。《国风》所采集者十余国，《雅》《颂》所概括者数百年，而诗之音韵格调无地方色彩与时代差异，即此便足以证明，《诗》是经过整齐划一的工作的。时间当在春秋与战国之交，人当不限于一人。

然而诗歌一到了《楚辞》，便是有意识地成就了一番伟大的革命。《楚辞》，特别是屈原的作品，都是经意的创作。除掉《天问》一篇还多少遵守着四言格律之外，其余的可以说是全部打破了。《招魂》中的巫咸的"招辞"虽然貌似四言，但如果把那可有可无的表示口音的"些"字删去，差不多是一首长篇的七言诗，和旧式的格律大有不同。《离骚》和《九章》的一部分如把

"兮"删去，基本上是六言诗。《九歌》有一部分如把"兮"删去便是五言诗或长短句。后来的诗句变化几乎为屈原一人所尝试尽了。这项工程无论怎样不能不说是屈原的天才之所致。屈原之所以成就了这项工程的重要原因，我看就是因为他利用了自成天籁的歌谣体。他是利用了歌谣的自然韵律来把台阁体的四言格调打破了。屈原，可以毫不夸张地给他一个尊号，是最伟大的一位革命的白话诗人！

有了白话入诗，有了自然韵律的采用，其必然的结果便是诗的篇章之扩大。这层是用不着多说的，只消把篇幅较长的"大、小雅"来和《离骚》《天问》比较一下，便可以明白。在这儿我要附带着说几句：《楚辞》里面的作品，旧时的人多不把它们当成诗看待，有的说是赋，有的更别立一个"骚"的名目。"骚"的命名之不通自毋庸说，赋只是诗的一体。更要严格的说时，诗是限于抒情的，要屈原的作品才全部都是诗。后起的一些铺张扬厉的汉赋，大多只是一些有韵的散文而已。

屈原作品多有超现实的着想，如描写天国，如自然物的拟人化，和周人的"《雅》《颂》"有天渊的不同。周人也有天堂的观念，如《大雅·文王篇》的"文王在上"，又"文王陟降，在帝左右"之类，但他们只是率直地当成一种事实叙述着，丝毫也没有驰骋一下想象的羽翼。这个差异，和民族性质与自然环境自然有关，但也可以说是殷、周文化色彩的不同。周人固然是继承了殷人的文化，但它是经过了他们自己的一番损益，把合于自己的民族性质的，便于自己的政治统治的，保存了下来；把那些不合的、不方便的，便抑制着听它萎缩了。殷人是富于超现实性的民族，他们最迷信鬼神。这层在殷代卜辞中有古物上的证据。就卜辞看来，殷人除掉自己的祖宗和至上神的天帝之外，风云虹霓河岳都被视为神祇，而一切大小事件都要用龟卜来请命于鬼神。他们对于卜的迷信之深实在可以惊人：卜辞中每每有记载着卜的效验的文字，时效之长有至一百七十六日的[41]。占卜一次有半年的时效，那是再没有不灵验的占卜了。这种迷信的习惯便是周人所摒除了的东西。周人，特别是周初的周公，在把殷人的天下夺取了之后，他只利用了鬼神来作为愚民的宗教政策。且看《周书·君奭篇》上周公所说的"天不可信，我道惟文王德延"，便最为明白[42]。《礼记·表记》上有一节话批评殷、周人的宗教态度，是说：

殷人尊神，率民以事神，先鬼而后礼……周人尊礼尚施，事鬼敬神而远之。

这个批评是正确的。殷人的超现实性被北方的周人所遏抑了的，在南方的丰饶的自然环境中，却得着了它的沃腴的园地。《楚辞》的富于超现实性，乃至南方思想家之富于超现实性，我看都是殷人的宗教性质的嫡传，是从那儿发展了出来，或则起了蜕化的。屈原作品中常有灵巫在演着重要的节目，那便是绝好的证明；而屈原始终崇拜着殷代的贤者彭咸，也正明白地表示着他的超现实的思想的来历。

在《招魂》里面还有关于地狱的描写。地狱名为"幽都"，有土伯执掌之。土伯有角，三目，虎首牛身。有人以为是印度传来的思想。但《尧典》言"宅朔方曰幽都"，则幽都在北，并非南来系统。我疑仍是殷人旧有的思想，在南方尚保存其固有的面目，在北方则仅存其名号，俨然成为地上的地名了。

不过这种超现实的宗教性质的思想，与其说是屈原思想的特征，宁可说是楚国人的一般的信念。宗教思想在春秋、战国时代的思想家中，除掉墨家之外，大多是遭了扬弃的。屈原个人也正不免受着了这种时代精神的激荡，他自己是采取着怀疑态度的。

屈原的怀疑态度，在《天问》一篇中表示得最明白，那儿不仅是对于带着宗教色彩的神话传说表示着怀疑，对于一切历史上的记载、人事上的伦理，也一概都表示着不能信任。在这篇之外，他的这种态度也有所表露。例如在《招魂》里面，他借着巫咸的口叫怀王的灵魂不要往天国里去，他说那儿有豺狼虎豹盘据着，灵魂走去很危险。又例如在《离骚》中他驾着玉虬，乘着凤凰往天上去，到了天国的门前，叫门子开门，而那天国的门子才倚着天门望着他，不肯打开，好像也要点开门礼的样子，使他叹息着连天国中也没有好人。（"哀高丘之无女"。）连天国他都不视为极乐的地方，这种怀疑的奇拔的着想似乎是古今独步的。

屈原一方面在极端地怀疑，一方面又在文字中多采用超现实的资料，这很像一个矛盾，但这正表示着他是艺术家而非思想家。他在艺术家的立场上从事创作时，所有已成的具象化了的思想观念是乐得利用的。他是利用来做文章上的藻饰，而非信仰着以为实践上的规范。假使上帝、百神、天堂、地狱那些观念他真正是信仰着，那他是绝对不会出于自杀的了。他之所以终于自杀，正是他怀疑精神的必然的结论。

屈原在他的伦理思想上却很受了儒家的影响，他的实践上的行为很是一位现实的人物。他持身极端推重修洁，自己的化名是正则和灵均，又反反复复地屡以诚信自戒，而对于君国则以忠贞自许。如：

> 善不由外来兮名不可以虚作。（《抽思》）
> 重仁袭义兮谨厚以为丰。（《怀沙》）
> 定心广志，余何畏惧兮。（同前）
> 事君而不贰兮迷不知宠之门。（《惜诵》）
> 秉德无私，参天地兮。（《橘颂》）

这些类似格言的辞句，和儒家的口吻毫无二致。还有他所景仰的古人，如尧、舜、禹、汤、文王、箕子、比干，也是儒家典籍中所习见的人物。最可注意的，他虽是南人，而于道家的虚无恬淡、寂寞无为的学说却毫没有沾染。（《远游》那一篇本有这种臭味的浓厚表现，但那并不是他的作品。）由年代推勘起来，我揣想屈原或许是陈良的弟子。他在年少时分便有《橘颂》那样的文章，我相信他至少也该得受了陈良的影响。《孟子·滕文公》上说：

> 陈良，楚产也，悦周公、仲尼之道，北学于中国，北方之学者未能或之先也。彼所谓豪杰之士也。

陈良是有弟子的人，在《孟子》里便有宋人的陈相、陈辛兄弟。孟子那样的推崇他，足见他一定是南方的一位大师，是儒术在南方的传道者。从年代推考起来，他正好可以充当屈原的先生。

屈原又根本是一位爱国者，他的作品这样告白着，他的行为也这样告白着。先秦时代的学者自孔子以来大都怀抱着大一统主义。他们都想把中国的局面统一起来，只要能够达到目的，都有一个不择国而仕的倾向。早辈的孔子、墨翟不用说，和屈原同辈的，如本是邹人的孟子而求仕于齐、梁；本是赵人的荀子而游学于齐、仕于楚；本是楚人的环渊、陈良、许行，环渊为齐稷下先生，陈良北学于中国，许行自楚之滕，愿做滕文公的编氓；本是韩国的公子韩非，入秦而劝秦灭六国。这些都足以证明当时的学者们是志在天下而不在一国。但屈原却是不同。他在怀王时遭了疏远，虽然放浪着而他不肯出国。他在顷襄王时受了放逐，虽然颠沛着而他也不肯出国。他始终眷念着楚国，希望自己能够复位，希望自己所怀抱着的"美政"（见《离骚》）能够实行。

他之所以不去国，并不是他不能，他是可能的。特别像齐国，一定会欢迎他，因为他本是亲齐的合纵派，并且是出使过齐国的人。齐国在战国时是最奖励学术的一个国家，《史记·田敬仲世家》上说：

> 宣王喜文学游说之士，自如驺衍、淳于髡、田骈、接予、慎到、环渊之徒七十六人，皆赐列第为上大夫，不治而议论。是以齐稷下学士复盛，且数百千人。

屈原假如肯到齐国，齐国纵使不会以政治上的实权给他，至少可以让他"不治而议论"或者"不治而做诗"，做一位名誉上大夫。屈原却不肯去，而始终是流离颠沛着，陷在楚国。

但他也并不是不想走，他的作品中想走到四方去寻求知己的话是屡见不一见的，特别是在《离骚》中他借巫咸的口说出来的话最为明白：

> 勉升降以上下兮，
> 求矩矱之所同。

这不用说本是他自己的心事，但他这个心事终竟没有实现。他这种心事多少是包含有为求一己的安全的意思，但他知道就到外国去，他的根本的怀抱不见得便能够实行。就如孔子周游天下而卒老于行，孟子往返齐、梁而终归退隐的一样，他也是儒者之徒，这些前辙当然是见到了的。他的根本心事是期其君为尧、舜而自许以皋陶，他是想靠楚国来统一天下的。请看他说：

> 彼尧、舜之耿介兮，
> 既遵道而得路。

> 忽奔走以先后兮？
>
> 及前王之踵武。(《离骚》)

他所想走的道路就是这样的道路，他所企图的目标便是要追踪唐、虞三代。在当时的楚国，以疆域而言比秦、齐还要大，以富庶而言是占着长江流域，要实现他的目的是很有可能的。他之所以始终不肯去楚，也就是这个原故。本来在中国的开拓上，楚国人是很有功劳的，《左传》昭公十二年载着楚灵王的话说：

> 昔我先王熊绎辟在荆山，筚路蓝缕，以处草莽，跋涉山林。

可见长江流域多半为楚人所开辟出来的地方。长江以南的百粤、闽、瓯本为北方的文化所不及，然在汉初已经有相当的文化，可知多是受了楚人的影响。楚人开拓了中国的南部，和早就由殷人所开拓出的中国北部，在战国末年已经得到文化上的统一的时候，楚人再进一步本可以完成全中国的政治上的统一。然而在这个政治斗争的局面上，他遇着了那个崛起于西北的励精图治的秦人。秦人是后起的民族，占着居高临下的形势，在军事上得到了很大的便宜，终于像周人把殷灭了的一样，把六国灭了。六国中的楚国人，我们知道是最不甘心的。他们费了将近一千年的南方的经营，由整个的中国民族说来是有不能磨灭的功绩，而在当时的楚民族却要算是"功亏一篑"。秦、楚争霸的焦点恰好在怀、顷襄两世，而屈原又恰好生当在这个时候。怀、顷襄二王假使真真是有为之主，或者最后的胜利也不见得便要属于秦人。然而楚国的文化是太高度化了，我们看到《招魂》上所叙的王者生活的铺张，前年在寿县出土的考烈王和幽王墓中的古器的奢侈，可以知道一些中庸之主要想不偷逸苟安是不易办到的。屈原是明白人，天下的大势他看得很清楚，他始终是抗秦派，然而他的政策终不见实行，而终于在自己的存世之中看见了楚都的破灭。这样岂是他所能甘心的吗？他的不甘心也就是楚人的不甘心。由这不甘心所生出的他的悲愤的文辞也就是楚人的呼吸。楚人特别爱他的辞，特别哀他的死，更由他的辞与死而增长了民族的义愤。所谓"楚虽三户，亡秦必楚"的预言[43]之所以产生，以及那个预言之卒由楚人的项梁、项籍而实现，都是这个不甘心的成果。楚人是把在政治上统一中国的功名和产生了一位屈原的功名兑换了。

但楚人的精神上的生产却收到了意外的成功。由楚所产生出的屈原，由屈原所产生出的《楚辞》，无形之中在精神上是把中国统一着的。中国人如果不灭种，中国文如果不消灭，《楚辞》没有毁灭的一天。楚人的功劳是不朽的，屈原是会永远存在的。

二　屈原的时代

关于殷代是奴隶社会这一层，近来已得到一般的公认，唯关于周代，则见解尚未能趋于一致。有好些学者认为周代已经是封建制了，这层是很值得讨论的。因为这个关键如不决定，则屈原时代的精神和屈原思想的属性也就无从决定。故我在叙述屈原时代之前，我要把殷周社会的情形略略讨论一下。

向来讨论殷周社会的人大都取材于《诗经》和《书经》，但《诗经》和《书经》这两部书作为资料而使用，是有问题的。《书经》可信的并没有几篇，而且都经过孔门弟子所润色，自不免染上了春秋、战国时代的色彩。《诗经》的集成也是同样，而所染的东周色彩尤为浓厚。例如以音韵言，《国风》所蒐及的遍于江河流域，而无地方色彩的悬异；"《雅》《颂》"的时代自周初以至春秋中叶，其间将近五百年，而无时代性的区分。这都明显地表示着《诗经》是在某一时期被某一部分人所整齐划一了的东西。古时言"孔子删《诗》《书》"，《诗》《书》虽不必一定删于孔子，但是经过删改润色是不能否认的事。《诗》、《书》既经过战国年间的人所润色删改，自然会染上删改人的时代色彩。因此无批判地利用《诗经》和《书经》以为史料，便要成为问题。

《诗》《书》之外，《易经》成于战国初年，我已有专文论及。周秦诸子中所散见的材料，自然是可以宝贵的东西，但在那些材料的解释上也须得经过严密的批判。这项工程我觉得我们做得还不够。学者于取材上既相当自由，而于材料的解释上尤多未脱主观主义的倾向。

例如井田制一事，其说始见于《孟子》，《周官》一书虽言之更详，但《周官》是有问题的书。《孟子》虽把《诗经》的"雨我公田，遂及我私"的两句话作为井田制解释，[4]但并没有其他的旁证。周代的彝器铭文锡土田和正疆界的记录颇多，但无井田制的痕迹。故井田制在古时是否存在，还是疑问。

小规模的存在大约是可能的：因为在罗马有相类似的百分田制的古迹是被发现了。中国将来在河南境内平衍的地方大率也有发现的可能。在这种情形之下，而主张周代是封建制的人，却已经把井田制作为庄园的雏形而解释着。这未免是主观上的一大飞跃。

主张封建制者的另一种飞跃，便是把周人灭殷，视为如同日耳曼人灭亡罗马。这同样是富于主观色彩的极端自由的比附。假使要用比附的话，把殷人和周人的关系比于希腊的雅典人与斯巴达人的关系，倒要更适当一点。周人在初本是殷人的同盟民族，在传说上是称为同祖。就见于甲骨卜辞者而言，殷人时常关心周人，屡有"聘周"的记录，对于周之首长称"周侯"，这和日耳曼人与罗马人的关系完全两样。

周人把殷灭了，同时是把殷之遗民化为了奴隶。封伯禽于鲁，予以"殷民六族"，封康叔于卫，予以"殷民七族"，封叔虞于唐，予以"怀姓九宗"⑮。这些六族七族的殷民和九宗的怀姓，自然就是奴隶。有的朋友认为这是农奴，并引《书经》上周公对殷人所说的两句话："今尔尚宅尔宅，田尔田"⑯为证，证明这些人都是有自己的家产和土田。其实所谓"宅尔宅，田尔田"者乃宅尔所宅之宅，田尔所田之田，非宅尔所有之宅，田尔所有之田。照鲁国到宣公十五年"初税亩"来说，西周怎么也还不能有租税制，或地主农奴之分。何况奴隶制中也还有种种的形态。例如同一希腊，雅典和斯巴达的制度便不尽同。雅典采取的是直接榨取的方式，斯巴达的黑劳士（Helots）⑰，却被束缚于土地，经营着半独立性的经济，而向主人贡纳赋税。这在表面上颇类于农奴，然而黑劳士有当兵服役的义务，并可任意屠杀，依然是奴隶。彝族社会中的黑骨头（主）与白骨头（奴）的关系，也和这相类似。白骨头中的"管家娃子"经营着半独立性的经济，向黑骨头贡租，也好像是农奴，然而彝族社会断断乎不是封建社会。大抵周人的奴隶多少和斯巴达的相仿佛，倒是事实。因为中国是一个农业的大陆国家，土地广大，人口众多，最宜于黑劳士方式的榨取。周代的黎民、庶民、人鬲等，就是黑劳士式的奴隶，而且是在严密的意义上的生产奴隶，和臣妾仆隶奴童奚婢等之为家内奴隶者不同。这种家内奴隶中的高级者可以代表主人管理生产奴隶，演化而为统治者的臣宰，彝族社会中的"管家娃子"是也。周康王二十三年的《大盂鼎》铭文里面有一项极可宝贵的资料。那是康王的一位大臣名叫盂的，因为有功受了赏赐，他把所赐的物品记录了下来，铸在一个青铜器的鼎上。那物品里面的一项是人和臣。

> 锡汝邦司四伯，人鬲自驭至于庶人六百又五十又九夫；锡夷司王臣十又三伯，人鬲千又五十夫。

邦司和王臣就是管家娃子，人鬲即旧文献中的"民仪"（古文家误作"民献"），这其中包含有"自驭至于庶人"，便是包括着低级的家内娃子和娃子，庶人是居于最下等的。庶人即是从事农耕的生产奴隶，所谓"庶人力于农穑"（《左传》襄公九年文）。这种人在西周社会的身份，在这项铭文里面表示得很明白。这在殷代是称为"众"或"众人"，甲骨卜辞里面每每见到"王令众黍于某"之文，又有"王大令众人曰协田，其受年"的记录，"众"或"众人"也就是从事耕作生产的人。故卜辞众字作"日下三人形"，表明是在太阳下边工作的群庶。"众人"有时也用来从事战争，这是当然的事。因为古时候并无常备兵的设置，平时的生产者也就是战时的战斗员了。有的朋友把这"众"或"众人"说为自由民，以《书经·盘庚篇》"王命众悉至于廷"为证，谓如为奴隶，如何能参与政议？实则原始民族在有大事发生的时候，整族的成员无问主奴都可以参加会议的。例如彝族临有事故时，白骨头娃子亦须参加全体会议，便是一个证明。而且这"众"或"众人"就在西周的青铜器铭文中，也有绝好的资料足以断定它的确是奴隶。这项资料，便是有名的《智鼎》。

> 唯王元年六月既望乙亥，王在周穆王大〔室、王〕若曰："智，命汝更乃祖考司卜事，锡汝赤δ〔市〕、□用事。"王在遣居，井叔锡智赤金鋬。智受休□王。智用兹金作朕文考窑伯鬚牛鼎。智其〔万年〕用祀，子子孙孙其永宝。
>
> 唯王四月既生霸，辰在丁酉，井叔在异为□，〔智〕使厥小子䵾以限讼于井叔："我既买汝五〔夫效〕父，用匹马束丝。限许曰䚢则俾我偿马，效父〔则〕俾复厥丝束。䚢、效父遁许贊曰于王参门□木榜，用徽诞买兹五夫，用百孚。非出五夫□誓。遁䚢又誓暨齍金。"井叔曰："在王人遁买用不逨付智，毋俾贰于䚢。"智则拜稽首受兹五夫曰陪、曰恒、曰耦、曰

鎣、曰肯，使孚以告龢，逋俾□以智酒及羊，丝三孚，用致兹人。智逋誨于龢曰："汝其舍矐矢五束"，曰"必尚俾处厥邑，田厥田"。龢则俾复命曰"诺"。

昔饉岁，匡眔厥臣廿夫寇智禾十秭，以匡季告东宫。东宫逋曰："求乃人，乃弗得，汝匡罚大。"匡逋稽首于智，用五田，用众一夫曰益，用臣曰疐、〔曰〕朏、曰奠，曰"用兹四夫，稽首"。曰"余无攸具寇正□□不□□余"。智或（又）以匡季告东宫。智曰："必唯朕〔禾是〕偿。"东宫逋曰："偿智禾十秭，遗十秭，为廿秭。〔如〕来岁弗偿，则付卅秭。"逋或（又）即智用田二，又臣〔一夫〕，凡用即智田七田，人五夫。智觅匡卅秭。

铭文共分三段，首段有"王在周穆王大室"之语，足见乃穆王以后的东西，大约是在孝王时代。第二段所记载的是贩卖奴隶的事。虽然文字稍有残缺，但大意可以明了。是名叫智的人先向名叫限者的家臣效父购买五名奴隶，用一匹马和一束丝。限中途变卦，叫他的家臣二人（效父为其一），一人还了马，一人还了丝。二人又约好了用现钱交易，取镬百孚，但这交易又为限所反对。屡次爽约，故成讼事。我们由这段铭文看来，可以知道在孝王时有奴隶人口的公然贩卖，而交易形式是兼行着实物交易与准货币交易的两种。实物交易时奴隶五人只值得马一匹和丝一束，便是五个人的价值仅仅抵得上一匹马。准货币交易时五人合镬百孚，一人值二十孚。镬字，金文中常见，音读不可考，时常是以孚为单位的。孚即鋝字，汉以来又往往误为锾。这个字经我的考证是有两个系统的，用为货币单位时是重十一铢二十五分铢之十三，用为衡量单位时是重六两或六两大半两（"大半两"即三分之二两）。这儿是用作货币单位的，应该是前者。一人值二十孚，用汉时的五铢钱来合算时，一个人只值得四十六文钱。

铭文的第三段是以奴隶来赎罪的事。是在一年饥馑的时候，有一位名叫匡季的人率领他的奴隶二十人去偷了智的禾十秭。智便向王官名叫东宫的去告发了他。匡甘愿"用五田，用众一夫，用臣三人"来抵偿。但智仍不满足，要他非偿还禾稻不可。东宫便叫匡"偿十秭，遗十秭，为廿秭，如来岁弗偿，则倍卌秭"。匡却又加上二田和一臣来私下了结，一共赔了七田和五人，而智也就免少了他的罚禾卌秭，原禾的十秭当然是追回了的。据《说文》，知道"五稷为秭，二秭为秅"。又据《仪礼·聘礼》知道"四秉曰筥，十筥曰稯，十稯曰秅，四百秉为一秅"。秭是半秅，当二百秉。"秉者把也，谓刈禾盈一把也"（郑玄说），三十秭则为六千把。匡宁肯出七田五夫而不肯出六千把禾，可知七田五夫必比六千把禾贱。禾一把可取米一合之谱，六千把仅取米六石。六石米之价竟在七田五夫之上。五夫若值马一匹、丝一束，或馈百锊，七田不知当值几何，但七田每年所出必远在六石以下。五夫各夫所值亦必远不及一石。古代田积之小与人价之贱，实在足以惊人。

像这样任意用来和马匹、丝束、钱锊、禾秭交换或抵偿的"臣"和"众"，除解为奴隶之外，实在没有第二种的解释。"臣"很明显的是家内奴隶，"众"便是生产奴隶了。由后以例前，可知殷代社会已经是奴隶制，而西周是奴隶社会，也是毫无问题的。

奴隶制度在西周末年厉王奔彘的那个革命的插话上便在开始动摇，但它的根蒂就在春秋中叶都还依然存在。在这儿有北宋宣和五年在临淄出土的《叔夷镈》及《叔夷钟》（旧称《齐侯镈钟》）是绝好的证明。那是齐灵公十六年（鲁襄公七年，公元前五六六年）的器皿，叔夷在灵公十五年灭莱之役有功，受了齐侯的爵赏，便作器以记其事。这在金文中是很堂皇的一篇文章，长约五百字，其中有两句是：

> 余锡汝釐都××，其县三百，造戟徒四千，为汝敌寮。
> 余锡汝车马戎兵，釐仆三百又五十家，汝以戒戎作。

孙诒让曾考定出[注]釐就是莱（古音莱读如釐），那是确切不易的。我们由这两句看来，可以明白地知道，莱被齐灭后，他的国土成为了齐的郡县（注意：郡县制并不始于秦），他的人民成为了齐的奴隶。所谓"敌寮"者，敌通嫡，是直属的意思。寮便是"隶臣僚"的僚，于四千的"嫡僚"之外又有三百五十家的"釐仆"，也就是"僚臣仆"的仆。这奴隶制的规模，不能不说是相当宏大的。

总之，在殷代灭后，中国的社会曾亘历过几百年的奴隶制度，由上举的一些证据看来，凡是不为先入见所囿的人，是不能够否认的。

知道西周乃至春秋时代是奴隶制，对于自春秋末年以来至嬴秦统一天下（公元前二二一）为止的三百年间，中国文化的那个灿然的黄金时代，在社会史上的意义便可以迎刃而解。那个黄金时代的意义不外是奴隶制向封建制的转移之在意识形态上的反映。屈原是生在这个时代的后半期的人（公元前三四〇——二七八），他和他的作品之社会史上的意义，也就和浮雕一样呈现了出来。

我们要晓得周人在太王以前本来是没有多么高度文化的后进民族，他们夺取了殷朝的宗主权，把殷民族的大部分奴化了，同时把殷人的文化继承了下来。但他们的继承是有控制的继承。在周人控制下的殷人虽然陷到了臣仆的境遇，他们本来是文化上的先进，我们是不要忘记的。他们在周人的文化控制之下隐忍了几百年，在春秋末年却又抬起了头来。继承着奴隶宗主周室的衰落和"世卿制"之逐渐废除，应运而起的"执命"的"陪臣"与"横议"的"处士"，不外是皂隶之流的高级者或地主化了的皂隶。文化的主体由后进的君子转到了先进的野人，由统治阶级转到了被统治阶级。当时的两大学派的领袖孔子和墨子都是宋人而居于鲁者^⑧，他们这些人物，由周人的立场上说来，都是奴隶的子孙。近人有解释墨子之墨为刺墨之墨的^⑨，则墨子还是刑余之人。儒家称道尧、舜，主张"有德者必在位"的哲人政治，墨家祖述夏禹，提倡尚贤、尚同、兼爱、非命。他们都不认周人为绝对的权威，要在周人所夸耀的文、武之上提出些伟大的传说人物来。他们所用的表现思想的工具也是当时的白话，这是应该注意的。凡用焉哉乎也为语助的这种文体，在今天看来虽然是文言，而在春秋、战国时却是白话。周人的台阁体的文字如《诰》《命》《雅》《颂》以及金文焉哉乎也的语助几乎是绝对不使用的。到了春秋、战国便猛然一变。那时候的文体变革和近代的文学革命，由文言文改为白话文的，实在是毫无二致。

屈原本是楚的贵族，和孔、墨在北方居于野人的位置不同。但屈原后于孔、墨一百余年。北方的奴隶解放运动和其意识上的新锐的革命思潮是已经荡到了南方。屈原在思想上便是受了儒家的影响，尧、舜等一系列的幻想人物，以及由那些幻想人物所化演出来的哲人政治的理想，他是完全接受了。而他在文体变革方面尤其接受得彻底。他把那种革命扩展进了诗域里去，他彻底地采用了民歌的体裁来打破了周人的《雅》《颂》诗体的四言格调，彻底地采用了方言来推翻了《雅》《颂》诗体的贵族性。他在诗域中起了一次天翻地覆的革命。他有敏锐的感受性，接受了时代潮流的影响，更加上他的超越的才质和真挚的努力，他的文学革命真真是得到了压倒的胜利。气势和实质都完全画出了一个时期。我们如把近代的文学革命家，往往进一步便退两步的，和屈原比较起来，便可以感觉到屈原的伟大。屈原的文学革命只有前进没有倒退，像《雅》《颂》体的四言格律的诗，他当然会做，然而他至死都把它摒弃了，坚守着了自己的风格，在中国的文学史上彻底地创立了一个体裁。这样的气魄实在是值得我们后人追慕而效法的。

屈原委实是一个伟大的诗人，时代也真正地玉成了他。但他的资质却给与了他一个很大的限制。他以贵族的身份能够接受奴隶解放的时代潮流，能够把民众的歌声提升到了《清庙》《生民》之列^⑥，但他在诗域以外的现实世界里却没有力量来领导时代。

他的遭放逐应该在顷襄王七年或其后的一二年中。楚怀王被秦人诈骗了去，囚死了，是在顷襄王三年。其后三年之间秦楚断绝了关系^⑥。到顷襄王六年秦将白起伐韩于伊阙，斩首二十四万，秦人乘胜来威胁楚国，要与楚国决一雌雄。顷襄王受不过威胁又才和秦人讲和，到第二年更做了秦王的女婿。屈原始终是主张绝秦的人，他在生涯中所受的彻底打击，就应该在这前后的几年内。

他被逐的地点是在汉北，其间有十四年。直到顷襄王二十一年，秦将白起侵伐楚国，把楚国的郢都破了，取了洞庭、五湖、江南，逼得楚国君臣仓皇奔走，东北保于陈城。屈原自己也从汉北逃到江南，做了《哀郢》《涉江》《怀沙》《惜往日》诸篇，便终于在汨罗自沉了。他能够自沉是他的"行己有耻"，是他的人格过人，不像后世有好些文人一遇着威逼便腆颜事仇而歌功颂德。但他既有自杀的勇气，为什么不把当时的民众领导起来，向秦人作一殊死战呢？以楚人对于秦人的敌忾，以他的得楚人的信仰，他假如是有实际家的手腕，我相信楚人一定会服从他的领导，抵死地和秦人抗争。事实上这种抗战之零碎的表现，虽然史籍上没有记载，在当时一定是相当猛烈的。譬如，我们试问白起既取了洞庭、五湖、江南，何以又把它抛弃了？楚国的那些地方何以直到后来才为秦人所吞并？这，决不会是秦人的讲人情，也不会是白起的讲战略，一定是楚国的民众间所蜂起的巴尔奇山式的抗战，阻止了白起的锐锋，或则扰乱了他的后路，所以白起虽然得到了那样压倒的胜利，而终于没有立即把楚国覆灭。这儿正足以见到民众的力量！屈原虽然爱怜民众，但他却没有本领来领导民众。他被放逐在汉北的十四五年，详细的生活我们不知道，他似乎始终是成为了忧郁的囚人。他念念不忘的是君，是当时的执政者，是自己的怀才不遇。十几年的一肚皮的牢骚终只好让一死来爆发。他只认识到在上的力量，而不认识到在下的力量。这儿与其说是时代限制了他，毋宁是资质限制了他。他假如是有实际家的本领，在那被放逐的十四五年间便应该有些准备。在这儿令我想起了后他六七十年的他的同国人项梁来，让我且揭引《史记·项羽本纪》的一段文字在下边吧：

> 项籍者下相人也，字羽，初起时年二十四。其季父项梁，梁父即楚将项燕为秦将王翦所戮（公元前二二四年）者也……项籍少时学书，不成，去。学剑，又不成。项梁怒之。籍曰"书足以记名姓而已。剑一人敌，不足学，学万人敌"。于是项梁乃教籍兵法……项梁杀人，与籍避仇于吴中，吴中贤士大夫皆出项梁下。每吴中有大徭役及丧，项梁尝为主办，阴以兵法部勒宾客及子弟，以是知其能……秦二世元年（前二〇七年）七月，陈涉等起大泽中。其九月……梁乃召故所知豪吏，谕以所为，起大事。遂举吴中兵，使人收下县，得精兵八千人。梁部署吴中豪杰为校尉、侯、司马。有一人不得用，自言于梁。梁曰"前时某丧，使公主某事，不能办，以此不任用公"。众乃皆服……

我们请看这位项梁，他的准备和部署，是怎样呢？他处在秦人的严刑峻法的统治之下，当然没有屈原所处的时代那样自由，然而早把下层的力量认定，而且组织得头头是道了。我们再看他听从范增的计划，尊重民意，立楚义帝的一节吧。

> 项梁闻陈王定死，召诸别将会薛计事……居鄡人范增，年七十，素居家，好奇计。往说项梁曰："陈胜败，固当。夫秦灭六国，楚最无罪。自怀王入秦不返，楚人怜之至今。故楚南公曰：'楚虽三户，亡秦必楚也'。今陈胜首事，不立楚后而自立，其势不长。今君起江东，楚蜂起之将皆争附君者，以君世世为楚将，为能复立楚之后也。"于是，项梁然其言，乃求楚怀王孙心，民间为人牧羊，立以为楚怀王，从民所望也。

把这些时代相去不远的政治家和军事家的步骤来和屈原比较，他们的态度便全然两样。实际家能够领导民众，组织民众；诗人、其进步者如屈原，竟只能感受着民众的气势而呼号，在实践上则在时代的边际上彷徨。

屈原根本是一位诗人，他的失意正是时代对于他的玉成。假使他不是诗人，他一定不会失意。朝消极处说，只要他能够"突梯滑稽，如脂如韦"，即是"幽默"得一点，他一定可以"从俗富贵"，何至于失意？朝积极处说，只要他能够"悃悃款款，诛锄草茅"，如项梁一样早作准备，他一定可以"与骐骥亢轭"③，更哪有功夫来失意？但假使他不是失意，他后期的作品是不能够产生的。仅仅是他的前期的一些作品，决不能在文艺史上造出一个时代来。他如顺当地做一个富贵人下去吧，即使他就做到了楚国的令尹，我想他的品格是只能够做到温文尔雅的太平宰相，或者终老在他左司徒的位置，做得一个漂亮的外交官，如此而已。时代对于他真是特别厚待，他既禀赋有充分的诗人气质，而使他处到了国将破、家将亡的境遇，玉成了他成为一个空前而且恐怕绝后的伟大诗人。

我对于屈原的责难，问"他既有自杀的勇气，为什么不把当时的民众领导起来，向秦人作一殊死战"？或许有人会以为有点脱轨，会以为即使屈原在当时把民众领导起来，赤手空拳也不会把白起的兵力如何。或许更会以为屈原是有先见之明，看到了这样的无可如何，所以才自杀了。因此，我的求全之毁，我的仅仅把屈原看成为一个诗人，恐怕有点不合实际。在此我须得还要补充一番意见。

我们要知道，屈原的那个时代也正是中国的青铜器时代向铁器时代递禅着的时代。中国古代的兵器，除开石器时代的遗品之外，都是用青铜铸的。秦初的吕不韦戈现存于世，也是青铜。铁在初被视为贱金，只用来做工农的用具。到战国末年才渐渐有铁兵出现，而且始于楚国。《荀子·议兵篇》上说"楚人宛钜铁钝，惨如蜂虿"。《史记·范雎传》载"秦昭王曰吾闻楚铁剑利而倡优拙，夫铁剑利则士勇，倡优拙则思虑远"。凡此均足证楚国始发明铁兵之使用。战国时代为奴隶制与封建制的交换枢组，同时也为铜器时代与铁器时代的交换枢组。知道这层才可以明白：秦始皇吞并了六国之后，何以他要"收天下之兵聚之咸阳，销锋铸镰，以为金人十二"㊿，各重二十四万斤㊿；而陈涉、吴广等一些农夫牧竖，何以便能够"锄耰棘矜"，"因利乘便"㊿？原来秦人所销的是废铜，而陈涉、吴广等所使用的是铁器！

这些议论早就由章鸿钊氏所揭发了㊿，但我最近发现了一项史实，知道了销兵铸器的事，不始于秦而始于楚。

已经是一九三三年的事了。那年的夏间安徽省寿县的东乡朱家集的李三孤堆，因淮水泛滥，出现了古物。后来地方上的人士便秘密开掘，获得铜器共八百余件。其中在几个器皿的铭文上发现了两个楚王的名字，一个是熊肯，一个是熊忓。寿县本是古时的寿春，是楚国最后的都城，是顷襄王的儿子考烈王二十二年徙都的。所以熊肯大约就是考烈王熊完；而熊忓则毫无疑问即考烈王的儿子幽王熊悍。现在且说有熊忓名字的几个器皿吧。

有一个是鼎，在盖唇和器唇外沿各有一道主铭。（副铭从略。）
盖文是：

> 楚王熊忓战隻（获）兵铜。正月吉日，作铸乔鼎之盍（盖），以共戴棠（蒸尝）。（器文无"之盍"二字。）

还有一个是盘，今藏北京图书馆，在唇沿上也有一道主铭。

> 楚王熊忓战隻兵铜。正月吉日，作铸少（炒）盘㊿，以共戴棠。

两个器皿不用说是同时做的，所谓"战获兵铜"的事，据我的考察，大约是在幽王三年。《史记·楚世家》于幽王三年载"秦魏伐楚"一语，又《六国年表》于同年秦、魏栏内载其事，秦言"发四郡兵助魏击楚"，魏言"秦助我击楚"，但都没有说到谁胜谁负。幽王在位十年间，此外没有战事的记载。

由新旧史料的合证，可以知道幽王三年的战役是楚得到了胜利，把秦、魏的联军打败了。打仗是在三年，铸器是在正月，所谓正月当得是四年的正月。同时所铸的器皿，由副铭上所勒的工名看来，很不少；因此也可以知道所获的兵铜，也相当地多。但最该注意的是把铜兵销毁了来铸造器皿！可见销锋铸器，并不是秦始皇的倡始。楚国得到了铜兵，不把它作为兵器使用，也可以见得在幽王时代楚国已经在用铁兵。

幽王四年上距屈原之死仅四十一二年，幽王时已经在用铁兵，那么屈原时代的楚国的工农所用的锄斤一定是铁器。使用铜兵的白起所将的秦兵，攻破了楚国的郢都，并夺取了洞庭、五湖、江南而终于抛弃了的，不是楚国工农的铁器在那儿说了话吗？在那时有那样英勇的工农，屈原在他被放逐的十五六年间如早把他们组织起来，不是一个很大的力量吗？如果屈原真是那样的实际家，秦、楚的争霸真是未知鹿死谁手。

总之，屈原是一个诗人，他在诗域内的成功是时代玉成了他，但他的成功是足以不朽的。

三　屈原的思想

侯外庐先生的《屈原思想的秘密》，认为屈原的思想有矛盾，而"这一秘密是归结到他的世界观和方法论之间的矛盾"，这个断案是相当正确的。但他把屈原来和一九二七年跳水死了的王国维对比，又和法国的巴尔扎克与俄国的托尔斯泰对比，这儿便有值得商榷的地方。巴尔扎克和托尔斯泰是近代欧洲文学的写实主义的巨匠，他们在方法论上是进步的，然而一则拥护王权，一则笃信宗教，在世界观上是偏于保守。这个矛盾，在现在已经成为了周知的事实，不成问题。王国维研究学问的方法合乎科学的规律，他也确实是得到了空前的收获。而他却自命为胜清的准遗老，终于跳水以殉，博得一个"忠悫"的谥号[⑩]。这却明白地表示着他的思想的落后。他的死，正是这种矛盾的一种消极的解答，也是毫无问题的。但要说屈原的死也和这是一样，方法论是前进的，"求真的"，世界观是落后的，"本质上反动的"，那却不免大有问题。我的看法，却正相反。屈原的世界观是前进的、革命的，而他的方法——作为诗人在构思与遣词上的技术——却不免有些保守的倾向。这便是我所认识的屈原思想的矛盾。结论的形式虽然和侯先生所见到的相同，而内容则恰恰相反。如要展开这个问题，在步骤上却非把中国古代社会及其意识形态的发展，重新展开一遍不可。

中国的古代，在殷以前大抵是氏族社会——我说是大抵，因为对于这一个时代我们只是出于推测，并没有充分的实证。殷周时代确实是奴隶社会——我说是确实，因为在这个时代我们得到的确证很多，是不会成为问题的。虽然现在也还有人在说周朝是"大封建时期"，或者又有人在说"中国没有奴隶制度"，或"奴隶制度未完成即已蜕变"，但这些说法，我觉得，都是由于认识不足，研究还没有到家。假使大家再充分地搜集些材料，把认识充足起来，我相信在不几年之内是会改变的，只要是真正地抱着历史唯物主义，而没有成见的人。

为什么说殷周是奴隶社会？因为当时是在用大规模的奴隶来从事生产。关于生产奴隶的有无这一点，近来也还是有人认为尚未论定。我们做学问，每每不从本质上用功夫。譬如说"封建"吧，首先就把那一套"封诸侯、建同姓"的旧观念在那儿盘旋。古时是说夏、殷、周三代为封建期，现在让一点价，把夏、殷赶出去，把周代保留起来，即作为"封诸侯、建同姓"的"大封建时期"。我们就不问，究竟我们现在所说的封建制的本质是怎样，周朝的生产方式又是怎样。又譬如说"奴隶"吧，便只在奴隶字面的文字上去找奴隶社会，把《说文解字》乃至《康熙字典》翻遍，所能找到的臣妾童奚奴婢以至隶仆台舆等等，找来找去都只是一些从事服御的家内奴隶。做了这一段功夫的人，认为中国古代是只有家内奴隶，没有生产奴隶，所以他们会说中国没有奴隶制或奴隶制未完成便起了蜕变。然而他们却没有想到中国古代的生产奴隶并没有用臣妾奴婢隶仆台舆等字面，而是称为人、庶人、小人、民、庶民、黎民、黎、群黎、人鬲、民仪、民献等等的。生产奴隶一解放了，这人民黎庶等字样跟着起了蜕变，失掉了奴隶的含义。要研究中国古代而不注重在这一层，不注重生产者的性格，而只是在文字字面上探求，那是永远找不出生产奴隶来的，同时也是永远阐明不出中国古代社会的面目的。

我说中国古代的生产奴隶就是人民，早在十三四年前。因为在西周时代的资料特别多，足以证明西周的人民就是生产奴隶，故我坚决地断定西周是奴隶社会。殷代我没有得到多少直接的证据，故我起初多少还有点游移。西周以后呢？便已经在开始蜕变，故我把春秋、战国时代认为过渡。许多反对我乃至痛骂我的人（在研究文字中动辄爱骂人是浪漫、狂妄，或甚于此的话，十几年来我领教了不少），硬要说西周不是奴隶社会，而都不大注重人民就是奴隶这一点，实在是一件惊人的事。惊人的，是我感叹着，文字这项符篆束缚着思考力的权能竟会有这么伟大！我现在要恳切地请求大家把这个论点注意一下，如说这个论断不可靠，那就请提出反证来。

殷周时代的人民地位是在家内奴隶之下，是人中的最下等。例如《左传》昭公七年楚国的芈尹无宇说的"人有十等……故王臣公，公臣大夫，大夫臣士，士臣皂，皂臣舆，舆臣隶，隶臣僚，僚臣仆，仆臣台。马有圉，牛有牧"。从事牧畜生产的圉牧是在十等人之外，而还没有提到从事农耕的庶人，这种人当然也是在十等人之外的。又例如康王二十三年的《大盂鼎铭》里面有这样的话："锡汝邦司四伯，人鬲自驭至于庶人六百又五十又九夫。锡夷司王臣十又三伯，人鬲千又五十夫。"这些臣人是和衣履车马一道锡予的，所谓"邦司"就是管家，所谓"夷司王臣"也就是管理夷仆的王家管事，这些都是管家娃子，故被锡予而位在"人鬲"之上。"人鬲"究竟是什么？好在他的内含已经明白表示着是"自驭至于庶人"的。驭不用说就是十等人中的舆，而庶人在此是居于最下等。

再把"人鬲"解释一下吧。鬲字读歷，汉朝的人又作"䰜"，从瓦鬳声（见《说文》）。好些人把它读成隔，是读错了的。这本是一种三只封底空脚而形颇似鼎的器皿，就是后世鼎锅的祖先，鼎锅下面还有三个小乳头形的脚，就是那三个空脚的退化了。以鬲字作为人民身份的一种称呼是出于假借。除《大盂鼎》之外，还有周成王时的《令簋》，那铭文上说"姜赏令（人名）贝十朋，臣十家，鬲百人"，也有"鬲"这种人，而地位在臣之下，与贝朋之类同为赏赐的物品。这种称谓除彝器铭文之外，文献中没有见过，但也并不是完全没有，只是用的字面不同罢了。例如《逸周书·世俘解》上说"武王（克殷），遂徵（征）四方，凡憝国九十九国，馘磿亿有十万七千七百七十九，俘人三亿万有二百三十，凡服国六百五十有二"。这里面的磿字就是鬲的同音假借字了。这不是磨，请不要认错。我们根据这项资料，可以知道鬲的这种称谓在文献上也有，而鬲这种身份的人在殷代已经存在，而且为数很多，足见殷代已经是奴隶社会。其实鬲字也就是黎民的黎，民仪的仪，都是同音假借字。古时候同音的字便可通用，这是表明中国文字在发展过程中虽以表形为主干，而亦时有表音的支流。要晓得"同音通用"这个通例，有许多古书才可以读，中国的训诂之学也就是建立在这个通例上的。黎大概是中国（主要是南方）的先住民族吧，古人"命九黎之人曰民"（见《吕刑·郑注》），即是说把黎族灭了，使它成为奴隶。这黎人现今在海南岛上还有一部分存在。古时的"九黎"应该就是"子欲居九夷"的九夷。这九夷的名目在《后汉书·东夷传》上有详细的记载。

> 夷有九种，曰畎夷、于夷、方夷、黄夷、白夷、赤夷、玄夷、风夷、阳夷……殷汤革命伐而定之。至于仲丁，蓝夷作寇。自是或服或畔，三百余年。武乙衰敝，东夷浸盛，遂分迁淮、岱，渐居中土。

武乙以前的情形，在地底资料上虽然没有得到直接的佐证，但在武乙以后的情形，则甲骨卜辞中关于殷人征伐夷人的记录极多。就我们所研究到的结果，知道帝乙时代曾经屡次大规模的征伐夷人。（卜辞作为"尸方"，尸与夷古字通，古本作尸，后人改作夷。作尸者似犹今人称外国人为"鬼子"。）而用兵的地点亦多在淮、岱，与古史相证合。殷纣王与东夷的关系，在《左传》上保留有几项资料。

> 商纣为黎之蒐东夷叛之。（昭公四年楚椒举语）
> 纣克东夷而殒其身。（昭公十年叔向语）

可见纣王时代又曾讨伐东夷，而终竟把它征服了。征服了的结果，便是这些夷人或者黎人化为了奴隶。故古本《泰誓》上说"纣有亿兆夷人，亦有离德。余（周武王自称）有乱（司）臣十人，同心同德"。（此见《左传》昭二十四年。今本《泰誓》中有相类之语而大同小异，但今本《泰誓》乃伪书。）夷人为殷所有，是被用来从事生产或当兵。当兵的结果，故惹起"前徒倒戈"的悲剧，便是俘虏兵掉头，或奴隶叛变。在古代氏族观念极盛的时候，族与族之争，每致整族沦亡亦不惜，不是俘虏兵是决不会有"倒戈"的现象的。今世未开化民族之争执及开化民族中之"械斗"亦可为旁证。殷人用奴隶来从事生产，在卜辞中颇有证据。卜辞里面每见"王令小臣某以众人黍于某"的辞例。小臣就是管家娃子，"众人"就是所谓"庶人"，所谓"黎民"，就是从事农耕的生产奴隶了。故尔殷代，至少在其末年，确实是到了大规模的奴隶生产时代。而这些奴隶的来源大抵就是夷人或者黎人。因此，这些奴隶便称为"黎"，或者"鬲"，或者"人鬲"。《书经》上的"民献有十夫"，今文作"民仪"，其实也就是"人鬲"。献字是古文家认了别字。因为献这项古器，是在鬲之上更加一层甑，其象形文（《小盂鼎铭》中有之），与鬲实相类，古文家认不清古字，便把它读错了。然而根据《大盂鼎铭》，"人鬲"实家内奴隶与生产奴隶的统称。生产奴隶的"庶人"是居在最下位的。又根据《世俘解》，"馘磨"与"俘人"对称，亦足以证明"磨"是两种奴隶的统称，而"人"便是庶人了。在这里面庶人自占大多数，故到后来黎民与庶人渐渐就等于一而二，二而一的东西去了。

何以知道庶人就是生产奴隶？根据卜辞的"众人黍于某"的记载已可证明。我们再引证《左传》上的资料，更可以得到明确的概念。

> 其卿让于善，其大夫不失守，其士竞于教，其庶人力于农穑，商工皂隶不知迁业。（襄九年楚子囊对于晋国的评语）
>
> 天子有公，诸侯有卿，卿置侧室，大夫有贰宗，士有朋友，庶人、工商、皂隶牧圉，皆有亲暱以相辅佐也。（襄十四年晋师旷语）
>
> 克敌者：上大夫受县，下大夫受郡，士田十万。庶人、工商遂（遂是进级之意）⑳，人臣隶圉免。（哀二年晋赵鞅《誓师辞》）

根据这三项资料，我们更可以知道，"庶人"就是从事农耕的。这是我们中国这种大陆国或者农业国的主要的生产者。这三项资料都是春秋末年的情形了，在这里面尤其值得我们注意的是庶人的地位生了变化，而品质也生了分化。由庶人之中生出了工商的新的阶层，庶人被提升到贵族或奴隶主之下，家内奴隶之上去了。在初本来是不入等级的最下等的人，却被提升了地位，这是值得我们注意的。这所说的是什么？便是说明生产方式起了变革，而庶人渐渐由奴隶以下的地位解放了出来。

中国是在温带中的大陆国，也就是大农业国，有的是土地，有的是人。在这种物质条件之下，便产生了奴隶解放的机运，也可以说是产生了一种中国形态的由奴隶制转化为封建制的方式。这是转化得很迂缓，很自然，而没有采取十分剧烈的革命形式的。自大氏族制解纽以后，由大宗而小宗，而别宗，土地与人力都生出分割，由大集团的共有成为各个小集团的共有而仍统辖于公。各个小集团利用有余的人力去开拓有余的土地，于是在公有土田之外便生出私田，所谓"雨我公田，遂及我私"，便是在这种情形之下生出来的。那并不是如《孟子》所解释"井九百亩，其中为公田，八家皆私百亩"的意思，更不是近人所解释的庄园制的雏形。土地再分割，人力再加榨取，私有单位愈小，开拓地面愈大，便形成私肥于公的形势。于是公权下移，王纲解纽，逐渐闹到政逮诸侯，政逮大夫，政逮陪臣的地步。生产奴隶的庶人，他的生产价值被人认取了，在各个所有主之间被人互相争夺诱致，于是他的地位也就不得不被提高了。生产奴隶本身也可以利用其剩余劳力开拓有余土地，或利用别种资料而形成为工商阶层，自己本身也逐渐地过渡到富庶的地步。他也可以自备家内奴隶或甚至生产奴隶，便是娃子又有了娃子，所以庶人地位便超在了皁隶之上。这便成为奴隶解放。奴隶解放者不是家内奴隶免籍，而是生产奴隶蜕变。

这个蜕变时期，大抵就在春秋、战国时代。中国地大，各地的发展情形并不平衡，因而各国的蜕变时期有先有后。以中国为单位来说，前前后后合计经过了三四百年，但如以各个的国家为单位来说，那情形又稍有不同。春秋列国之中，大抵齐国蜕变得比较早，它是靠官山府海的工商业而兴起的，情形特异。其他各国在农业的生产方式上所可考见的巨大的变革，例如鲁国在宣公十五年"初税亩"，这要算是农业革命的最早的一例。在古公田时代，无所谓租税，公田所产，由公家藉之，即是全部生产均归公家，生产者是由公家所饲养。待到私肥于公，则公家所人实微乎其微，故不如泯却公私，承认私有，而一律采取租税制。这样，则公家的收入，比专靠公田所入者会更大。必定要大得多，才会采取这种变革的。在鲁国，虽然宣公十五年已"初税亩"，然到一百一十二年之后的哀公十二年又才"春用田赋"，在制度开始改革之际，阻碍横生，其间是有过一长段没有行通的时期的。

在《左传》鲁襄公二十五年，有楚国改革田制的资料。"楚蒍掩为司马，子木使庀赋数甲兵。甲午蒍掩书土田，度山林，鸠薮泽，辨京陵，表淳卤，数疆潦，规偃潴，町原防，牧湿皋，井衍沃，量入修赋，赋车藉马，赋车兵徒卒甲楯之数。既成，以授子木。"

又在襄公三十年有郑国改革田制的资料。"子产使都鄙有章，上下有服，田有封洫，庐井有伍，大人之忠俭者从而与之，泰侈者因而毙之……从政一年，舆人诵之曰：取我衣冠而褚之，取我田畴而伍之，孰杀子产？吾其与之。及三年，又诵之曰：我有子弟，子产诲之，我有田畴，子产殖之，子产而死，谁其嗣之？"这项资料把制度变革时的一般人的动态，表现得极其简明而生动。尤其值得注意的是那所谓"舆人"，那便是十等人中的第六等的家内奴隶，而他们公然有私有的"田畴"了。把这些私有的田畴通登录起来，承认它的私有而分别征税，更把奴隶主的所谓"大人"，加以甄别淘汰，好的也听其私有，不好的便索性杀戮。子产这位政治家，在当时有好些人骂他为"蝎子尾巴"，故大家都想"杀"他。然而经他一改革，才仅仅三年，便大家都歌功颂德了。足见得旧制度已经十分腐烂，早就到了非变革不可的地步。

到了战国时代，魏文侯时的李克，亦即李悝，有尽地力之教，使魏国富强。传其衣钵的有吴起与商鞅。吴起行之于楚，"捐不急之官，废公族疏远者以抚养战斗之士"，而使楚国强盛。但遭了"贵戚"的众怒被"宗室大臣"们射死了。商鞅行之于秦，"为田，开阡陌封疆而赋税平"，秦国因之而强盛，也受到"宗室贵戚怨望"而遭了车裂。这两位革命的政治家（吴起虽仅以兵家名，其实他是长于政治的），虽然同以悲剧终结，但他们的法术的行与不行，便规定了秦、楚的运命。秦国用商鞅之法而兼并天下，楚国废吴起之法而终于绝灭。关于秦、楚的对比，在楚顷襄王二十一年曾经攻下楚都，焚其宗庙，逼楚国东迁的秦将白起有一段话极有史料价值，见《战国策·中山策》的最末一篇：

> 是时楚王恃其国大，不恤其政，而群臣相妒以功，谄谀用事。良臣斥疏，百姓心离，城池不修。既无良臣，又无守备。故起所以得引兵深入，多倍城邑，发梁焚舟以专民，以掠于郊野以足军食。当此之时，秦军士卒

> 以军中为家，将帅为父母，不约而亲，不谋而信，一心同功，死不旋踵。楚人自战其地，咸顾其家，各有散心，莫有斗志。是以能有功也。

不愧是一位名将说的话，他没有把战争的胜利纯全归之于军事的胜利，而是把它和政治动员的情形紧密地联系着的。楚国闹到了"谄谀用事，百姓心离"的情况，不是足以证明吴起之法已经是扫地无存了吗？

由以上所述，可见中国的古代社会在春秋、战国时代确实是进行着一个很大的变革，即便是由奴隶制逐渐移行于封建制，而这个变革的完成是在嬴秦兼并天下以后。秦以前和秦以后的中国社会，完全是两个面貌，这是毫无问题的。

有了这样的社会变革，在意识形态上自然便生出极大的反映。首先是人民的价值生了莫大的变易。以前是人民与六畜同科的，例如《周官》朝士"凡得获货贿人民六畜者，委于朝，告于士"，又"质人掌成市之货贿人民牛马兵器珍异"，人民与六畜牛马同为贩卖品。甚至人民的价值连牛马也不如，孝王时代的《智鼎铭》载明智这位先生曾以一匹马和一束丝去掉换五个人（在那铭文中连这五个人的名字都是揭载着的），足见五个人的价值仅仅超过了一匹马。这人民的价值是多么贱！然而到了战国时代却发生了"民为贵，社稷次之，君为轻"（《孟子·尽心下》）的议论了。

因为人民的价值提高了，故伦理思想也发生了变革，人道主义的思潮便澎湃了起来。儒家倡导仁，道家倡导慈，墨家倡导兼爱。这都是叫人要相互尊重彼此的人格，特别是在上者要尊重在下者的人格。以前在氏族制时代是把人当成牺牲（卜辞中还多以人为牲的记录），在奴隶制度时代是把人当成牛马，现在是要求把人当成人了。把人当成人，便是所谓仁。这个仁字是春秋、战国时代的新名词，在卜辞及金文中没有见过，就是在春秋以前的真正的古书中也没有见过。这个字的出现，是当时的一个革命的成果，我们是应该把它特别看重的。事实上当时的儒、墨、道三家的整套的伦理思想的出现都是革命的成果，我们不可以拿我们处在二十世纪的现代的眼光去看，要辩证地从历史的发展上去看。不能说在现代这些思想有一部分是落后了，而公式地断定这些思想都是反动的。

更其次是政治思想发生了变革。保卫人民的德政思想成为了普遍的潮流。在消极方面反对不义的战争，反对不义的刑戮，反对世卿制度，而在积极方面则主张"尚贤"，主张"有德者必在位"，主张"为政以德"。而为统一全中国起见，极力主张消弭各个氏族集团的个别的传统，特别是个别的氏族传统，而倡导出整个中国民族的大公祖以为统一的基点。道家捧出黄帝，儒家捧出尧、舜，墨家捧出夏禹，都是这个用意。这黄帝、尧、舜的出现，我们是不可轻略看过的。在以前，各个氏族集团各有它的小公祖，例如我们在卜辞中所见到的殷代祖先只有上甲、王亥、高祖下夔（王国维谓即帝喾）诸人，周代金文中数到的周人祖先只及文、武，《周诗》中也只见到公刘、太王、后稷，唐尧、虞舜是连痕迹都没有的，更古的黄帝更不用说了。故黄帝、尧、舜的出现在当时也实在是革命的出现，主要的目的就是在企图泯却各族的差别观，而在政治上求得中国的大一统。

更其次是地上的思想反映到天上，地上的世卿制既遭反对，地上的王位既轻于民位，则天上的唯一神——地上王的影子——也就发生了动摇而模糊起来了。在氏族制时是万汇皆神，在奴隶制时是万物一神，而到春秋、战国时代则成为"民者神之主"[⑩]。中国的唯一神观念——上帝，是创生于殷代，卜辞中已有上帝的名称出现，在周初虽曾略见动摇，但不久仍稳定如故。自夷、厉以后，神便大倒其楣。"变风""变雅"中常受诗人责怨[⑫]，而到春秋末年以后，更几乎完全消失了他的存在。周秦诸子中除墨家尚承认有人格神之外，道家便主张只有一个无形无影的"道"，是超越空间时间，无处不在，无时不在，似虚而又非虚的一种实体。儒家则主张只是一个理，也就是变化的道理，宇宙中就只有变化，由一个阴阳刚柔之对立而生。这变化有时谓之"易"，有时亦谓之"道"，在便宜上亦谓之"天"，亦谓之"神"。事实上道儒两家都是无神论者。这个变革怎么也不能不说是天大的变革。

更其次是整个的智识下移，文字艺术一切都生了变革。我们知道古代的智识是贵族或奴隶主的专有品，除王室、公室乃至王室公室中少数史巫之外，一般的人民都是无智识的文盲。故尔古人说，"民者盲也"，或者说"民者冥也"[⑬]。智识为贵族的专有品，一切的文字、艺术、文物、礼节，都是贵族的专有品，所谓"礼不下庶人"，便是文化化不到奴隶身上去。然而在春秋、战国时代，情形便大不相同了。儒、道、墨的大师虽然多是世族出身，而他们的弟子则多是庶人。而且人数之多出人意外。孔子的及门弟子便有三千，单是他的弟子澹台灭明的弟子也有三百。战国时齐国的田骈"訾养千锺，徒百人"（见《战国策·齐策》），都是很兴旺的一些读书帮口。所以孔子以一没落的流亡贵族，而他的弟子们尊之为"素王"，实在是巍巍乎有王者的气象。

文体的变革是值得特别注意的。人类自有文字以来很快的便为贵族所垄断而成为神秘的工具。因此一切古代的文体都和民众有很大的距离，和民众的言语有很大的距离。文体异常的简单，异常的奥妙，异常的定型化，而类似于化石。这里是有政治上的必要的，因为愈要和人民脱离，才愈显得神秘；愈显得神秘，才愈使人民难于接近而易于垄断。但是人民抬起头来了，智识既不能不下移，容载智识的工具更不能不要求其通俗化。故在春秋、战国时代，中国的文体便生出了一个划时代的变革。我们请把卜辞、金文、"训诰""雅颂"拿来和周秦诸子的文章诗歌比较一下，便可以立地知道这其间的悬隔。散文有焉乎者也的语助辞出现了，这是在前所没有的。诗则有《国风》的民间歌谣的搜集，与《雅》《颂》也大有不同。一句话归总，便是文章逐渐语体化、大众化，在这时，的确是有一个文学上的大革命。

以上便是春秋、战国时代，应着社会的变革，由奴隶制至封建制的变革，而产生的意识形态上的反映，即思想革命。屈原是生在这个时代的将近末期的，我们请更进一步来检讨他的思想。

屈原思想很明显地是带有儒家的风貌。这种见解倒并不始于我，古人早已就有见到的。例如淮南王刘安说《离骚》兼有《国风》《小雅》之长，其志足与日月争光。（语出刘安《离骚传》，今佚。为《史记·屈原传》所采录，据班孟坚序知是刘语。）王逸更引申之，谓"《离骚》之文依五经以立义"（见王注《离骚序》）⑪。刘勰《文心雕龙·辨骚》亦谓"取镕经义，自铸伟辞"。降至前清的戴东原，也说"其心至纯，其学至纯，其立言指要归于至纯。二十五篇之书，盖经之亚"。（见戴著《屈原赋注·序》）这些旧式的学者于引证上虽然都不免有些牵强附会之处，但断案并没有错。最好我们从屈原作品中来检查一下，看他有些什么思想，究竟和儒家是不是接近。

第一，我们感觉着屈原是注重民生的。

长太息以掩涕兮，哀民生之多艰。

怨灵修之浩荡兮，终不察夫民心。(《离骚》)

皇天之不纯命兮，何百姓之震怨！

民离散而相失兮，方仲春而东迁。(《哀郢》)

愿摇起而横奔兮，览民尤以自镇。(《抽思》)

像这样太息掩涕念念不忘民生的思想，和他念念不忘君国的思想实在是分不开的。他之所以要念念不忘君国，就是想使得民生怎样可以减少艰苦，怎样可以免掉离散。特别是《抽思》的那两句，表明了他的爱民的心切。他本是打算放下一切朝别处跑的，但他一念到老百姓的受苦受难便只好自己镇定下来。这是多恺切而又沉痛的一个自述呢！古时候的人每怪屈原不得志于楚国为什么不肯跑到别国去发展自己的怀抱。有的又作这样的解释，以为他是楚国的同姓不忍离开自己的祖国。这些都是肤浅之见。一向的人只看到屈原高唱忠君爱国的调子，差不多都忽略了他是位民本思想者，所以对于屈原的态度每每不能了解。像班固那种人竟非难屈原露才扬己，怨刺君上，强非其人，不知道明哲保身⑥。这更是十足地透露了班固自己的可怜性，所谓"蜉蝣撼大树，多见不自量"了。

屈原在当时的确是可以走的。一国不容即便出走他国，也是春秋、战国时代很流行的一种风气。就如孔子吧，他本是宋人而流寓于鲁国，在鲁国不得志，他便周游天下，走了不少的地方。他的弟子们也是分散在东西南北的。他的再再传弟子如孟轲，也由邹而齐而梁而滕，走到老都不见休息。荀卿也是由赵而齐而秦而楚，而终老于兰陵。孟、荀以外的一些游士说客，那更朝秦暮楚，昨赵今齐，甚至于走到那一国去便劝那一国的主人去攻略自己的祖国，真真正正是彻底而又彻底了。古人曾说"楚材晋用"，事实上最普遍的是晋材秦用，秦国兴国的一些政治家差不多都是晋人，如商鞅、张仪、范雎、吕不韦等都是。这正表明当时的一般具有见识的人所怀抱的大一统思想的实践。周秦诸子同是主张大一统的，但大别也可以分为两派，主张德政的人例如儒家则大抵反对秦国，而主张刑政的人例如法家，则每每不择手段，而倾向于维护秦国。春秋、战国时代，尤其是战国末年，中国实在已经到了"车同轨，书同文"的地步，只等有一个国家来收获这政治上的大一统的功绩。当时的列国中最有资格的便是秦、楚两国，刘向有两句话，"横则秦帝，纵则楚王"（见《战国策叙录》），把当时的情形说得最为扼要。秦国最占形势，居高临下，俯瞰中原，而它的刑政修明，人民善战，故最有资格。楚国则地大物博，奄有长江流域、淮水流域的一大片膏腴土地，而其南方更是无敌地带，足以供其尽量发展，只要刑政能够修明，也是很有资格。楚国还有一项资格是它的武器的资源不缺乏。金锡的名产地吴越为其所有，而它又是铁器的开始使用者，《荀子·议兵篇》言"楚人宛钜铁釶，惨如蜂虿"，秦昭王也曾说过，"楚用铁剑故其卒强"（见《史记·范雎传》）。这，我们可以知道，是因为有大冶产铁区在它境内的缘故。在这儿我们更可以了解，屈原在可以走的风气之下，而偏偏不肯走的另一个原因了。屈原也是主张大一统的人，他所怀抱的是儒家思想的大一统。刘安对于《离骚》的批评有几句很扼要的话："上称帝喾，下道齐桓，中述汤武，以刺世事。明道德之广崇，治乱之条贯，靡不毕见。"①除掉"下道齐桓"多少有点问题之外，差不多全是儒家理论的体系。其实就是齐桓、管仲，也是孔子所称道的人，所谓"微管仲，吾其夷矣"，又"齐桓公正而不谲"。到了孟子才夸张了些，说"仲尼之门羞称五霸"。

屈原怀抱着德政思想，想以德政来让楚国统一中国，而反对秦国的力征经营。故他的眷爱楚国并不是纯全因为是父母之邦，更不是因为自己也是楚国的公族在那儿迷恋"旧时代的魂"。我们要知道，他所称道的"前王"或"前圣"并不是楚国的先公先王，除掉《离骚》第一句的"帝高阳之苗裔"而外，他丝毫也没有把楚国的过去的史实来低徊过。这是值得我们注意的。我们且把他所称道的"前王"和"前圣"索性开一个清单在下边吧。

一　"彼尧、舜之耿介兮，既遵道而得路。"

二　"济沅、湘以南征兮，就重华而陈辞。"

三　"汤、禹严而祗敬兮，周论道而莫差。
　　举贤而授能兮，循绳墨而不颇。"

四　"汤、禹严而求合兮，挚咎繇而能调。"

五　"说操筑于傅岩兮，武丁用而不疑。

吕望之鼓刀兮，遭周文而得举。

宁戚之讴歌兮，齐桓闻以该辅。"（以上《离骚》）

六 "令五帝以枑中兮，戒六神与嚮服，

俾山川以备御兮，命咎繇使听直。"（《惜诵》）

七 "驾青虬兮骖白螭，吾与重华游兮瑶之圃。"（《涉江》）

八 "尧、舜之抗行兮，瞭杳杳而薄天。

众谗人之嫉妒兮，被以不慈之伪名。"（《哀郢》）

九 "重仁袭义兮，谨厚以为丰，

重华不可遻兮，孰知余之从容？"

十 "汤、禹久远兮，邈而不可慕。"（以上《怀沙》）

十一 "高辛之灵盛兮，遭玄鸟而致诒。"（《思美人》）

十二 "凤皇既受诒兮，恐高辛之先我。"（《离骚》）

十三 "闻百里之为虏兮，伊尹烹于庖厨。

吕望屠于朝歌兮，宁戚歌而饭牛。

不逢汤武与桓缪兮，世孰云而知之？"（《惜往日》）

十四 "行比伯夷置以为象兮。"（《橘颂》）

十五 "求介子之所存兮，见伯夷之放迹。"

十六 "夫何彭咸之造思兮，暨志介而不忘。"

"孰能思而不隐兮，照彭咸之所闻。"

"凌大波而流风兮，托彭咸之所居。"（以上《悲回风》）

"既莫足与为美政兮，吾将从彭咸之所居。"（《离骚》）

"望三五以为象兮，指彭咸以为仪。"（《抽思》）

以上一共揭举了十六项，还有些次一等的贤人我没有举出。《天问篇》里面的我也整个除外了。《远游》，我认为是司马相如《大人赋》的初稿，也是除外了的。我们看他所称道的唐尧、虞舜、禹、汤、文、武，不正和儒家的古史观是整个一个系统吗？称赞伯夷、伊尹，称赞皋陶、彭咸，不也和孔孟是一个脚步吗？"彭咸"有的说是一个人，又有的说是两个人（彭祖与巫咸），与孔子所说的"窃比于我老彭"是一样，也有的说是一个人，又有的说是两个人（老聃与彭祖）。假使是一个人则老彭应该就是彭咸，假使是两个人，则彭祖是共通着的。儒家的古史系统是根据大一统的思想所考案出来的东西，尧、舜的存在我们在卜辞和金文里面并没有发现，而且在殷周人的"训""诰"《雅》《颂》里也是没有的。儒家的一套尧舜观和道家的一套也不尽相同。例如第八项的被尧舜"以不慈之伪名"的便是庄子。庄子说"尧不慈，舜不孝"，在这儿屈原还是把庄子当成了"逸人"在指责。儒家把尧、舜时代粉饰得很庄严，事实上是对于氏族共产社会的景慕。《书经》上的《帝典》（即伪古文之《尧典》与《舜典》）《皋陶谟》《禹贡》《洪范》，这四篇东西，在我看来是子思一派人假托的。在当时，它本质上是一种革命的、前进的思想，想推翻君主世袭制，并不是迷恋"旧时代的魂"。屈原完全继承了这一体系的思想，也正充分地表现着他的革命的、前进的精神。他主张德政，主张选贤举能，主张大一统，他根本没有拘泥于楚国一个小圈子里面的传统，那是更不能说他在迷恋"旧时代的魂"的。

"有德者必在位"的主张，在他的诗里面也有。例如：

> 皇天无私阿兮，览民德焉错辅。
> 夫维圣哲以茂行兮，苟得用此下土。（《离骚》）

这不是表现得明明白白的吗？他之所以"系心怀王"，其实是"愿荪美之可完"（《抽思》），望他成为有德的人物，借楚国的地位来作德政式的中国的统一。待他实在无可奈何的时候，他也只好骂他是"壅君"（《惜往日》）了。他决不是因为是"一个三闾大夫，对于没落的公族制，反而寄着衷心的同情感……企图改善当时公族专政的制度"。

屈原的道德节目也和儒家所理想的别无二致。他是注重在"修己以安人"的。例如：

一　"瞻前而顾后兮，相观民之计极，
　　夫孰非义而可用兮，孰非善而可服？"
二　"耿吾既得此中正。"
三　"苟中情其好修兮，又何必用夫行媒？"

四 "何昔日之芳草兮，今直为此萧艾也？

　　岂其有他故兮，莫好修之害也！"

五 "民生各有所乐兮，余独好修以为常。"（以上《离骚》）

六 "苟余心之端直兮，虽僻远其何伤！"（《涉江》）

七 "善不由外来兮，名不可以虚作。"

八 "何灵魂之信直兮，人之心不与吾心同？"（以上《抽思》）

九 "易初本迪兮君子所鄙……内厚质正兮大人所盛。"

十 "重仁袭义兮，谨厚以为丰。"

　　"万民之生，各有所错兮，

　　定心广志，余何畏惧兮。"（以上《怀沙》）

十一 "芳与泽其杂糅兮，羌芳华自中出。

　　　纷郁郁其远承兮，满内而外扬。

　　　情与质信可保兮，羌居蔽而闻彰。"（《思美人》）

十二 "闭心自慎，终不过失兮，

　　　秉德无私，参天地兮。"（《橘颂》）

像这样例子实在是举不胜举。此外还有无数的香草美人的譬喻，和对于骄傲虚伪的斥责，整个的骨子是和《论语》《大学》《中庸》里面的思想无大出入的。

道德的内涵尽可以因时代而不同，而道德的节目（词汇）有些是长远不变的。譬如仁义这两个节目，它们的内涵，便是说要怎样才算得仁，怎样才算得义，是因时代而变；而应该仁，应该义，却不会变。把人当成人就是仁，该做就要做就是义，这是长远不变的。屈原是深深把握着了他的时代精神的人，他注重民生，尊崇贤能，企图以德政作中国之大一统，这正是他的仁；而他是一位彻底的身体力行的人，这就是他的义。我觉得他倒不仅仅是一位革命诗人，更说不上什么"艺术至上主义者"了。

在这儿我们倒有个问题：便是屈原这样彻底地接受了儒家的思想，他这思想的渊源是从什么地方来的？我们知道，在春秋、战国时代，中国南方的思想和北方的思想是有浓厚的地方色彩的区别的。儒家特别代表了北方式的现实主义，道家则代表着南方式的超现实的理想主义。道家中的主要人物庄子是宋人。《道德经》成于环渊之手，是楚人，都是南方的人物。《孟子》上有一位"为神农之言"的许行，也是楚国的人物。"陈良之徒陈相与其弟辛……见许行而大悦，尽弃其学而学焉。"孟子便责备他们说：

> 陈良楚产也，悦周公、仲尼之道，北学于中国，北方之学者未能或之先也，彼所谓豪杰之士也。子之兄弟事之数十年，师死而遂倍之。⑳

据这个故事看来，可以知道当时确有南北学派之分，而陈良是楚国的一位儒家代表，并且是曾经教过几十年门徒的。照年代上说来，我觉得屈原说不定就是陈良的弟子或其私淑弟子。屈原出使过齐国，他和北方的儒者也应该有过直接的接触，可惜在这一方面没有资料可供考证。

屈原的关于形而上的思想也深受着儒家的影响。他本质上对于神的存在是怀疑的。《天问》一篇差不多整个是对于"怪力乱神"的疑问。但他在另一方面却仍然保留着天的信奉，例如前面已经举出过的"皇天无私阿兮，览民德焉错辅"，便是良好的例证。或许在他的观念中的"皇天"或"后皇"，也同儒家一样，只是一种理念，而不是像殷周时代的乃至如墨家意识中的那种人格神吧。照道理上讲来应该是这样。因为一方面既那样怀疑，另一方面似乎不应该再有人格神的信奉。不过屈原在这儿却现出了他的矛盾。他的诗里是有天堂、地狱等的描写的。我们根据司马迁的记载，把《招魂》认为是屈原的作品。《招魂》里面上帝能够说话，而且还住在天上，天门有九头怪物把守。

> 魂兮归来，君无上天些。
>
> 虎豹九关，啄害下人些。
>
> 一夫九首，拔木九千些。
>
> 豺狼纵目，往来侁侁些。
>
> 愚人以嬉，投之深渊些。
>
> 致命于帝，然后得瞑些。

这说的是天堂，看这所写的当然并不是乐园而是十分险恶的地方。假使把天堂写得十分险恶是屈原的创见，那倒是在把天堂来开玩笑，和《天问篇》

的怀疑思想颇相配合。《离骚》里面也说到天堂而且还把天堂的看门头儿（"帝阍"）骂了一番，这倒是千真万确的屈原的异想。他叫月神的望舒跟他做先锋，叫风伯的飞廉跟他做后卫，叫凤凰去做宣传使者作通报，乘着风云在空中或上或下，或分或合地便走到了天国的门前。他叫天国的门子跟他开门，然而那门子却倚着天门望着他，不跟他开。（大约是要点进门礼吧？）他没有办法，天又昏暗起来了，自己在天门前踌躇了一下，他又想往昆仑山上去。回头再把天门望了一下，不禁流下了泪来，伤心地说"连天国中都没有好人"（"哀高丘之无女"）。这思想真是够奇特的，在二千多年前无论哪一国的著作家，我相信都不会有过这样奇特的思想。

《招魂》中又写到地狱。

> 魂兮归来，君无下此幽都些。
>
> 土伯九约，其角觺觺些。
>
> 敦脄血拇，逐人伓伓些。
>
> 参目虎首，其身若牛些。
>
> 此皆甘人，归来，恐自遗灾些。

这是中国所固有的描写地狱的文献。《尚书·尧典》有"申命和叔，宅朔方曰幽都"，虽然同叫幽都，但指定为北方区域；和这不同。这些怕是中国古代所流传下来的仅有的传说吧。有人说：这是南方古代所接受的印度思想，但恐怕也不尽然。一切宗教性质的东西都是人间世的反映。自氏族社会解体以来，人间有王长者出现，玉衣玉食，作福作威，反映到天上便成为上帝与天堂。与王长者为对的奴隶们或叛逆者，则受苦受难，该烧该杀，再彻底一点，就让他埋进土里也逃不掉监狱和禁子。土伯和幽都便是这禁子和监狱的影子。中国古代既有监狱，怎能说不会有地狱呢？不过中国的这种观念还没有十分发展，便被后来输入的印度思想所代替罢了。

屈原思想对于奴隶制时的神权束缚本来是怀疑的，但他却不惜费力量来描写天堂、地狱，而仍然承认着上帝与土伯的存在。他反对"怪力乱神"，但也讴歌"怪力乱神"，像他的《九歌》里面所讴歌的一些神鬼，差不多都是一些怪力乱神的标本。这不能不说是有点矛盾的。这矛盾该得怎样解释呢？我看这解释也很简单，便是屈原并不是一位纯粹的思想家，而是一位卓越的艺术家。他在思想上尽管是北方式的一位现实主义的儒者，而在艺术上却是一位南方式的浪漫主义的诗人。这两者在他的作品中，在他的人格中，老实说是相合无间，并显不出怎么的矛盾的。换句话说，便是他的人格和作品把这两种倾向巧妙地综合了。作为一个艺术家，和纯粹的思想家是不同的，他须得反映多方面的生活，须得把思想穿上衣裳，赋以血肉，而使之形象化。特别是在习惯上有许多不合理的东西，我们不知不觉地也还非得沿用它们不可。譬如我们现代的人，谁都知道地球绕着太阳在转，然而我们每一个人在晴天的清晨，总要说，"太阳出来了"，在晚上总要说，"太阳下山了"。谁都知道月亮并没有盈亏，然而总还是说月圆月缺。心脏只是管血液循环的，我们要表示感情的时候，还是在说，"你不知道我的心"，或是说"很想把心子剖给你看"。这是不合理，是矛盾，然而谁也不觉其不合理，谁也不觉其矛盾。故如歌德尽管是泛神论者，而他的《浮士德》依然在描写天堂、上帝、恶魔；爱因斯坦尽管是相对论的倡导者，而他依然信仰耶稣教。屈原思想和他艺术表现上的矛盾，便是这样。合理的思想照例是前进的东西，生活习惯总要落后一点。艺术是生活习惯的反映或批判，它在纯粹性上便要受些限制。但是生活习惯到了若干时候也是要跟着前进的，到了那时候还要固执着那种生活习惯，那就成为思想落后了。屈原所表现的天堂、地狱和神鬼等，在北方的诗歌中却几乎没有，在这儿也可以得到说明，便是北方的生活习惯在当时已经和南方的大有距离。

中国文化的滥觞，事实上是起于殷代。殷朝的人集居在黄河流域的中部，最早把这一带地域开化了出来。周人代殷而起，殷人大部分被奴隶化了之后，但还有一部分和他的同盟被压迫向东南移动，移到了淮河流域和长江流域，便是宋、徐、楚诸国。这些人"筚路蓝缕，以处草莽，跋涉山林"，算又把这东南夷的旧居开拓了出来，把殷人所刨生的文化移植到了南方。所以在周代数百年间，尽管南北敌对，各自发展，而在文化上依然是同母的兄弟。因为无论南北，都是殷人把它开化出来的。但是殷人的气质和周人的颇有不同。殷人是比较爱好艺术的氏族。殷墟所发掘出的古物，无论是铜器、石器、骨器、白陶，乃至甲骨上所刻的文字，都富有艺术的风味。又因时代关系，殷人最崇信鬼神，故其文化色彩充分地带着超现实的气韵。周人则是比较现实的氏族。他们是"敬鬼神而远之"的。他们继承了殷人的文化，但加上了自己的现实主义的特征，在几百年的陶冶中，于是在黄河流域又形成了一种比较质实的生活习惯。南方的开化既较迟，而又是殷人的直系的文化传统，故尔南方的生活习惯较为原始，然亦较富于艺术味。这便是南方的思想与诗和北方的思想与诗，在风格和内容上，何以颇为悬异的缘故了。我曾作过这样的比譬：殷人颇像雅典人，周人则颇像斯巴达人。我觉得这个比譬是相当恰当的。中国文化既导源于殷，在周代虽有南北之分，而自秦国兼并六国以后，天下一统，秦人是更质实的氏族，于是北方的现实主义的文化便统一了全中国，殷楚人的那种生活情趣便渐渐被融化了。

屈原的诗是把民间形式扩大了，而且尽量地采用方言，在春秋、战国的文学革命上完成了诗歌方面的一个伟大的革命。这层我在别的机会上已经叙述过好几次，在这里不想再缕述了。不过他这诗歌形式的革命却和他的思想的前进性是合拍的。他是注重民生的人，乘着奴隶解放的潮流、智识下移的气运，对于已经僵定了的诗歌，借民间的活生生的生活与言语的灌入，使它复活而蓬勃了起来。这是他的一个伟大的成功，是永远也不能磨灭的。但可惜他的作品留存于世的只有诗而无文，这却不免是一件憾事。他是替楚怀王拟造宪令的人，《惜往日》里面也说："奉先功以照下兮，明法度之嫌疑"，他应该是有许多散文写出的，而这些散文却没有方法再见了。

总之，屈原的思想是前进的，他是一位南方的儒者。儒家思想，在当时，由奴隶制蜕变为封建制的当时，是前进的，我们不好由现代的观点来指斥为反动，更不好因而说屈原也是思想反动。他和王国维不同，王国维是在封建制已开始蜕变的时候而仍然固执着封建思想。同样也和托尔斯泰与巴尔扎克不能并比。屈原固仍不免有些矛盾，但他的矛盾只是在作为艺术家的构思和遣辞上，有意无意地不能将旧有的生活习惯完全摆脱，便是思想是前进的，而方法则不免仍有多少限制。这样小小的矛盾并不是使他终于怀石自沉的原因。他的自杀的原因倒是由于他的理想和楚国当时的现实相隔太远，不能不使他失望，因而他便只好演出一幕殉道者的悲剧了。请再把白起批评楚国的话摘录一遍吧。

是时楚王恃其国大，不恤其政，而群臣相妒以功，谄谀用事。良臣斥疎，百姓心离，城池不修。既无良臣，又无守备。⑧

这和屈原作品中所斥责的楚国当时的情形，俨如桴鼓之相应。处在这样的国度里面，身受迫害、倔强到底、而感受性又比任何人都要锐敏的人，你叫他会怎样？白起在楚顷襄王二十一年的拔鄢郢、烧夷陵的兵势，确实把楚国几乎逼到了亡国的边缘。早就看到了这一步，而终于看到了这一步的诗人屈原，你叫他会怎样？更何况屈原他是有至高的理想的，他是想以德政来实现中国的大一统，然而好端端的一个楚国却被父子两代的"庸君"和群小们弄得一塌糊涂，看着那以力征经营的秦国便要以刑政来统一天下，这不是比一个楚国亡了，更要令人失望吗？临到了这样的一个最大失望，理想家的屈原，你叫他会怎样？我看除死而外，在他实在是没有第二条路好走。更何况他的死，就和王国维是因为肺病和经济逼迫一样，也还可以有别的生理上的原因。我是感觉着屈原的身体，并不十分健康。过着三十多年的悲剧生活的人，论道理也不会健康得起来。他的悲伤忧郁，长久不能去怀，精神和身体都不能不受损害。他似乎是有失眠症的人，请看他说：

一 "涕泣交而凄凄兮，思不眠以至曙。

终长夜之曼曼兮，掩此哀而不去。"（《悲回风》）

二 "思蹇产之不释兮，曼遭夜之方长。"

三 "望孟夏之短夜兮，何晦明之若岁！"（以上《抽思》）

睡了似乎梦也很多，又很怪：

一 "惟郢路之辽远兮，魂一夕而九逝。"（《抽思》）

二 "昔余梦登天兮，魂中道而失杭。"（《惜诵》）

还有身体上也确实有痛苦：

"背膺牉以交痛兮，心郁结而纡轸。"（《惜诵》）

这大约是神经痛，不然便是肋膜炎。至于他有心悸亢进的症候，在他的诗里是屡见不一见的。再说《离骚》那种诗形，《九章》的大部分也是同样，是有点"印版语"（Settertyped expression）的倾向的，这也是精神多少有些异状时的常见症候。我这样说好像有些侮辱我们的诗人，但这责任是应该由楚国当时的一批群小来负。

屈原是一位深刻的悲剧人物，但这悲剧的深刻性也正玉成了他，成为伟大的民族诗人。

一九四二年二月二十日

注释

①殿本《史记》卷八十四考证引凌稚隆说。——作者注

②马叙伦说"甲借为屈，音同见纽"。（《庄子义证》第二十三卷十三页。）——作者注

③楚昭王名珍与鲁昭公同时，在春秋末年。——作者注

④楚武王与鲁隐公同时，在春秋初年。——作者注

⑤《列子·汤问篇》有师文学鼓琴事，俞曲园谓即昭文。《吕氏春秋·君守篇》有郑太师文鼓瑟事，马叙伦也疑是昭文。（具见《庄子义证》第二卷十二页。）当是楚国的人做了郑国的官。——作者注

⑥《汉书·淮南王安传》"时武帝方好艺文，以安属为诸父，博辨，善为文辞，甚尊重之……使为《离骚传》，旦受诏，日食时上"。王念孙谓"传当为傅，傅与赋古字通……《汉纪·孝武纪》高诱《淮南鸿烈解叙》《太平御览·皇亲部》十六引均作赋"。（《读书杂志》四之九，六页。）游国恩以为传或误为傅，傅又误为赋（《楚辞概论》二七八页）。案以游说为近是。——作者注

⑦班固《离骚序》及《文心雕龙·辨骚》均如是说。——作者注

⑧《史记·秦楚之际月表·索隐》"秦讳正，谓之端"。——作者注

⑨以上均见《史记·秦始皇本纪》。——作者注

⑩见《古文苑》。——作者注

⑪《石鼓文》是秦襄公八年所作，说详拙著《石鼓研究》。——作者注

⑫蒋骥《山带阁注楚辞》引或说。——作者注

⑬据日本新城新藏博士《战国秦汉长历图》（见《东洋天文学研究》，有沈渚中译本）。——作者注

⑭根据屈原卒年计算。

⑮见《楚辞章句》卷四。

⑯此据《汉书·司马迁传》；《史记·太史公自序》作"屈原放逐，著《离骚》"。

⑰⑱《楚辞概论》一二五、一二四页。——作者注

⑲原作商，乃啇之讹，古金文啇与帝通作。——作者注

⑳《楚辞概论》七八页。——作者注

㉑见《楚辞章句·天问》。

㉒王说具见《观堂集林》卷九《卜辞中所见殷先公先王考》及《续考》。——作者注

㉓拙说见《甲骨文字研究》上册《释祖妣》。——作者注

㉔见王船山《楚辞通释》。——作者注

㉕见《说文》及《礼记·曲礼注》等。——作者注

㉖参看陆、游二位所著《屈原》及《楚辞概论》。——作者注

㉗此思字今本误为息，今正。——作者注

㉘见《王无功集》。

㉙《鲁颂·有駜》有兮字，因为已经是春秋时的作品，但兮字也极少。《商颂》也是春秋时宋国的作品，也没有一个兮字，因为同是台阁体的原故。——作者注

㉚陆著《屈原》附录第六页。——作者注

㉛训乱为治的地方极多，可参考《经籍纂诂》卷七十四的"十五翰"的"亂"字。——作者注

㉜见《诗·大雅·緜》，诗中的古公亶父即太王，说见《孟子》。近人顾颉刚说他不是太王，其实他没有细细考究，周人在太王以前的传说都是后来假造的。——作者注

㉝参看拙著《卜辞通纂·征伐组》。——作者注

㉞见《春秋》哀十三年。——作者注

㉟见《古籀拾遗》。——作者注

㊱凡关于古器的铭文，欲知其详细的可参看拙著《两周金文辞大系》。——作者注

㊲六具见《西清古鉴续编甲集》，一具见《善斋吉金录》。——作者注

㊳可参拙著《殷周青铜器铭文研究》下册第一篇。——作者注

㊴《老聃、关尹、环渊》一文专论此事（见《青铜时代》）。——作者注

㊵我有《先秦天道观之进展》一篇论及此事（见《青铜时代》，用日本文发表者名为《天之思想》，收在岩波书店所发行的《东洋思潮讲座》中）。——作者注

㊶《卜辞通纂》第七八八篇。——作者注

㊷参看《先秦天道观之进展》。——作者注

㊸见《史记·项羽本纪》，作楚人南公的话。——作者注

㊹见《诗经·小雅·大田》，又见《孟子·滕文公上》。

㊺详见《左传》定公四年文。

㊻见《周书·多方》。

㊼参见作者《奴隶制时代》一书中的《关于奴隶与农奴的纠葛》一文。

㊽见孙著《古籀拾遗》上卷。——作者注

㊾《史记·孟荀列传》和《汉书·艺文志》言墨子为宋大夫。葛洪《神仙传》《抱朴子》《荀子·修身篇·杨注》及《元和姓纂》均言墨子宋人。独《吕览·慎大篇注》以为鲁人。孙诒让采后说。我看当和孔子一样，本是宋人而居于鲁。——作者注

㊿见《古史辨》第四册序。（今案此乃臆说，墨子实出于宋公子目夷之后的墨胎氏。）——作者注

(51)《清庙》是《诗经·周颂》中的一篇，《生民》是《诗经·大雅》中的一篇。

(52)此前后事迹见《史记·楚世家》。——作者注

(53)“突梯滑稽，如脂如韦”“从俗富贵”“悃悃款款，诛锄草茅”“与骐骥亢轭”等语，见《楚辞·卜居》。

(54)见贾谊《过秦论》。

(55)《水经注》卷四载“秦始皇二十六年长狄十二见于临洮，长五丈余，以为善祥，铸金人十二以象之，各重二十四万斤，坐之宫门之前谓之金狄。皆铭其胸曰‘皇帝二十六年，初兼天下以为郡县。正法律，同度量，大人来见临洮。身长五丈，足六尺’。李斯书也……汉自阿房徙之未央宫前，俗谓之‘翁仲’矣”。今案“身长五丈，足六尺”，当是金人的长度，后人误以为长狄之长，天地间不应该有那样的长人。——作者注

(56)见贾谊《过秦论》。

(57)见童著《石雅》末附《中国铜器时代考》。——作者注

(58)少字或释为小，但观其盘制实如今之锅，与备盥洗用者不同，故余释为炒。——作者注

(59)详见作者《鲁迅与王国维》一文。

(60)作者以后在《关于周代社会的商讨》一文中，对“遂”字的解释有所改变。见《奴隶制时代》一书（一九七三年版）第一一四页：“‘遂’字相当费解，我从前照杜预的说法解为‘进级’，不十分妥当。嵇先生解为‘得遂其自由’，似乎更好。但‘得遂其自由’与‘免其为奴隶’，其实是同样的意思，不过‘庶人工商’是生产奴隶，‘人臣隶圉’是家内奴隶罢了。”

(61)见《左传》桓公六年、僖公十九年。

(62)《国风》中，自《邶风》至《豳风》一百三十五篇为《变风》；《小雅》中，自《六月》至《何草不黄》五十八篇为《变小雅》；《大雅》中，自《民劳》至《召旻》二十三篇为《变大雅》，统称《变风》《变雅》。《诗毛氏传疏》卷一说：“至于王道衰微，礼义废，政教失，国异政，家殊俗，而《变风》《变雅》作矣。”

(63)见《书经·吕刑·郑注》。

(64)见《楚辞章句》卷一。

(65)见班固《离骚序》。

(66)这是刘安的话，见《史记·屈原贾生列传》。王逸指出：“班孟坚、刘勰皆以为淮南王语，岂太史公取其语以作传乎？”（《楚辞章句》）

(67)见《孟子·滕文公上》。

(68)见《战国策·中山策》。

附录　离骚今译

原文（附古韵读）	译文

帝高阳之苗裔兮，

　　朕皇考曰伯庸。

摄提贞于孟陬兮，

　　惟庚寅吾以降。（东中合韵）

皇览揆余初度兮，

　　肇锡余以嘉名。

名余曰正则兮，

　　字余曰灵均。（真耕合韵）

纷吾既有此内美兮，

　　又重之以修能：

扈江离与辟芷兮，

　　纫秋兰以为佩。（之部）

汩余若将不及兮，

　　恐年岁之不吾与：

朝搴阰之木兰兮，

　　夕揽洲之宿莽。

日月忽其不淹兮，

　　春与秋其代序。

惟草木之零落兮，

　　　　　

我本是古帝高阳氏的后裔，

　　号叫伯庸的是我已故的父亲。

太岁在寅的那一年的正月，

　　庚寅的那一天便是我的生辰。

先父看见了我有这样的生日，

　　他便替我取下了相应的美名。

替我取下的大名是叫着正则，

　　替我取下的别号是叫着灵均。

我的内部既有了这样的美质，

　　我的外部又加以美好的装扮。①

我把蘼芜和白芷都折取了来，

　　和秋兰纽结着做成了个花环。

我匆忙地就像是在赶路一般，

　　怕的是如箭的光阴弃我飞掉。

我在春天去攀折山上的木兰，

　　我在冬天去收揽水边的青藻。②

金乌和玉兔匆匆地不肯停留，

　　春天和秋天轮流着在相替代。

想到草和木都时刻地在雕零，

恐美人之迟暮。　　　　　　怕的是理想的佳人也要早衰。

抚壮而弃秽兮，[③]　　　　　你应该趁着年少以自图修洁，
　何不改乎此度也？　　　　　　为甚总不改变你那样的路数？
乘骐骥以驰骋兮，　　　　　　我驾着骏马正要打算去奔驰，
　来吾导夫先路也！（鱼部）　　　你来吧，我要为你在前面引路。

昔三后之纯粹兮，　　　　　　古时候曾有过纯而粹的三王，
　固众芳之所在：　　　　　　　在那时固然是群芳之所聚会。
杂申椒与菌桂兮，　　　　　　木本的申椒、菌桂也多所戴插，
　岂惟纫夫蕙茝？（之部）　　　不仅把香茝和蕙草纫成环佩。

彼尧舜之耿介兮，　　　　　　想唐尧和虞舜真是伟大光明，
　既遵道而得路。　　　　　　　他们已经是得着了正当轨道。
何桀纣之昌披兮，　　　　　　而夏桀和殷纣怎那样地糊涂，
　夫惟捷径以窘步？（鱼部）　　总爱贪走着捷径而屡自跌跤。

惟党人之偷乐兮，　　　　　　有一批糊涂的人们会苟且偷安，
　路幽昧以险隘。　　　　　　　他们的道路诚暧昧而又加狭隘。
岂余身之惮殃兮，　　　　　　我并不怕自己的身子会要遭殃，
　恐皇舆之败绩。（支部）　　　我怕的是君王的乘舆要被毁坏。

忽奔走以先后兮，　　　　　　我匆匆地在前在后效力奔走，
　及前王之踵武；　　　　　　　我想要追赶上先王们的步武。
荃不察余之中情兮，　　　　　你既不肯鉴察我胸中的愚诚，
　反信谗而齌怒。　　　　　　　更反而听信谗言给我以恼怒。

余固知謇謇之为患兮，　　　　我诚然知道梗直是不能讨好，
　忍而不能舍也！　　　　　　　但我却忍耐着痛苦不肯抛弃。
指九天以为正兮：　　　　　　我要请九重的上天做我证人，
　夫惟灵修之故也！（鱼部）　　我悯忱地忠于君王并无他意。

初既与余成言兮，　　　　　　在当初呵，你既已经和我约定，④

　后悔遁而有他；　　　　　　　你奈何翻悔了，又改变了心肠。

余既不难夫离别兮，　　　　　　我和你的分离也不怎么难堪，

　伤灵修之数化。（歌部）　　　　只叹息你的为人呵太没主张。

余既滋兰之九畹兮，　　　　　　我已经种下了九顷地的春兰，

　又树蕙之百亩；　　　　　　　我又曾栽就了百亩园的秋蕙。

畦留夷与揭车兮，　　　　　　　我曾把留夷和揭车种了一田，

　杂杜衡与芳芷。（之部）　　　　更夹杂了些杜衡和芳芷之类。

冀枝叶之峻茂兮，　　　　　　　希望着它们的枝叶茂盛起来，

　愿俟时乎吾将刈。　　　　　　　等到了花时我便要加以收割。

虽萎绝其亦何伤兮？　　　　　　我自己就萎谢了也不算什么，

　哀众芳之芜秽。（祭部）　　　　可悲的是一群芳草要遭践踏。

众皆竞进以贪婪兮，　　　　　　大家都竞争着在以酒食为征逐，

　凭不厌乎求索；　　　　　　　贪财好利的心事全然不知满足。

羌内恕己以量人兮，　　　　　　大家都宽恕着自己而猜忌别人，

　各兴心而嫉妒。（鱼部）　　　　大家都在斗着心机而互相嫉妒。

忽驰骛以追逐兮，　　　　　　　大家也都在狂奔着争权夺利，

　非余心之所急；　　　　　　　那些都不是我心中之所贪图。

老冉冉其将至兮，　　　　　　　我怕的是老境在渐渐地到来，

　恐修名之不立！（缉部）　　　　我的声名或许会不能够建树。

朝饮木兰之坠露兮，　　　　　　我在春天饮用着木兰花上的清露，

　夕餐秋菊之落英，　　　　　　我在秋天餐食着菊花瓣上的红霜。

苟余情其信姱以练要兮，　　　　只要我的精神是美满而又加顽健，

　长顑颔亦何伤！（阳部）　　　　我就长久地面黄肌瘦呵又有何妨？

揽木根以结茝兮，　　　　　　　我掘取了细根来把白芷拴上，

　贯薜荔之落蕊；　　　　　　　又穿上了薜荔花落下的花朵，

矫菌桂以纫蕙兮，　　　　　　我把菌桂削直后再贯以蕙英，
　索胡绳之缅缅。（歌部）　　　　扭成了潇洒的花索馥郁婆娑。

謇吾法夫前修兮，　　　　　　我本虔敬地在效法古代的贤人，
　非世俗之所服；　　　　　　　我的环佩本不为世俗之所喜欢；
虽不周于今之人兮，　　　　　和今世的人们虽不能道合志同，
　愿依彭咸之遗则。（之部）　　而我所愿效法的是殷代的彭咸。

哀民生之多艰兮，　　　　　　我哀怜着人民的生涯多么艰苦，
　长太息以掩涕。　　　　　　　我长太息地禁不住要洒雪眼泪。
余虽好修姱以靰羁兮，　　　　我虽然是爱好修洁而自制花环，
　謇朝谇而夕替。（脂部）　　　在清早做成，晚上便已被人折毁。⑤

既替余以蕙纕兮，　　　　　　不怕他就毁坏了我秋蕙的花环，
　又申之以揽茝。　　　　　　　我又要继续着用白芷花来替代。
亦余心之所善兮，　　　　　　说到头是我自己的情愿而心甘，
　虽九死其犹未悔！（之部）　纵使是死上九回我也不肯悔改。

怨灵修之浩荡兮，　　　　　　我怨恨你王长者呵真是荒唐，
　终不察夫民心；　　　　　　　你始终是不肯洞鉴我的心肠。
众女嫉余之蛾眉兮，　　　　你周围的侍女嫉妒我的丰姿，
　谣诼谓余以善淫。（侵部）　造出谣言来说我是本来淫荡。

固时俗之工巧兮，　　　　　　固然是糊涂的人们善于取巧，
　偭规矩而改错；　　　　　　　不守一定的规矩而任意胡闹。
背绳墨以追曲兮，　　　　　　抛却了一定的准绳只图迁就，
　竞周容以为度。（鱼部）　　竞争着在依阿取悦以为常套。

忳郁邑余侘傺兮，　　　　　　我忧郁，我不安，我感受着孤独，
　吾独穷困乎此时也！　　　　我孤独地遭受着今世的困穷。
宁溘死以流亡兮，　　　　　　我就使奄然死去而魂离魄散，
　余不忍为此态也。（之部）　也决不肯同乎流俗，屈节卑躬。

鸷鸟之不群兮，
　　自前世而固然。
何方圜之能周兮？
　　夫孰异道而相安？（元部）

屈心而抑志兮，
　　忍尤而攘诟；
伏清白以死直兮，
　　固前圣之所厚。（侯部）

悔相道之不察兮，
　　延伫乎吾将反；
回朕车以复路兮，
　　及行迷之未远。（元部）

步余马于兰皋兮，
　　驰椒丘且焉止息。
进不入以离尤兮，
　　退将复修吾初服。（之部）

制芰荷以为衣兮，
　　集芙蓉以为裳。
不吾知其亦已兮，
　　苟余情其信芳！（阳部）

高余冠之岌岌兮，
　　长余佩之陆离；
芳与泽其杂糅兮，
　　惟昭质其犹未亏。（歌部）

忽反顾以游目兮，
　　将往观乎四荒。

鹰和隼不能够和凡鸟同群，
　　原本是自古以来就是这样。
哪有方和圆能够互相通融？
　　哪有曲和直能够一概相量？

我委曲着情怀，抑制着意气，
　　我忍受着谴责，排遣着羞耻，
伏清白之志而死忠贞之节，
　　本是前代的圣人之所称许。

我失悔我的路向是根本走错，
　　我停顿着又打算要路折回头，
把我的车马掉过来走向归路，
　　要趁着这迷途未远赶快罢休。

把马辔解了，让它在兰皋逍遥，
　　让它在椒丘上驰驱，暂时休息，
我不想再上前去以遭受祸殃，
　　我要退回故乡修理我的旧衣。

我要把碧绿的荷叶裁成上衫，
　　我要把洁白的荷花缀成下裳。
没人知道我也就让他抹杀吧，
　　只要我的内心是真正地芬芳。

要把头上的冠戴加得高而又高，
　　要把项下的环佩增得长而又长，
芳香和污垢纵使会被人混淆呀，
　　只我这清白的精神是丝毫无恙。

我忽然又回过头来放开眼界，
　　打算往东西南北去四处观光。

佩缤纷其繁饰兮，
　　芳菲菲其弥章。（阳部）

我的花环是参差而又多趣呀，
　　馥郁的花气呵会向四方远飏。

民生各有所乐兮，
　　余独好修以为恒；⑥
虽体解吾犹未变兮，
　　岂余心之可惩？（蒸部）

世上的人们任凭他各有所好，
　　而我的习惯是专于爱好修洁。
就把我车裂了我也不肯变更，
　　难道我的心还会怕受人威胁？

女媭之婵媛兮，
　　申申其詈予，
曰："鲧婞直以亡身兮，
　　终然夭乎羽之野。（鱼部）

我的女伴她殷勤地替我关心，⑦
　　她娓婉而又回环地劝戒着我。
她说道："鲧是大直辟不顾性命，
　　终竟在羽山下遭受了惨杀之祸。

"汝何博謇而好修兮，
　　纷独有此姱节？
薋菉葹以盈室兮，
　　判独离而不服！（之部）

"你为什么总是要孤高而又洁癖，
　　偏偏的一个人有着这样的奇装？
蒺藜、王刍和枲耳正是当道时节，
　　你却与众不同地要说它们不香。

"众不可户说兮，
　　孰云察余之中情？
世并举而好朋兮，
　　夫何茕独而不予听？"

"人众是不能够家谕而以户晓呵，
　　有谁人能够了解得我们的内心？⑧
天地间都是在成群而又结伙呀，
　　你为什么总孤另另地不表同情？"

依前圣以节中兮，
　　喟凭心而历兹。
济沅湘以南征兮，
　　就重华而陈辞：（之部）

我依据着先圣的理法节制性情，
　　有了这样的遭遇不禁悲愤填膺。
渡过了沅水和湘水我走向南方，
　　我走去向着重华呵诉我的衷肠。

"启九辩与九歌兮，
　　夏康娱以自纵。
不顾难以图后兮，
　　五子用夫家巷。（东部）

"夏启从天上得到了九辩与九歌，
　　在艳阳时分他欢乐着，自行放纵。⑨
毫无深远的谋虑以作未雨绸缪，
　　他的兄弟五观便和他生了内讧。⑩

"羿淫游以佚畋兮，
　又好射夫封狐；
固乱流其鲜终兮，
　浞又贪夫厥家。（鱼部）

"有穷氏的后羿淫于游观而好田猎，
　　他所欢喜的是在山野外射杀封狐。
本来是淫乱之徒该当得没有结果，
　　他的相臣寒浞更占取了他的妻孥。

"浇身被服强圉兮，
　纵欲而不忍；
日康娱而自忘兮，
　厥首用夫颠陨。（文部）

"寒浞的儿子过浇又肆行霸道，
　放纵着自己的情欲不能忍耐，
他每日里欢乐得忘乎其形，
　终久又失掉了他自己的脑袋。

"夏桀之常违兮，
　乃遂焉而逢殃。
后辛之菹醢兮，
　殷宗用而不长。（阳部）

"夏桀王他也始终是不近人情，
　　到头来是窜走到南巢而野死。
纣王把自己的忠良弄成肉酱，
　　殷朝的王位也因而无法维持。

"汤禹严而祗敬兮，
　周论道而莫差；
举贤而授能兮，
　循绳墨而不颇。（歌部）

"商汤和夏禹都谨严而又敬戒，
　　周的先世讲求理法也没差池，
在政治上是举用贤者和能者，
　　遵守着一定的规矩没有偏倚。

"皇天无私阿兮，
　览民德焉错辅。
夫惟圣哲以茂行兮，
　苟得用此下土。（鱼部）

"主宰一切的上帝他公道无私，
　　他要看到了有德行的才肯帮助。
只有那德行高迈的圣人和贤士，
　　才能够使得四海之滨成为乐土。

"瞻前而顾后兮，
　相观民之计极。
夫孰非义而可用兮，
　孰非善而可服？

"既经考察了前王而又观省后代，
　　我省察得人生的路径十分详明。
不曾有过不义的人而可以信用，
　　不曾有过不善的事而可以服膺。

"阽余身而危死兮，
　览余初其犹未悔；

"我纵使是身临绝境而丧失性命，
　　回顾自己的初心我也并不翻悔。

不量凿而正枘兮， 　固前修以菹醢。"（之部）	不曾问凿孔的方圆而只求正枘， 　古代的贤人正因此而遭了菹醢。"
曾歔欷余郁邑兮， 　哀朕时之不当； 揽茹蕙以掩涕兮， 　霑余襟之浪浪。（阳部）	我是连连地叹息着而又呜咽， 　哀怜我生下地来没逢着良辰。 我提起柔软的花环揩拭眼泪， 　我的眼泪滚滚地沾湿了衣襟。
跪敷衽以陈辞兮， 　耿吾既得此中正。 驷玉虬以乘鹥兮， 　溘埃风余上征。（耕部）	我跪在自己的衣脚上诉了衷情， 　我的中心耿耿地既得到了稳定。 我要以凤凰为车而以玉虬为马， 　飘忽地御着长风向那天上旅行。
朝发轫于苍梧兮， 　夕余至乎县圃。 欲少留此灵琐兮， 　日忽忽其将暮。	我清晨才打从那苍梧之野动身， 　我晚上便落到昆仑山上的悬圃。 我想在这神灵的区域勾留片时， 　无奈匆匆的日轮看着便要人暮。
吾令羲和弭节兮， 　望崦嵫而勿迫。 路漫漫其修远兮， 　吾将上下而求索。（鱼部）	我便叫日御的羲和把车慢慢地开， 　就望见日将人的崦嵫也没用赶快， 旅行的途程是十分长远而又长远， 　我要到上天下地去寻求我的所爱。
饮余马于咸池兮， 　总余辔乎扶桑。 折若木以拂日兮， 　聊逍遥以相羊。（阳部）	且让我的玉虬就在咸池饮水， 　且让我的乘凤就在扶桑休息，[11] 折取若木的桠枝来敲打日头， 　我暂时留在这儿逍遥而蹰躅。
前望舒使先驱兮， 　后飞廉使奔属， 鸾凰为余先戒兮， 　雷师告余以"未具"。（侯部）	想遣月御的望舒替我做着前驱， 　想遣风伯的飞廉替我做着后卫， 想遣天鸡的鸾凰替我作着鼓吹—— 　雷师走来告诉道：一切未曾准备。[12]

吾令凤鸟飞腾兮，
　　继之以日夜；
飘风屯其相离兮，
　　率云霓而来御。

纷总总其离合兮，
　　斑陆离其上下。
吾令帝阍开关兮，
　　倚间阖而望予。

时暧暧其将罢兮，
　　结幽兰而延伫。
世溷浊而不分兮，
　　好蔽美而嫉妒。

朝吾将济于白水兮，
　　登阆风而绁马。
忽反顾以流涕兮，
　　哀高丘之无女。（鱼部）

溘吾游此春宫兮，
　　折琼枝以继佩。
及荣华之未落兮，
　　相下女之可诒。

吾令丰隆乘云兮，
　　求宓妃之所在。
解佩纕以结言兮，
　　吾令蹇修以为理。（之部）

纷总总其离合兮，
　　忽纬繣其难迁。

我便令我的乘凤展翅飞腾，
　　即使入了夜境也无须停顿，
飘风聚集着都在恐后争先，
　　率领着云和霓来表示欢迎。

我们是蓬蓬勃勃地时离时合，
　　我们是光辉灿烂地或下或上。
我叫那天国的门子替我开门，
　　他才倚着天门只是把我望望。

时辰是昏蒙地快到末日的光景，
　　我纽结着所佩的幽兰不能移步。
天地间是这样混浊而不别贤愚，
　　总爱抹杀人的美德而生出嫉妒。

等待到天明时我又要渡过白水，
　　我要登上那阆风山顶系我玉虬。
我忽然地又回转头去流起泪来，
　　我可怜这天国中也无美女可求。⑬

我飘忽地来到了这天国的门前，
　　我攀折了琼枝来插上我的兰佩。
趁着这琼枝上的瑶花还未飘零，
　　我要到下方去送给可爱的香闺。

云师的丰隆，我叫他驾着云彩，
　　为我去找寻宓妃的住址所在。
我把兰佩解下来拜托了蹇修，
　　我拜托他代表我去向她求爱。

她开始总是含糊地欲允不允，
　　忽尔间又乖违了全不肯赞成。

夕归次于穷石兮，　　　　　她晚上回家时是在穷石过夜，
　朝濯发于洧盘。（元部）　　　她清早梳头时是在洧盘堆云。⑭

保厥美以骄傲兮，　　　　　　她只图保存着貌美不肯谦恭，
　日康娱以淫游；　　　　　　　整天价都欢乐着在外面遨游。
虽信美而无礼兮，　　　　　　面貌纵然是美好而礼节全差，
　来违弃而改求。（幽部）　　　我要丢掉她，慎重地再作别求。

览相观于四极兮，　　　　　　我在天空中观遍了四极八荒，
　周流乎天余乃下。　　　　　　我观遍了又然后回到这下界。
望瑶台之偃蹇兮，　　　　　　我望见了有娀氏的佳人简狄，
　见有娀之佚女。（鱼部）　　　她居住在那巍峨的一座瑶台。

吾令鸩为媒兮，　　　　　　　我吩咐鸩鸟，叫她去替我做媒，
　鸩告余以"不好"。　　　　　　鸩鸟告诉我，说道，她去可不对。
雄鸩之鸣逝兮，　　　　　　　有雄的斑鸠本来是善于诉苦，
　余犹恶其佻巧。（幽部）　　　但我又嫌恶他，实在有点多嘴。

心犹豫而狐疑兮，　　　　　　我心里踌躇着而又狐疑呀，
　欲自适而不可。　　　　　　　我想要自己去也觉得不妥。
凤凰既受诒兮，　　　　　　　玄鸟的凤凰已把礼物送她，⑮
　恐高辛之先我。（歌部）　　　我怕高辛氏早已快过了我。

欲远集而无所止兮，　　　　　想往远方去但又无可投靠，
　聊浮游以逍遥。　　　　　　　我暂且流浪着在四处逍遥。
及少康之未家兮，　　　　　　趁少康还没有结婚的时节，
　留有虞之二姚。（宵部）　　　还留下有虞氏的两位阿娇。

理弱而媒拙兮，　　　　　　　但提亲的既不行而媒人又笨，⑯
　恐导言之不固；　　　　　　　我恐怕这次的求婚也是不稳；
世溷浊而嫉贤兮，　　　　　　人间世是混浊而嫉妒贤能呀，
　好蔽美而称恶。　　　　　　　总喜欢隐人善处而扬人恶声。

闺中既以邃远兮， 　哲王又不悟。	佳丽的香闺既深邃而难于觊觎， 　你聪明的君王又始终不肯醒悟。
怀朕情而不发兮， 　余焉能忍而与此终古！（鱼部）	我一肚子的衷情真无处可诉呀， 　我哪能够忍耐得就这样地死去！
索琼茅以筵篿兮， 　命灵氛为余占之。	我找来了灵草的琼茅和些细竹， 　我请求了女巫的灵氛为我占卦。
曰："两美其必合兮， 　孰信修而莫心之？⑰（侵部）	她说道："男才女貌本是天所配成， 　哪儿有真正的美人而没人爱他？
"思九州之博大兮， 　岂惟是其有女？	"你请宽怀些呀请想到九州的广大， 　何必一定要限于这儿才有女娃？
曰（爰）勉远逝而无疑兮， 　孰求美而释汝？	你请努力着朝四方去不要逡巡， 　又哪有怀春的女子会把你丢下？
"何所独无芳草兮， 　尔何怀乎故宇？	"天地间哪儿会没有香草呢？ 　你为什么一定要念着故乡？
世幽昧以眩曜兮， 　孰云察余之善恶？（鱼部）	这故乡是黑暗而又昏蒙呀， 　谁能够辨别出我们的短长？
"民好恶其不同兮？ 　惟此党人其独异。	"人们的好恶究竟有什么不同？ 　只有那一批先生们特别出众。
户服艾以盈腰兮， 　谓幽兰其不可佩。（之部）	他们都把些野蒿来带满腰间， 　偏要说馥郁的幽兰不可佩用。
"览察草木其犹未得兮， 　岂珵美之能当？	"连草木的好坏都还不能辨清， 　说到美玉的臧否又岂能识相？
苏粪壤以充帏兮， 　谓申椒其不芳。"（阳部）	把粪土来充满了自己的缨包， 　偏要说申椒真果是一点也不香。"
欲从灵氛之吉占兮， 　心犹豫而狐疑。	我打算要听从这灵氛的吉占， 　我心里踌蹰着但又不能决定。

巫咸将夕降兮， 　怀椒糈而要之。（之部）	听说是巫咸将要在晚间下凡， 　我怀着椒香和精米等他来临。
百神翳其备降兮， 　九嶷缤其并迎。 皇剡剡其扬灵兮， 　告余以吉故。（鱼部）	天上的百神缥缈地从天而下， 　九嶷的女神缤纷地前往迎迓。 辉煌煌地发出了无限的灵光， 　巫咸他又告诉了我一批好话。
曰："勉升降以上下兮， 　求矩矱之所同。⑱ 汤禹严而求合兮， 　挚咎繇而能调。（东幽合韵）	他说道："你应该努力去四方跋涉， 　去追求意气相投的自己的同志。 商汤和夏禹都虔诚地求过贤臣， 　伊尹和皋陶便际遇着君臣共济。
"苟中情其好修兮， 　又何必用夫行媒？ 说操筑于傅岩兮， 　武丁用而不疑。（之部）	"只要你自己的存心真好修洁， 　又何必一定要有人来做媒介？ 傅说为佣，他曾经在傅岩版筑， 　武丁用了他并没存丝毫芥蒂。
"吕望之鼓刀兮， 　遭周文而得举。 甯戚之讴歌兮， 　齐桓闻以该辅。（鱼部）	"吕望在朝歌的市中使用屠刀， 　遇着周文王便拜他做了师傅。 甯戚在放牛时扣角而作商歌， 　遇着齐桓公便聘他做了大夫。
"及年岁之未晏兮， 　时亦犹其未央； 恐鹈鴃之先鸣兮， 　使夫百草为之不芳。（阳部）	"要趁着这岁华还没有迟暮， 　要趁着这季节也还没有萧条， 怕的是一听到伯劳鸟的叫声， 　一切的花和草都要为之香消。
"何琼佩之偃蹇兮， 　众薆然而蔽之？ 惟此党人之不谅兮， 　恐嫉妒而折之。"（祭部）	"真是美呵，你那琼枝的环佩， 　怎奈得人们糊涂不肯宝贵。 那批先生们完全不讲信用， 　怕会出于嫉妒要前来捣毁。"

时缤纷其变易兮，
　　又何可以淹留？

兰芷变而不芳兮，
　　荃蕙化而为茅。（幽部）

何昔日之芳草兮，
　　今直为此萧艾也？

岂其有他故兮？
　　莫好修之害也！（祭部）

余以兰为可恃兮，
　　羌无实而容长；

委厥美以从俗兮，
　　苟得列乎众芳。（阳部）

椒专佞以慢慆兮，
　　樧又欲充夫佩帏；

既干进而务入兮，
　　又何芳之能祇？（脂部）

固时俗之从流兮，
　　又孰能无变化？

览椒兰其若兹兮，
　　又况揭车与江离。（歌部）

惟兹佩之可贵兮，
　　委厥美而历兹⑲

芳菲菲而难亏兮，
　　芬至今犹未沬。（之月旨合韵）

和调度以自娱兮，
　　聊浮游而求女。

时俗纷纷地是变换无常呀。
　　我在此又哪能够久于停留？

幽兰和白芷都失掉了芬芳，
　　溪荪和蕙草都变成了菁茅。

为什么往日的这些香草，
　　到今天直成了荒蒿野艾？

这难道还有甚别的理由？
　　只因为它们是不肯自爱！

我以为兰本来是万分的可靠，
　　谁知它名实不符而虚有其表！

抛弃了自己的美质随俗取容，
　　它真真是辱没了一般的香草！

椒，他专一的取媚而妄自夸大，
　　本来是茱萸也妄想充实香包，

既已经不自珍重而力求佞幸，
　　纵使还有点香又有什么可宝？

时俗所喜欢的是随波逐流，
　　谁又能保持得不生出变化？

看到椒和兰都变成了这般，
　　揭车和江离更无须乎多话。

只有我戴的花环至可宝贵，
　　美质虽被蔑视而遭遇可悲；

花的芳香勃勃地难以消逝，
　　花的芳香直到今还未衰微。

保持着冲和的态度以自欢娱，
　　我姑且向四处飘流寻求美女。

及余饰之方壮兮，　　　　　　　　要趁着我这环佩还很有馨香，
　周流观乎上下。（鱼部）　　　　　　我要四处去寻求呵上天下地。

灵氛既告余以吉占兮，　　　　　　灵氛已把协吉的占辞向我告诉，
　历吉日乎吾将行。　　　　　　　　选定了好的期日我要走向远方。
折琼枝以为羞兮，　　　　　　　　折来琼树的嫩枝呵做我的路菜，
　精琼糜以为粻。（阳部）　　　　　　磨来美玉的细屑呵做我的干粮。

为余驾飞龙兮，　　　　　　　　　为我驾上神速的八尺高的龙马，㉑
　杂瑶象以为车。　　　　　　　　　把琼瑶和象齿装饰着我的乘舆。
何离心之可同兮？　　　　　　　　离心离德的人们哪有方法同流？
　吾将远逝以自疏。（鱼部）　　　　　我要飘泊到远方去离群而索居。

遭吾道夫昆仑兮，　　　　　　　　我且把我的路径转向着昆仑，
　路修远以周流。　　　　　　　　　离别了故乡去作天涯的羁旅，
扬云霓之晻蔼兮，　　　　　　　　高标着云霓的旗帜映日生辉，
　鸣玉鸾之啾啾。（幽部）　　　　　　摇动着玉制的鸾铃和音钦其。

朝发轫于天津兮，　　　　　　　　我清早打从天汉的渡口起身，
　夕余至乎西极。　　　　　　　　　我晚间便达到了西方的边极。
凤凰纷其承旂兮，　　　　　　　　凤凰飞来缤纷地绕我的旌旗，
　高翱翔之翼翼。（之部）　　　　　　都高高地翱翔着而威仪翼翼。

忽吾行此流沙兮，　　　　　　　　我忽然间走到了西极的流沙，
　遵赤水而容与；　　　　　　　　　沿着这赤水河边我纡徐徙倚，
麾蛟龙使梁津兮，　　　　　　　　我麾使着蛟龙为我架道桥梁，
　诏西皇使涉予。（鱼部）　　　　　　招呼着白帝快把我渡过河去。

路修远以多艰兮，　　　　　　　　道路既长远而又十分崎岖，
　腾众车使径待。　　　　　　　　　我只好叫从车们路旁等待。
路不周以左转兮，　　　　　　　　路绕着不周山再向左而转，
　指西海以为期。（之部）　　　　　　不走到西海边我决不回来。

屯余车其千乘兮，	我的车从聚集着有一千多乘，
齐玉轪而并驰；	品齐着玉制的轮子并辔而驰。
驾八龙之蜿蜿兮，	各驾着八头的骏马蹻蹻如龙，
载云旗之委移。（歌部）	载着有云彩的旗帜随风委移。
抑志而弭节兮，	我自己按抑着壮志，弭辔徐行，
神高驰之邈邈。	让超迈的精神在清虚中驰骋。
奏《九歌》而舞《韶》兮，	演奏着夏启的《九歌》，舞着《九韶》，㉑
聊假日以愉乐。（宵部）	暂时地借着辰光以举行余兴。
陟升皇之赫戏兮，	在皇天的光耀中升腾着的时候，
忽临睨夫旧乡；	忽然间又看见了下界的故丘。
仆夫悲，余马怀兮，	我的御者生悲，马也开始恋栈，
蜷局顾而不行。（阳部）	只是低头回顾，不肯再往前走。
辞曰：	（尾声）㉒
"已矣哉！	算了吧！
国无人莫吾知兮，	国里没有人，没有人把我理解，
又何怀乎故都？	我又何必一定要思念着乡关？
既莫足与为美政兮，	理想的政治既没有人可以协商，
吾将从彭咸之所居。"（鱼部）	我要死了去依就殷代的彭咸。

注释

①此句原文"又重之以修能"，"能"字是"态"字的省略，"内美"与"修态"为对，有内又有外，故言"重"。——作者注

②这两句在原文是"朝搴阰之木兰兮，夕揽洲之宿莽"，木兰在春天开花，宿莽是冬天的青草，故知诗人系以朝夕喻岁时。又下文"朝饮木兰之坠露兮，夕餐秋菊之落英"亦同此例。"阰"同"陴"，旧以为山名，非是。——作者注

③此句今行王逸本为"不抚壮而弃秽"，注云"《文选》无不字"。今从《文选》

本。——作者注

④此句之前今行本有"曰黄昏以为期兮，羌中道而改路"二句，洪兴祖补注云："一本有此二句，王逸无注，至下文'羌内恕己以量人'始释羌义，疑此二句后人所增耳。《九章》曰：'昔君与我成言兮日黄昏以为期，羌中道而回畔兮反既有此他志。'（案出《抽思》）与此语同。"今案洪说极是，当是王逸以后人注《抽思》二语于侧，传写误为正文，因求文体一致与合韵之故，故加一"兮"字，而改"回畔"为"改路"也。"路"字与上二韵"舍"、"故"相协。二句本无，故今译本删去之。——作者注

⑤此句原文为"謇朝谇而夕替"，"谇"字颇费解，旧解亦难信从。今作为"卒"字解，言卒业也。——作者注

⑥"恒"字今本作"常"，乃汉人避文帝讳所改。——作者注

⑦原文为"女嬃之婵媛"，"女嬃"旧以为人名，或说为屈原姊，或说为屈原妹，均不确。今姑译为"女伴"，疑是屈原之侍女。——作者注

⑧此句原文为"孰云察余之中情"，"余"字在此当解作复数。古人用代名词，单复数之形每无别，如《诗》言"我车既攻，我马既同"，"母氏圣善，我无令人"，我均是我们。此句"余"字亦正是我们。前人坐此字不得其解，以此节为屈原之语非是。——作者注

⑨此二句原文为"启九辩与九歌兮，夏康娱以自纵"。《山海经·大荒西经》云"夏后开（即启）上三嫔于天，得九辩与九歌以下"，《天问》亦云"启棘宾帝（原误为'商'），九辩九歌"，故此译作白天上得来。又"夏康娱以自纵"句，旧以"夏康"连读为夏之太康，以下文"日康娱而自忘""日康娱以淫游"等句法例之，知实出于误会。《墨子·非乐篇》云："于《武观》曰启乃淫溢康乐，野于饮食……湛浊于酒，偷食于野，万舞翼翼，章闻于天，天用弗式。"所道者即此事。《武观》即《书》逸篇《五子之歌》（今存者乃梅赜伪本），亦即本节所出之五子。《国语·楚语》士娥曰："启有五观。"五、武音同字通，实一人，非五人。五子误为五人，其事甚古。《周书·尝麦解》："昔在启（原误为'殷'，今正）之五子，忘伯禹之命，假国无正，用胥兴作乱，遂凶厥国。"《史记·夏本纪》："帝太康失国，昆弟五人须于洛汭作《五子之歌》。"均以五子为五人，且以为启子。揆其所由，盖即出于误读《离骚》此节之故，以"夏康"既误于前，而"五子"复误于后也。（今本《竹书纪年》详纪武观事，然系杂采诸书而杜撰出之，不足信。可看王国维《今本竹书纪年疏证》。）——作者注

⑩此句原作"五子用失乎家巷"。王念孙谓"失"字为衍文，并读"巷"为《孟

子》"邹与鲁哄"之"哄"，谓"家巷"即内讧（见《读书杂志·志余》下），均至确。余意"失"字实"夫"字之讹，盖古本一作"夫"，一作"乎"，作"夫"者讹为"失"，后录书者遂合二本而成此语。——作者注

⑪此二句原文只言马言辔，然上文有"驷玉虬以乘鹥"之语，知所谓马即玉虬，辔即凤凰。——作者注

⑫原句为"雷师告余以未具"，旧解为"严装未具"，余意当是所需要之月御、风伯、鸾凰等未能准备之意。——作者注

⑬原文为"哀高丘之无女"，高丘指天国附近之处。因上言帝阍不为开门，故此忽然流涕，觉天围中亦有炎凉。——作者注

⑭此言宓妃与后羿通淫。《左传》襄四年"后羿自钮迁于穷石"。《天问》篇："帝降夷羿，革孽夏民，胡射夫河伯，而妻彼洛嫔？"洛嫔即宓妃。——作者注

⑮原句为"凤凰既受诒兮"，以上下文案之实即玄鸟传说。《天问》篇："简狄在台佶何宜？玄鸟致诒女何嘉？"《九章·思美人》："高辛之灵盛兮，遭玄鸟而致诒。"玄鸟致诒即凤凰受诒，"受""授"省，"诒""贻"通，知古代传说中之玄鸟实是凤凰也。《商颂》"天命玄鸟，降而生商"，注家以玄鸟为燕，乃后来之转变。——作者注

⑯原句为"理弱而媒拙"。《九章·抽思》"理弱而媒不通"，又《思美人》"令薜荔以为理……因芙蓉而为媒"，均理与媒对文。本文上有"吾令蹇修以为理"句与"吾令鸩为媒"语例辞意均相类。盖古者提婚人与媒介人有别（今世俗亦每如是），提婚人谓之"理"也。——作者注

⑰此句原为"两美其必合兮，孰信修而慕之"，"慕"字意难通，与上句"占"字亦不合韵。余以为当是"莫心"二字误合而为一也。心者任也，爱慕之极也。《诗》所谓"心乎爱矣"，又"中心藏之"。又灵氛乃女巫名，知必为女巫者以《九歌》中言灵多言女饰故。——作者注

⑱同与调乃东幽合韵。段玉裁云："调读如稠。《车攻》以韵同字，屈原《离骚》以韵同字，东方朔《七谏》以韵同字。皆读如重。此古合韵也。"（《六书音韵表》四，第九部调字注）——作者注

⑲兹沫乃之脂合韵，段玉裁已言之，见《六书音韵表》四，第一部"古合韵"沫字下。——作者注

⑳"为余驾飞龙"，龙乃马名，马八尺以上为龙，《尔雅·释兽》作"駥"，知必为马名者，下文言"仆夫悲余马怀兮，蜷局顾而不行"，固明言是马。又下文"驾八龙之蜿蜿"亦同此解。——作者注

㉑"奏《九歌》而舞《韶》兮,《九歌》乃启乐,《韶》即《九韶》,乃启舞。《大荒西经》:"天穆之野高二千仞,开(即启)焉(爰)得始歌《九招》,郭璞注引《纪年》:"夏后开舞《九招》。"——作者注

㉒原文为"乱曰",乱即是辞之古字,古金文,多用为司,以治为义。凡古书中乱字含相反之治义者均是本字本义。其相反之字当作"䦲",后世失传,又误以"乱"字为之,而"乱"之本义遂致完全颠倒。文末系以"辞曰"以作《尾声》,与《抽思》之"少歌曰""唱曰"义例相同,亦正《楚辞》之名之所由得。此义二千余年后始得揭发,亦一快事。——作者注

解题

《离骚》的译文是一九三五年还陷在日本的时候搞的。一九四二年在重庆曾经润色过一次。目前这一次没有多么大的修改。只有一处比较重要的是"芳与泽其杂糅"句。我以前把它译成了"芳香与光泽纵使会被人混淆",那是完全错了。说到"杂糅"必然是混淆着两种相反的东西,如像"同糅玉石"之例。故"泽"字应该是"芳"的反对,不能解为光泽、色泽或德泽。《惜往日》中也有这个句子,"芳与泽其杂糅兮,孰申旦而别之?"分明是说两种相反的东西混淆了,不容易辨别。想到这里,便可找到"泽"字的正确解释了。诗《秦风·无衣》:"与子同泽",郑玄注"泽,裻衣也,近污垢"。故这儿与"芳"为对文的"泽"字,应该译为污垢。这一个字,自汉以来的注家都讲错了,可见要读懂古书是颇不容易的。

《离骚》是屈原最成熟的作品。著作的时期,司马迁把它放在怀王时代,很不妥当。《离骚》中有"老冉冉其将至"的话,古人七十始称老,屈原必须至少到五十以上才能说得出。我以前又把它的时期定得太迟,定在《哀郢》之后,认为是屈原六十二岁将死时的作品,这也是不妥当的。像《离骚》这样的长篇大作,在作者必然要有精神上的和体魄上的相当的余裕才能产生。《哀郢》之后,在短促的逃难期间,不可能产生出这样充实的作品。因此,我推想这篇作品必作于《哀郢》之前。屈原在长期流窜中,是曾经在湘沅区域放荡过的。

作品的结构用现实的叙述与幻想交织着。前半是现实的叙述，后半便织入了大胆的幻想。诗人在幻想中忽而到了天国的门前，忽而到了世界的屋顶，忽而又到了西极的天边，上天下地去追求他所理想的对象，结果是失望了。在最后突然写上"仆夫悲余马怀兮，蜷局顾而不行"，就好像从天上坠下来的一样，使幻想全部破碎。屈原，基本上是一位现实主义者。

最值得欣赏的，我觉得，是诗人幻想到了天国的门前，而守门者不肯替他开门，倚着天门望着他，使他感到"连天国里也没有好人"（"哀高丘之无女"）。这可明白地表示着屈原的性格和思想。在当时，天（上帝）的权威，本来是发生了动摇的，北方的诗人也早有"视天梦梦"的话（《诗经·小雅·正月》篇），但难得屈原把这种怀疑思想幽默地形象化了。

把古诗译成现代语是相当困难的，初译稿在译就后写了一些感想，我把它摘录在下边：

> 原文乃中国至和谐之韵文，译为今语，实多勉强而难于讨好。然余戆然为此者，凡古代韵文，于字法句法多所省略，吾辈读之，每陶醉于其音韵之铿锵，如接聆音乐而多不明其意。今以今言译之，于名词、代名词之单复数，动词之时调等三致意焉，则古文之节段与意境有不烦辞费而豁然自呈者。本篇之译述，读者请视为韵语注疏可耳。

一九五三年三月三十一日

赵高与黑辛

半年以前在香港的杂志上看见亚子先生的一篇文章，里面提到章太炎的一首诗，诗里面似乎很称赞赵高。我受了这个暗示，在《高渐离》剧本里面把赵高写成了一个好人，说他是存心替赵国报仇而策谋秦国的内部破坏。朋友们对于这个翻案颇感新奇，但其实我是有所师承的。剧本是早写好了，而太炎先生的诗，亚子先生的文，香港杂志的名称，我都不记得了。八月初旬曾写信到桂林去探问，得到亚子先生回答：

> 流汗蒙头愧黑辛，赵家熏腐解亡秦。
>
> 江湖满地呜呼派，只逐山膏善骂人。
>
> 此太炎先生为余题扇句也。（民国前九年癸卯，在上海爱国学社。）第一句当时不解，现在仍不解。第二句的意义，似仿佛记忆，赵高本赵国诸公子，国亡后自宫投秦，卒复其祚。是否太炎先生告我，或别从他书涉猎得之，则无从置答矣。去岁，在港写《羿楼随笔》，曾引此诗，后在《笔谈》上发表。港变后，买《笔谈》不得。蒙沫若先生以此为问，敬写所知如上云尔。
>
> 黑辛不知是什么东西！流汗蒙头，必有典子，可惜不知道，气闷得很。先生能设法一想吗？赵高事如能查得出处，则更妙也。

以上是亚子先生八月十五日回我的信。我得到这信非常的高兴，但也使我一直"气闷"到现在。

"黑辛"实在不知是什么东西，流汗蒙头的典子也一样不知道。赵高的事，我除在《史记·蒙恬列传》里面查得一点外，也不知道是否还有其他的出处。

我翻了好些书，也问了好些人，同样的得不到着落。老朋友杜守素兄，从前是参加过南社的诗人，他对于"黑辛"有一种解释，以为就是细辛。据说细辛是发汗的药，中医用细辛每每烧焦后用之，故可称"黑辛"，犹烧焦后之薑称黑薑也。"流汗蒙头愧黑辛"者，是说令人惭愧流汗之事使黑辛亦感愧色也。这种解释似乎也讲得过去，但不知道太炎先生的本意究竟是不是这样。

关于赵高的事，就《蒙恬传》所载者，抄录之如次：

> 赵高者，诸赵疏远属也。赵高昆弟数人皆生隐宫，其母被刑僇，世世卑贱。秦王闻高强力，通于狱法，举以为中车府令。高即私事公子胡亥，喻之决狱。高有大罪，秦王令蒙毅法治之。毅不敢阿法，当高死罪，除其官籍。帝以高之敏于事也，赦之，复其官爵。

《史记集解》于"隐宫"下引徐广曰"为宦者"。同《索隐》引刘氏曰"盖其父犯宫刑，妻子没为奴婢，妻后野合，所生子皆承赵姓，并宫之，故云'兄弟生于隐宫'也"。

今案刘氏之说出以盖然之词，本不足信。赵高有弟名赵成，又有女曾适人，其婿名阎乐，俱见《秦二世本纪》。二世之死即由赵氏兄弟与阎乐之共同行动。赵高既有女，可见虽生于隐宫，并非生而受宫，则赵高之自腐必在育女以后。可惜这出处又不知道出于何处。

赵高这个人，从他的身世看来，他对于秦二世的掇弄，确实是可以解为存心报复。从这一点说来，他要算是最典型的内线工作者，而且他是收到了成功的。太炎先生要替他翻案，不能不说是大有见地。

向来的人都是站在秦国的立场来看赵高，故尔赵高自两千多年前以来一直是一个大坏蛋；但从赵国的观点，从报仇的观点来看，那结论又得完全两样了。

不过赵高已经成了两千多年的坏人，要替他翻案也不容易，就如我自己，今天替他翻了案，明天又可以照旧地当作坏人来引用。在这儿使我感觉着历史的威力和惰性的威力真是有同一的伟大。

　　但是"黑辛"①究竟是不是细辛呢？赵高自腐亡秦是不是还另有出处呢？实在也气闷得很。还有博识的朋友能设法一查的不？

注释

　　①后查明，"黑辛"是人名，是清朝的一位宦官，与李莲英约略同时。——作者注

关于司马迁之死

　　司马迁之死是有问题的。

　　裴骃《史记集解》在《太史公自序第七十》最后一句下，引卫宏《汉书旧仪注》："司马迁作《景帝本纪》极言其短，及武帝过。武帝怒而削去之。后坐举李陵，陵降匈奴，故下迁蚕室。有怨言，下狱死。"

　　陈寿《三国志·魏志·王肃传》："帝（曹睿）又问司马迁以受刑之故，内怀隐切，著《史记》，非贬孝武，令人切齿。对曰：司马迁记事，不虚美，不隐恶。刘向、扬雄服其善叙事，有良史之才，谓之实录。汉武帝闻其述《史记》，取孝景及己本纪览之，于是大怒，削而投之。于今此两纪有录无书。后遭李陵事，遂下迁蚕室。此为隐切，在孝武而不在于史迁也。"

　　葛洪《西京杂记》（伪托为刘歆遗书）卷六："〔司马迁〕作《景帝本纪》极言其短，及武帝之过。帝怒而削去之。后坐举李陵，陵降匈奴，下迁蚕室。有怨言，下狱死。"

　　王肃所言与卫宏大抵相同，虽不及"下狱死"事，但明言武帝"隐切"（心怀刻毒）。司马迁以直言之故，至魏明帝时犹被"切齿"痛恨，可见其遭忌之深。

　　葛洪殆即根据卫室，或者与卫宏同根据另一史料。

　　"下狱死"事，必世有流传，故卫宏，葛洪均笔之于书，谅不能无中生有，以歪曲史实[1]。

　　司马迁死得有点不明不白，其实在《汉书·司马迁传》中也露了一些痕迹。班固叙述司马迁生平只到转录了《报任安书》而止。《报任安书》是充满了"怨言"的。传后的赞里面说："呜呼，以迁之博物洽闻，而不能以知自全。既陷极刑，幽而发愤，书（即指《报任安书》）亦信矣。迹其所以自伤悼，《小雅·巷伯》之伦。夫唯《大雅》'既明且哲，能保其身'，难矣哉！"文以悼叹出之，在"既陷极刑"之后，又悲其不"能保其身"，足见司马迁之死确实是有问题了。

桓宽《盐铁论·周秦篇》文学（读书人）所言："古者君子不近刑人，刑人非人也，身放殛而辱后世，故无贤不肖莫不耻也。今无行之人贪利以陷其身，蒙戮辱而捐礼义，恒于苟生。何者？一日下蚕室，创未瘳，宿卫人主，出入宫殿，得由受奉禄，食大官享赐，身以尊荣，妻子获其饶。故或载卿相之列，就刀锯而不见闵（悯）。"

这些话里面说的是"今"，当然是指离昭帝始元六年（盐铁会议召开之年）不远的年代，而同时所指的"或"，当然也会是离始元六年不远的人。这样的人既"下蚕室"，因而"载卿相之列"，而又"就刀锯而不悯"，这所指的不可能就是司马迁吗？《汉书》明明记载着"迁既被刑之后，为中书令（皇帝的御用秘书），尊宠任职"，这可以说是"载卿相之列"的。"就刀锯"当然也有程度的不同，但在既"下蚕室"之后又"就刀锯"，不就是暗指司马迁的再度下狱致死吗？司马迁到了三国时代都还为曹叡所"切齿"，西汉的读书人要说他"就刀锯而不悯"，也正合乎情理的。

司马迁的《报任安书》作于汉武帝太始四年（公元前九三年）十一月。依据司马迁生于汉武帝建元六年（公元前一三五年）来计算，到太始四年他刚好满了四十二足岁。因此，张守节《史记正义》说"按司马迁年四十二岁"和司马贞《史记索隐》说司马迁于元封三年（公元前一○八年）"年二十八岁"便并不矛盾了。只是前者说的是足岁，后者说的是虚岁，故相差一年。

这位伟大的历史家在既受宫刑之后，又得到不自然的死，是愈益足以增加我们的景仰和惋惜的。关于司马迁下狱死事，前人多不相信；但从种种材料看来，没有坚实的理由可以完全加以否认。

注释

①"司马迁作《史记》，刑诛。"（韩愈《答刘秀才论史书》）"诛"字虽有惩罚之义，但此与"刑"字连文，可见是在受了官刑之后又遭杀戮。——作者注

替曹操翻案

曹操虽然打了黄巾，但受到了黄巾起义的影响

曹操打过东汉末年的农民起义军——黄巾，这是历史事实。这可以说是曹操一生中最不光彩的一页。

在今天的问题是：打过农民起义军的曹操，是不是就应该受千年万代的咒骂？

在东汉末年打过黄巾的不止曹操一个人，刘备、孙坚、袁绍、袁术和其他的人都打过。再把历史范围说广泛一点。汉光武刘秀打过赤眉、铜马，唐太宗李世民打过窦建德、刘武周，汉高祖刘邦和楚霸王项羽同是起义军的领袖而互相打，明太祖朱元璋坐天下，不是从元人手里直接打下来的，而主要是从先后起义者的手里打下来的。

因此，问题倒应该进一步看看，曹操打了黄巾义军之后的后果如何？

在我看来，曹操虽然打了黄巾，但他受到了黄巾起义的影响，被迫不得不在基本上满足黄巾起义的目的。黄巾起义的目的是什么呢？那就是人民要粮食，要土地，要活下去。在东汉末年，人民的衣食之源，被腐朽的王朝和一些皇亲国戚、宦官豪右所垄断，他们互相残杀，使人民遭受惨酷苦役，脱离土地，不能聊生，甚至闹到如曹操的诗所描写的"千里无鸡鸣，生民百遗一"（见《蒿里行》）的地步。人民要活下去，所以不得不起义。

但要怎样才可以达到起义的目的呢？那就应该要有比较好的军事组织。不然，前途是可以预见的，不是逐步消亡，便是逐步变质。

当时黄巾义军的组织情况又是怎样呢？并不太好。人数是很多的，一起就是几十万或者百多万，但"群辈相随，军无辎重，唯以钞略为资"（《魏志·武帝纪》鲍信语），这就是说男女老少都伙在一道，没有军粮，只是沿途掠取粮食过活。这样的军事行动是断难持久的。

这情况倒不限于黄巾义军，当时中国北部是普遍缺粮，就是郡国的所谓官兵也不外是些乌合之众。遗失了的《魏书》有这样的叙述：

> 自遭荒乱，率乏粮谷。诸军并起，无终岁之计。饥则寇略，饱则弃余。瓦解流离、无敌自破者不可胜数。袁绍之在河北，军人仰食桑椹，袁术在江淮，取给蒲蠃（蜯螺）。民人相食，州里萧条。（《魏志·武帝纪》建安元年注引）

乌合之众的所谓官军都是"瓦解流离、无敌自破"，黄巾义师又何能免？太平道教魁张角弟兄的失败，其主要原因就在这里。袁绍的军人有桑椹时吃桑椹，袁术的军人有蜯螺时吃蜯螺，这些东西吃完了或者没有的时候怎么办呢？那不是就只好人吃人了。因此刘备的部下吃过人肉，曹操的部下也同样，这是在史书上有记载的。

和军事行动不可分开的必须有粮食，这是常识问题。故"足食足兵"是相联带的事。有兵无食，除自然瓦解之外，也还可以产生"有奶便是娘"的现象。黄巾义军有的依附过袁术或者孙坚，有的甚至保护过皇帝，请看下引的两项史料：

> 建安元年春正月……汝南颍川黄巾何仪，刘辟、黄邵、何曼等，众各数万，初应袁术，又附孙坚。（《魏志·武帝纪》）

> 兴平二年十一月，汉献帝东迁，途中杨奉、董承引自波（自波即起义于白波谷的黄巾义师）帅胡才、李乐、韩暹及匈奴右贤王去卑（原误为'左贤王'，今改正）帅师奉迎，与李傕等战，破之。（《后汉书·献帝纪》）

这难道不是变了质？农民起义军竟和强宗豪右甚至于和皇帝都合流起来了！

曹操在打败了黄巾之后，他把精锐部分组织了起来。史书上说：初平三年

（一九二年）冬，他击破黄巾于寿张东，追至济北，"受降卒三十余万，男女百余万口，收其精锐者，号为青州兵"（《魏志·武帝纪》）。这就是曹操起家的武力基础，很有点像汉光武刘秀打破了铜马，而被拥戴为"铜马帝"一样。我们可以想想：如果曹操完全是嗜杀成性、胡作非为的人，那几十万的青州兵、百多万的农民男女，怎么能够听他指挥呢？不是倒过来把他干掉，便尽可以一哄而散，然而不是这样。那就值得我们把所谓历史定案重新审核审核一下了。

曹操有了青州兵，但还有一个重大问题没有同时解决，那就是军粮的问题。这个问题推迟了三年，在建安元年（一九六年），终于被解决了。那就是他采用了枣祗、韩浩的建议兴立屯田。上引《魏书》在"民人相食，州里萧条"之下的文字是：

> 公曰："夫定国之术，在于强兵足食。秦人以急农兼天下，孝武以屯田定西域，此先代之良式也。"是岁（建安元年）乃募民屯田许下，得谷百万斛。于是州郡例置田官，所在积谷。征伐四方，无运粮之劳，遂兼灭群贼，克平天下。

屯田政策是从古人学来的，但汉武帝是开边屯田，而曹操是在内地郡国普遍屯田。这是由于当时的黄河流域，人口死亡得太厉害了，到处是无主之地，因而也就归公家所有。（《魏志·司马朗传》："今承大乱之后，民人分散，土业无主，皆为公田。"）曹操便利用了这些无主之地来贷给农民，也使军人垦辟。故屯田有军屯、民屯两种，但办法是一样的。无牛者，公家贷牛，所获公家得六成，私人得四成。有牛者，所获平分。有人说，这剥削得太厉害。但我们要注意，在这里只有官和民两层，没有中间剥削的私人地主。当时的老百姓乐于接受，我看是有道理的。还有一个原因，那就是曹操征收这些粮食来是为的军需，为的国用，不是以饱私囊。曹操自己是非常俭朴的人，衣被十年不换，每年缝补浣洗。为了公用，所以军民也乐于捐输而接受他的办法。

屯田政策之得以施行，在事实上还是依靠了黄巾农民。屯田令云："及破黄巾，定许，得贼资业，当兴立屯田"（《魏志·任峻传》注引《魏武故事》）。这所说的"资业"应该指的是黄巾农民所随身带走的耕具或者少数的耕牛，而最重要的是农民的耕种技术。屯田政策是建立在这些基础之上的。攻破黄巾是在初平四年（一九三年），而开始兴立屯田是在建安元年（一九六年），中间虽然相隔三年，在这三年当中那"男女百余万口"的黄巾农民是不会只是吃饭睡觉的，当时也没有那么多的闲饭来吃。所以他们一定是辛辛苦苦地在垦辟荒土，只是屯田制度是迟了三年才见诸实施而已。

有了青州兵，有了屯田措施，这在曹操说来就具有了"足食足兵"的基础，所以他能够逐步打败和消灭那些吃桑椹、吃蜯螺、吃人肉的郡国之师，把陶谦、吕布、袁绍、袁术等都逐步扫荡了。那些可以"无敌自破"的军队遇到了这样的劲敌，当然是只好失败的。

有人说曹操是强宗豪右的代表，但从史料上看来却不是那样。他虽然是大地主出身，但却反对当时的强宗豪右。别的不多事征引，单举一例吧。例如建安九年（二〇四年）他把袁绍破灭了，九月就下令"重豪强兼并之法"，使河北人民无出当年的租赋，人民都高兴。《魏书》记载了他的令文：

> 有国有家者，不患寡而患不均，不患贫而患不安。袁氏之治也，使豪强擅恣，亲戚兼并，下民贫弱，代出租赋，衒鬻家财，不足应命。审配（人名）宗族，至乃藏匿罪人，为逋逃主；欲望百姓亲附，甲兵强盛，岂可得耶！其收田租亩四升，户出绢二匹、绵二斤而已，他不得擅兴发。郡国守相，明检察之，无令强民有所隐藏，而弱民兼赋也。（《魏志·武帝纪》注引）

据此看来，曹操是很能够体贴民情、收揽人心的。收揽人心并不是坏事，比"豪右辜榷"（垄断之意）、屠民以逞的好得多。所以要说曹操是豪右的代表，或者结纳豪右以扩张自己的权势，我看是和史实不符的。当然，他生在一千七八百年前，我们也不能希望他脱离封建意识。但他曾经和工人一道打刀，为当时的知识分子所非难觅（《太平御览》卷三百四十六）；他对于"造作宫室、缮治器械，无不为之法则，皆尽其意"（《武帝纪》注引《魏书》）；可见这位"治人的劳心者"还不那么过分地轻视"治于人的劳力者"。事实上他能够恢复封建制度下的生产秩序，把人民从流离失所的情况扭回过来，从历史发展过程上来说，在当时倒是进步的事业。

特别值得强调的是他在建安十二年（二〇七年）五月，千里远征，一直到东北辽河流域去平定了三郡乌桓，消除了当时主要的外患，而救回了被俘掳去做奴隶的汉民十余万户，总得有好几十万人。这样多的人沿途是要粮食吃的，连出于敌对意识、由吴人写成的《曹瞒传》，都说他曾经"杀马数千匹以为粮"（《魏志·武帝纪》注引），可见他是重人不重马。我们如果体贴一下那被解救了的十几万户人的心理，他们对于曹操是会衷心感激的。

曹操平定乌桓是反侵略性的战争，得到人民的支持

乌桓人是鲜卑人的一支。乌桓和鲜卑，这些半游牧性的种族，在汉末突然兴盛了起来；他们的社会性质，据史籍所载，还是在奴隶制的初期。他们在汉末经常为患于中国的北边，鲜卑人占领了北匈奴的旧地，乌桓人占领了南匈奴的旧地。当时的北匈奴已经西迁，南匈奴已经内附，故在中国历史上自殷、周以来的北方的强敌猃狁或者匈奴（猃狁即匈奴，是时代不同的音译），在汉末已经换成为鲜卑、乌桓了。

曹操的平定乌桓是反侵略性的战争，至少是得到一部分人民支持的。最好的证据就是当时的一位在山海关附近的山上保境安民的开明地主田畴的全力支持。田畴平时即经常抵抗乌桓的侵略，当袁绍在时，尽管屡次请他下山，他都拒绝了。待曹操一过境，在行军上遇着困难，由于大雨，河水泛滥，道路不通，遣人去聘请他，他便立地下山献策。他的"山民"更乐意作向导，北越长城，经过热河，去抄击乌桓的后路。"堑山湮谷五百余里"，一直达到柳城（辽宁朝阳县南）。使敌人措手不及，终于获得了空前的胜利，消泯了边患，救回了被奴役的汉民（请参看《魏志·武帝纪》及《魏志·田畴传》）。

毛主席咏北戴河的一首词《浪淘沙》，是提到了曹操征乌桓这件事的。

大雨落幽燕，白浪滔天，秦皇岛外打鱼船。一片汪洋都不见，知向谁边？

往事越千年，魏武挥鞭，东临碣石有遗篇。萧瑟秋风今又是，换了人间！

这里有种种的联想，大雨、地望、沧海、秋风，和曹操征乌桓时是相同的。征乌桓是五月出征，八月斩蹋顿单于，回军的时候是暮秋了。曹操的《步出夏门行》一诗中提到"东临碣石，以观沧海"、"秋风萧瑟"，足以断定是回军凯旋时做的。一连四首都是以"幸甚至哉，歌以咏志"作结语，也可以证明他自认他的胜利是"乘危以侥幸"的（《魏志·武帝纪》注引《曹瞒传》）。毛主席在写词时因种种客观事物的相同而想到曹操，想到曹操的东征乌桓，这是很值得注意的。但尽管有种种客观事物相同，而却有一件最大的不同。那就是"换了人间"！曹操当时是一个时代，而今天又是另一个时代了。

关于曹操的东征乌桓，还有最值得注意的后果是：他把三郡乌桓平定了，而乌桓的其他部落的侯王大人们却对他心悦诚服，服从他的指挥。乌桓的骑兵，在曹操麾下成为了"天下名骑"（《魏志·乌桓传》）。在种族之间发生了战争，能够收到这样的效果，是很不容易的事。

在曹操的武功中，我看就有这两件事体最值得惊异。一件是他打了黄巾，而收编其精锐为"青州兵"，成为他武力的基础。另一件是他打了乌桓，而乌桓的骑兵在他麾下成为"天下名骑"。如果曹操是嗜杀成性、胡作非为的人，这样的历史现象是无法说明的。史书上虽没有多的详细的记载，但我们可以推想得到：他不是纯粹地以力服人，而是同时在以德服人。

关于曹操杀人问题，应该根据历史事实重新考虑

在这里不能不接触到曹操杀人的问题。有的人说曹操杀人太多，引用的例证主要是打败陶谦的那一件。在这里，史料上是有些出入的，不厌繁琐，想把史料来检查一下。《魏志·陶谦传》上是这样记载的：

> 初平四年（一九三年）太祖征谦，攻拔十余城。至彭城，大战。谦兵败走，死者万数，泗水为之不流。

两军交战是不能不死人的。这儿所说的"死者万数"是陶谦的兵。这里有可能是战死的，也有可能是在败走中被水淹死或者自相践踏而死的，不一定都是曹操所杀。但这项史实落在《曹瞒传》里却变了样。

> 自京师遭董卓之乱，人民流移东出，多依彭城间。遇太祖至，坑杀男女数万口于泗水，水为不流。陶谦帅其众军武原，太祖不得进，引军从泗南攻取虑、睢陵、夏丘诸县，皆屠之，鸡犬亦尽。墟邑无复行人。（《魏志·荀彧传》注引）

这把曹操写成了一个混世魔王。很有趣的是"兵"变成了"男女"（人民群众），"万数"变成了"数万"，战死或者淹死变成了"坑杀"。我们到底应该相信哪一边呢？《曹瞒传》是孙吴的人做的，明显地包含有对敌宣传作用在里面，了解到这一点，我们对于史料就应该慎重选择了。但是，不高兴曹操的人却十分欢迎《曹瞒传》，而且还嫌它说得不够劲。请看刘宋时代的人范晔的《后汉书·陶谦传》吧。

> 初平四年，曹操击谦，破彭城傅阳，谦退保郯，操攻之不能克，乃还。过拔取虑、睢陵、夏丘，皆屠之。凡杀男女数十万人，鸡犬无余，泗水为之不流。自是五县城保无复行迹。初三辅遭李傕乱，百姓流移依谦者皆歼。

这分明是根据《曹瞒传》，而把数目字又夸大了十倍，"男女数万"变成为"男女数十万"了。这真可以说是作史者典型的曲笔！谎愈扯愈大，却愈受人欢迎。司马光的《资治通鉴》便采取了《后汉书》的说法，今天好些骂曹操的人也就乐于有根据了。

两千多年前的孟子（尽管在今天有不少人斥他为唯心主义者），他在史料的选择上就比较审慎，他就不相信《武成篇》的"血流漂杵"的话。他说："尽信书则不如无书，吾于《武成》取二三策而已矣。仁人无敌于天下，以至仁伐至不仁，而何其血之流杵也？""以至仁伐至不仁"是有问题的，周武王并不是"至仁"，殷纣王也并不是"至不仁"，这当别论。但孟子能够分别真实与虚夸，应该说是可取的。我们今天的朋友们却连"鸡犬亦尽"的话都信以为真了。

《魏志·荀彧传》载陶谦死后荀彧劝曹操缓攻徐州，先收麦，并攻打吕布。曹操听从了他，先把吕布打败了。荀彧的说辞里面有这样几句：

前讨徐州，咸罚实行。其子弟念父兄之耻，必人自为守，无降心，就能破之，尚不可有也。

明明还有战死者的"子弟"，哪里就会是"鸡犬亦尽""百姓皆歼"呢？这样的宣传令我想到清初的统治者和地主阶级关于张献忠的宣传。他们说"张献忠剿四川，杀得鸡犬不留"，然而四川人口在今天却有七千多万（包含我自己在内），虽然有好些是后来外省的移民，然而也有不少人是四川的土著。因此，关于曹操乱杀人的话也就值得我们考虑考虑了。

当然曹操是杀过人的，不仅打仗要杀人，和他的法令相抵触的人他也杀过。大家喜欢指责的是他杀了孔融（建安七子中的一子）。孔融是孔夫子的后人，这位先生的性情和主张，其实都是相当乖僻的。例如曹操禁酒，而孔融偏要嘲笑他，说"桀纣以色亡国，今令不禁婚姻"（《魏志·崔琰传》注引《汉纪》）。曹操杀了孔融，据说又把他两个八岁的小孩子也杀了。这当然也足以表示曹操的残忍，但这里也是有问题的。《世语》云：

融二子皆龆龀。融见收，顾谓二子曰："何以不辟①?"二子俱曰："父尚如此，复何所辟?"以为必俱死也。（《魏志·崔琰传》注引）

"以为必俱死也"是二子自以为必将同时被杀，但是否杀了，并无明文。孙盛《魏氏春秋》却肯定了二子"俱见杀"，并加以渲染。《三国志》注者晋人裴松之曾加以批评，以为"《世语》云融二子不辟，知必俱死，犹差可，安如孙盛之言？……盖由好奇情多，而不知言之伤理"（以上俱见《魏志·崔琰传》注）。这事落到《后汉书·孔融传》里，也比孙盛更加夸大，简直类似小说了。在这里我不想多事征引，感兴趣的朋友，请去翻读原书。

又如我们在舞台上经常看到的《捉放曹》，表演曹操出于猜疑，把吕伯奢的一家人杀了。这并不是出于虚构，是有根据的。然而所根据的材料却有问题。《魏志·武帝纪》云："（董）卓表太祖为骁骑校尉，欲与计事。太祖乃变易姓名，间行东归。"在这下边裴松之的注征引了三种资料，我现在把它们并列在下边：

(1)《魏书》曰：太祖以卓终必复败，遂不就拜，逃归乡里。从数骑过故人成皋吕伯奢。伯奢不在，其子与宾客共劫太祖，取马及物。太祖手刃击杀数人。

（2）《世语》曰：太祖过伯奢，伯奢出行，五子皆在，备宾主礼。太祖自以背卓命，疑其图己，手剑夜杀八人而去。

（3）孙盛《杂记》曰：太祖闻其食器声，以为图己，遂夜杀之。既而凄怆曰："宁我负人，无人负我。"遂行。

这真是书经三转就变了样。照情理上看来，《魏书》是比较可信的，但是不高兴曹操的人自然特别选中了孙盛，这位"好奇情多，而不知言之伤理"的先生。"宁我负人，无人负我"的话应该是孙盛的话，而不是曹操的话。曹操特别受了歪曲，这些"好奇情多"的先生是应该负责的。

当然，曹操也有犯错误的时候，错杀了好人，我们并不想一一替他辩护。例如他把华佗杀了，总是不应该的。按照史书所述，华佗只是托故躲在家里，不肯替曹操治病，单只这一点并不至于犯死罪。他也有时在一时盛怒之下收人入狱，后来又原恕了他，贾逵就是一例（见《魏志·贾逵传》注引《魏略》）。来不及原恕而冤死了的人应该也是有的或者还不少。

他也有出于好心肠，但操之太切，而把事情办坏了的。最大的一件事是建安十八年（二一三年）曹操攻孙权，"恐江滨郡县为权所略，征令内移，民转相惊。自庐江、九江、蕲春、广陵，户十余万，皆东渡江。江西遂虚，合肥以南惟有皖城"（《吴志·孙权传》）。这是把百姓逼得太猛了，使他们急无所择，走了更不利的道路，所谓"医得眼前疮，剜却心头肉"。其实孙吴的政治并不是更开明一些，而是更腐败得多。史实上表明：孙吴是豪族与武人专横的世界，"居位贪鄙、志节卑污"的人根本无法动摇，反而受到重视。因此，我们可以想见：东渡江的十余万户在经过流离和幻灭之后，是会有不少人回到故乡的；江西虽然虚了一时，不至于长久虚下去。还有，在新开屯田时也有过农民集体逃亡的事。《魏志·袁涣传》里说"是时（建安初年）新募民开屯田，民不乐，多逃亡"。但曹操听了袁涣的建议对于人民不要强迫，"乐之者乃取，不欲者勿强"，于是"百姓大悦"。但有人看到农民的集体逃亡，便否定屯田政策的积极意义。这是没有从全面来看问题，要算是"攻其一点，不计其余"了。

总之，曹操是犯过不少错误，也打过不少次败仗的，他的缺点不少，但优点也很多。他能够改正错误，善于从失败中取得教训，也就是他很大的优点。他是一千七八百年前的人，据史书所载，他能够不信天命，不信鬼神，毁灭邪祠，破除迷信，禁止厚葬，禁止复私仇，诛不避权贵，举能扬侧陋，敢于公开下令要选用被人称为"不仁不孝而有治国用兵之术"的人（《魏志·武帝纪》注引《魏书》）；建安五年他败袁绍于官渡之后，从所收获的敌方文书中把许下和军中人给袁绍的通信都烧掉了，不加追究；据这些看来，他实在也算得是够开明，够有自信的。他是一位多才多艺的人。他"御军三十余年，手不舍书"（同上），是一位博学家。他不仅有武功，而且重文治，建安文学的高潮是在曹操父子的鼓舞下形成的。这些是大家所承认的，我不准备多说了。

曹操对于民族的发展和文化的发展有大的贡献

我们评价一位历史人物，应该从全面来看问题，应该从他的大节上来权其轻重，特别要看他对于当时的人民有无贡献，对于我们整个民族的发展、文化的发展有无贡献。公平地说来，曹操对于当时的人民是有贡献的，不仅有而且大；对于民族的发展和文化的发展是有贡献的，不仅有而且大。在我看来，曹操在这些方面的贡献，比起他同时代的人物来是最大的。例如诸葛亮是应该肯定的人物，但他所凭借的西蜀，在当时没有遭到多大的破坏，而他所成就的规模比起曹操来要小得多。然而诸葛亮却被后人神化，而曹操被后人魔鬼化了。这是不公平的。其所以产生这种不公平或者使曹操特别遭受歪曲的最主要原因不能不归之于正统观念的统治。

最近我读到王昆仑先生的《历史上的曹操和舞台上的曹操》，他援引了苏东坡的《志林》："涂巷中小儿薄劣，其家所厌苦，辄与钱令聚坐听说古话。至说三国事，闻刘玄德败辄蹙眉，有出涕者，闻曹操败，即喜唱快。"他认为把曹操作为反面教员，不完全由于正统主义的支配，而是"多少年来广大人民自己的选择"。他要我们不要把后一点"忽略了"。是的，多少年来广大人民是把曹操选为了反面教员。但问题是：这"多少年"究竟有多少年？如果说是自赵宋以来，那是应该承认的。因而也就可以进一步再提出一个问题：人民选曹操为反面教员究竟是不是出于"自己的选择"？据我们所知道的，和曹操同时代的人却也并不痛恨曹操，张鲁雄据汉中三十年，是被曹操打败了的人，他甚至这样说："宁为魏公奴，不为刘备上客。"（见《魏志·文帝纪》注引《献帝传》，又见《华阳国志·汉中志》）

曹操的臣下如王粲，儿子如曹植，他们的歌功颂德的文章，把曹操捧上了天，我们且不必征引。但唐太宗李世民有一篇《祭魏太祖文》（见《全唐文》卷十），是值得注意的。他称曹操为"哲人"，说他"以雄武之姿，当艰难之运；栋梁之任同乎曩时，匡正之功异于往代"；说他拯救了沉溺，扶持了颠覆。这些话，在我们看来，倒是接近于历史真实的。唐代没有否定曹操还有一个有趣的证据，便是唐玄宗自名为"阿瞒"。如果唐代的民间已经把曹操当成一个大坏蛋，一朝的天子哪里会把大坏蛋的小名来嘲骂自己呢？这是不能想象的。

曹操受了很大的歪曲，实在是自宋代以来。其来源我觉得不好随便把责任归诸人民。王昆仑先生说："大概舆论的变化就从民间先开始"，这话如果一般化了，就很成问题。因为在"大概"一词中就大有文章可做。据我的看法，民主性的精华大抵是从民间开始的，而封建性的糟粕则不好让人民来负责。例如说"黄巢杀人八百万，在劫者难逃"，这话在民间流传得广泛得很，其来源无疑是出于统治阶级。如果因为多少年来广大人民那样说，而认为是人民自己的意识，那事情就不好办。因为谁要剔除封建性的糟粕，那就会成为反对人民意识了。其实，人民在封建时代的意识，除掉革命的民主性的精华之外，我们应该肯定，是支配阶级蓄意培植的。只有革命性比较强的人才能摆脱那种意识形态的控制。曹操的粉脸奸臣的形象，在舞台上，在人民心目中，差不多成为了难移的铁案了。然而在几百年前也有农民起义的领袖想移动一下这个铁案。和李自成、张献忠同时起义的罗汝才，他自号为"曹操王"，不就表明草莽英雄中也有不愿意为《三国演义》所束缚的人物存在吗？

《三国演义》是一部好书，我们并不否认；但它所反映的是封建意识，我们更没有办法来否认。艺术真实性和历史真实性，是不能够判然分开的，我们所要求的艺术真实性，是要在历史真实性的基础上而加以发扬。罗贯中写

《三国演义》时，他是根据封建意识来评价三国人物，在他并不是存心歪曲，而是根据他所见到的历史真实性来加以形象化的。但在今天，我们的意识不同了，真是"萧瑟秋风今又是，换了人间"了！罗贯中所见到的历史真实性成了问题，因而《三国演义》的艺术真实性也就失掉了基础。这是无可如何的。尽管还有相当长的一个时期人们还会相信《三国演义》的真实性，但那是会逐渐淡薄的。在今天桃园三结义的形象已经不如往年那样神气了。我们可以预言曹操的粉脸也会逐渐被人民翻案的。今天不是已经在开始翻案了吗？

旧剧中的曹操形象主要是根据《三国演义》的观点来形成的。要替曹操翻案须得从我们的观点中所见到的历史真实性来重新塑造。如果在旧戏的粉脸中透出一点红色来，解决不了问题。例如以赤壁之战而言，在史籍上就有不同的说法。曹操遗孙权书云："赤壁之役，值有疾病，孤烧船自退，横使周瑜虚获此名。"（见《吴志·周瑜传》注引《江表传》）《魏志·武帝纪》也说"公至赤壁，与备战不利，于是大疫，吏士多死者，乃引军还"。到底哪一边是历史真实呢？我们很难判断。但曹操在赤壁之战是打败了，那是没有问题的。三分鼎足之所以形成，在我看来，地理形势要算是一个重要原因。西蜀是得到山岳的屏障，孙吴是得到长江的保护。但尽管这样，魏、蜀、吴都是想中国成为一统的。本是统一的中国不愿意成为群雄割据的局面，这是三国人物的共同心理。所不同的只是：不让你来统一，让我来统一，如此而已。诸葛亮的"汉贼不两立，王业不偏安"（《蜀志·诸葛亮传》注引《汉晋春秋》），不就是很坦白的自述吗？

但有人认为"三国的分立是有其社会经济原因的……曹操在统一北方后所进行的向南扩张战争，是违背历史规律和人民愿望的"。这见解真是非常奇特。三国的社会经济，我们丝毫也看不出有什么根本上的不同。曹操在南征，诸葛亮和孙吴都屡次在北伐，南征如果是"违背历史规律和人民愿望"，北伐也同样是"违背历史规律和人民愿望"。愿意中国分裂而不愿意统一，这算什么"历史规律"！这算什么"人民愿望"！以前的读书人有一种毛病："好读书，不求甚解"；今天的读书人似乎有人又有一种毛病："不读书，好求甚解。"我们好不好来一个辩证的统一："好读书，好求甚解"呢？我们须得知道：曹操生前虽然没有完成统一中国的大业，但在他死后不足五十年终于由他所组织起来的力量把中国统一了。这却是无可动摇的历史事实！

曹操冤枉地做了一千多年的反面教员，
在今天，要替他恢复名誉

曹操冤枉地做了一千多年的反面教员，我们在今天是要替他恢复名誉。但我们也知道，这不是一件容易的事。因为积重难返。历史上应该恢复名誉的人物，如殷纣王，如秦始皇，要翻案都比较困难。原因是对于他们的敌性宣传太年长岁远，深入人心。而尤其是曹操，由于《三国演义》和三国戏的普及，三岁小儿都把他当成了大坏蛋，要翻案是特别不容易的。王安石是同样受到极大歪曲的历史人物，他的案是翻过来了。他的幸运是对于他的敌性宣传只限于知识分子，没有曹操所受的影响那么普遍，妇孺皆知。但长远地把一位好人作为反面教员总是不大妥当的。我们搞历史的人有责任把真实性弄清楚。但我们也并不主张把《三国演义》烧掉，把三国戏停演或者一一加以修改，我们却希望有人能在用新观点所见到的历史真实性的基础之上来进行新的塑造。新旧可以共存，听从人民选择。

关于曹操的功过，还有一个问题今天虽然没有人提到，但在古书上却有人早提到了。那就是民族问题。曹操的民族政策除掉必要时进行反抗战争之外，基本上是采取各族融和的办法的。鲜卑、乌桓人为他所用，匈奴人与汉族杂居于河东，因而有人把西晋末年的"五胡乱华"隐隐归罪于曹操。例如唐章怀太子李贤注《后汉书·南匈奴传》便有这样的话：

> 自单于比入居西河美稷（今内蒙古伊克昭盟一带）之后，种类繁昌，难以驱逼。魏武虽分其众为五部，然大率皆居晋阳。暨乎左贤王豹之子刘元海，假称天号，纵盗中原，吞噬神乡，丘墟帝宅，愍怀二帝沉没虏庭。差之毫端，一至于此，百代无灭，诚可痛心也。

他虽然不是专门责备魏武帝，而主要是在责备窦宪，但魏武是承继了窦宪的混处政策的。那么"五胡乱华"的责任，在魏武帝似乎也就不能不分负了。这样的归罪也是很值得商榷的。

"五胡乱华"的诱因并不是由于民族混居，而是由于西晋的内乱。司马氏夺取了曹魏政权之后，不再传便有"八王之乱"，大家抢做皇帝，相互砍杀了十六年。内乱的结果因而使诱致了"五胡"的崛起。

"八王之乱"又是怎样产生的呢？这是由于制度的改革。汉朝的郡国制度，国的诸侯王是没有实权的，实权是操在中央所委派的国相手里。魏因汉制，诸侯王同样无实权，司马氏因而得以篡位。司马氏一夺取了政权之后，为了巩固本姓的王朝便把制度改革了。办法是大封公族，使各侯王得以任官分治，征兵自卫。用心是在防止异姓篡夺，但谁知道却招致了同姓纷争，而终于酿成大祸。因此，"五胡乱华"的责任不能让窦宪和曹操来负。

据我看来，曹操受到歪曲的另一原因，和秦始皇一样，是政权的延续不太长。秦是二世就亡了，仅仅十几年。魏的统治也不久。魏文帝曹丕在位仅七年，只活了四十岁。魏明帝曹叡在位仅十四年，只活了三十六岁。偶然碰上了这两位短命皇帝，所以给了司马氏以夺取政权的机会。曹丕和曹叡都是比较可取的人物，如果他们活得长一点，在位得长一点，曹魏的统治就会更长得一点。如果那样，我看历史上对于曹氏祖孙父子的评价是会有所不同的。

总之，我们今天要从新的观点来追求历史的真实性，替曹操翻案；而且还须得替一切受了委曲的历史人物，如殷纣王，如秦始皇，翻案。只有在人民做了主人的今天才有可能。人民是正直的，只要我们把真正的历史真实性阐明了，人民决不会把有功于民族发展和文化发展的历史人物，长远地错当成反面教员。因此，我们乐于承担这个任务：替曹操翻案。

一九五九年三月十四日

注释

①"辟"字，《三国志·魏志·崔琰传》注引原文作"辞"，作者据《世说新语·言语篇》注引《世语》，改"辞"为"辟"。

论曹植^①

曹植在中国文学史上曾获得极豪华的声名。

譬如锺嵘^②的《诗品》把他列于上品，把他的哥哥魏文帝曹丕^③列于中品，把他的父亲魏武帝曹操^④列于下品，便是最见轩轾的一种见解。这样分明的不公平是遭了后人的非议的。虽然也有人替锺嵘辩护，说他的上中下只在表明渊源，并非流品的等级，但在原书的评骘辞气中确然有天渊之别。

> 植诗，其源出于《国风》，骨气奇高，词彩华茂，情兼雅怨，体被文质，粲溢今古，卓尔不群。
>
> 嗟乎！陈思之于文章也，犹人伦之有周、孔，鳞羽之有龙凤，音乐之有琴笙，女工之有黼黻。
>
> 俾尔怀铅吮墨者，抱篇章而景慕，映余晖以自烛。
>
> 故孔氏之门如用诗，则公幹^⑤升堂，思王入室，景阳、潘、陆^⑥，自可坐于廊庑之间矣。

这无论如何应该说是最高级的赞词。而关于魏文帝呢，则只说：

> 其源出于李陵^⑦，颇有仲宣^⑧之体则，所计^⑨百余篇，率皆鄙直如偶语；《西北有浮云》^⑩十余首，殊美赡可玩，始见其工矣。不然，何以铨衡群彦，对扬厥弟耶？

这样比较起来，还不足以表现出锺嵘心目中的优劣感吗？下品中的魏武帝，更真是每况愈下："曹公古直，甚有悲凉之句。"仅仅这样的十个字而已。

锺嵘历仕齐、梁，在当时正是文尚骈丽，诗重声律，南朝的文人极端从事藻饰的时代。锺嵘自己虽然颇重"自然英旨"，能道出"古今胜语，多非补假，皆由直寻"[11]的话，但他毕竟未能脱离时代的影响，而独于推尊曹氏父子中偏重藻饰的曹植，这正表示着他自己的主张的不彻底，而时代的力量终竟是强大。被他称为"古今隐逸诗人之宗"的陶潜也被列于中品，而淡淡地叙述了事，不又是一个明证吗？

但推崇曹植亦不始于锺嵘，和他同时而著述略早的刘彦和[12]在他的《文心雕龙》里已把这种见解认为"旧谈"了。

> 魏文之才，洋洋清绮，旧谈抑之，谓去植千里。然子建思捷而才俊，诗丽而表逸，子桓虑详而力缓，故不竞于先鸣，而《乐府》清越，《典论》辨要，迭用短长，亦无懵焉。但俗情抑扬，雷同一响。遂令文帝以位尊减才，子建以势窘益价，未为笃论也。（见《才略篇》）

彦和的见解比锺嵘要公平得多。抑丕扬植，竟至"相去千里"，在彦和时已属"旧谈"，可知锺嵘的论调也不过是对于"俗情"表示了"雷同一响"而已。后人因为崇拜曹植之极也有连彦和一并加以斥骂的，如丁晏[13]《曹集铨评·集说》里面，引了上列《才略》一节，即加以案语道：

> 子建忠君爱国，立德立言，即文才风骨，亦迥非子桓所及，旧说谓"去植千里"，真笃论也。彦和以丕植并称，此文士识见之陋。

在"文才风骨"之外，又抬出了"忠君爱国"的长生禄位牌来，这样一来，曹植简直就成了真正的周公孔子了。丁晏的崇拜可以说是比锺嵘更进了一大步。

丁晏的《曹集铨评》，在苦心校勘，搜罗子建遗文，使之汇结成集的一点上，的确是有益的良书。但他是生在前清中叶，一直活到同治年间的人，在受了清朝超级奴化教育二百余年的学术界中，他要标榜忠君，是情有可原的，而且，他的见解也有渊源。渊源之所自，当远溯于隋代的王通[14]：

陈思王可谓达理者也。以天下让，时人莫之知也。(《文中子·事君篇》)

君子哉思王也，其文深以典。(同上)

谓陈思王善让也，能污其迹，可谓远刑名矣。人谓不密，吾不信也。

(《文中子·魏相篇》)

王通的《文中子》本有伪托的嫌疑，但不管是真是伪，对于曹植的这种看法总得远溯之于唐初，而明代的李梦阳⑮也就尽量地发挥了这种意见。李说见《曹集旧序》，称"纵酒韬晦，以明己无上兄之心"，而比之以秦扶苏、吴季札。张溥⑯《题辞》，惋惜之极，对于他的风流韵事，也尽力平反，谓"黄初二令⑰，省愆悔过，诗文怫郁，音成于心，当此时而犹泣金枕，赋《感甄》，必非人情"。⑱又谓"论者又云，禅代事起，子建发服悲泣，使其嗣爵，必终身臣汉。若然，则王之心其周文王乎"!⑲竟又把他比成"三分天下有其二"的姬昌了。丁晏要在道德方面尽力为陈思王粉饰洗刷，其实也就承袭了王、李、张诸人的唾遗。然而，这些论调，总不免有点迂腐的。

曹植在幼年的时候大概是一位"神童"，故"年十岁余，诵读诗论及辞赋数十万言"⑳。十九岁便能做《铜雀台赋》，虽然并不怎样伟观，但年未及冠而能下笔成章，自属难能可贵。所以《世说新语》说是"世目为绣虎"，《文心雕龙》称之"援牍如口诵"。这样自然得到他父亲的欢心，于是便很想立他为太子。但后来终竟失了宠。《魏志·陈思王植传》说得很明白：

植既以才见异，而丁仪、丁廙、杨修等为之羽翼，太祖狐疑，几为太子者数矣。而植任性而行，不自彫励，饮酒不节。文帝御之以术，矫情自饰，宫人左右并为之说，故遂定为嗣。

这一方面固然表示着魏文帝比他的弟弟终竟高明，而陈思王这位"神童"实在有些恃才傲物，并恃宠骄纵。他曾擅开司马门私出，最伤了他父亲的心。杨修为魏武帝主簿（如今之秘书），与植暗通关节，"忖度太祖意，豫作答教"㉑，行事也未免太欠磊落。故文帝是怎样"御之以术"我们不得而知。建安二十四年曹仁为关羽所围时，曹操遣植往救，"植醉不能受命，于是悔而罢之"。《本传》仅言醉，不言如何醉。裴松之注引《魏氏春秋》

云："植将行，太子饮焉，逼而醉之。王召植，植不能受王命，故王怒也。"
祖护曹植的人便据此对于曹丕大势声讨，"以天下让"的谀辞也就是从这儿
产生出来的。

其实平心而论，丕之饮饯逼醉，未必出于有心：因为临行之前要被召见，
丕于事前未必知道。即使认为有心，但植并不是不晓事的孩童，何至于一逼便
醉？即使认为这就是文帝用诈术，但曹植与杨修的暗通关节以争求父宠，又何
尝不是用术？不仅兄弟之间未能相待以诚，即父子之间亦实际相欺以诈，这何
尝是有心韬晦，"以天下让"的人呢？

曹植在初年恃宠骄纵，我看是毫无问题的。《魏志·裴注》引《典略》，
也明明说他"以骄纵见疏"。这正是他的性情。他的为人十分夸大而自视甚
高，同时又把别人不十分看进眼里。我们看他《与吴季重（质）书》上的那
些话吧：

> 愿举太山以为肉，倾东海以为酒，伐云梦之竹以为笛，斩泗滨之梓以
> 为筝，食若填巨壑，饮若灌漏卮。如上言其乐固难量，岂非大丈夫之
> 乐哉？

这在现代式的某些文人或许会赞为写得淋漓尽致。但这样狂诞饕餮的夸
张，不仅是毫无美感，简直是大煞风景。这不是他"任性而……饮酒不节"
的自画的供状吗？我们还应该想想，他所处的究竟是什么时代。岂不是兵祸连
年，疠疫猛恶，千里萧条，人民涂炭的时代吗？虽然只是想象，而他公然竟能
有那样的夸大的想象：这位"三河少年"②真正是豪哉华哉了！

他的《与杨德祖（修）书》同样是令人难以卒读的自尊自大的文字：

> 昔仲宣独步于汉南，孔璋㉓鹰扬于河朔，伟长㉔擅名于青土，公幹振
> 藻于海隅，德琏㉕发迹于大魏，足下高视于上京……人人自谓握灵蛇之
> 珠，家家自谓抱荆山之玉。吾王于是设天网以该之，顿八纮以掩之，今悉
> 集兹国矣。然此数子犹复不能飞轩绝迹，一举千里。

你看他这目中无人之概！别人都"不能飞轩绝迹，一举千里"，大约只有
他才能够吧？接着便是：

> 以孔璋之才，不闲于辞赋，而多自谓能与司马长卿同风，譬画虎不成反为狗也。前有书嘲之，反作论盛道仆赞其文……吾亦不能妄叹者，畏后世之嗤余也。

好一位标准的"文人相轻"的才子！不以诚意待人而出之以"嘲"，使人认以为真，又在背地里骂人。陈孔璋比起他来，实在老实得多了㉖。"不闲于辞赋"何足为病？司马长卿式的那种歌功颂德、笨拙万分的文体，就在当时其实是已经失掉了权威的。孔璋之自比长卿，或许因为长于写檄文的原故吧？他的檄文不是把曹操的头风都医好了的吗？曹植自己这样背地里批评人（其实是漫骂），而又痛恨别人批评他。你看他接着又说：

> 有南威之容乃可以论于淑媛，有龙泉之利乃可以议于断割，刘季绪㉗才不能逮于作者，而好诋诃文章，掎摭利病。昔田巴毁五帝，罪三王，訾五霸于稷下，一旦而服千人，鲁连一说使终身杜口。刘生之辩未若田氏，今之仲连求之不难，可无叹息乎？

好一副拒绝批评的口吻呵！只有他自己才有批评人的资格，因为自视为南威，为龙泉，为在鲁仲连以上。像这样自尊自大不可一世的人，而要说他能够"以天下让"，谁个肯信！

而且在这些地方，曹丕恰恰和他成为一个极鲜明的对照。

曹丕这个人并不如一般所想象的那么可恶，我们看他的《典论·自叙》㉘知道他会骑马，会射箭，而且马术很精，射能左右发矢，又会击剑，善能持双以御单，持单以破双。戏弄之事少所好，惟喜弹碁，颇有自信。喜欢读书，"五经、四部、《史》《汉》、诸子百家之言靡不毕览"，可见他并不是一位寻常的材料。

《典论》一书本有二十篇，惜已残佚，今仅存《自叙》和另一篇《论文》为完整之作。《论文》同样也提到当时的建安七子，但见解公允，行文亦平正和婉，读来令人愉快得多。我且把它摘录在下边：

> 文人相轻，自古而然。傅毅之于班固，伯仲之间耳，而固小之，与弟超书曰："武仲以能属文，为兰台令史，下笔不能自休。"夫人善于自见，

而文非一体，鲜能备善，是以各以所长，相轻所短。里语曰："家有敝帚，享之千金"，此不自见之患也。

这虽然是泛指，但就好像在斥责他的兄弟一样。接着点出了当时的建安七子；和子建所不同的是没有提到杨修。

今之文人，鲁国孔融文举㉘，广陵陈琳孔璋，山阳王粲仲宣，北海徐干伟长，陈留阮瑀元瑜㉙，汝南应玚德琏，东平刘桢公干，斯七子者，于学无所遗，于辞无所假，咸以自骋骥䮥于千里，仰齐足而并驰。以此相服，亦良难矣。盖君子审己以度人，故能免于斯累，而作《论文》。

据此，似乎"文人相轻"，也是当时建安七子的通病，倒不限于曹子建一个人，而曹丕自己也颇见自负。不过他所自负的是以为能够公道，能够认出别人的长处，这总比较傲视一切更可以忍耐。即使是虚伪吧，却很需要一番修养的功夫的。

文以气为主，气之清浊有体，不可力强而致。譬诸音乐，曲度虽均，节奏同检，至于引气不齐，巧拙有素，虽在父兄，不能以移子弟。

这是《论文》的要旨，古今来被人认为名言。曹丕的文字便以"气清"见长，诗尤显著，在这儿自不免有"夫子自道"的地方。他的文不同于他的父亲，也不同于他的兄弟，应该是他这个论断所根据的基本。文是人的表现，所论于文的用以论人自亦无甚大过。

曹丕也有一首《与吴季重书》，这书却写得异常娓婉。首先叙到文友们的彫落。

昔年疾疫，亲故多离（罹）其灾。徐、陈、应、刘，一时俱逝，痛可言耶？昔日游处，行则连舆，止则接席，何曾须臾相失？每至觞酌流行，丝竹并奏，酒酣耳热，仰而赋诗。当此之时，忽然不自知乐也。谓百年已分，可长共相保。何图数年之间，零落略尽？言之伤心。顷撰其遗文，都为一集，观其姓名，已为鬼录。追思昔游，犹在心目，而此诸子，化为粪壤，可复道哉！

这情感是多么的动人！固然这里的变动也太大，建安七子中孔融年最长而最先逝（一五三——二〇八），阮瑀继之而逝（？——二一二），这儿使"徐、陈、应、刘，一时俱逝"的"疾疫"，即建安二十二年（二一七）的大瘟疫。就是王粲也是一个牺牲了的，曹子建的《王仲宣诔》序文的开首一句便是"建安二十二年正月二十四日戊申，魏故侍中关内侯王君卒"。曹丕写这信时，建安七子已经是死完了。这样自然会叫他伤感。

建安二十二年的疠疫异常猛烈，为中国历史上一大事件。曹子建的《说疫气》也论到这一年的事，"建安二十二年，疠气流行。家家有僵尸之痛，室室有号泣之哀。或阖门而殪，或覆族而丧……罹此者，悉被褐茹藿之子，荆室蓬户之人耳。若夫殿处鼎食之家，重貂累蓐之门，若是者鲜焉"㉚。《湖广旧志》亦称张仲景罢太守后行医于京师，其宗族二百余人死疫者三分之二㉜。这样猛烈的疫病，据近人陈方之的研究认为只有斑疹伤寒、天花、霍乱、鼠疫，方有可能。然斑疹伤寒通例均袭贫人，决不若此凶猛。天花于东晋元帝时始人中国，见葛洪的《肘后备急方》。真性霍乱亦古所未有。故只能断定为鼠疫。为时是第三世纪初期，"与欧洲的发生史年代亦相符合"㉝。

东汉末年，在政治腐败，饥馑荐臻，兵火连年，人民涂炭之余，复生此猛烈的疠疫，这实在是一件转移世运的重要契机。在当时科学尚未发达，无常的观念一定很深刻地印进了一般人的心灵，即使你身为帝王，也难免这样精神上的袭击。故自建安以后，诗文均转为消极，渐至于淫佛老，尚清谈，而甘心于"服食求神仙，多为药所误"的愚举。这种转机在曹丕与曹植的著作里均表示得很明白，而尤其是曹丕。他这《与吴季重书》所含的深切的哀感，实在是恻恻动人。另有《与王朗书》道及"疫疠数起，士人彫落，余独何人，能全其寿？"㉞可算是更扼要的表示了当时人的心理了。

曹丕在《与吴季重书》中，其次又批评到各位文友们的业绩：

> 观古今文人，类不护细行，鲜能以名节自立。而伟长独怀文抱质，恬淡寡欲，有箕山之志，可谓彬彬君子者矣。著《中论》二十余篇，成一家之言。辞义典雅，足传于后，此子为不朽矣。德琏常斐然有述作之意，其才学足以著书。美志不遂，良可痛惜。间者，历览诸子之文，对之技

泪，既痛逝者，行自念也。孔璋章表殊健，微为繁富。公幹有逸气，但未道耳。其五言诗之善者，妙绝时人。元瑜书记翩翩，至足乐也。仲宣独自善于辞赋，惜其体弱，不足起其文，至于所善，古人无以远过……诸子但为未及古人，自一时之隽也。今之存者，已不逮矣。

对于各人的长处和短处差不多都一一论到，而深致钦敬悼惜之意。这所论的都是死者，但即使死者复生也绝不会嫌他有什么凌人的盛气吧。"今之存者"当中应该包含着他自己和他的兄弟。关于他自己，则下文说着"以犬羊之质，服虎豹之文，无众星之明，假日月之光"，明明表明着是"不逮"的。这或者是故意的谦虚，但比那极端的夸大，总要来得高明一点。

抑丕扬植的人主要就注重在篡位这一点，以为曹丕篡了位便是不忠，曹植如做了太子，便一定不会篡位。这真是扬之可至青天，抑之可至黄泉的话。但他们这样恭维曹植自然也有相当的根据。根据是什么呢？就是在曹丕篡位的时候，曹植曾经有"发服悲哭"的一件事。

《魏志·苏则传》"则及临菑侯植闻魏氏代汉，皆发服悲哭"。行文过于简略，俨如苏则和曹植真是汉代的遗臣。但据《魏略》却更能得其实际："初，则在金城，闻汉帝禅位，以为崩也，乃发丧。后闻其在，自以不审，意颇默然。临菑侯植自伤失先帝意，亦怨激而哭。"据此可知发丧的是苏则，怨哭的是曹植，而且都是各有来由。苏则是闹笑话，他自己后来都明白了，可以不用说。曹植呢是在哭他自己做不成皇帝，不是在哭献帝。这点我们是应该弄明白的。

曹植的失宠，事在前。他既擅开司马门使他父亲大伤其感情，在手令中不惜屡次的提说（见《裴注》所引《魏武故事》）。他又和杨修勾结，阴伺他父亲的意旨，以便先意承志，被他父亲怀疑而泄漏了，终致弄巧反拙。再经过他父亲一番考验，"遣太子及植各出邺城一门，密敕门者不得出，以观其所为。太子至门，不得出而还。修先戒植：'若门不出侯，侯受王命，可斩守者。'植从之。"就因为这样，"修遂以交构赐死"（《裴注》引《世语》）。据这看来，雄才大略、知人善任的曹操，在鉴别丕与植的优劣上的确是费了权衡的。曹植的飞扬跋扈，不守纪律，真是足以惊人。曹操要杀杨修，黜曹植，都是经过再三权衡的结果。请问：曹植要那样听杨修的话到底为的什么？不是为的争继承权吗？要说他"心在王室"，能"以天下让"，真是天晓得。

杨修分明是一位惯弄权术的人，他的被赐死是在建安二十四年。《魏志》说："太祖既虑终始之变，以杨修颇有才策，而又袁氏之甥也，于是以罪诛修。"㉟这正是这位老英雄的深谋远虑，怕在自己身死之后，杨修会拥戴起曹植捣乱。足见得曹操生前，丕与植分朋争位的形势已经是很明显的。"修死后百余日而太祖薨，太子立，遂有天下。"㊱这在曹植要算是咄咄逼人的重重不幸，你教他那样多感的人怎么不"怨激而哭"呢？他哭的实情就是这样。真是天理良心，哪里为的是忠于汉室！

要说他忠于汉室吧，在他父亲一代已经是权倾天子，不曾见他反对或讽谏过一次。而如《七启》一文，更堂哉皇哉地把他父亲恭维了一大篇，誉为"同量乾坤，等曜日月，玄化参神，与灵合契"的"圣宰"㊲，是空前绝后的一位伟大超人。这把汉室和汉帝是摆在什么地方的呢？

再看《丹霞蔽日行》吧。"汉祚之兴，秦阶之衰，虽有南面，王道陵夷，炎光再幽，忽灭无遗"，明明是蔑视汉朝，说他不行王道，不配南面，故而和秦代一样灭绝。而丁晏却评为"此痛炎汉之亡，心事如见"，不知所"见"的是何等"心事"！

《文帝诔》里面也有同样的见解："汉氏乃因，弗求古训，嬴政是遵。王纲帝典，阒尔无闻。末光幽昧，道究运迁。"㊳这说得更鲜明一些，好为说辞的人，在这儿似乎也不便再为曲解了。

还有《汉二祖优劣论》系评论汉高祖与光武帝二人，虽盛称光武，而却痛贬高祖，竟斥之为"败古今之大教，伤王道之实义"（《太平御览》卷四百四十七所引）。这也是大有悖于古时的所谓人臣的口吻。

《毁鄄城故殿令》㊴是敕毁汉武帝殿。对于先朝旧物毫不顾惜，大概当时已经有人反对，故在令中竟说出了这样的话："汉氏绝业，大魏龙兴，隻人尺土，非复汉有。"这样跋扈的口吻，就连他的父亲所谓盖世的"奸雄"都是不曾有的，然而在曹植却偏偏得意忘形，这样也还能说是"不忘汉室"吗？

果真"不忘汉室"，便应该耻食魏粟，然而他却是魏的侯王，而且尽力摹仿司马相如、扬雄、班固等，在替"大魏"歌颂其符命。读他的《魏德论》

和《大魏篇》吧，便什么真情都暴露无遗了。一些高头讲章式的大人君子何以睁开眼睛连这样的大文章都不曾看见？

其实曹子建的见解倒远超过了高头讲章式的迂腐读书人十万八千里了。真的啦，为什么一定要姓刘的才可以做皇帝呢？一般迂腐先生们先抱定一个忠君的公式，信手地依着自己的好恶而为是非，见曹操鹰扬，曹丕豹变，便斥为"奸雄"，斥为"篡贼"。拉着"悲哭"两个字，便大捧曹植，许以忠贞。等曹丕做了皇帝，而曹植求自试，欲"当一校之队，统偏师之任"，以西伐蜀，东伐吴，"擒权馘亮，歼其丑类"，也竟被评为"危言激烈，如见忠臣之心"（丁晏）⑩。那样也是忠君，这样也是忠君，到底该忠于那一边呢？两者不可得兼，忠于汉便不得忠于魏，忠于魏便不得忠于汉。诸葛亮不是被称为三代以下的纯臣，而忠于汉室的吗？然而曹子建要砍他的脑袋子，而曹子建却还是"忠臣"。这矛盾，真是不堪一笑！

为了要说曹子建是忠臣，提高他的道德地位，所以一方面既替他用力粉饰，另一方面又要替他用力洗刷。洗刷什么呢？便是洗刷他的风流才子的头衔。这个头衔，和道德纯臣的牌位，实在是不能调和的。于是曹子建的一些风流逸事和言情的诗辞便要成问题了。

首先是与甄后有关的《洛神赋》，据李善《文选注》，引《记》曰：

> 魏东阿王，汉末求甄逸女，既不遂，太祖回，与五官中郎将（丕），植殊不平，昼思夜想，废寝与食。黄初中入朝，帝示植甄后玉镂金带枕，植见之，不觉泣下。时已为郭后谗死，帝意亦寻悟。因令太子留宴饮，仍以枕赉植。植还渡辕辕，少许时将息洛水上，思甄后，忽见女来。自云："我本托心君王，其心不遂。此枕是我在家从嫁，前与五官中郎将，今与君王。遂用荐枕席，欢情交集，岂常辞能具？我为郭后以糠塞口，今被发，羞将此形貌重睹君王尔。"言讫，遂不复见所在，遣人献珠于王。王答以玉佩，悲喜不能自胜，遂作《感甄赋》。后明帝见之，改为《洛神赋》。

这所谓《记》不知道究竟是什么书。托梦荐枕，献珠报佩云云，确实是怪诞，不近情理。但子建对这位比自己大十岁的嫂子曾经发生过爱慕的情绪，大约是无可否认的事实吧。不然，何以会无中生有地传出这样的"佳话"？甄后何以又遭谗而死，而丕与植兄弟之间竟始终是那样隔阂？魏晋时代的新人物对于男女关系并不如其前代人或后代人所看的那么严重。例如曹丕为太子时"尝请诸文学，酒酣坐欢，命夫人甄氏出拜。坐中众人咸伏，而桢独平视"⑪。这足见曹丕、刘桢都相当浪漫。刘桢的态度在曹丕倒满不在乎，却恼了做阿翁的曹操，以桢不敬，几乎处死了他。又如再后一辈的阮籍便坦然与嫂话别，醉卧于当炉的美貌邻妇侧而不自嫌。那么，子建要思慕甄后，以甄后为他《洛神赋》的模特儿，我看应该也是情理中的事。然而道学先生们却一定要替他洗刷，洗刷，洗刷，而加以根本的否认。例如丁晏的《曹集铨评》在《洛神赋》上便有很长的眉批。

> 晏案：《序》明云拟宋玉《神女》为赋，寄心君王，托之宓妃洛神，犹屈、宋之志也。而俗说乃诬为"感甄"，岂不谬哉！

> 又案："感甄"妄说本于李善注引"《记》曰"云云，盖当时记事媒蘖之词，如郭颁《魏晋世语》、刘延明《三国略记》之类小说短书，善本书麓无识，而妄引之耳。五臣注不言"感甄"，视李注为胜。

这样既把子建推尊为屈、宋，而把李善骂了一场，又还引列了何义门、方伯海、潘四农、张燮等一大批高头讲章家的意见，说来说去只是在想证明曹子建并非风流才子而已。最有趣味的是因《洛神》拟《神女》，便由曹植而宋玉，又由宋玉而屈原。屈原是楚的同姓，子建是丕的同胞。屈原被流放，子建受猜忌。于是乎曹植便成为"古今诗人之冠，灵均以后一人"了（丁晏《魏陈思王年谱》序）。这样的论断，不仅十分勉强，实在有点滑稽。

就文章的结构上来说吧。《洛神赋》虽然享有盛名，但过细研究起来实在是大有毛病。请看它开首说"睹一丽人于岩之畔"，而到后面却说是"众灵杂遝"。一与众怎么调和？前面还不知此"丽人"为谁而问御者，仅由御者以疑似之词答以"河洛之神，名曰宓妃，然则君之所见，无乃是乎？"，而后面却已直指为"洛灵"。前面只是"忽焉"的一睹，而后面却是淋漓尽致地刻画得异常用力。又请看他的刻画吧。他才说"芳泽无加，铅华弗御"，宜乎是一位淡妆素净的美人了，而一转笔又说到罗衣瑶碧，金翠明珠，满身满头的华饰。像这样前后矛盾，脉络不清，我真有点不大了解，何以竟成为了脍炙人口的寿世妙文？或许这赋的构成，不是出于一时的吧？前面的冒头或许是后来加上去的。是不是由《感甄》改为《洛神》，虽不能断定，但曾经经过改作似乎是可以断定的。又曹氏兄弟和建安七子的辞赋中每每有不少同题之作，如《砗磲椀赋》《迷迭香赋》《玛瑙勒赋》，几为诸人所共有。又如《神女赋》《出妇赋》《寡妇赋》诸题也几为诸人所共有。这些一定和"公讌诗"一样是文会上的拟作。因此我也疑心《洛神赋》或许本是《神女赋》的改题。

说到子建的受猜忌，固然是毫无疑问的事，但他委实也咎由自取。他看不起他阿哥的地方，除开行事之外，就在文字上也有表现。例如丕有《周成汉昭论》，认为汉昭帝不逊于周成王，周成王曾疑周公，而昭帝不疑霍光。这大约是写给汉献帝看的文章，要他也同昭帝一样，不要疑他父亲。植也有《周成汉昭论》却和他阿哥大抬其杠子，来他一个反攻："若以昭帝胜成王，霍光当逾周公耶？"[12]颇有点近于无理取闹。因为霍光即使赶不上周公，昭帝固可以胜过成王。照曹丕的论旨，霍光愈赶不上周公，汉昭帝愈可以胜过成王的。何以呢？有那样好的叔父而要疑他，成王不是愈见庸暗？这是颇能言之成理的。要是这样乱抬杠子，兄弟之间固然难保其融洽了。

在失父宠后，子建的自大自负虽然收敛了些，但他的根本气质并没有改变，使得别人对于他总不能不持戒心。他虽然屡屡减食户邑，但终其身还是魏国的王侯。虽然"十一年中而三徙都"，但他并非是遭受流窜。虽然寮属是下才，兵卒是老弱，但总是驱车策肥而有供他役使的人。但他始终是"愤懑"不堪，牢骚满腹，总觉得自己是怀才不遇。一求自试，再求自试，总想东讨西征，表露自己的无穷大望。这怎能叫人不提防他呢？他在所封的地方上并不见到有什么德政，怎么样去爱抚当时在水深火热中的人民，与民更始，但总是诉自己的愁，诉自己的穷，不是埋怨自己所得兵佐太少太老而感着"自羞"，便是陈述有"园果万株"，而"食裁糊口"。又总爱过问朝政，而见解又不怎么高明。朝廷正有事于远东以图除去后顾之忧，而他反要"斥劳神于蛮貊之域"。上表《陈审举》吧，主要的只是反对"公族疏而异姓亲"，一头脑的封建意识，只知道亲亲而不知道尊贤，只怕异姓夺取大位，故主张用公族来以自屏藩。他的忧虑后来也实现了，因为司马氏又篡了魏统。因此也有人称他有先见之明。其实他那种主张又何尝是妙法？治天下应该是在如何安百姓，而不在如何保王家。用人应该是在如何选贤举能，而不在乎分出谁是公族，谁是异姓。用贤以安民，即使失位，于道何伤？但曹植的见解并不是这样。他一味的怀疑异姓，使当时在朝的异姓权贵何以自处？魏氏固然限制公族太甚，但这也并不就是亡国的根本原因。司马氏得天下后，一反曹魏所为而大封公族，加重其权柄，使各王得以任官分治，征兵自卫，这可以说是曹植政见得到异代的知己了。但结果形成了尾大不掉之势，不二传而有"八王之乱"，斫杀了十六年，卒招五胡乱华，而晋室南渡。倚靠公族，又何尝是办法呢？

关于用人行政之道，在周秦之际的思想家倒已经有很周密的一套想法，便是公正无私，不避亲怨，综覈名实，信赏必罚。总要有公正的是非，而益之以赏罚严明，有以察之于前，有以核之于后，那就可以促进治平，而防祸于未然了。是非明，则赏以为荣，罚以为辱。是非不明，则赏不足以为荣，罚不足以为辱。是非颠倒，则赏以为辱，罚以为荣。曹子建并没有达到这样的了解，只是出于一味的私心，以一家一姓的安全为本位，实在是最庸俗不堪的陋见。

同时代的政治家如诸葛武侯，那就比他高明得多。武侯的"集众思，广忠益"，是千古不磨的名言。他的前后两《出师表》，说得具体切实，情词恳款，虽然并没有《求通亲亲》《求自试》《陈审举》诸表那样拼命地做文章，然而在文学上的价值却是更为宏大。就是曹丕吧，在政治见解上也比乃弟高明得多，而在政治家的风度上有时还可以说是胜过他的父亲。如令宦人为官不得过诸署，禁母后预政，取士不限年资但纠其实，轻刑罚，薄赋税，禁复仇，禁淫祀，罢墓祭，诏营寿陵力求俭朴等，处处都表示着他是一位旧式的明君典型。可惜他是死得太早，仅仅活了四十岁，做皇帝的期间也仅仅七年。假使他活到七八十岁，司马氏的篡夺未必便能够实现的吧？假使曹家的天下更长久一些，我看魏武帝和魏文帝会被歌颂为中古的圣王，决不会被斥为"篡贼"，为"奸臣"。曹操在舞台上会表现为红脸，而不是粉脸。这场历史公案，今天应该彻底翻它一下了。㊸

公平地说来，曹子建毕竟是一位才子。他的思想既不怎么高明，也并不怎么坚定。他时而像儒家，时而又像道家，而两方面都不甚深入。有时他在

"辩道"，反对当时的一些术士，以为"若遭秦始皇、汉武帝，则复为徐市、栾大之徒"[⑭]；时而又在"释疑"，以为"天下事不可尽知而以臆断……恨不能绝声色，专心以学长生之道"[⑮]。我们并不必责备他的游移，我们只须指出他是这样的二重性格。"不能绝声色"，也是人之常情，何况他是一位才子！故尔同一《七哀诗》，我们读王粲的便深感哀切，而读子建的只觉得他真是风流。且把这两首诗都写在下边吧：

> 西京乱无象，豺虎方遭患，
> 复弃中国去，委身适荆蛮。
> 亲戚对我悲，朋友相追攀，
> 出门无所见，白骨蔽平原。
> 路有饥妇人，抱子弃草间。
> 顾闻号泣声，挥涕独不还。
> "未知身死处，何能两相完？"
> 驱马舍之去，不忍听此言。
> 南登霸陵岸，回首望长安，
> 悟彼下泉人，喟然摧心肝。

上王作三首录一。

> 明月照高楼，流光正徘徊。
> 上有愁思妇，怨叹有余哀。
> 借问叹者谁？言是荡子妻。
> 君行逾十载，孤妾常独栖。
> 君若清路尘，妾若浊水泥。
> 浮沉各异势，会合何时谐？
> 愿为西南风，长逝入君怀。
> 君怀良不开，贱妾当何依？

上曹作。

一边是沉痛，一边是清新，而且是同一时代的作品。在这儿正可以看出写实与浪漫的不同。然而我也并不打算说：王作就一定好，曹作就一定不好。但落在道学家丁晏的眼里，曹作却又变了质："此其望文帝悔悟乎？""结尤凄婉！"这并不是在赞美他，其实是在摧毁他。简直把诗都糟蹋了。

子建的诗和文都有浓厚的新鲜绮丽之感，这是不能否认的，但他总也呈示着一个未成品的面貌。他的作品形式多出于摹仿，而且痕迹异常显露。《洛神赋》摹仿宋玉的《神女赋》，《七启》摹仿枚乘的《七发》，《酒赋》摹仿扬雄的《酒赋》，是他自己在序文上说明了的。章表摹仿刘向的疏奏，《魏德论》摹仿司马相如的《封禅文》，《髑髅说》完全是袭取《庄子》而稍稍冗长化了。几于无篇不摹仿，无句不摹仿，可谓集摹仿之大成。摹仿得有时虽然比原作更华丽，但每每是只徒夸张，不求统一。《洛神赋》前后不统一之处，前面已经说到，如要再举一篇为例，则可以举出《七启》。

《七启》假托了一位"玄微子，隐居大荒之庭，飞遯离俗，澄神定灵，轻禄傲贵，与物无营，耽虚好静，羡此永生，独驰思乎天人之际，无物象而能倾"。写出了这么一个超世脱俗的人，完全和老、庄再生的一样。此外又假托了一位极其现实的"镜机子"来向他说教，指斥他的出世生活，认为是走不通的路，应该重人事，立功名，崇尚仁义道艺。这已经可以说是如冰炭之不相容。所以"玄微子"也就回答道："太极之初，混沌未分，万物纷错，与道俱隆，盖有形必朽，有迹必穷，茫茫元气，谁知其终？名秽我身，位累我躬，窃慕古人之所志，仰老庄之遗风，假元龟以托喻，宁掉尾于途中。"——把道家的极致吐露了出来，像在这样人的耳里实在是再没有关于尘世的繁华可以钻得进去的，所谓"无物象而能倾"，自己也就说穿了。然而那镜机子——其实就是作者曹植本人，却公然更把那冰炭不相容的话扩大起来，连篇累牍，不畏辞费。首先夸张一批好吃的饮食，其次夸张一批装饰的物品，再说到田猎，说到宫室，说到声色。这些都没有把玄微子说动，论理当然也是说不动的。再次又说到游侠尚义之事，便公然多少说动了些。最后说到了自己的父亲"圣宰"是怎样的伟大，时代是怎样的"隆平"，甘露降，景星现，神龙出，灵凤鸣。简直是陶唐盛世。于是玄微子便"攘袂而兴，……愿反初服"了。我感觉着真是有点近于儿戏。一位极端的遁世家竟能被一位庸俗的机会主义者说服！这矛盾大概在作者自己并不曾感觉得，就是后来的读者也只是一味恭维，然而说穿了总不免滑稽。不要把玄微子作为那样彻悟了什么宇宙人生原理的人物，只作一位愤世嫉俗的悲观主义者，便是很容易处理的。在这些地方枚乘的《七发》比较要合理些，他是让吴客来对有疾的楚太子作种种诱导。

曹子建最有成绩的应该还是他的乐府和五言诗，但这是建安文学一般的成绩，并不是他一个人的特长。建安文学在中国文学史上是有着划时代的表现的。辞赋脱离了汉赋的板滞形式与其歌功颂德的内容，而产生了抒情的小型赋。诗歌脱离了四言的定型，而尽量的乐府化，即歌谣化。另一方面把五言的新形式奠定了下来。这是曹氏父子和建安七子的共同倾向，也就是他们共同的功绩。因此像曹操的"古直悲凉"，曹丕的"鄙直如偶语"，倒正是抒情化、民俗化过程的本色。而且在这儿我们不能不认定是有政治的力量作背景，假使没有操和丕的尊重文士与奖励文学，绝对不能够集中得那样多的人才，也绝对不能够收获到那样好的成绩。同时代的吴与蜀，差不多等于瘠土，不就是绝对的旁证吗？

在建安才人中子建要算最年轻，成绩也最丰富，或许也怕是最幸运，被保存下来的作品特别多。然而抒情化、民俗化的过程在他手里又开始了逆流。他一方面尽力摹仿古人，另一方面又爱驱使辞藻，使乐府也渐渐脱离了民俗。由于他的好摹仿，好修饰，便开出了六朝骈丽文学的先河。这与其说是他的功，毋宁是他的过。

从这些观点来说，曹丕的功绩不能湮没。政治上的影响即使除外，文艺上的贡献是谁也不能否认的。他是文艺批评的初祖。他的诗辞始终是守着民俗化的路线。又如他的《燕歌行》二首纯用七言，更是一种新形式的创始[46]。特别是他的气质来得清，委实是陶渊明一派田园诗人的前驱者。关于这后一点，锺嵘倒也是已经认识了的。且看他说："陶潜诗其源出于应璩"，而"璩诗祖袭魏文"[47]，便可以知道。只是他不重视这一派，故而都把他们列在"中品"去了。这在目前，不用说也是应该平反的。古时也有独具只眼的人，如上举刘彦和所说的"文帝以位尊减才，子建以势窘益价"，是比较公允的评骘。王夫之也很贬抑子建而推重文帝，竟称曹丕为"诗圣"又未免过于夸大了一些[48]。

认真说，曹子建在文学史上的地位，一大半是封建意识凑成了他。人们要忠君，故痛恨曹操和曹丕，因而也就集同情于失宠的曹植。但尽管道学先生们要替曹植粉饰，在一般人的心目中却认定他是一位才子，而他的诗文对于后人的影响，也已经早成为过去了。有趣的是那首疑信难决的《七步诗》倒依然脍炙人口，且成了一个有名的典实。

《七步诗》初见《世说新语》，"文帝尝令东阿王七步中作诗，不成者行大法，应声便为诗云云，帝深有惭色"。其诗云：

> 煮豆持作羹，漉豉以为汁。
>
> 萁在釜下燃，豆在釜中泣：
>
> 本是同根生，相煎何太急？

诗不见本集，有人疑是傅会。又一般传世的只有四句，首句作"煮豆燃豆萁"，二、三两句缺。过细考察起来，恐怕傅会的成分要占多数。多因后人同情曹植而不满意曹丕，故造为这种小说。其实曹丕如果要杀曹植，何必以逼他做诗为借口？子建才捷，他又不是不知道。而且果真要杀他的话，诗做成了也依然可以杀，何至于仅仅受了点讥刺而便"深惭"？所以这诗的真实性实在比较少。然而就因为有了这首诗，曹植却维系了千载的同情，而曹丕也就膺受了千载的厌弃。这真是所谓"身后是非谁管得"了。

借煮豆为喻，使人人能够了解，是这首诗所以普遍化了的原因。但站在豆的一方面说，固然可以感觉到萁的煎迫未免过火；如果站在萁的一方面说，不又是富于牺牲精神的表现吗？我因而做了一首《反七步诗》以为本文的煞尾：

> 煮豆燃豆萁，豆熟萁已灰。
>
> 熟者席上珍，灰作田中肥。
>
> 不为同根生，缘何甘自毁？

一九四三年七月七日脱稿

注释

①曹植（一九二——二三二）字子建，曾封平原侯、临菑侯、雍丘王、东阿王、

陈王。死谥思，放又称陈思王。曹操之第四子。——作者注

②锺嵘（？——五五二）字仲伟，颍川人，生于宋末，历仕齐、梁。梁衡阳王元简出守会稽，曾引为宁朔记室，专司文翰，故复称为锺记室。卒于梁元帝承圣元年。——作者注

③曹丕（一八七——二二六）字子桓，曹操第二子。因长子昂（字子修）早阵亡，故得嗣立，卒谥文。——作者注

④曹操（一五五——二二〇）字孟德，小字阿瞒，沛国谯人。由孝廉积功至丞相，扫荡群雄，权倾汉室。曹丕受禅后追称为武帝。——作者注

⑤刘桢（？——二一七）字公幹，东平人。——作者注

⑥张协（二六五——三一五）字景阳，安平人。潘岳（二四〇？——三〇〇？）字安仁，中牟人。陆机（二六一——三〇三）字士衡，吴郡人。又与其弟云并称为二陆。——作者注

⑦李陵，汉武帝时名将，后降匈奴，与苏武答和诗，相传为五言之祖，但经近人研究，实为伪托。——作者注

⑧王粲（一七七——二一七）字仲宣，山阳高平人。——作者注

⑨"所计"二字或作"新奇"，注者多以上句"字连下读，颇觉不适。《魏志·文帝纪》"好文学，以著述为务，自所勒成垂百篇"，即此所云云也。——作者注

⑩《西北有浮云》乃杂诗第二首，其全文云："西北有浮云，亭亭如车盖。惜哉时不遇，适与飘风会。吹我东南行，行行至吴会。吴会非故乡，安得久留滞？弃置勿复陈，客子常畏人。"——作者注

⑪见《诗品·总论》。

⑫刘勰字彦和，东莞人。晚年为僧，更名慧地。在梁曾历任微职。有刘舍人之称者，以曾任南康王记室兼东官通事舍人也。《文心雕龙·时序篇》有"皇齐御宇"云云，可知其书作于齐代。——作者注

⑬丁晏字俭卿，山阳人，殆生于乾隆末年。所著《曹集铨评》，乃得曾国藩之助而刊行于同治年间。时丁尚存，享年在七十以上。此书商务印书馆有铅印本，颇易得。末附《曹子建年谱》，于研究上颇为便利。——作者注

⑭王通字仲淹，隋龙门人，居河汾教授，从业者千余。魏徵即出其门。卒后，门人私谥文中子。——作者注

⑮李梦阳（一四七二——一五二九）字天赐，更字献吉，庆阳人，为明弘治、正德间所谓"七子"之领袖。其《曹集旧序》见《铨评》所引，丁晏甚称之，谓为"北

地第一篇文字"。其实意见颇迂腐，文中亦引及王通"以天下让"之语。——作者注

⑯张溥字天如，太仓人，为明末复社之领袖，号西铭先生。著述甚富。——作者注

⑰曹集中有黄初五年及六年令，唯前令与悔过无涉，别有《写灌均上事令》亦作于黄初年间。灌均者，《魏志·陈思王植传》称"黄初二年，监国谒者灌均希旨，奏植醉酒悖慢，劫胁使者"，曹植因以获谴者也。——作者注

⑱⑲见丁晏《曹集铨评》引《题辞》。

⑳见《三国志·魏志·陈思王植传》。

㉑见《魏志·陈思王植传》注引《世语》。

㉒敖陶孙《诗评》（编者注：见丁晏《曹集铨评·集说》引）称："魏武帝如幽燕老将，气韵沉雄。曹子建如三河少年，风流自赏。"——作者注

㉓陈琳（？——二一七）字孔璋，广陵人。——作者注

㉔徐幹（一七〇——二一七）字伟长，北海人。——作者注

㉕应玚（？——二一七）字德琏，汝南人。——作者注

㉖《陈集》中有《答东阿王笺》，盛称其《龟赋》，渭："犹飞兔流星，超山越海，龙骥所不敢追。"——作者注

㉗《文选》注引挚虞《文章志》曰："季绪名修，刘表子。官至东安太守，著诗赋颂六篇。"——作者注

㉘曹丕《典论》二十篇，已佚，今仅存《自叙》（见《魏志·裴注》）〔按：裴注见《魏志·文帝纪》注引〕及《论文》（见《文选》）。又张溥所刊《魏文帝集》，收有《论方术》一篇，疑不全。严可均《辑逸》一卷，见《全三国文》卷八。——作者注

㉙孔融（一五三——二〇八）字文举，鲁国人。在七子中年最长，存诗仅五言杂诗二首。——作者注

㉚阮瑀（？——二一二）字元瑜，陈留人，阮籍之父。——作者注

㉛见丁晏《曹集铨评》卷九。

㉜这种说法又见张仲景《伤寒论·自叙》。

㉝陈方之著《急慢性传染病学》上册，七十五页，商务版。——作者注

㉞见《魏志·文帝纪》注引《魏书》。

㉟见《魏志·陈思王植传》。

㊱见《魏志·陈思王植传》注引《典略》。

㊲见《文选》卷三十四。

㊳见《魏志·文帝纪》裴注引。

㊴此令见《文馆词林》卷六百九十五。丁晏《曹集铨评》已收入《逸文》。——作者注

㊵见《曹集铨评》卷七。

㊶见《魏志·王粲传》注引《文士传》。

㊷见《曹集铨评》卷五。

㊸“假使曹家的天下更长久得一些……今天应该彻底翻它一下了”这段文字，为初版本所没有，是作者在该文收入《沫若文集》第十二卷时添加的。

㊹见《曹集铨评》卷九《辩道论》。

㊺见《曹集铨评》引《逸文·释疑论》。

㊻两汉以来民间谣谚和镜铭多用七言成句。曹丕是从这种民间形式学来的，到隋唐时代，七言诗才占了优势。——作者注

㊼见《诗品》卷中。

㊽王船山《诗选》于丕乐府《猛虎行》评云：“端际密窅，微情正尔动人，于艺苑讵不称圣？锺嵘妄许陈思以入室，取子桓此许篇制与之颉颃，则彼之为行尸视肉，宁顾问哉！”可谓极尽平反之能事。又于《黎阳作》三首之二评云：“此公子者，岂不允为诗圣？”——作者注

隋代大音乐家万宝常

一

近来因为对于隋唐时代的音乐稍稍有所涉猎，知道了隋代有一位不幸的大音乐家万宝常。他是一位卓越的演奏家而兼乐理家，但不幸不仅他的物质的生涯数奇到了万分，一生陷于奴隶的境遇不能解脱而终至于饿死，竟连他的乐理论也都为当世有权势的文化强盗所剽窃，几乎遭了湮没。在隔了一千三百多年后的今天，对于这位可以尊敬的艺术家，我相信除掉少数研究中国音乐史的专门学者而外，恐怕连晓得他的名字的人都不会有好几个。而那些少数研究音乐史的学者们关于他的生涯与学艺恐怕也没有人去细心搜讨过。我对于万宝常的物质生活之数奇怀着无上的同情，对于他的精神生产之湮灭尤其感着无上的义愤。我感受着了一种迫切的冲动，觉得非把这位不幸的古人介绍出来不可。

我尽力追求了他的踪迹。凡是于他有关的事项以及和他有关系的人们，如王琳、祖珽、郑译等的事迹，就我所能接近的材料，大都检查了一遍。他的形象在我的意识中算刻画了出来。但他的形象逐渐在膨胀，就像要把我的意识本身都挤消了的光景。

使我认识了万宝常，使我具着情热要来介绍他，让现代人给以再认识，我是应该感谢编纂了《隋书》的唐初的那几位大家，便是魏徵、令狐德棻、长孙无忌、颜师古、孔颖达、李淳风诸人。他们在《隋书·艺术传》①中替万宝常立了传，又在《乐志》和《律历志》中揭载了他的学艺的梗概。他们对于万宝常是怀着相当的敬意的。特别是《万宝常传》，那是由同情所酝酿出来的文章，不知道是这几位中那一位的手笔。那篇传文也被收在了李延寿的《北史·艺术传》中，但稍稍有所省略。——《隋书·本传》六百九十九字，《北史》短五十字。在《隋书》的编纂上李延寿本也是参预过的人，但他所参预的是几种志书，《本传》的文字，大约是出于转录吧。然而他对于万宝常所怀抱的同情和敬意，似乎还要更浓厚一点。这由两书传后的论赞可以见到。

> 宝常声律动应宫商之和，虽不足远拟古人，皆一时之妙也。(《隋书》)
> 宝常声律之奇，足以追踪牙（伯牙）、旷（师旷），各一时之妙也。
> (《北史》)

但这些都是枝叶的问题，最好还是单刀直入地请来先读一遍《隋书》的《本传》。

> 万宝常不知何许人也。父大通，从梁将王琳归于齐。后复谋返江南，事泄，伏诛。由是宝常被配为乐户。因而妙达钟律，遍工八音②，造玉磬以献于齐。又尝与人方食，论及声调，时无乐器，宝常因取前食器及杂物以箸扣之。品其高下，宫商毕备，谐于丝竹。大为时人所赏。然历周洎隋，俱不得调。
>
> 开皇初，沛国公郑译等定乐，初为黄钟调③。宝常虽为伶人，译等每召与议，然言多不用。后译乐成奏之。上召宝常问其可否。宝常曰："此亡国之音，岂陛下之所宜闻？"上不悦。宝常因极言乐声哀怨淫放，非雅正之音，请以水尺为律以调乐音，上从之。宝常奉诏，遂造诸乐器，其声率下郑译调二律。并撰《乐谱》六十四卷④，具论八音旋相为宫之法，改弦移柱之变，为八十四调，一百四十四律，变化终于一千八声⑤。时人以《周礼》有旋宫之义，自汉、魏已来知音不能通，见宝常特创其事，皆哂之。至是试令为之，应手成曲，无所碍滞。见者莫不惊叹。于是损益乐器，不可胜记。其声雅淡，不为时人所好，太常善声者多排毁之。又太子洗马苏夔以钟律自命，尤忌宝常。夔父威方用事，凡言乐者皆附之，而短

宝常数诣公卿怨望。苏威因诘宝常所为何所传受。有一沙门谓宝常曰："上雅好符瑞，有言微祥者，上皆悦之。先生当言就胡僧受学，云是佛家菩萨所传音律，则上必悦。先生所为可以行矣。"宝常然之，遂如其言以答威。威怒曰："胡僧所传乃是四夷之乐，非中国所宜行也。"其事遂寝。

宝常尝听太常所奏乐，泫然而泣。人问其故。宝常曰："乐声淫厉而哀，天下不久相杀将尽。"时四海全盛，闻其言者皆谓不然。大业之末，其言卒验。

宝常贫无子，其妻因其卧疾，遂窃其资物而逃。宝常饥馁，无人赡遗，竟饿而死。将死也，取其所著书而焚之，曰："何用此为？"见者于火中探得数卷，见行于世。时论哀之。

开皇之世有郑译、何妥、卢贲、苏夔、萧吉并讨论坟籍，撰著乐书，皆为当世所用，至于天然识乐，不及宝常远矣。安马驹、曹妙达、王长通、郭令乐等，能造曲，为一时之妙，又习郑声。而宝常所为皆归于雅。此辈虽公议不附宝常，然皆心服，谓以为神。

我们请细细地读这篇传文，可以见到执笔的人和编纂《隋书》的人对于宝常确实是怀有相当的同情的。然他们的同情却还没有达到十分浓厚的饱和点。离万宝常本不甚远的他们，在所编录的传文中所缺佚的事项却是不少。例如万宝常的生地，他的年龄，他所著书的名目等，或则以"不知"了之，或则全然出以疏略。到了现在，那在唐初还"行于世"的万宝常遗著，竟连名目都无从查考了。但关于万宝常的生地和年龄，根据种种外围的资料还可以推考出一个大概。

在知道万宝常幼年时代的动静上，有两位人物的身世是重要的线索，第一个是王琳，其次是祖珽。

王琳也是很值得同情的一位古人，在李百药的《北齐书》中有他的传，李延寿的《南史》把它转录了，是列在梁臣的部分的。他本是梁末的一员勇将而兼重臣，平侯景有功，做过湘州、衡州、广州等地的刺史。陈霸先篡梁的时候，他据着衡、湘一带和陈抗衡，有意保存梁室的宗绪。陈文帝的天嘉元年

（齐废帝乾明元年），他领率着自己的全军往长江下游攻陈，但在江中遇风，弄得全军覆没，他才投归了北齐。在天嘉五年，陈将吴明彻伐齐，齐朝用了王琳去参预抗御的军事，但又不肯给以兵力而多所牵掣，终竟使他被困失援，为吴明彻所擒而身首异地。传上说他是"会稽山阴人"，说他的"麾下万人多是江淮群盗"，说他深得士卒和民众的欢心，"死时年四十八，哭者声如雷"，"田夫野老知与不知莫不为之歔欷流泪"。《梁书》的《王僧辩传》上也说到跟着他同归北齐在做着竟陵⑥郡守的僧辩的长子王顗，听到他的死耗，便跑出郡城南，登上一座高丘，"号哭一恸而绝"。还有在齐的他的故吏朱瑒，有一封致陈尚书仆射徐陵求琳首级的信，是情辞恳切的一篇四六文，载在《王琳传》中。陈国就因他的信把王琳的头首送回了寿阳，权葬在八公山侧。"义故会葬者数千人。"后来又有扬州人茅知胜等五人把他的棺材偷送到齐国的都城去了。

万宝常的父亲万大通是跟着王琳降北的，当然也是王琳的死党，说不定会是会稽附近的人，或者怕还是"江淮群盗"之一吧？他之谋返江南当得在王琳死后。王琳之死当齐河清三年（天统前一年），至齐灭亡仅仅十三年，算自王琳降齐起也仅仅十八年，而万宝常在齐已有过造献玉磬的事，然则万宝常不当生于齐，他本生在江南而跟着他父亲降北，是可以推知的。他跟着他父亲降北的时候年纪还很幼小，这儿在《隋书·音乐志》上另有一段记事可以证明。

> 有识音人万宝常修《洛阳旧曲》，言幼学音律，师于祖孝徵，知其上代修调古乐。

祖孝徵便是祖珽，《北齐书》和《北史》上都有传。他也是一位超等的奇人。传上说他"天性聪明，事无难学，凡诸技艺无不措怀。文章之外又善音律。解四夷语及阴阳占候。医药之术尤其所长"。说他有奇怪的盗癖（这大约是可信的），又说他淫纵好利，权势的欲望也很熏炽。（这恐怕有几分冤枉。）他两次被配为流囚，在第二次上更被人把两眼熏瞎了。但他后来却做到了盲目的宰相。晚年被谪贬为北徐州刺史，便死在那儿。传上虽然说他特长于医药，但他的音乐是有家传的，他的父亲祖莹做过北魏的太常卿，曾经典造过洛阳的钟石管弦，三年而成，《魏书》和《北史》中有传，《魏书·乐志》上也有关于造乐的记载。祖孝徵的音乐学识和万宝常所修的《洛阳旧曲》，便是渊源于这儿的。在这儿不妨再从《隋书·乐志》上引出一段文字来以当注释，同时也可以见到当时的外来音乐的势力。

> 齐神武霸迹肇创，迁都于邺（今河南临漳县），犹曰人臣，故咸遵魏典。及文宣初禅，尚未改旧章……其后将有创革，尚乐典御祖珽自言旧在洛下，晓知旧乐。上书曰："魏氏来自云朔，肇有诸华，乐操土风，未移其俗。至道武帝皇始元年，破慕容宝于中山，获晋乐器，不知采用，皆委弃之。天兴初，吏部郎邓彦海奏上庙乐，创制宫悬，而钟管不备。乐章既阙，杂以《簸逻迴歌》。初用八佾，作皇始之舞。至太武帝平河西，得沮渠蒙逊之伎，宾嘉大礼皆杂用焉。此声所兴，盖苻坚之末，吕光出平西域，得胡戎之乐（案乃龟兹乐，详《隋志》），因又改变，杂以秦声，所谓'秦汉乐'也。至永熙中，录尚书长孙承业共臣先人太常卿莹等斟酌缮修，戎华兼采，至于钟律，焕然大备。自古相袭，损益可知，今之创制，请以为准。"珽因采魏安丰王延明及信都芳等所著乐说而定正声，始具宫悬之器，仍杂西凉之曲，乐名《广成》，而舞不立号，所谓《洛阳旧乐》者也。

根据这些资料可以知道万宝常的音乐是学于北齐的祖珽，而学习的时候年纪尚"幼"，那么万宝常其时的年龄恐怕不过四五岁的光景吧。他的学音乐大约是在他父亲生前。在祖珽第二次被配甲坊之后，他们师弟之间当有相遇的机会。我们如想象到一位天才的盲目音乐家教导着一位同样有天才的八九岁的童子，是值得令人玩味的一幅情景。本来音乐的学习是以幼年为适当的，因为绝对音的认识只有在年幼时才锐敏，在十岁以后便有游移而不能准确。万宝常的音识特别锐敏，由《本传》上那段敲打食器而成宫商的插话便可以想见。这种本领，不从幼时着手，是不能得到的。据"齐法"："诸强盗杀人者首从皆斩，妻子同籍配乐户；其不杀人及赃不满五匹，魁首斩，从者死，妻子亦为乐户。"（《通典》一六四刑二）万大通伏诛后，其子宝常即被配为乐户，是知他所受的刑罚与强盗等，但不知道他的妻——万宝常的母亲——是怎样。假如在当时还生存，自然是同被配为了乐户的。

要之，万宝常是生在江南，在四五岁时随着他的父亲降北，学音乐是在降北以后，当在他十岁以前。他的父亲死时，他的年龄怕也不过十岁，他从此便成为了奴隶。一位十岁左右的童子失掉了故乡，失掉了故国，失掉了父母亲戚，孤单地在异乡中过度着奴隶生活，这是怎样艰难的一种境遇呢？然而他的音乐的天才却没有因此而受窒息。怕真的也是艰难玉成了他吧？在一切都丧失了，一切都被人剥夺了的他，到底还有什么东西可以自行安慰？还有什么东西可以系念，可以作为凭借，让他那孤苦的生涯在严酷如沙漠，如冻苔原的这个虚伪世界上维持着？音乐！音乐！音乐！这在他会是生命的同义语，生命的生命！

他的奴隶生涯终生没有得到解脱。尽管他在音乐上的成就，在隋开皇时代便是大臣宰相乃至至尊的天子都不能够抹杀，作乐时要征求他的意见，然而奴隶终竟是奴隶，"历周泊隋俱不得调"。

北周灭齐后的年代很短，仅仅四年。隋的开皇乐议，据《隋书·音乐志》是从二年开始。由郑译、牛弘、辛彦之、何妥、苏夔等"各立朋党"，纷纷讨论，闹了七八年，才龙头蛇尾地告了终结。万宝常用水尺律造器，据《隋书·律历志》是在开皇十年。开皇十年以后便不再见万宝常的名字了，大约他的饿死便是在开皇十一二年前后。因为他倾倒了毕生的心血所造成的乐器，为当时的权贵者所忌而遭了寝置，他于劳瘁之余更加悲愤，是有得病的可能的。他病了，他的妻便拐带了家财而逃。那逃不当是简单的逃，必然还有奸通的情事在其背面。那么在他卧病时，他的妻必然还相当的年轻而有姿首，这也足证他当死在开皇十一二年，便是"四海全盛"的时候。在那时万宝常还不上四十岁，他的妻大约是三十以往，也还是杨柳正春风的。

万宝常患的究竟是什么病虽然无由确知，但既说是"卧疾"，当然不是外伤；既说是"饿而死"，当然不是病的胃肠。病到将死还可以起来烧书，而意识也很清明，当然不是瘟热和癫狂。我揣想他的病怕是属于呼吸系统的，或者怕就是肺结核吧。以他之专精于音乐而又贫苦劳顿，他当然冷落了他的夫人。以他之音乐奴隶的身份，他当然没有本领去满足她的物质欲望。他所有的"资物"竟以一个女人便能窃取而逃，当然也是没有多少的。但其中或者怕有他所倚以为生命的乐器（我相信是琵琶）吧？那在他，怕比失掉了一个老婆还要贵重吧？他的夫人逃走了，他能够起来烧书。他假如高兴时，也尽可以起来烧饭。大约米已经是没有了，买米的钱也是没有了。没有钱，没有米，他不肯去向人赊借，与其说是邻人的无情，宁可说是万宝常的不妥协。是的，不妥协！不妥协，可以说是等于万宝常。他的尊严的自我，就在至尊的天子之前都是不肯屈抑的，难道为了几个钱，几粒米，便要去向人低头吗？他的先生祖珽在齐做到宰相，而他也没有得到解放，在这儿也可以得到说明。

他的夫人逃走了，我相信他对她不会是怎样地怀恨，即使那夫人是他所爱的人——这很有可能，因为非由父母之命，是他自己以伶人的资格找来的伴侣。——她才丢了他，跟着别人逃跑了，他也不见得会怎样地怀恨。他所恨的当是忌刻他，排毁他，剽窃他的学说，使他一生陷于奴隶境遇，不准他吐气扬眉的那些权贵者，那些文化强盗，那些嫉才妒能而假充内行的有毒的臭虾蟆！是那些东西压制了他，使他贫困，使他生了病，使他连一个老婆都不能够保持，或甚至连自己最爱的一架乐器都不能够保持。在有那些强盗、臭虾蟆盘据着的世界中，他不愿意让自己的生命再来苟活，不愿意让自己所生出的精神上的儿子再来苟活，他宁肯饿死甚且至于烧书，不就是这种心事的表白，不就是对于这种强盗世界的他所能够做到的最积极的抗议吗？"何用此为？"——这如意译出来，便是：这个丑恶的卑劣的世界既不能够根本推翻，就让自己的一切从这个世界上绝灭。

二

万宝常是彻底不妥协的人，他的学艺既自言是传自祖珽，那么传中记的他听从了沙门的劝告对于苏威所说的那一片诳言，决不会是真实。那一定是苏威父子所流布出来的诬蔑，正是所谓"排毁"之一例。那些卑劣的家伙是满有那种卑劣的本领。在这些地方我们虽不能不为作传者惋惜，选择材料未免太不谨严；然而那个诬蔑却也道着了万宝常的学艺之一面的真实性。

本来中国音乐之史的发展几乎始终是受着外来的影响。中国所固有的乐器不外是磬、箫、鼓、钟的几种，连琴瑟⑦都是外来的。琴瑟的输入大约是在春秋初年，因为来得过早，自秦汉以来的每一个人都视以为"国粹"了。其实琴瑟字样，在卜辞和金文中毫无影响。在《诗经》中琴瑟还是用来做恋爱媒介的摩登乐器。古人在宗庙中祀神的乐是不用琴瑟的，这些情形在《周颂》《商颂》中一查便可以知道。战国时代及其后的人所伪托的《尧典》《周礼》等用了琴瑟来祀神，那正是那些伪典所露出的马脚。秦筝、阮咸（原名"秦汉子"或"弦鼗"）输入于秦。横笛、胡笳输入于汉。外来的乐器逐渐呈出了喧宾夺主的形势。到了南北朝和隋唐，有心人如肯把那些时代的《乐书》或《乐志》来检查一下，便可以惊叹从那时以来中国所用的乐器，为中国所固有的不及十分之一。

乐制乐论也是一样。在中国乐史上形成着中心问题的由三分损益法所产生的十二律，其实是在战国末年由希腊传来®而稍稍汉化了的学理。中国所固有的乐律不外是宫商角徵羽的五音，五音在初原有绝对的音值，战国初年的楚王《盦章钟》刻着宫商翌（羽）等字以表示钟律，便是无上的物证。有了十二律的输入，中国的律制便成为了双重化，五音便失掉了绝对的音值而成为了相对的活动的声符。

大抵中国的乐史可分为四大期。殷、周时代为古乐期，秦、汉、魏、晋为准古乐期，南北朝、隋、唐以后为胡乐期，近百年来为洋乐期。

所谓胡乐是指西域和印度的音乐。西域的音乐大多源于印度。印度在古本无胡称，然印度音乐既多间接地由西域传来，故也一并被称为"胡乐"。晋室自永嘉南渡而五胡乱华，接着便有长期的南北朝的分裂，中国的北部是在胡人的统治之下。那些胡人在他们的支配者的优裕生活中，却把西域的音乐种子输入了来，在丰润的自然环境里开出了灿烂的繁花。而在南北朝的末期，和中国的政治局面由汉族支配下的南朝与异族支配下的北朝行归一统的一样，由西域传来的胡乐与前代的中国雅乐即古乐或准古乐，正在氤氲着要醇化出一个新的合成。

祖莹所造的《大成乐》，据他的儿子祖珽所说是"戎华兼采"。祖珽所造的《广成乐》是"具宫悬之器"而"杂西凉之曲"。万宝常承继了这两代而来，可以知道他的伎艺是融会华戎，正是当时的合成派。合成派不纯粹是华，也不纯粹是戎，它是更高一层阶段的统一，但它具有两方的成分，因而在过渡时期便不免要受双方的排毁。守旧者说它带戎风，骛新者说它挟华臭。祖氏两代的新乐，没有维持得长久的生命，万宝常的新乐也不为隋世所用，是时代对于合成派还没有十分成熟。在这儿《隋书·音乐志》中关于开皇乐议有一段很重要的资料，我不妨把它整录出来。

开皇二年齐黄门侍郎颜之推上言："礼崩乐坏，其来自久。今太常雅乐并用胡声，请凭梁国旧事，考寻古曲。"高祖不从，曰："梁乐亡国之音，奈何遣我用耶？"是时尚用周（宇文氏）乐，命工人齐树提检较乐府，改换声律，益不能通。俄而柱国沛公郑译奏上，请更修正。于是诏太常卿牛弘、国子祭酒辛彦之、国子博士何妥等议正乐。然沦谬既久，音律多乖，积年议不定。高祖大怒曰："我受天命七年，乐府犹歌前代功德耶？"命治书侍御史李谔引弘等下，将罪之。谔奏武王克殷，至周公相成王，始制礼乐，斯事体大，不可速成。高祖意稍解。又诏求知音之士集尚书，参定音乐。译曰："考寻乐府钟石律吕，皆有宫商角徵羽变宫变徵之名，七声之内三声乖应，每恒求访，终莫能通。先是周武帝时有龟兹人曰苏祗婆⑨，从突厥皇后入国，善胡琵琶。听其所奏，一均之中，间有七声。因而问之。答云：'父在西域，称为知音，代相传习，调有七种。'以其七调勘校七声，冥若合符。一曰'娑陀力'，华言平声，即宫声也。二曰'鸡识'，华言长声，即南吕声也。三曰'沙识'，华言质直声，即角声也。四曰'沙侯加滥'，华言应声，即变徵声也。五曰'沙腊'，华言应和声，即徵声也。六曰'般赡'，华言五声，即羽声也。七曰'俟利篸'，华言斛牛声，即变宫声也。译因习弹之，始得七声之正。然其就此七调，又有五旦之名，旦作七调。以华言译之，旦者则谓均也。其声亦应黄钟、太簇、林钟、南吕、姑洗五均。已外七律更无调声。译遂因其所捻琵琶，弦柱相饮（顾？）为均。推演其声更立七均，合成十二，以应十二律。律有七音，音立一调，故成七调。十二律，合八十四调。旋转相交，尽皆和合。仍以其声考校太乐所奏，林钟之宫应用林钟为宫，乃用黄钟为宫；应用南吕为商，乃用太簇为商；应用应钟为角，乃取姑洗为角。故林钟一宫七声，声声⑩并庾。其十一宫七十七音，例皆乖越，莫有通者。"又以编悬有八，因作八音之乐，七音之外更立一声谓之"应声"。译因作书二十余篇以明其指。至是译以其书宣示朝廷，并立议正之。

这段文字在当时的音乐史上是极重要的文字，就是在中国整个音乐史上也是极重要的文字。这儿表示着郑译是极左派，他是极端信仰胡乐的，以胡乐的音律为正，斥当时太乐所据的高五律的音律为乖戾。八十四调实际是拜借了万宝常的"特创"，但也是由胡乐调所发展出来的新说。在当时却有不少的右派反对他。一派是苏夔，他引经据典地言中国古时只有宫商角徵羽五音，不言变宫变徵，"七调之作所出未详"。连七调都不赞成，那八十四调更毋庸说。但夔虽反对郑译的调，却赞成郑译的律。他们都以为当时的"乐府黄钟以林钟为调首，失君臣之义，清乐黄钟宫以小吕（仲吕）为变徵，乖相生之道"，"请雅乐黄钟宫以黄钟为调首，清乐去小吕，还用蕤宾为变徵"。这一提议得到了大家的赞同。当时的乐府，所用的是铁尺律，和低抑的胡乐相差五律，当时的乐府黄钟（宫调）所以以林钟为调首的理由，当是胡乐的调用中国的律来翻译时所生出的龃龉。在改正上有两种办法，一种是把律降低，用铁尺律的林钟为黄钟，一种是把调提高，把林钟调首实际改为黄钟调首。他们两人本想改律，但遭了众人的反对，所被采用的是把调首提高的办法。这由万宝常讥郑译调"淫放"，斥太常乐"淫厉"，便可以知道。

有一派极右派是何妥。他既不懂音乐，又不谙学理，但他是隋高祖所尊敬的有学问的（？）博士。《音乐志》上说他"耻己宿儒，不逮译等，欲沮坏其事"，完全以卑劣的心事而从事破坏。他也引经据典地反对，主张只用清商三调（宫调、平调、侧调），不用再事纷张。

万宝常在这时又表示了他的合成派的面目，他主张保存祖氏父子之乐。他说：

> 幼学音律，师于祖孝徵，知其上代修调古乐。周之璧翣，殷之崇牙，悬八用七，尽依周礼，备矣。所谓正声，又近前汉之乐，不可废也。

三派争论的结果，是卑劣的何妥弄了点子政治手腕，得到了一种畸形的解决。在这儿我不妨再引用《隋志》的原文，且看那位"博士"的态度是怎么的卑劣。

> 是时竞为异议，各立朋党，是非之理，纷然淆乱。或（盖是牛弘）欲令各修造，待成，择其善者而从之。妥恐乐成，善恶易见，乃请高祖张乐试之。遂先说曰："黄钟者以象人君之德。"及奏黄钟之调，高祖曰："滔滔和雅，甚与我心会。"妥因陈用黄钟一宫，不假余律。高祖大悦，班赐妥等修乐者。自是译等议寝。

这段文字把何博士的暗里机关，隋高祖的假充内行，真是画得活现。正在隋高祖假充内行、洋洋得意的时候，而万宝常却毫不通方圆，严厉地竟斥之为"亡国之音"。这怎么能使那满朝的权贵放得下面子呢？世故地说时，万宝常这人实在是太不通世故。假如他那时候"聪明"得一点，也随声附和地阿谀一番，于他并不会有什么亏损，说不定还可以使他和同时的乐工如曹妙达之流封王开府。然而万宝常却不肯这样做，他要提出他自己的主张来，请以水尺定律。这样地自信之坚，自持之高，正是万宝常之所以为万宝常。然终竟受了众人的排毁，却也是当然的结果。

对于名公巨卿的郑、苏，都在使用手腕的那位老狯何妥，对于万宝常所表示的态度于史籍上没有明文。我推想起来，应该是采取的最卑劣的手段——默杀。因为乐工的议论是值不得大儒一驳的。万宝常受了何妥的默杀，苏威的诬毁，然而却更受了郑译的剽窃。

我们读万宝常的传，明明见到"具论八音旋相为宫之法，改弦移柱之变，为八十四调"，为时人所称为万宝常的"特创"，而在郑译竟也有"旋转相交尽皆和合"的八十四调的发明。郑译的八十四调自以为是根据苏祇婆七调所扩充，是由琵琶上弹出来的，而万宝常的八十四调所由调协的，实际也是琵琶。所谓"改弦移柱"本是琵琶上的用语①，原来就是万宝常所"特创"。中国的琵琶本来有两种，古时候的所谓"秦汉子"，后称为"阮咸"的弦鼗，都是四弦十二柱，后改为十四柱的，本有琵琶之名。傅玄的《琵琶赋》所赋的便是这种琵琶。苏祇婆所用的琵琶是龟兹琵琶或胡琵琶，主于是四弦四柱。日本雅乐还沿用着这一种乐器。中国现今所用的琵琶四弦十四柱，是在胡琵琶身上安上了阮咸的柱制（仅十三、十四柱位置稍异），大约是南宋以来所产生出来的民族形式的合成品。在四弦四柱的琵琶上照着弦柱所固有的位置是不能够弹出八十四调的，因为声律之数有限。但如把弦推移，或用"活柱"，使位置可以改换，则所缺乏的声律便可临时补出，八十四调便能运用自如。万宝常是精于审音的人，他是在这四弦四柱的琵琶上把"改弦移柱"的方法发明了出来，然而为郑译所采用了。郑译所说的"弦柱相饮（顾）"不外是"改弦移柱"的意思。

苏祇婆之人中国是在周武帝的天和三年，《周书·武帝纪》上说："天和三年三月癸卯，皇后阿史那氏至自突厥"，所谓"突厥皇后"便是这阿史那氏。周的天和三年当于齐的天统四年，是宝常十二三岁的时候，他的先生祖珽也还在壮年。这两位音乐的天才和苏祇婆或其音乐是有接触的可能的。而且祖珽也是琵琶的名手，《祖珽传》上说他"自解弹琵琶，能为新曲"，又说"（武成）帝于后园使珽弹琵琶，和士开胡舞"，能奏新曲而与胡舞相配的琵琶必然是胡琵琶。胡琵琶之输入在苏祇婆之前，后魏宣武帝时已有之。《通典》（一四二，乐二）言"自宣武已后始爱胡声，洎于迁都，屈茨琵琶、五弦、箜篌、胡箜、胡鼓、铜钹、打沙萝、胡舞、铿锵镗鎝、洪心骇耳……琵琶及当路，琴瑟始绝"。所谓"屈茨琵琶"便是龟兹琵琶。又《旧唐书·音乐志》言："后魏有曹婆罗门受龟兹琵琶于商人，世传其业，至孙妙达，尤为北齐高洋（文宣帝）所重，常自击胡鼓以和之。"《北史·恩幸传》也说："武平时有胡小儿……曹僧奴，僧奴子妙达，以能弹胡琵琶甚被宠遇，俱开府封王。"天统五年之后便是武平，曹妙达和祖珽、万宝常也是整整同时的。万宝常即使没有和苏祇婆相接触，龟兹琵琶的音制可由曹氏一门得其传授。以他那敏锐的音觉把龟兹所仅有的五旦三十五调扩充起来成为八十四调，尤有充分的可能。总之，《万宝常传》明明说八十四调是宝常所"特创"，而《音乐志》中却爬出了郑译的八十四调来。假使两人是素未谋面，也可以有同时发现的可能，然而《本传》明明说"译等每召与议，然言多不用"，不用的意见固然多，用了的当亦不少。八十四调不显明地连特创权都被郑译用了吗？[12]

郑译这位名公本来是一位无赖的人物，《隋书》和《北史》上都有他的传。他与隋高祖同学，在周室的时候便私相结托，终竟帮助隋高祖把周室的帝位篡了，他便做了两朝元老。传上说他"性轻险，不亲职务而赃货狼籍"，因此隋高祖也就疏远了他。他遭了疏远，便私下请道士来祈福，又和母亲不睦，彼此分了居，便遭了密告和宪司的弹劾，因而被除名为民。最有趣味的是那篇短短的除名诏，那颇有近人所说的"幽默"的趣味，而且也可以供奖励读经者的一段掌故，我顺便把它介绍在这儿。

> 译嘉谋良策，寂尔无闻。鬻爵卖官，沸腾盈耳。若留之于世，在人为不道之臣，戮之于朝，入地为不孝之鬼。有累幽显，无以置之，宜赐以《孝经》，令其熟读。仍遣与母共居。

后来隋高祖念到曾共患难，又恢复了译的爵位，使他参议乐事。他是在开皇十一年病死的。死时年五十二岁。

郑译就是这样一位没有品格的人，他要剽窃万宝常的八十四调，那是丝毫也不足怪的。而且不仅八十四调是出于剽窃，就是他的"八音之乐"，于七音之外所更立的一声"应声"，也是出于剽窃。《万宝常传》上有"八音旋相为宫之法"出于万宝常"特创"，明明说的是"八音"。

考旋相为宫之说首见于《礼记·礼运篇》，谓"五声六律十二管还相为宫"。于十二律配以五声之宫商角徵羽，使十二律各为宫调首一次，可得十二宫调。古时是只有宫调的，故云"还相为宫"。使宫声以外的商角徵羽各可为调首，则十二律可得六十调。加上二变（变徵与变宫）成为七声，可得八十四调。然而万宝常却有"八音旋相为宫之法"，这"八音"绝不是金石丝竹匏土革木的八音，是无庸说的。郑译的第八音"应声"是在宫声与商声之间，由我的一位日本朋友林谦三君根据《隋书·音乐志》大业年间所议修的一百四曲中的"宫调黄钟也，应调大吕也，商调太簇也，角调姑洗也，变徵调蕤宾也，徵调林钟也，羽调南吕也，变宫调应钟也"，把它发现了出来。"应调"便是以应声为调首之调。多此一声，在施行七律关系的转调上可以有用。例如把变徵当为应声时，便可由变徵调变为宫调。故尔在用八音旋相为宫时，于所构成的调的数目上没有变更，应调实即变形的宫调。

十二律	黄钟	大吕	太簇	夹钟	姑洗	仲吕	蕤宾	林钟	夷则	南吕	无射	应钟
变徵调		变徵	徵		羽		变宫	宫		商		角
应调		应	商		角		变徵	徵		羽		变宫
宫调	宫		商		角		变徵	徵		羽		变宫

林君发现了这应声的位置及其效用，但他却没有觉察到这应声是万宝常所发明，而为郑译所剽窃了的。郑译这名文化强盗，不孝母亲被罚读《孝经》，剽窃别人的学说不知又应该罚读那一经了。——这是应该请“读经救国”的人斟酌一下的。

但是关于八十四调的创始者却另有异说。《五代史·乐志》下载周世宗时兵部尚书张昭的乐议云：

> 梁武帝素精音律，自造四通十二笛以鼓八音，又引古五正、二变之音旋相为宫，得八十四调，与律准所调，音同数异。侯景之乱，其音又绝。隋朝初定雅乐，群党沮议，历载不成。而沛公郑译因龟兹琵琶七音以应月律五正、二变，七调克谐，旋相为宫，复为八十四调。工人万宝常又减其丝数，稍令古淡。隋高祖不重雅乐，令儒官集议，博士何妥驳奏，其郑万所奏八十四调并废……唐太宗爰命旧工祖孝孙、张文收整比郑译、万宝常所均七音八十四调，方得丝管并施，钟石俱奏。

这把八十四调的发明归于梁武帝。但如《通典》仅言梁武帝有四通十二笛之制作，不言八十四调。《梁书》《南史》及隋唐书志均所未言，且与《万宝常传》言“宝常特创”，《音乐志》言郑译所作，尤属不符。张昭所言当是得诸讹传。张昭对于音乐本是外行，例如汉元帝时京房六十律，本是利用三分损益法把十二律细分成六十律，因六十律而得六十调（详《后汉书·律历志》）。其后刘宋的元嘉时代有太史钱乐之更引申成三百六十律，以当一年的三百六十日（详《隋书·律历志》）。凡此与“旋相为宫”之义迥不相侔，而张昭乐议却说“汉元帝时京房……以《周官》均法每月更用五音，乃立准调，旋相为宫，成六十调。又以日法，析为三百六十”云云。把京房的六十调认为旋宫，更把钱乐之所画的蛇足也归之于京房，这位兵部的疏忽真是有点程度。据此可知，说梁武帝创八十四调，也不过是张冠李戴而已。同时代的王朴虽然是音律专家，更把八十四调的制作归之于黄帝（同见《五代史·乐志》），那更是毋庸置辩的。

总之，郑译的八十四调和应声之发明，都是由万宝常偷来的。赃证具在，绝非诬枉。

万宝常真是万分不幸，他和一些臭博士、臭名公、臭虾蟆同时，弄得一生的心血化为乌有。他能够不愤恨吗？他要饿死，要烧书，厌世到了尽头，我们是可以充分地了解的。

三

万宝常的音乐是合成派，是新来的胡乐和旧有的古乐或准古乐结合了所产生出来的成果，也可以说是在旧乐的砧木上接活了的新乐苗条。新乐是通过了胡乐之输入期而达到了创造期。然而隋代对于这种合成性的创造还没有十分成熟。万宝常的八十四调为郑译所剽窃，固然值得同情，郑译剽窃了去也不见录用，这正是时代的限制。仅仅三十几年的短期的隋代乃至唐初都还依然是在纯粹的胡乐的支配之下。《隋书·音乐志》云：

> 始开皇初，定令置七部乐，一曰国伎（西凉伎），二曰清商伎，三曰高丽伎，四曰天竺伎，五曰安国伎，六曰龟兹伎，七曰文康伎。又杂有疏勒、扶南、康国、百济、突厥、新罗、倭国等伎。

除掉清商、文康二种而外都是外来。炀帝大业中的九部乐：清乐、西凉、龟兹、天竺、康国、疏勒、安国、高丽、礼毕（即文康伎），也不过大同小异。唐初因隋旧制，到了武德九年（贞观前一年）合成的机运才醇熟了。应运而起的是与祖莹、祖珽同族的祖孝孙。八十四调是由他复活了的。据《新唐书·礼乐志》，他的八十四调是十二宫调皆为正宫，正宫声之下不再有浊音。十二商调，调有一个下声是宫。十二角调，调有两个下声是宫商。十二徵调，调有三个下声是宫商角，十二羽调，调有四个下声是宫商角徵。十二变徵

调在角音之后，正徵之前。十二变宫调是在羽音之后，清宫之前。今图示之如次。（变＝＝变徵闰＝＝变宫）

	正声												清声										
	黄	大	太	夹	姑	仲	蕤	林	夷	南	无	应	黄	大	太	夹	姑	仲	蕤	林	夷	南	无
黄钟均	宫		商		角		变	徵		羽		闰											
大吕均		宫		商		角		变	徵		羽		闰										
太簇均			宫		商		角		变	徵		羽		闰									
夹钟均				宫		商		角		变	徵		羽		闰								
姑洗均					宫		商		角		变	徵		羽		闰							
仲吕均						宫		商		角		变	徵		羽		司						
蕤宾均							宫		商		角		变	徵		羽		闰					
林钟均								宫		商		角		变	徵		羽		闰				
夷则均									宫		商		角		变	徵		羽		闰			
南吕均										宫		商		角		变	徵		羽		闰		
无射均											宫		商		角		变	徵		羽		闰	
应钟均												宫		商		角		变	徵		羽		闰

祖孝孙本是隋朝的乐官，由他所复活了的八十四调，当然是万宝常八十四调的绪余，张昭说他"整比郑译、万宝常所均七音八十四调"，是对的。然而祖孝孙的律和万宝常的不同。

万宝常的律是所谓"水尺律"，《隋书·律历志》列举有十五等尺，其第十三尺便是万宝常的水尺。

> 开皇十年万宝常所造律吕水尺，实比晋前尺一尺一寸八分六厘。今太乐库及内出铜律一部，是万宝常所造，名"水尺律"。说称其黄钟，当铁尺南吕倍声。南吕、黄钟羽也，故谓之水尺律[13]。

所谓"晋前尺"即荀勖尺，是清商律（雅乐律）的标准，是以刘歆铜斛尺为根据的。近时马衡氏据现存刘歆铜斛（亦称王莽嘉量）校定此尺合公尺〇·二三一[14]，因知水尺等于〇·二七三九六。所谓"铁尺"，是后周铁尺，是隋开皇初乃至平陈后所依据以调制钟律的，便是当时的太常律。铁尺合晋前尺一·〇六四，公尺〇·二四五七八。

晋前尺最短，故其音律最高，清商律的黄钟当于今西乐律之 g'，铁尺律则当于 $^{\#}f'$，比清商律低一律。郑译所据的龟兹琵琶律比铁尺律低五律，《隋志》所谓"以其声考校太乐所奏，林钟之宫应用林钟为宫，乃用黄钟为宫"云云者，以图表示如次：

林钟之宫	宫		商		角		变徵	徵		羽		变宫
郑译所用胡乐律	林	夷	南	无	应	黄	大	太	夹	姑	仲	蕤
太乐所用铁尺律	黄	大	太	夹	姑	仲	蕤	林	夷	南	无	应

两者相差五律甚明。相差五律，则胡乐律黄钟当于$^{\#}c'$，在这儿万宝常又发挥了他的合成派的面目。他的水尺律是介在铁尺律与胡乐律二者之间，黄钟之高度在 e′ 与 $^{\#}d'$ 之间，故当于铁尺律的倍律南吕。和郑译调比较时，则万宝常之黄钟当为郑译的太簇，然而《本传》上却说宝常之声"率下郑译调二律"，那是因为郑译制调的时候受了反对，没有用胡乐律，用了铁尺律即太乐律的原故。为明了起见，再把四种律的比作为一表。

	$^{\#}c'$	a′	$^{\#}d'$	e′	f′	$^{\#}f'$	g′	$^{\#}g'$	a′	$^{\#}a'$	b′	c²
胡乐律	黄	大	太	夹	姑	仲	蕤	林	夷	南	无	应
水尺律	无	应	黄	大	太	夹	姑	仲	蕤	林	夷	南
铁尺律	林	夷	南	无	应	黄	大	太	夹	姑	仲	蕤
清商律	蕤	林	夷	南	无	应	黄	大	太	夹	姑	仲

万宝常的律是在胡乐律与雅乐律之间；他的律虽然始终没有被人采用，然而唐代贞观以后所采用的律和他的极其相近。《通典》（一四四）云：

大唐贞观中张文收铸铜斛秤尺升合，成得其数。诏以其副藏于乐署。至武延秀为太常卿，以为奇玩，以律与古玉斗升合献焉。开元十七年将考宗庙乐，有司请出之。敕惟以铜律付太常，而亡其九管。今正声有铜律三百五十六，铜斛二，铜秤二，铜甀十四。斛左右耳与臀皆正方，积十而登，以至于斛。铭云："大唐贞观十年，岁次玄枵，月旅应钟，依新令累黍尺，定律，校龠，成兹嘉量，与古玉斗相符，同律度量衡。协律郎张文收奉敕修定。"《秤盘铭》云："大唐贞观秤，同律度量衡。"匣上有朱漆题"秤尺"二字。尺亡，其迹犹存。以今常用度量校之，尺当六之五。衡皆三之一，一斛一秤是文收总章年（贞观十三年后三十一二年）所造。

斛正圆而小，与秤相符也。

《新唐书·礼乐志》上也说：

> 文收既定乐，复铸铜律三百六十，铜斛二……斛左右耳与臀皆方，积
> 十而登，以至于斛，与古玉尺玉斗同。

所谓"古玉斗"、"古玉尺"，是后周的玉斗、玉尺。后周玉尺，据《隋书·律历志》，合晋前尺一·一五八，合公尺〇·二六七四九，与万宝常水尺相差甚微（〇·〇六四七）。黄钟之高度当于 e'，与水尺律相差不及半律。万宝常的律可以说是由张文收恢复了。

关于万宝常的律，《本传》上还有两句值得注意的话，是"一百四十四律，变化终于一千八声"，这是说万宝常把十二律更细分成十二倍，故为一百四十四律（$12 \times 12 = 144$），因而八十四调也成为十二倍的一千八声（$84 \times 12 = 1008$），也可以说一百四十四律依七声旋相为宫得一千八声（$144 \times 7 = 1008$）。原来以黄钟九寸为基准，依三分损益法由黄钟下生林钟（2/3 黄钟），林钟上生太簇（4/3 林钟），太簇下生南吕（2/3 太簇），南吕上生姑洗（4/3 南吕），姑洗下生应钟（2/3 姑洗），应钟上生蕤宾（4/3 应钟），蕤宾上生大吕（4/3 大吕），大吕下生夷则（2/3 大吕），夷则上生夹钟（4/3 夷则），夹钟下生无射（2/3 夹钟），无射上生仲吕（4/3 无射）。仲吕三分益一（4/3）得八寸八分八厘弱，不能复归于黄钟。汉京房遂再施三分损益法生出了六十律，钱乐之又细分至三百六十，这为张文收所采用了。然而在实际上是永远不能复原，可以细分到无穷际。万宝常只取了一百四十四律，盖由于对十二之数感觉趣味，或则由其锐敏的听觉是实际能辨悉此律数的。

据上所述，可知万宝常的调是为祖孝孙所恢复，万宝常的律是由张文收所恢复（虽然只其近似），万宝常的音乐在贞观年间是得到了彻底的胜利的。时代对于合成艺术是充分地成熟了。编纂《隋书》的那几位大家都是贞观年间的人，他们对于万宝常都与以相当的敬意，而对于与万宝常同时的一些大博士、大官僚、何妥、苏威、郑译等，都在笔下毫不留情，我们到这儿才可以得到充分的了解。原来是他们的时代在后台为他们递送台辞。大凡一位伟大的艺

术家或思想家，照例是跑过了时代，不为流俗所容。万宝常正替我们提供了一个实例。然而与他同时代的那些炙手可热的大博士、大官僚们又怎样了呢？默杀、排毁、剽窃，种种卑劣的手段又有什么效果呢？费尽了惨淡的经营，究竟把时代倒拖了几时？

然而我们可也不要误会，以为万宝常的艺术是近人所说的什么"中学为体，西学为用"的东西。万宝常生在胡乐盛行的时代，他彻底地学习了胡乐，使胡乐成为了自己的东西，更进一步于胡乐所未完备处又创生了新的寄予。他在这新的创生上利用了中国旧有的乐器，旧有的律名，在他是绝不能认为复古。他利用的是旧乐的形式，而他的精神是更高一段的发展。他是把中国的旧乐翻新，把胡乐也推进了。可叹息的是中国人中没有后继者，在唐初盛极一时的新乐，中唐以后便衰颓了下来。例如八十四调见诸实用的究不知多少，据《旧唐书·音乐志》三所云"太常旧相传有宫商角徵羽五调，谳乐五调，歌词各一卷"，则可知徵调是有的，然而据《新唐书·礼乐志》，则所存的仅七宫七商七角七羽二十八调了。

> 凡所谓俗乐者二十有八调。正宫，高宫，中吕宫，道调宫，南吕宫，仙吕宫，黄钟宫，为七宫。越调，大食调，高大食调，双调，小食调，歇指调，林钟商，为七商。大食角，高大食角，双角，小食角，歇指角，林钟角，越角，为七角。中吕调，正平调，高平调，仙吕调，黄钟羽，般涉调，高般涉，为七羽。

《辽史·乐志》亦列此二十八调，谓"自隋以来乐府取其声四旦二十八调为大乐"，这是莫须有的说法。其以"娑陀力旦"[15]为宫调，"鸡识旦"为商调，"沙识旦"为角调，"沙侯加滥旦"为羽调，尤其是错误。据郑译所言，"沙侯加滥"是变徵声，而"旦"则是均。到了南宋，二十八调只剩下了十八调。元、明以来的南北曲则各剩下十二宫调之名目，内容是大有改易的。更由乐器来说，如龟兹乐部是隋唐时代最主要的胡乐，兹据《隋书·音乐志》、新旧《唐书》及贞元中韦皋所造的南诏乐之龟兹部、《宋史》宋教坊的龟兹部所使用的乐器，列为一表以资比较。

隋	唐	南诏	宋
竖箜篌	竖箜篌		
琵琶	琵琶		
五弦	五弦		
笙	笙		
笛	横笛	横笛	笛
箫	箫	长短箫	
筚篥	筚篥	大小筚篥	觱篥
毛员鼓	毛员鼓（《通典》云今亡）		
都昙鼓	都昙鼓		
答腊鼓	答腊鼓	揩鼓	揩鼓
腰鼓	腰鼓	腰鼓	腰鼓
羯鼓	羯鼓	羯鼓	羯鼓
鸡娄鼓	鸡娄鼓	鸡娄鼓	鸡娄鼓
铜钹	铜钹	大铜钹	
贝	贝	贝	
	弹　筝　侯提鼓　担　鼓　齐　鼓 }《新唐书》[16]		
		拍板　方响　短笛	拍板
			鼗鼓

随着时代的进行，虽有少数乐器的新添，却有多数的之丧失。其中有些乐器是存在着的而不见使用，大约是失掉了乐谱，更有好些连乐器都亡佚了。照现在来看时，和我们面熟的竟仅止四五种而已。（龟兹琵琶四弦柱，也和现在的不同。）

在这样的乐曲乐器凋敝之余，到了近代又有更高级的西乐之输入。近代的西乐，无论乐器、乐曲都比胡乐更进步。假如万宝常那样的天才是生在现代，我相信他一定会和征服了胡乐一样，要来征服西乐，便是把西乐的乐理乐制，乐器的弹奏，乐曲的编制，通同精通，把自己造到欧西的大音乐家的地位，而造出第十新凤仪（Symphony）来。然而我们所听见的声浪却不同，有一派的人要恢复"国乐"，目的是要来和西乐抵抗。好像西乐是外来的强盗，"国乐"

是主人，两者是完全对立着的一样。其实所谓"国乐"究竟是什么？现存胡琴、琵琶、二弦、月琴、横笛、洞箫，以及工尺的字谱，隋、唐燕乐的残调，哪一项是真正的"国乐"？胡乐输入以前的外来乐器，琴在半死状态中，瑟仅留残喘于朝鲜，筝在日本，筑已毫无影响。清商，横吹，还有存在的吗？笙竽是苗族的乐器[17]，律吕是希腊的乐理，如要真正的讲点"国粹"，怕只好"左手执龠，右手秉翟"，"伯氏吹埙，仲氏吹篪"，更或者撞撞铜器时代的钟，敲敲石器时代的磬。然而编钟编磬，埙篪龠翟[18]都已经失传，我们现在来恢复怎样的"国乐"呢？假使琴筝，及隋、唐以来胡乐嫡系的乐器乐曲可认为"国乐"，则输入了中国后的西乐又何不可认为"国乐"？要紧的是该真正把西乐克服，使西乐成为自己的细胞，成为所谓"国乐"化。分一部分的力量去保存所谓"国乐"——其实是入国籍较早的外国姑娘——也未尝不可，然而就要保存那样的"国乐"，也还得吸收西乐的技艺。例如五线谱便比工尺谱高明，在保存旧有的乐曲上，五线谱是应该利用的。西乐的技艺以外的利器，如留声机，不也是保存或传播所谓"国乐"的最好的工具吗？这项工具，中国人倒早在利用，而且利用得很滥，不闻有人反对，反是"国乐家"要忌恶起洋乐来，这却不免是件奇闻。不通科学要骂科学，不通文学要骂文学，不通西乐要骂西乐，是近时的不通的人的通病。在骂之前，先且去弄通一下吧！自己不愿意去通，或没有能力去通，便客气点子让别人去通。在弄通了之后而能指摘出对象物的不完备，要在现在的阶段上造出更进一步的阶段，那不仅是我们所仰望，也会是全世界的人所仰望的。无论在那一方面，我们希望中国有第二个万宝常出来，不希望有第二个何妥，第二个苏威，就有得一两个郑译倒还可以勉强地忍耐。

末了还有一句话值得提起，便是宝常"无子"，但我不相信中国民族的音乐天才是绝了种。压着的大石一旦除去，有生的力量便会进出萌芽而茁壮起来。

一九三五年七月十三日脱稿

年　表

陈 文帝天 嘉元年 （公元五六〇）	北周 明帝武 成二年	北齐 废帝乾 明元年 （孝昭皇 建元年）	旧梁将王琳兵败于陈，降齐。万宝常父万大通从。时万宝常盖四五岁。
二年	武帝保 定元年	武成太 宁元年	万宝常幼习音乐，师于祖珽，盖在此数年间。时祖珽为中书侍郎，善弹胡琵琶。
三年	二年	河清 元年	
四年	三年	二年	
五年	四年	三年	陈将吴明彻伐齐。齐命王琳参预御陈军事，被困于寿阳四月（自七月至十月），粮绝城陷，为吴明彻所杀。
六年	五年	天统 元年	万大通谋返江南，事泄伏诛。万宝常以年幼识乐，被配为乐户。事当在此后数年间。
天康 元年	天和 元年	二年	祖珽触武成怒被配甲坊，寻徙光州，被熏目成双盲。事当在此一二年间。
光大 元年	二年	三年	
二年	三年	四年	龟兹琵琶工苏祗婆随突厥皇后阿史那氏入周。
宣帝太 建元年	四年	五年	
二年	五年	后主武平元年	武平中胡小儿曹僧奴，僧奴子妙达以能弹胡琵琶，甚被宠遇，俱封王开府。祖珽被赦，除为徐州刺史。
三年	六年	二年	祖珽为侍中，渐被任遇。
四年	建德 三年	三年	祖珽拜尚书左仆射。
五年	二年	四年	

续表

六年	三年	五年	祖珽被疏，出除为北徐州刺史。后卒于是，当在此后二三年间。
七年	四年	六年	
八年	五年	七年	
九年	六年	幼主隆化元年	幼主盛为无愁之乐，自弹琵琶而唱之，侍和之者以百数，人间谓之"无愁王子"。是年齐为周所灭。
十年		宣政元年	周灭齐后，万宝常入周，仍为乐工。
十一年		宣帝大成元年	（未几静帝立，改元大象。）
十二年		大象二年	（翌年改元大定，二年禅位于隋。）
十三年		隋文帝开皇元年	万宝常为乐工，历周洎隋，俱不得调。
十四年		二年	齐黄门侍郎颜推之，请修古乐，高祖不从。隋因周乐，命工人齐树提检校乐府，改换声律，益不能通。沛国公郑译请更修正。诏牛弘、辛彦之、何妥等议正乐。
后主至德元年		三年	乐议积年不定。
二年		四年	
三年		五年	
四年		六年	
祯明元年		七年	
二年（六年正月灭于隋）		八年	因乐议不定，高祖大怒，曰："我受天命七年，乐府犹歌前代功德。"欲罪牛弘等，治书侍御史李谔谏免。
隋开皇九年			正月平陈，获宋、齐旧乐，诏于太常置清商署以管之。十二月诏牛弘等议定作乐。求知音之士集尚书，参定音乐。万宝常预焉，其言多不用。郑译等初为黄钟调，万宝常以为亡国之音，请以水尺为律，得允许。

续表

十年	万宝常造律吕水尺，损益乐器不可胜记。然为苏威等所排毁，事遂寝。万宝常既不得志，闻太常所奏乐泫然而泣。谓"乐音淫厉而衰，天下不久相杀将尽"。时四海全盛，闻者皆不谓然。事当在此后数年间，闻乐而悲泣，可知其精神已病，距其死当不远。万宝常之死当在其四十岁以前。

注释

①古所谓"艺术"是方技之意，和今语不同。——作者注

②"八音"一般是指金（钟也）、石（磬也）、丝（琴瑟也）、竹（箫管之属）、匏（笙竽也）、土（埙也）、革（鼓也）、木（柷圉也）。但作者根据日人林谦三之说，认为应指："大业年间所议修的一百四曲中的'宫调黄钟也，应调大吕也，商调太簇也，角调姑洗也，变徵调蕤宾也，徵调林钟也，羽调南吕也，变宫调应钟也'。"

③据《音乐志》乃黄钟宫调之意，宋以后人宫调称宫，宫调以外之调称调，隋唐代人不如是。——作者注

④《通典》作"《六乐谱》十四卷"。——作者注

⑤"一百四十四律"《北史》误为"一百四十律"。又"一千八声"《隋书》与《北史》均误为"一千八百声"，今依《通典》校改。——作者注

⑥今湖北天门县。——作者注

⑦琴古音读 Kam，与希腊语之 καγωγ，亚剌伯语之 gânun（均弦乐器名）为同系，盖起源于巴比伦。瑟与筝殆同出于 Cabake（Nabuchad Nezzar 时代之弦乐器，后称为 Sambux 或 Sambuka）。此当别为文以考证之。——作者注

⑧"三分损益法"者以黄钟九寸为基准，三分损一（2/3）为下生（→），三分益一（4/3）为上生（～），得如下之十二律。黄钟→林钟～大簇→南吕～姑洗→应钟～蕤宾～大吕→夷则～夹钟→无射～仲吕。此法与公元前六世纪（春秋末年）希腊丕特戈拉士（Pythagoras）之法全同。丕氏法相传得自埃及。中国之法亦必有所自，断非偶合。——作者注

⑨梵语 Sujiva，华言"妙生"。龟兹语多出自梵语，以下七调名均梵语，详林谦三著《隋唐燕乐调研究》。——作者注

⑩声声"原误为"二声"，二乃重文符之讹。《通典》作"三声"，乃据上"三声乖应"而改，知杜佑已误读矣。——作者注

⑪可参看王光祈著《中国音乐史》上册一○九页以下。——作者注

⑫清陈澧《声律通考》曾疑郑译调出于万宝常，惜未发挥尽致。——作者注

⑬羽在五行为水，放此云然。——作者注

⑭参考马衡著《隋书律历志十五等尺》）。——作者注

⑮原作"婆陀力"，乃字误。原文为梵语 Sādhārita 之对译。——作者注

⑯此四乐器，林谦三云："疑是西凉伎之混入。"——作者注

⑰苗人之笙六管，每家必备，必为笙之原产处无疑。盖笙管用竹，中国北部不产竹。特笙人中原后其制大有改进。——作者注

⑱翟，中国用雉羽，朝鲜所用颇类节，不知孰是。——作者注

唐太宗如果生在今天

唐太宗是中国历史上一位杰出的君主。他对于民族和民族文化的发展是大有贡献的。他也是一位大书法家。他特别欣赏王羲之，认为"尽善尽美"者就只有王羲之一人，使他"心慕手追"的也只有王羲之一人。(《晋书·王羲之传》后的评语，是用唐太宗制诏的形式以代替史臣的论赞。)

由于唐太宗的极度欣赏，使书法得以推广并保存了好些字帖下来，特别是促进了隶书时代向楷书时代的转变，这是好事。秦始皇采用了隶书，唐太宗采用了楷书，这两位杰出的历史人物，在书法发展史上，也同样起了关键性的作用。但也由于唐太宗的极度欣赏，作伪者乘机制出了不少赝品，把书法发展过程淆乱了，这就不能同样说是好事了。我倒比较欣赏清代名书画家赵之谦的一段话：

"安吴包慎伯（世臣）言：'曾见南唐拓本《东方先生画赞》《洛神赋》，笔笔皆同汉隶。'然则近世所传二王书可知矣。重二王书，始唐太宗。今太宗御书碑具在，以印证世上二王书无少异。谓太宗书即二王，可也。要知当日太宗重二王，群臣戴太宗，摹勒之事，成于迎合。遂令数百年书家尊为鼻祖者，先失却本来面目，而后人千万眼孔，竟受此一片尘沙所眯，甚足惜也。此论实千载万世莫敢出口者，姑妄言之。阮文达（元）言：'书以唐人为极。二王书，非唐人摹勒，亦不足宝贵。'与余意异而同。"

这段话见北京图书馆藏章钰手抄本《章安杂说》。据章钰在卷首的题识："原来在罗叔蕴（振玉）处"，今不知何在。

这段话是有毛病的。首先是完全肯定了包世臣的话，而没有作应有的交代。南唐拓本的《画像赞》与《洛神赋》，赵之谦是否也看见过？是否真正"笔笔皆同汉隶"？不作交代而全称肯定，则是近于迷信了。

其次是唐太宗并不兼重二王，他是偏重王羲之，而轻蔑王献之的。上举《王羲之传》的评语把王献之批评得很苛刻，说他"观其字势疏瘦，如隆冬枯树；览其笔踪拘束，若严家饿隶"。这些有名的评语，名书家的赵之谦，不应该是不知道的。

但我还是比较欣赏赵之谦的这段话，因为话中包含有关于王羲之的部分。王羲之不仅在唐代受到异数的推崇，在宋元明清四代都是一样。特别是清代的乾隆帝，对于王羲之的推崇实在不亚于唐太宗，而且他也极端欣赏《兰亭序帖》的。

在这样的风气下边，赵之谦以一位咸丰年间不十分得志的举人，却敢于"妄言"，敢于发出"千载万世莫敢出口"的放言高论，确是有点胆识。他不仅只在批评唐太宗和他的群臣，而且还另有所指。我看，他是懂得批评的窍诀的。批评了桑树，也就批评了槐树。但是，他的《章安杂说》终于不敢问世，恐怕也不是没有来由的。

"摹勒之事，成于迎合。遂令数百年书家尊为鼻祖者，先失却本来面目，而后人千万眼孔，竟受此一片尘沙所眯。"

这话，在封建时代的当年，说得实在大胆。所谓"鼻祖"者应该是指王羲之。话里面虽然没有把《兰亭序帖》明点出来，《兰亭序帖》所不能瞒过、不为"尘沙所眯"的眼孔，是闪烁在纸上的。

与赵之谦的"妄言"相比，高先生的《驳议》却是在绝对信仰唐太宗及其群臣。他一再这样说："窃以太宗之玄鉴，欧阳信本之精模。当时尚复有何《兰亭》真伪之可言。"（标点照旧）"总之《兰亭》而有真赝，绝不能逃文皇之睿赏矣。"既是"玄鉴"，又是"睿赏"，凡是唐太宗所过目的，便绝无真伪可言。高先生之信仰唐太宗，似乎比唐初群臣有过之而无不及了。

我们也是赞扬唐太宗的，但这样无条件的信仰，却不能不踌躇了。毛主席《沁园春·雪》里的名句："唐宗宋祖，稍逊风骚"，不是脍炙人口的吗？

唐太宗是生于一千三百多年前的人。如果他生在今天，多接触些新鲜事物，并肯学习辩证唯物主义与历史唯物主义，他的"玄鉴"和"睿赏"无疑是会深入一层的。

总之，"在南京或其近境的地下，将来很可能有羲之真迹出土"，我还是寄以希望的。不仅砖刻、石刻有可能出土，即帛书、简书也有可能出土。长沙，不是曾经出土了战国时代的《帛书》吗？信阳，不是也出土了同时代的简书吗？还有写在别的陶器或壁画上的墨迹也有可能保留下来。要断言羲之真迹绝无出土可能，今天还为时过早。

此外还有不少可以讨论的细节，但嫌琐碎，不愿过多地占用报刊的宝贵纸面。商讨就到此搁笔，文中如有不妥之处，尚望识者不吝指正。

武则天生在广元的根据

武则天究竟生在什么地方，这个问题本来是由我而引起的。昨天在《史学》（《光明日报》一九六一年五月二十四日）上，看到陈振同志《也谈武则天的出生地和出身》，又把这个问题提了出来。因此我有责任来申述几句。

我为什么说武则天生于四川广元？所根据的是李义山的一首诗。《李义山诗集》中有《利州江潭作》诗一首，题下自注云："感孕金轮所。""金轮"是指武则天，她曾自册封为"金轮圣神皇帝"。"感孕"是由古代帝王感天而孕来的。武则天做过皇帝，所以李义山特别使用了这样的敬语。唐代的利州，即今四川广元县。可见离武则天之死（公元七〇五年）仅一百四五十年的李义山是肯定武则天生于广元的。

相隔仅一百四五十年，和我们距离洪秀全的年代相差不远。武则天和洪秀全都是做过皇帝的人。就跟我们今天的知识分子大都知道洪秀全是生于广东花县的一样，唐代的知识分子，像李义山那样的人，难道还不会知道武则天的生地吗？何况李义山至少两次经过利州，关于武则天的生地有过亲身经历的见闻。如果武则天生于利州之说是捏造，为什么他在第二次经过利州时，还要随便乱说？因此我相信了李义山，他的诗注就是我的历史根据。

查《旧唐书·李商隐传》，在唐宣宗大中年间（公元八四七年——八五九年），李义山在川东做过官。"会河南尹柳仲郢镇东蜀，辟（商隐）为节度判官、检校工部郎中。大中末，仲郢坐专杀左迁，商隐废罢，还郑州。"①在这里不妨把李义山的原诗来研究一下。

神剑飞来不是销，碧潭珍重驻兰桡。

自携明月移灯疾，欲就行云散锦遥。

河伯轩窗通贝阙，水宫帷箔卷冰绡。

他年燕脯无人寄，雨满空城蕙叶雕。

李义山的诗，照例是隐晦的，但也并不是完全不可懂。开头一句"神剑飞来不是销"便是指的"（柳）仲郢坐专杀左迁"事。"神剑飞来"是指朝廷谴责下降。"不是销"是说所犯的错误被纠正了。以下是叙诗人停舟江潭，乘着夜雨，赶快提着灯笼（"自携明月"）上岸，去访寻他的旧欢（"欲就行云"）。然而旧欢已经不在了（"散锦遥"）。因此，他退还船中，遥望着所欢的故居。"河伯轩窗"是喻自己的船，"贝阙""水宫"是喻所欢的故居。那故居大概就在江潭边上，在船上可能看见水中的倒影。窗上是还挂着白色窗帷的。这样便沉入遐想，回想起当年路过时，所欢送过饮食来钱行，而现在呢，可没有人送来了。有的只是迷茫的夜雨，萧瑟的秋风。

诗的内容和武后是毫无关系的，但可以看出李义山一来一往都经过利州，而诗是在归途中作的。所以我说他至少两次经过利州。两次经过，他都还是相信利州是"感孕金轮所"，这就更值得我们重视了。经过时应该不止李义山一个人。他们离武则天既那么近，能够接近的史料会比我们目前多得多，如果这事情不确，他们难道不会有所讨论吗？这是唐人所留下来的第一手资料，我们不相信它，要相信什么才好呢？

我仔细地翻阅过新旧的《广元县志》。去年中国科学院考古研究所还专门派遣张明善同志去就地考察过，得到了不少的资料（请参看张明善、黄展岳《四川广元县皇泽寺调查记》，见《考古》一九六〇年第七期）。一千多年来，当地的人和路过该地的人（包括李义山、王渔洋[②]等诗人），都相信广元是武则天的生地。广元有武则天庙名皇泽寺，至今犹存。有武则天生地号则天乡，古又称则天坝。这些，我相信总不会是无中生有。

最值得注意的是后蜀孟昶广政二十二年（公元九五九年）的一通碑，上刻《利州都督府皇泽寺唐则天皇后武氏新庙记》。这碑文，新旧《广元县志》都不载，是解放后一九五四年七月修建宝成路时出土的。碑文凡二十九行，行存二十六至二十七字，可惜下截残缺，约缺十字左右。文中凡遇天后或后字必抬头顶格，遇敬语则空三格，对武后备致尊崇。说她死而为神，非常灵验："以水旱灾沴之事，为军民祈祷于天后之庙者，无不响应。"建庙之由，在当时距武后之死仅二百五十四年，已经就不知道了。据说是"古老莫传，图经罕记"，可见其历史久远。大约在李义山时代就已经有了。

遗憾的是碑文有残缺。例如，有这样一句："贞观时，父士彟为都督于是（缺）后焉。"后字是抬头顶格的，即指武后。因此所缺的字数不会太多，我推测会是"为都督于是（州，始生）后焉"，就只缺了三个字。贞观初年武后父做过利州都督是不错的，但武后却生于武德七年（公元六二四年），不是"贞观时"。这如果不是做碑文的人有所疏忽，便是武后的生年有问题。但碑阴文字中，则明明有"则天坝"的地名。

又同在一九五四年在皇泽寺北边的上西坝发现宋墓一座，出土南宋宝庆三年（公元一二二七年）买地券石刻一方，其中也有"白沙里则天坝"的地名。可见武后生地名则天坝或则天乡，至少自五代以来就是这样。

据亲自去广元县调查过皇泽寺的张明善同志所说："每年农历正月二十三日，相传是'武则天的会期'，广元县人民都喜欢到这里来'游河湾'。估计这一天可能是武则天的生日，可以补史的缺文。"礼失而求诸野，这个估计我认为并不是凿空之谈。

查利州在唐初只设总管府，到武德七年即武后诞生的一年才改设都督。只设了九年，到贞观六年（公元六三二年），又把都督废了（据《旧唐书·地里志》）。根据《资治通鉴》，贞观元年正月，有利州都督李寿，因其兄燕郡王李艺叛变，连坐被杀。同年十二月，又有利州都督义安王李孝常谋反被杀。贞观五年十二月，则载"朝集使利州都督武士彟等复上表请封禅，不许"。所谓"复上表"者，是因为同年正月已有"朝集使赵郡王（李）孝恭等上表：以四夷咸服，请封禅。上手诏不许"。贞观五年武后父在做利州都督是无问题的，李峤《攀龙台碑》（见《全唐文》卷二四九）载武士彟在贞观二年至五年任利州都督。但贞观元年以前逆数至武德七年这三年间的利州都督到底是谁，则史无明文。因此我揣想武士彟曾重任利州都督，即在武德七年是首任利州都督，在贞观二年又转任。吴晗同志认为"这个猜想是可以成立的，但是找不到历史根据"。其所以说"可以成立",是因为我有李义山诗注的根据。其所以说"找不到历史根据",是因为史有缺文。其实在武德七年,武士彟就没有做过利州都督也不要紧,他所做的或许还是总管,或许只是长史之类,更或许只是因公寄留。当然,这里还有一个可能性,便是武后的生年有问题。但对于李义山说利州是"感孕金轮所",我们并没有任何确凿的根据可以使它被根本推翻。

所以我肯定武则天生于广元,李义山说就是我的"历史根据";而否定武则天生于广元的朋友们则只是出于怀疑和推测,应该说这才是没有"历史根据"的。例如陈振同志的结论是这样说的:

> 武则天出生的那一年——武德七年,她的父亲武士彟应在任工部尚书、判六尚书事,也就是说这时是在京城长安,因此,武则天的出身地点,最大可能应是在当时的国都长安,而不大可能在四川广元或其他什么地方。

这是完全从假设出发的(请注意文中的两个"应"字),因而得出的结论也就模棱两可。所谓"最大可能"或"不大可能"实际上是说,都有可能,都有不可能。像这样的结论,我看,就根本没有把李义山的说法驳倒。

因此,在武则天生于广元这个问题上,我还是相信距武则天之死仅一百多年的李义山;而不敢轻易相信距武则天之死已一千多年的同志们。请原谅我的顽固吧。

说到武后的出身寒微,也有不少同志把它当成问题。武后本人后来做了皇后,并做到皇帝;她的父亲在唐初开国时封公拜爵,做过都督,后来竟由他的女儿追尊为皇帝,这当然不能说是寒微了。但我们所追述的是武后出身的历史,在封建社会,特别在门阀观念旺盛的时代,武氏并不是望族,这是铁定的事实。武后的父亲是一位投机倒把的木材商人。他的哥哥"勤于稼穑",我说他"可能是一个自耕农",有人说他是地主。就是地主也好,总不会是"田连阡陌"的豪强大地主。正因为这样,所以骆宾王《讨武后檄》一开始就骂她"地实寒微"。

其实就是后来武则天做了皇帝,连突厥人都还是看不起她的。圣历元年

（公元六九八年）六月命淮阳王武延秀入突厥，纳默啜女为妃。默啜把延秀扣留起来，并发兵进侵，数了当时朝廷五大罪。其第五罪是"我可汗女当嫁天子儿，武氏小姓，门户不敌，罔冒为昏"（可参看《资治通鉴》）。这就是标准的封建意识，尽管你做了皇帝也还是被人看为"寒微"。

这种意识就在五六十年前的清代末年都还没有什么改变。当时的人，凡是祖宗三代中有人做过裁缝、理发师、衙役，或者唱过戏之类的，是不能赴科考的。如果有人隐瞒着赴考，被发觉，会被人打死。这在现在的青年们看来是类似神话了。但其实是很平常的。就是在今天吧，我们说到汉高祖也还是说他的出身是流氓无赖，说到明太祖也还是说他的出身是小和尚。在今天，一定要说武则天的出身并非"寒微"，在这些地方来翻唐人的案，我看似乎大可以不必。

末了，我还想谈谈史料的问题。史料不仅限于书本上的东西，还有物质上的文物和民间保留的传说。有时候，后两者比书本上的史料还重要。在阶级社会里所传流下来的书史之类，可靠性是要打折扣的。孟子说得好："尽信书，则不如无书"（光是信书本本，倒不如没有书本本好些）。没有书本本是什么意思呢？就是说可以凭合理推断，或者不见经传的民间传说之类，来把握历史的真实性。孟子的态度，在今天还是值得我们学习。

拿关于武则天的史料来讲吧。武则天自然不是什么十全十美的人，历史上从来没有过这样的完人，但她基本上是一位杰出的历史人物，这在今天是可以肯定的。旧时代骂了她已经一千多年了，我们要找菲薄她的材料，当然不会缺乏。不过我们要审核一下，凡是把她说得太坏的史料，在采用时就值得考虑。反过来，她是做过三十年皇帝的人。她的文学侍从之臣，自会替她和她的祖宗三代擦粉，创造些莫须有的光辉历史。因此，我们也得审核一下。我看关于武后的父亲怎么怎么了不起的一些说得太好的话，如散见于《册府元龟》里面的某些资料，那也是应该打打折扣的。

总之，一句话："尽信书，则不如无书。"我们要以批判的态度来从事史料的鉴别和使用。书本上有固然好，但不要过于轻信。书本上没有固然不好，但也不要过于武断。像武则天生于广元这个事实，既有书本上的证据——李义山诗自注，又有广元文物和民间传说的佐证，尽管有史学专家要坚决否认，我要再说一遍：在目前还没有确凿的根据，可以使它被根本推翻。

注释

①作者在剧本《武则天》附录二《重要资料十四则》之五中云："据此可知，李义山在大中年间确曾入蜀，去时由长安南下，归时由蜀道北上。此《利州江潭作》一诗必其'废罢'后归途中重过利州时所作。"

②王士禛，别号渔洋山人，诗见《渔洋山人精华录》卷十《利州皇泽寺则天后像》二首。

王安石

在中国历史上受了将近一千年冤屈的王安石，近年来已逐渐得到平反了。

谁都知道，王安石是唐宋八大家之一。唐宋八大家为韩愈、柳宗元、欧阳修、苏洵、苏轼、苏辙、曾巩、王安石。严格的说，苏辙并不够格。

王安石的文章锻炼含蓄，收敛沉着，很有深度。

他爱用险仄的韵作长诗，这非有本领不能做出，可是我不大佩服他这一点，因为是出于故意做作。凡是他的短诗短文都很有味。

他的文章很见重于世，就是政见不同的反对派也不怎么反对。可是因为政见关系，为时人及后人所非难，致使他不少的著作没有传布或散佚了，是一件很可惜的事。

王安石不仅是一位政治家、文学家，而且是一个经学家、文字学家。

研究经学的有两派：一是汉儒的研究方法，如东汉时的马融、郑玄、许慎等人。如果用现在的话来说，就是他们研究学问，很有客观的态度。他们以为要读古人的书，必先了解古人的文字，然后才能了解古人的思想和学说。故汉学主张先从文字学（训诂学）入手，以实事求是的精神，将读古书的第一道难关打开，然后再去研究内容。

到了宋朝，研究学问的作风为之一变，程氏兄弟，陆氏兄弟，他们不经过文字学的阶段，以后人的知识来解释古人的文章，去寻求微言大义。他们的办法，就是凭着主观的见解去解释古人。如陆九渊说的"六经注我"，就是一个很好的例子。

我们客观地来批评，汉学虽比较客观，但过于依傍；宋学则偏于主观，依傍亦未能免除。

到了清朝，考证学发达，提倡汉学，就把宋学打破。这在第一步上可以说是正确的。乾嘉学派中的戴震、段玉裁、王念孙，皆为汉学大师。他们主张先将古代文字弄好，然后才能真正了解到古人的思想方面。

但是在清代，学说有了限制，凡是含有思想色彩的学说都不准谈，连《公羊》《谷梁》，都在被禁之例。因此一些学者就走上了支离破碎的考据的道路，就像着了迷的巫神一样，永久闭着眼睛兜圈子。

王安石研究学问的方法，与程、朱、陆等不同。他注意到文字学，著《字说》二十二卷，就是根据许慎的《说文》而作。此书后被人毁掉。其解字法有四，即形、声、义、位，与现在研究文字学的方法差不多。

王安石的时代，距现在约一千年，以现在的眼光来看他，当然可以发现他有许多不对，但他可以说是复兴汉学的先驱。他著有《书经新义》《诗经新义》《周官新义》等篇，神宗时曾公布为天下之士必读之书。前二种已不存在。《周官新义》在广东粤雅堂有残篇的辑录。

单拿文章来说，他在历史上，已足不朽。如再拿他的学问来说，他有正确的方法，而且也有相当渊博的成绩。他有《洪范传》现存，认为"物皆各有耦，耦之中又有耦，而万物之变遂至于无穷"。他是初步地了解到辩证唯物论的。同时，他对于国家政事并未荒疏。普通一般学者，只在书斋里打圈子，对于国家大事则不闻不问。但这样的学者，一旦做了官，却又要处理国家大事。王安石就最不满意这种现象。他自己是注重实践的。他为此也做了十几年的地方官。

王安石曾研究过佛经。其友曾巩问过他：何以要研究佛经。他回答说："某自诸子百家之书，至于《难经》《素问》《本草》，诸小说，无所不读，农夫女工无所不问。"从这句话里，就可以知道王氏为人与治学的态度。什么书都读，什么人都要请教。这"农夫女工无所不问"的态度是尤其难能可贵的，决不是一般的读书人所能做到[①]。这就是现今所说的"向老百姓学习"。这就使王安石成为了中国历史上一个伟大的政治家，有目的，有政见，有办法，有胆量。秦、汉以后的第一个大政治家恐怕要数他。他的政见，主要是由人民的立场出发，和秦、汉以来主要站在统治阶级立场的大臣们两样。

宋朝的制度本来是非常苟简的，神宗时已经危机四伏。宋神宗（赵顼）是一位奋发有为的青年皇帝，很想富国强兵。王安石为人既聪明而又有能力，二十二岁中进士，初任县知事，颇有政绩，声扬于外。熙宁元年（一○六八年）年已四十八岁，神宗召见他，就越次入对。神宗如鱼得水，与之投合，即命参知政事。三年就为宰相。

王安石为相后，就雷厉风行地实行他的主张，首先设"制置三司条例司"[②]，调查全国的钱粮册子，准备变法。其时，有些府县钱粮册三十年间未开封，可见宋政之腐败。因为贿赂风行，贿赂成功，册子可以不看。下层老百姓最苦，王安石的变法，也就是在拯救这种毛病。"榷制兼并，均济贫乏"，打倒土豪劣绅，救济老百姓。此即为王安石的政治原则。其最高的目的是想达到"均天下之财，使百姓无贫"。他是想由上而下来革命，结果没有行通。这也证明他的路向是走错了。这是历史条件的限制。

变法的内容：

一、青苗法——和现在的农民银行办法相似。农民无钱无种子时，可向政府借贷，年利二分，半年一分，分春秋二季归还本利。如遇水旱荒年，可缓期还钱。不但是借贷关系，同时又可做买卖。但政府不是剥削人民，而是含有救济性质。每逢粮价涨时，政府就贱价出卖，粮价贱时，就高价收买，即"贵发贱敛"的平价方法，使囤集居奇者失去作用。此法的目的，一方面可榷制兼并，同时又救济了贫乏。资本的来源，就是常平仓中一千五百万石的谷子。

二、市易法——与青苗法差不多，而以小工商业者为对象，好像现在的国家商业银行。也借款给人民，年利二分，分二季归还。贵发贱敛，平价出卖。设立市易务（银行），有市易务官（银行行长）。京师及其他重要的都市皆设有市易务。

三、均输法——这是仿照汉武帝时桑弘羊的办法。先在东南六路设置发运使，总管六路财赋，使得互相调剂。并由中央拨款收购财物储存。就地采购，价廉而运费省。遇有荒歉，发运使有权在地方上调剂有无。试行结果，颇便贫民。但为地主豪绅们所不满，行之不久即被取消。

四、教育的改革——废科举，兴学校。宋以诗赋取士，官吏多无能。王安石主张培养真才实学，故首建太学，利用僧庙道观为课室，分科教授。——

（一）经学科；

（二）律学科；

（三）医学科——（a）诊脉科（内科），（b）伤科（外科），（c）针科（物理治疗）；

（四）武学科（陆军大学）——教授兵法，战略战术，以训练将才。

太学生分外舍、内舍、上舍，三班。毕业后称博士。初在京师建立太学，后推广到各府路。在学校普及之前，科举以经义取士作为暂时过渡。后王安石所实行的新法皆废，而科举一法未废。科举以经义策略取士，经义流为八股，竟遗害后代。后人遂以王安石为祸首。其实王安石倒是极端厌弃科举，在一千年前便想以学校代替它的。

五、雇役法——宋朝差役制盛行，名目繁多，如衙前、户长、族长、公首、壮丁等名，人民按各家的等级去应差，政府不付役钱，这是使用农奴的办法。但亦有例外，即任官者、僧侣、道士及员外郎家中的奴婢等皆免役。因此，一般人都愿为奴或为僧侣、道士，不过欲为僧侣、道士者也不容易，要想得一张度牒，比买几十亩田还要难。有钱有势的人不役，无钱无势的人定要服役。因此弄得人人叫苦，悲剧百出。例如，老父与独子相处，独子服役，老父无依就只好自杀。又按人口服役，则又造成祖母出嫁，母子分家的惨境。王安石实行的雇役法，就是无论何人，皆有服役的义务。不愿服役者出免役钱，由政府将该钱给愿出力者服役。有钱出钱，有力出力，当时此举不失为革命的办法。

六、水利法——此为积极生产的办法，就是开辟农田水利。在王安石执政期间，疏通黄河、汴河，开垦了三十六万一千一百七十八顷荒地。当时欧阳修、苏轼等人曾反对此举。

七、方田均税法——重新丈量天下田亩，重订税额。东西南北千步见方之田定为四十一顷六十六亩一百六十步。税收分五等，副产物不收税。不准有逃税的情形。绝对不准有有田不纳税，无田要纳租的现象。

八、保甲法——十家为一保，有保长。五十家为一大保，有大保长。十大保为一都保，有正副都保长。意义有二：一为警察的意义，一为民兵制。

大保每天派二人巡逻，每晚五人出更，防止盗贼奸宄之行为。

盗三天不告者有罪，且邻保亦有罪。

宋时士兵头上皆有黥字，好像犯人一样，虽多而不能用，故王安石提倡民兵。从熙宁二年至熙宁九年，民兵增至七百一十八万二千零二十八人。

九、保马法——政府设立畜马监，民家愿意畜马者，政府付之一匹或二匹，或发钱与之。畜马者政府减收粮或秣，以钱补助。国家利用民间养马供军事之用。人民不能虐待马，如骑马走三百里路者要受罚。马的肥瘠国家要检查，马死要赔偿。

一〇、政府设立军器监，即兵工厂，专门修造武器。

十一、减兵置将——增强与注意国防。在五代末年，因周柴氏颇有能力，对国防相当注意，抵抗和攻打外族。而赵匡胤就欺人孤儿寡妇，组织陈桥兵变，夺了柴氏政权，建立了宋朝帝国。在立国之初，就向辽、夏称臣纳币，等于是出钱买皇帝做。赵氏看到柴氏亡国的教训，就尽释边疆兵权，因此国防设备根本就没有。

国家养兵，主要在吸收贫民以镇压贫民。兵愈多而民愈困，兵愈多而国愈弱。宋初兵员只有二十万人，到一六五年左右已达到一百六十万人。南宋吕祖谦批评宋代军备有几句话很扼要："警备于平居无事之时，屯守于腹心至安之地；斥地与敌，守内虚外。"

王安石主张减兵置将，就是淘汰老弱残兵，另在国防要地置将增兵。在京城附近，河南一带设立了三十七将（师团），以对付东北的敌人辽。又在西北设立了四十二将以对付西夏。国内置十三将以对付异民族，防止南方敌人。共有九十二将，每将大约三千人。有二十五个指挥：马军十三个指挥，土军二个指挥，中央军十个指挥。

王安石执政八年，在此期中武功赫赫。平吐蕃，建西河郡。平川荆之蛮，驱交趾之寇，使其一蹶不振。西北攻打西夏，夺取五十二砦。朝鲜亦归附入贡。

就在王安石内政修明，武功赫赫的情形下，士大夫阶级中所谓"君子"之流者都反对他，如欧阳修、司马光、苏氏兄弟等都是。当时的人很恭维韩琦和范仲淹，且说："军中有一韩，西夏闻之心胆寒"，"军中有一范，西夏闻之心胆战"。

可是，韩琦究竟是一个什么样的人物呢？且看他上书弹劾王安石的内容吧，其文云：王安石不应该使敌人生疑者有七：一、不应该使朝鲜入贡；二、不应该攻西夏置熙河路；三、不应该植柳树于西山，使吐蕃的兵不能入；四、不应该注意国防、创立保甲；五、不应该修筑西北城池；六、不应该设立军器监，修理武器和战车；七、不应该设立河北三十七将。最后王安石竟以此七大罪而罢相。王罢后，神宗仍行其法。一〇八五年三月神宗逝世，十岁的小儿皇帝哲宗即位，母后高氏执政，以司马光为相，均废王氏新法，一律复旧。

哲宗后八年亲政，贬元祐党人司马光等，仍复王安石新法。仅仅六年，哲宗死后，又行旧法。此后在翻来复去的波动中，东北有女真倔起，是为金人，逐步吞并了辽人，并对宋室节节压迫，使徽宗、钦宗二帝成为俘虏，宋室被迫到南方，偏安于一隅，完全恢复了旧法。又其后元人代金而起，终于统一了中国，使宗室无处可跑，皇帝投海而死，南宋只支持了一五〇年。以前的人说宋亡于王荆公，可以说，宋之亡，实亡于司马光等人。

王安石无论如何说是一位伟大人物。他为了实行己见不害怕或顾虑什么。他不患得失。罢相后，隐居金陵城外约十年，住宅四周无墙，聊足以蔽风雨。晴日，携童游山，雇舟入城。晚年颇寂寞，其子早卒。有一次患大病，以为将死，就将自己的住宅捐给僧庙。但并未死，又另租了别人房子居住。这足证他的生活很淡泊的。

王安石的儿子王雱早卒，邵雍的儿子邵伯温说他是疯子，事实上是一位品学兼优的人。

熙宁二年八月王安石用程颢，第二年五月因政见不同，程即去职。邵伯温《闻见录》有云：“荆公置条例司，初用程颢、伯淳为属。伯淳贤士，一日盛暑，荆公与伯淳对语，雱囚首跣足，手携妇人冠以出。”

此段记载全是伪造。第一，程任职期间，根本未经盛暑，而其时王雱已中进士，在江南作官。第二，熙宁五年王雱回京时，而程又外仕，可见程颢与王雱无见面的机会。这些卑鄙无耻的人，不但骂人家父亲，还要伤害其第二代，诬说他为疯子，可见这些道学先生们的道德何在。

可是王安石的态度倒满不在乎，虽受诽谤而不介意，也不为之辩驳。其《读史有感》诗一首云：

自古功名亦苦辛，行藏终欲付何人？

当时黮暗犹承误，末俗纷纭更乱真。

糟粕所传非粹美，丹青难写是精神。

区区岂尽高贤意，独守千秋纸上尘。

于此，更足见他的识见过人，也足见他的心境寂寞了。

〔后记〕这本是一次讲演的记录，记录得并不完全，粗枝大叶，而且有好些错误的地方。因为坊间已经发表过，所以略加改正，把它收录在这儿。这是不能使人满意的。我很想作一篇详细的研究，或写成剧本，但都没有着手。研究王荆公，有蔡上翔的《王荆公年谱考略》是很好一部书，我在此特别推荐。

一九四七年七月三日记

注释

①陆佃是王安石的朋友，他有《埤雅》传世。其子陆宰序云："先公作此书……不独博极群书，而岩父牧夫、百工技艺，下至舆台皂隶，莫不诹询。苟有所闻，必加试验，然后纪录。"这学风，和王安石是一致的。——作者注

②"制置"犹后世言"钦命"。"三司"是户部、度支、盐铁，是管理经济财政的机关。——作者注

王阳明礼赞

险夷原不滞胸中，

何异浮云过太空？

夜静海涛三万里，

月明飞锡下天风。

　　四百一十七年前，王阳明三十六岁的时候，触犯了刘瑾八虎的狐威，（刘瑾，明宦官。"武宗即位，掌钟鼓司，与马永成、高凤、罗祥、魏彬、丘聚、谷大用、张永并以旧恩得幸，人号'八虎'，而瑾尤狡狠。"）被谪贬为龙场驿驿丞。南下至钱塘，刘瑾命腹心二人尾随，原拟在途中加以暗害。聪明的王阳明想出了一条妙计，他把一双鞋子脱在岸头，把斗笠浮在水上，另外还作了一首绝命诗，假装着他是跳在钱塘江里死了。尾随他的两位小人物竟信以为真，便是王阳明的家族也信以为真，在钱塘江中淘索他的尸首，在江边哭吊了他一场。王阳明投身到一只商船上向舟山出发，船在海上遇着大风，竟被飘流到福建的海岸。上面的一首诗便是咏的这回航海的事情。读者哟，我们请细细悬想吧。在明镜的月夜中，在险恶的风涛上，一只孤舟和汹涌着的死神游戏，而舟上的人对于目前的险状却视如浮云之过太空，这是何等宁静的精神，何等沉毅的大勇呢！孔子在陈绝粮、倚树而歌的精神会联想到，耶稣在海船上遇飓风，呼风浪静止的勇气也会联想到吧。这首诗我觉得是王阳明一生的写照，他五十七年间在理想的光中与险恶的环境搏斗着的生涯，他努力净化自己的精神，扩大自己的精神，努力征服"心中贼"以体现天地万物一体之仁的气魄，是具足地表现在这首诗里面了。他的精神我觉得真是如像太空一样博大，他的生涯真好像在夜静月明中乘风破浪。

我真正和王阳明接触是八年前的事情了。民国3年正月我初到日本，六月便考上东京第一高等学校，因为过于躐等躁进的缘故，在一高预科一年毕业之后，我竟得了剧度的神经衰弱症。心悸亢进，缓步徐行时，胸部也震荡作痛，几乎不能容忍。睡眠不安，一夜只能睡三四小时，睡中犹终始为噩梦所苦。记忆力几乎全盘消失了。读书时读到第二页已忘却了前页，甚至读到第二行已忘却了前行。头脑昏聩得不堪，沉重得不堪，炽灼得如像火炉一样。我因此悲观到了尽头，屡屡想自杀。民国4年的九月中旬，我在日本东京的旧书店里偶然买了一部《王文成公全集》，不久萌起了静坐的念头，于是又在坊间买了一本《冈田式静坐法》来开始静坐。我每天清晨起来静坐三十分，每晚临睡时也静坐三十分，每日读《王文成公全集》十页。如此以为常。不及两礼拜工夫，我的睡眠时间渐渐延长了，梦也减少了，心悸也渐渐平复，竟能骑马竞漕了。——这是在我身体上显著的功效。而在我的精神上更使我彻悟了一个奇异的世界。从前在我眼前的世界只是死的平面画，到这时候才活了起来，才成了立体，我能看得它如像水晶石一样彻底玲珑。我素来喜欢读《庄子》，但我只是玩赏它的文辞，我闲却了它的意义，我也不能了解它的意义。到这时候，我看透它了。我知道"道"是甚么，"化"是甚么了。我从此更被导引到老子，导引到孔门哲学，导引到印度哲学，导引到近世初期欧洲大陆唯心派诸哲学家，尤其是斯皮诺若（Spinoza，即荷兰哲学家斯宾诺莎）。我就这样发现了一个八面玲珑的形而上的庄严世界。荏苒之间也就经过八年了，《王文成公全集》我在六年前已经转赠了别人，静坐的工夫近来虽没有一定的时间实行，但是王阳明的影响却是深深烙印在我的脑里，冈田氏在脐下运气的工夫我是时时刻刻提醒着的，我的身体在同侪之中还算结实，我的精神在贫困之中也还见静定，这和学习过静坐恐怕是有一些关系。

我和王阳明是在这样的动机、这样的状态之下接触的。我对于他的探讨与哲学史家的状态不同，我是以彻底的同情去求身心的受用。普通的哲学史家是以客观的分析去求智欲的满足的。所以对于王阳明的生涯和学问，我没有精细地分析过，我没有甚么有系统的智识。现在寄居在海外，手中书籍没有带在身边，我也无从再来作一种客观的探讨。我现在仅就我数年间浸润之渐所得的王阳明的印象来加以叙述。

王阳明生于明宪宗成化八年（1472 年，距今四百五十三年前）九月三十日，死于明嘉靖七年戊子（1528 年）十一月二十九日。他一生五十六年中，就我记忆所及的，似乎可以分为三个时期：

第一期　浮夸时代（三十以前）
　　——任侠……骑射……词章——
第二期苦闷时代（三十至三十九）
　　外的生活——病苦……流谪
　　内的生活——神仙……佛氏……圣贤之学
第三期　匡济时代（四十至五十七）——文政……武功……学业——

他的一生之中我们可以看出有两个特色，便是：

　　（一）不断地使自我扩充，
　　（二）不断地和环境搏斗。

他三十岁以前，所谓溺于任侠、溺于骑射、溺于词章的时代，在他的生涯中也绝不是全无意义的。他的任侠气概是他淑世精神的根株，他的骑射、词章是他武功、学业的工具。这单从功利上说来，他三十年间的追求已不是全无意义。更从他的精神上说来，一种不可遏抑的自我扩充的努力明明是在他青春的血液中燃烧着的。他努力想成为伟人，他便向一切技能上去追求。人所一能的他想百能，人所十能的他想千能，人所百能的他想万能了。这种精神本是青年好胜的常情，然而也是伟大人物的发轫。常人的常情，为好胜的心事所迫以事追求，在他所追求的目的尚未明了时只是漠然的一种伟大欲望。俗世的名利有时被误认为"伟大"的实体而为其追求的对象。王阳明幼时有段逸事，问世上人以何者为第一？其业师答以"进士第一"。王阳明说"不然，以圣贤为第一"。我们就这段逸事看来，业师的答案不待说是腐俗之见，而王阳明的答案也未能免俗。他以圣贤为第一，他是慕的圣贤之名，他所尊重的不是"圣贤"，而只是"第一"。所以他一方面虽是景慕圣贤，而于别方面却不能忘情于举业。及到他中了进士，入了宦途，对于俗世的功名，他也才渐渐不能满足了。人生究竟有甚么意义呢？一个伟大的烦闷，一个伟大的哑谜，前来苦恼着他了。

王阳明中进士时是二十八岁。三十岁时往江北审囚，到这时候他的肺病增剧了。三十一岁时遂不得不告病归养。他从此访道，求神仙，信佛，在四明山阳明洞中静坐。他在这时候时常萌起厌世的念头。黑暗的死影时常来扰惑他，而他对于生之执著，使他不得不追求超脱苦闷之途。他求佛，求神仙，正是他对于生之执著的表现。人生的意义究竟是甚么？只是无常吗？只是苦劫吗？名利关头打破后的王阳明走到生死关头来了。他的自我甚强，他的对于生的爱执决不容许他放弃了自己的要求，他的生活的途程便进而努力地和病魔搏斗，和死神搏斗。他的求佛、求仙的动机是出于积极的搏斗精神。然而，他在道家之中求不出满足，他在佛家之中也求不出满足。道家的宇宙观本是活泼的动流，体相随时转变，而道家的人生哲学却导引到利己主义去了。我在《函谷关》一篇小说中借老聃的口来批评过他自己：

> 我在这部书里（《道德经》）虽然恍恍惚惚地说了许多道道德德的话，但是我终竟是一个利己的小人。我说过，晓得善的好处便是不善了，但我偏只晓得权较善的好处。我晓得曲所以求全，枉所以示直，所以我故作蒙瞀以示彰明。我晓得重是轻根，静是躁君，所以我故意矜持，终日行而不离辎重……

老子的学说在他根本上实在是有这样的矛盾的。他说的道与德是不能两立的。他说的道是全无打算的活动的本体，而他说的德却是全是打算的死灭的石棺。他的末流会流为申韩的刻薄，这是势所必至。至于佛氏无论它是大乘、小乘，他的出发点便是否定现实，他的伦理的究竟只是清净寂灭。它是极端侮蔑肉体的宗教，决不是正常的人所能如实皈依的了。佛氏出而不入，老氏入而不仁。孔氏所以异于二氏的是出而能人，入而大仁。孔氏认出天地万物之一体，而本此一体之观念，努力于自我扩充，由近而远，由下而上。横则齐家、治国、平天下，纵则赞化育、参天地、配天。四通八达，圆之又圆。这是儒家伦理的极致，要这样才能内外不悖而出入自由，要这样人才真能安心立命，人才能创造出人生之意义，人才不虚此一行而与大道同寿。王阳明诗有云：

> 大道即人心，万古未尝改。
>
> 长生在求仁，金丹非外待。

这正是彻底觉悟了后的惊人语。王阳明的根器深厚，他的不断的追求，血淋的苦斗，终竟把他引上了这坦坦的道路。

儒家的现实主义精神被埋没于后人的章句，而拘迂小儒复凝滞于小节小目而遗其大体。自汉武以后，名虽尊儒，然以帝王之利便为本位以解释儒书，以官家解释为楷模而禁人自由思索。后人所研读的儒家经典不是经典本身，只是经典的疏注。后人眼目中的儒家，眼目中的孔子，也只是不识太阳的盲人意识中的铜盘了。儒家的精神，孔子的精神，透过后代注疏的凸凹镜后是已经歪变了的。要把这反射率不一致的凸凹镜撤去，另用一面平明的镜面来照它，然后才能见得他的正体。但是这样的行为是被官家禁制了的。积习既久，狃于常见的人竟以歪变了的虚象为如实的真容，而不更去考察生出此虚象的镜面的性质了。于是崇信儒家、崇信孔子的人只是崇信的一个歪斜了的影像。弥天都是暗云，对于暗云的赞美和诅咒，于天空有何交涉呢？天空的真相要待能够拨开云雾的好手才能显现，王阳明便是这样的一位好手了。王阳明所解释的儒家精神，乃至所体验的儒家精神，实即是孔门哲学的真义。我在此且把阳明思想的梗概撮录如下列的表式吧。

一 万物一体的宇宙观：
  公式——"心即理"。

二 知行合一的伦理论
  公式——"去人欲存天理"；
  工夫(1)"静坐"，
    (2)"事上磨炼"。

这样虽是简单的表式，但我觉得是阳明思想的全部，也便是儒家精神的全部。此处所说的"理"是宇宙的第一因原，是天，是道，是本体，是普遍永恒而且是变化无定的存在，所谓"亦静亦动"的存在。自其普遍永恒的静态而言谓之"诚"，《中庸》所谓"诚者天之道……诚者物之终始"。自其变化无定的动态而言谓之"易",《易传》所谓"生生之谓易","神无方而易无体"。名目尽管有多少不同,本体只是一个。这个存在混然自存,动而为万物,万物是它的表相。它是存在于万物之中,万物的流徙便是它的动态。就如水动为波,波是水之表相,水是显现在波中,波之流徙便是水之动态一样。所以理不在心外,心即是理。这是王阳明的万物一体的宇宙观,也是儒家哲理的万物一体的宇宙观。

天理的运行本是无善无恶,纯任自然,然其运行于自然之中有一定的秩序,有一定的历程,它不仅周而复始,在做无际的循环,而它的循环曲线是在逐渐地前进。它在不经意之中,无所希图地化育万物。万物随天理之流行是逐渐在向着完成的路上进化。《易传》"一阴一阳之谓道,继之者善也,成之者性也"。这个"善"是超乎相对的绝对的善。无目的、无打算地随性之自然努力向完成的路上进行,这便是天行,这便是至善。"仁者见之谓之仁",这便是"天地万物一体之仁"。"智者见之谓之智"这便是"良知"。王阳明有名的四句教义:

> 无善无恶性之体,
> 有善有恶意之动。
> 知善知恶是致知,
> 为善去恶是格物。

此处前两句的善恶是相对的善恶,这相对的善恶之发生是由于私欲(即占有冲动)的发生,执著于现相世界之物质欲占以为己有。于是以私欲之满足程度为标准,能够满足私欲的便是善,不能便是恶。这是相对的善恶之所由发生。但这相对的善恶观念阻碍物化之进行,使进行之流在中途停顿,这与绝对的善(无目的无打算随性之自然努力向完成的进行)对待时便成为绝对的恶。四句教义中后二句的善恶便是这绝对的善恶。知道这绝对的恶是人欲,知道这绝对的善是天理,便努力"去人欲而存天理",努力于体验"天地万物一体之仁",努力于"致良知",这便是阳明学说的知行合一的理论了。人手工夫,一方面静坐以明知,一方面在事上磨炼以求仁,一偏枯,不独善,努力于自我的完成与发展,而同时使别人的自我也一样地得遂其完成与发展。——孔门的教义是如此，这是王阳明所见到的。

王阳明不仅见到了，而且也做到了。在他三十三岁的时候，他又扶病出山。他和病魔搏斗，和自己的"心中贼"搏斗，更不得不和丑恶的环境搏斗了。刘瑾阉宦之群舞弄朝政，戴铣、薄彦徽之徒直谏下狱，正义已扫地无存，而他独以铁肩担负，抗议入狱，责受廷杖四十几至于死。这是怎么的坚毅呢？这是他三十五岁时事。翌年赴贵州龙场谪所时，在途更几为奸人所乘，幸而脱险，又罹风涛之难，我在劈头处已经揭示出了。我们请看他的精神又是怎样的宁静，他的行为又是怎样的沉勇呢？他在龙场谪居了三年，饱尝了九死一生的经验，一直到他三十九岁才从谪所召回。他的苦闷时期于是告一终结，以后便是他的自由施展的时期。他的文政，他的武功，他的师道，有他的传记和文录具存，我在前面说过，我不是以史学家的态度去研究他的，我在此不愿多抄陈迹了。

总之，他的一生是奋斗到底的。难治的肺痨缠绕他，险佞的奸人阻害他，使他的发展虽未能达到尽头，而当其时受他感化、受他教诲的人已经不少了。他终以肺病咯血，死于岭南。死的时候，他的弟子周积在侧。他对周积说他将要去了。周积问他有甚么遗言，他说：

此心光明，亦复何言！

啊，这是伟人临终时说的最后一句话。我们再回头读他《泛海》一诗吧，他的精神是不是像太空一样博大，他的生涯是不是像夜静月明中的一只孤舟在和险恶的风涛搏斗呢？但是他是达到光明的彼岸了！我们快把窗子推开，看看那从彼岸射来的光明！我们的航海不幸是在星月掩蔽了的暗夜之中，狂暴的风浪把我们微微的灯火吹灭了，险恶的涛声在我们周围狞笑。伟大的灯台已经在我们的眼前了，我们快把窗子推开，吸收他从彼岸射来的光明！我们请把《泛海》一诗，当成凯旋歌一样，同声高唱吧！

险夷原不滞胸中，
何异浮云过太空？
夜静海涛三万里，
月明飞锡下天风。

关于"戚继光斩子"的传说

读戚继光的《纪效新书》，见《四库全书总目提要》，对于这部书的评述里面，有"以临阵回顾，斩其长子"的两句话，引起我的注意，我便很想能够知道他这斩子故事的详细。

《明史》的《戚继光本传》，写得太简单，对于他的私生活，简直可以说毫未提到，有一处和俞大猷相比较的评语"与大猷均为名将，操行不如而果毅过之"，就这么简单地说了两句。操行怎样不如，怎样的操行不如，丝毫也没有举出一点事实。

在这山城里问了好些人，也找了好些书，就所能接近的所谓正史里面，斩子的故事是没有一些痕迹的。得到两本近人著的书，说着这个故事，但两本书的说法却各不相同。我现在把它们地内容简单地抄述在下边吧。

一本是正中书局印行的《少年故事集》四集之九的《戚继光》，编者是吴原。那里面的第九节说道：浙东方面有一种传说，戚将军在嘉靖四十年四月下旬，从临海领兵征剿在新河港上岸的一批倭寇时，中途曾经把他的独子斩首。原因是在行军途中，戚将军命他的儿子带领三十名士兵去袭击正在某镇中抢掠的倭寇。小戚将军进至半途，探悉镇中倭寇有三四百人，以众寡不敌，便回头来向他的父亲报命。接着这批倭寇自然是被戚家军聚歼了，但小戚将军也因为违背军令，遭了斩决。

另一本书是浙江省抗日自卫委员会编行的《薪胆丛书》之八《浙江抗倭故事》，编著者是孟锦华。第二十九节《临海的太尉殿》所叙的斩子故事又是一种面貌。

> 白水洋离临海城五十里……离镇五里地名黄沙，有太尉殿，内塑戚太尉神像。太尉就是戚继光的儿子。相传当倭寇蹂躏黄岩、海门一带时，戚继光命他的儿子带兵应战，并嘱咐他说：'只许败不许胜，非到仙居不准反攻'。他的儿子奉命去后，把倭寇诱到黄沙时，已忍无可忍，乃下命反攻，把倭寇杀了大半。回营缴令时，诸将向他贺功，戚夫人也大为欣慰，不料戚将军听禀之后，勃然大怒，说他违将军令，纵走了倭寇，立命绑出正法……夫人只有这个儿子，虽然哭得死去活来，但戚将军执法如山，终于不顾骨肉的感情，把他斩首示众，以申军法。

这两个不同的传说，不知哪一种近乎事实。照情理上说来：似乎前一种可靠一点，但后一种又有太尉殿的纪念建筑，似乎也并不是毫无根据。两位著者所根据的原书，可惜没有揭举出来。像如县志之类的书籍一时也无法到手。因此我把这个问题写在这儿，诚恳地向朋友们请教。

还有戚太尉的名字，想来总有方法可以考出吧。他死时的年龄怕只有十六七岁吧？因为在嘉靖四十年，他的父亲是只有三十四岁的。明人有早婚的习惯，连《朱子家礼》所定的婚年，都是男十六，女十五。那么戚太尉或者是结了婚的，太尉既是独子，是否有后，也值得注意。现在山东蓬莱有戚继光祠，还有他的八世孙（见冯焕章先生《胶东游记》），如非螟蛉，大约是有后吧。戚夫人和戚太尉夫人（如有）的名氏，想来也有方法考证的吧。

举凡这些问题，通希望识者指教。此外关于戚将军之生活甚欲知其详尽，请指示书名，或抄示内容，或记述传说，均望识者不吝教诲。戚将军有《止止堂集》，此间无法购买，如有藏书之家肯惠赠或惠借，尤所拜祷。

甲申三百年祭

甲申轮到它的第五个周期，今年是明朝灭亡的第三百周年纪念了。

明朝的灭亡认真说并不好就规定在三百年前的甲申。甲申三月十九日崇祯死难之后，还有南京的弘光，福州的隆武，肇庆的永历，直至前清康熙元年（一六六二）永历帝为清吏所杀，还经历了一十八年。台湾的抗清，三藩的反正，姑且不算在里面。但在一般史家的习惯上是把甲申年认为是明亡之年的，这倒也是无可无不可的事情。因为要限于明室来说吧，事实上它久已失掉民心，不等到甲申年，早就是仅存形式的了。要就中国来说吧，就在清朝统治的二百六十年间一直都没有亡，抗清的民族解放斗争一直是没有停止过的。

然而甲申年总不失为一个值得纪念的历史年。规模宏大而经历长久的农民革命，在这一年使明朝最专制的王权统治崩溃了，而由于种种的错误却不幸换来了清朝的入主，人民的血泪更潜流了二百六十余年。这无论怎样说也是值得我们回味的事。

在历代改朝换姓的时候，亡国的君主每每是被人责骂的。崇祯帝可要算是一个例外，他很博得后人的同情。就是李自成《登极诏》里面也说："君非甚暗，孤立而炀灶①恒多；臣尽行私，比党而公忠绝少。"不用说也就是"君非亡国之君，臣皆亡国之臣"的雅化了。其实崇祯这位皇帝倒是很有问题的。他仿佛是很想有为，然而他的办法始终是沿走着错误的路径。他在初即位的时候，曾经发挥了他的"当机独断"，除去了魏忠贤与客氏，是他最有光辉的时期。但一转眼间依赖宦官，对于军国大事的处理，枢要人物的升降，时常是朝四暮三，轻信妄断。十七年不能算是短促的岁月，但只看见他今天在削籍大臣，明天在大辟疆吏，弄得大家都手足无所措。对于老百姓呢？虽然屡次在下《罪己诏》，申说爱民，但都是口惠而实不至。《明史》批评他"性多疑而任察，好刚而尚气。任察则苛刻寡恩，尚气则急剧失措"（《流贼传》）。这个论断确是一点也不苛刻的。

自然崇祯的运气也实在太坏，承万历、天启之后做了皇帝，内部已腐败不堪，东北的边患又已经养成，而在这上面更加以年年岁岁差不多遍地都是旱灾、蝗灾。二年四月二十六日，有马懋才《备陈大饥疏》，把当时陕西的灾情叙述得甚为详细，就是现在读起来，都觉得有点令人不寒而栗：

> 臣乡延安府，自去岁一年无雨，草木枯焦。八九月间，民争采山间蓬草而食。其粒类糠皮，其味苦而涩。食之，仅可延以不死。至十月以后而蓬尽矣，则剥树皮而食。诸树惟榆皮差善，杂他树皮以为食，亦可稍缓其死。迨年终而树皮又尽矣，则又掘其山中石块而食。石性冷而味腥，少食辄饱，不数日则腹胀下坠而死。

> 民有不甘于食石而死者，始相聚为盗，而一二稍有积贮之民遂为所劫，而抢掠无遗矣……

> 最可悯者，如安塞城西有冀城之处，每日必弃一二婴儿于其中。有号泣者，有呼其父母者，有食其粪土者。至次晨，所弃之子已无一生，而又有弃子者矣。

> 更可异者，童稚辈及独行者，一出城外便无踪迹。后见门外之人，炊人骨以为薪，煮人肉以为食，始知前之人皆为其所食。而食人之人，亦不免数日后面目赤肿，内发燥热而死矣。于是死者枕藉，臭气熏天，县城外掘数坑，每坑可容数百人，用以掩其遗骸。臣来之时已满三坑有余，而数里以外不及掩者，又不知其几许矣。……有司束于功令之严，不得不严为催科。仅存之遗黎，止有一逃耳。此处逃之于彼，彼处复逃之于此。转相逃则转相为盗，此盗之所以遍秦中也。

> 总秦地而言，庆阳、延安以北，饥荒至十分之极，而盗则稍次之；西安、汉中以下，盗贼至十分之极，而饥荒则稍次之。（见《明季北略》卷五）

这的确是很有历史价值的文献，很扼要地说明了明末的所谓"流寇"的起源，同隶延安府籍的李自成和张献忠就是在这样的情形之下先后起来了的。

饥荒诚然是严重，但也并不是没有方法救济。饥荒之极，流而为盗，可知在一方面有不甘饿死、铤而走险的人，而在另一方面也有不能饿死、足有诲盗的物资积蓄者。假使政治是休明的，那么挹彼注此，损有余以补不足，尽可以用人力来和天灾抗衡，然而却是"有司束于功令之严，不得不严为催科"。这一句话已经足够说明：无论是饥荒或盗贼，事实上都是政治所促成的。

这层在崇祯帝自己也很明白，十年闰四月大旱，久祈不雨时的《罪己诏》上又说得多么的痛切呀：

> ……张官设吏，原为治国安民。今出仕专为身谋，居官有同贸易。催钱粮先比火耗，完正额又欲羡余。甚至已经蠲免，亦悖旨私征；才议缮修，（辄）乘机自润。或召买不给价值，或驿路诡名轿抬。或差派则卖富殊贫，或理谳则以直为枉。阿堵违心，则敲朴任意。囊橐既富，则奸慝可容。抚按之荐劾失真，要津之毁誉倒置。又如勋戚不知厌足，纵贪横于京畿。乡官灭弃防维，肆侵凌于闾里。纳无赖为爪牙，受奸民之投献。不肖官吏，畏势而曲承。积恶衔蠹，生端而勾引。嗟此小民，谁能安枕！（《明季北略》卷十三）

这虽不是崇祯帝自己的手笔，但总是经过他认可后的文章，而且只有在他的名义下才敢于有这样的文章。文章的确是很好的。但对于当时政治的腐败认识得既已如此明了，为什么不加以彻底的改革呢？要说是没有人想出办法来吧，其实就在这下《罪己诏》的前一年（崇祯九年），早就有一位武生提出了一项相当合理的办法，然而却遭了大学士们的反对，便寝而不行了。《明季北略》卷十二载有《钱士升论李琏搜括之议》，便是这件事情：

> 四月，武生李琏奏致治在足国，请搜括臣宰助饷。大学士钱士升拟下之法司，不听。士升上言："比者借端幸进，实繁有徒。而李琏者乃倡为缙绅豪右报名输官，欲行手实籍没之法[②]。此皆衰世乱政，而敢陈于圣人之前，小人无忌惮一至于此！且所恶于富者兼并小民耳，郡邑之有富家，

亦贫民衣食之源也。以兵荒之故归罪富家而籍没之，此秦始皇所不行于巴清③，汉武帝所不行于卜式④者也。此议一倡，亡命无赖之徒，相率而与富家为难，大乱自此始矣。"已而温体仁以上欲通言路，竟改拟。上仍切责士升，以密勿大臣，即欲要誉，放之已足，毋庸汲汲……

这位李琏，在《明亡述略》作为李琏，言"李琏者，江南武生也，上书请令江南富家报名助饷"，大学士钱士升加以驳斥。这位武生其实倒是很有政治的头脑，可惜他所上的"书"全文不可见，照钱士升的驳议看来，明显地他恨"富者兼并小民"，而"以兵荒之故归罪富家"。这见解倒是十分正确的，但当时一般的士大夫都左袒钱士升。钱受"切责"反而博得同情，如御史詹尔选为他抗辩，认为"辅臣不过偶因一事代天下请命"。他所代的"天下"岂不只是富家的天下，所请的"命"岂不只是富者的命吗？已经亡了国了，而撰述《明季北略》与《明亡述略》的人，依然也还是同情钱士升的。但也幸而有他们这一片同情，连带着使李武生的言论还能有这少许的保存，直到现在。

"搜括臣宰"的目的，在李武生的原书，或者不仅限于"助饷"吧。因为既言到兵与荒，则除足兵之外尚须救荒。灾民得救，兵食有着，"寇乱"绝不会蔓延。结合明朝全力以对付外患，清朝入主的惨剧也绝不会出现了。然而大学士驳斥，大皇帝搁置，小武生仅落得保全首领而已。看崇祯"切责士升"，浅识者或许会以为他很有志于采纳李武生的进言，但其实做皇帝的也不过采取的另一种"要誉"方式，"放之已足"而已。

崇祯帝，公平地评判起来，实在是一位十分"汲汲"的"要誉"专家。他是最爱下《罪己诏》的，也时时爱闹减膳、撤乐的玩艺。但当李自成离开北京的时候，却发现皇库扃钥如故，其"旧有镇库金积年不用者三千七百万锭，锭皆五百（十？）两，镌有永乐字"（《明季北略》卷二十）。皇家究竟不愧是最大的富家，这样大的积余，如能为天下富家先，施发出来助赈、助饷，尽可以少下两次《罪己诏》，少减两次御膳，少撤两次天乐，也不至于闹出悲剧来了。然而毕竟是叫文臣做文章容易，而叫皇库出钱困难，不容情的天灾却又好像有意开玩笑的一样，执拗地和要誉者调皮。

所谓"流寇",是以旱灾为近因而发生的,在崇祯元二年间便已蹶起了。到李自成和张献忠执牛耳的时代,已经有了十年的历史。"流寇"都是铤而走险的饥民,这些没有受过训练的乌合之众,在初,当然抵不过官兵,就在奸淫掳掠、焚烧残杀的一点上比起当时的官兵来更是大有愧色的。十六年,当李、张已经势成燎原的时候,崇祯帝不时召对群臣,马世奇的《廷对》最有意思:

> 今闯、献并负滔天之逆,而治献易,治闯难。盖献,人之所畏;闯,人之所附。非附闯也,苦兵也。一苦于杨嗣昌之兵,而人不得守其城垒。再苦于宋一鹤之兵,而人不得有其室家。三苦于左良玉之兵,而人之居者、行者,俱不得安保其身命矣。贼知人心之所苦,特借"剿兵安民"为辞。一时愚民被欺,望风投降。而贼又为散财赈贫,发粟赈饥,以结其志。遂至视贼如归,人忘忠义。其实贼何能破各州县,各州县自甘心从贼耳。故目前胜着,须从收拾人心始。收拾人心,须从督抚镇将约束部位,令兵不虐民,民不苦兵始。(《北略》卷十九)

这也实在是一篇极有价值的历史文献,《明史·马世奇传》竟把它的要点删削了。当时的朝廷是在用兵剿寇,而当时的民间却是在望寇"剿兵"。在这剿的比赛上,起初寇是剿不过兵的,然而有一点占了绝对的优势,便是寇比兵多,事实上也就是民比兵多。在十年的经过当中,杀了不少的寇,但却增加了无数的寇。寇在比剿中也渐渐受到了训练,无论是在战略上或政略上。官家在征比搜括,寇家在散财发粟,战斗力也渐渐优劣易位了。到了十六年再来喊"收拾人心",其实已经迟了,而迟到了这时,却依然没有从事"收拾"。

李自成的为人,在本质上和张献忠不大相同,就是官书的《明史》都称赞他"不好酒色,脱粟粗粝,与其下共甘苦"。看他的很能收揽民心,礼贤下士,而又能敢作敢为的那一贯作风,和刘邦、朱元璋辈起于草泽的英雄们比较起来,很有过之而无不及的气概。自然,也是艰难玉成了他。他在初发难的十几年间,只是高迎祥部下的一支别动队而已。时胜时败,连企图自杀都有过好几次。特别在崇祯十一二年间是他最危厄的时候。直到十三年,在他才来了一个转机,从此一帆风顺,便使他陷北京,覆明室,几乎完成了他的大顺朝的统治。

这一个转机也是由于大灾荒所促成的。

自成在十一年大败于梓潼之后，仅偕十八骑溃围而出，潜伏于商洛山中。在这时张献忠已投降于熊文灿的麾下。待到第二年张献忠回复旧态，自成赶到谷城（湖北西北境）去投奔他，险些儿遭了张的暗算，弄得一个人骑着骡子逃脱了。接着自成又被官兵围困在巴西鱼腹诸山中，逼得几乎上吊。但他依然从重围中轻骑逃出，经过郧县、均县等地方，逃入了河南。这已经是十三年的事。在这时河南继十年、十一年、十二年的蝗旱之后，又来一次蝗旱，闹到"人相食，草木俱尽，土寇并起"（《烈皇小识》）。但你要说真的没有米谷吗？假使是那样，那就没有"土寇"了。"土寇"之所以并起，是因为没有金钱去掉换高贵的米谷，而又不甘心饿死，便只得用生命去掉换而已。——"斛谷万钱，饥民从自成者数万"（《明史·李自成传》），就这样李自成便又死灰复燃了。

这儿是李自成势力上的一个转机，而在作风上也来了一个划时期的改变。十三年后的李自成与十三年前的不甚相同，与其他"流寇"首领们也大有悬异。上引马世奇的《廷对》，是绝好的证明。势力的转变固由于多数饥民之参加，而作风的转变在各种史籍上是认为由于一位"杞县举人李信"的参加。这个人在《李自成传》和其他的文献差不多都是以同情的态度被叙述着的，想来不必一定是因为他是读书人吧。同样的读书人跟着自成的很不少，然而却没有受到同样的同情。我现在且把《李自成传》上所附见的李信入伙的事迹摘录在下边。

> 杞县举人李信者，逆案中尚书李精白子也。尝出粟赈饥民，民德之。曰："李公子活我。"会绳伎红娘子反，掳信，强委身焉。信逃归。官以为贼，囚狱中。红娘子来救，饥民应之，共出信。
>
> 卢氏举人牛金星，磨勘被斥。私入自成军，为主谋。潜归，事泄，坐斩；已，得末减。
>
> 二人皆往投自成，自成大喜，改信名曰岩。金星又荐卜者宋献策，长三尺余。上谶记云："十八子主神器"，自成大悦。
>
> 岩因说曰："取天下以人心为本，请勿杀人，收天下心。"自成从之，

屠戮为减。又散所掠财物赈饥民，民受饷者不辨岩、自成也。杂呼曰："李公子活我。"岩复造谣词曰："迎闯王，不纳粮"，使儿童歌以相煽。从自成者日众。

这节文字叙述在十三年与十四年之间，在《明史》的纂述者大约认为李、牛、宋之归自成是同在十三年。《明亡述略》的作者也同此见解，此书或许即为《明史》所本。

当是时（十三年）河南大旱，其饥民多从自成。举人李信、牛金星皆归焉。金星荐卜者宋献策陈图谶，言"十八子当主神器"。李信因说自成曰："取天下以人心为本，请勿杀人，收天下心。"自成大悦，为更名曰岩，甚信任之。

然而牛、宋的归自成其实是在十四年四月，《烈皇小识》和《明季北略》，叙述得较为详细。《烈皇小识》是这样叙述着的：

（十四年）四月……自成屯卢氏。卢氏举人牛金星迎降。又荐卜者宋献策，献策长不满三尺。见自成，首陈图谶云："十八孩儿兑上坐，当从陕西起兵以得天下。"⑤自成大喜，奉为军师。

《明季北略》叙述得更详细，卷十七《牛宋降自成》条下云：

辛巳（十四年）四月，河南卢氏县贡生牛金星，向有罪，当戍边。李岩荐其有计略，金星遂归自成。自成以女妻之，授以右相。或云："金星天启丁卯举人，与岩同年，故荐之。"金星引故知刘宗敏为将军，又荐术士宋献策。献策，河南永城人，善河洛数。初见自成，袖出一数进曰："十八孩儿当主神器。"自成大喜，拜军师。献策面狭而长，身不满三尺，其形如鬼，右足跛，出入以杖自扶。军中呼为宋孩儿。一云浙人，精于六壬奇门遁法，及图谶诸数学。自成信之如神。余如拔贡顾君恩等亦归自成，贼之羽翼益众矣。

牛、宋归自成之年月与《烈皇小识》所述同，宋出牛荐，牛出李荐，则李之入伙自当在宋之前。惟关于李岩入伙，《北略》叙在崇祯十年，未免为时过早。

> 李岩开封府杞县人。天启七年丁卯孝廉，有文武才。弟年，庠士。父某，进士。世称岩为"李公子"。家富而豪，好施尚义。
>
> 时频年旱饥，邑令宋某催科不息，百姓苦之。岩进白，劝宋暂休征比，设法赈给。宋令曰："杨阁部（按指兵部杨嗣昌）飞檄雨下，若不征比，将何以应？至于赈济饥民，本县钱粮匮乏，止有分派富户耳。"岩退，捐米二百余石。无赖子闻之，遂纠众数十人哗于富室，引李公子为例。不从，辄焚掠。有力者白宋令出示禁戢。宋方不悦岩，即发牒传谕："速速解散，各图生理，不许借名求赈，恃众要挟。如违，即系乱民，严拿究罪。"饥民击碎令牌，群集署前，大呼曰："吾辈终须饿死，不如共掠。"
>
> 宋令急邀岩议。岩曰："速谕暂免征催，并劝富室出米，减价官粜，则犹可及止也。"宋从之。众曰："吾等姑去，如无米，当再至耳。"宋闻之而惧，谓岩发粟市恩，以致众叛，倘异日复至，其奈之何？遂申报按察司云："举人李岩谋为不轨，私散家财，买众心以图大举。打差辱官，不容比较。恐滋蔓难图，祸生不测，乞申抚按，以戢奸宄，以靖地方。"按察司据县申文抚按，即批宋密拿李岩监禁，毋得轻纵。宋遂拘李岩下狱。
>
> 百姓共怒曰："为我而累李公子，忍乎？"群赴县杀宋，劫岩出狱。重犯具释，仓库一空。岩谓众曰："汝等救我，诚为厚意。然事甚大，罪在不赦。不如归李闯王，可以免祸而致富贵。"众从之。岩遣弟年率家先行，随一炬而去。城中止余衙役数十人及居民二三百而已。
>
> 岩走自成，即劝假行仁义，禁兵淫杀，收人心以图大事。自成深然之。岩复荐同年牛金星，归者甚众，自成兵势益强。岩遣党伪为商贾，广布流言，称自成仁义之师，不杀不掠，又不纳粮。愚民信之，惟恐自成不至，望风思降矣。
>
> 予幼时闻贼信急，咸云："李公子乱"，而不知有李自成。及自成入京，世犹疑即李公子，而不知李公子乃李岩也。故详志之。

这是卷十三《李岩归自成》条下所述，凡第十三卷所述均崇祯十年事，在作者的计六奇自以李岩之归自成是在这一年了。但既言"频年旱饥"，与十年情事不相合。宋令所称"杨阁部飞檄雨下"亦当在杨嗣昌于十二年十月"督师讨贼"以后。至其卷二十三《李岩作劝赈歌》条下云：

李岩劝县令出谕停征：崇祯八年七月初四日事。又作《劝赈歌》，各家劝勉赈济，歌曰：

"年来蝗旱苦频仍，嚼啮禾苗岁不登。米价升腾增数倍，黎民处处不聊生。草根木叶权充腹，儿女呱呱相向哭。釜甑尘飞炊烟绝，数日难求一餐粥。官府征粮纵虎差，豪家索债如狼豺。可怜残喘存呼吸，魂魄先归泉壤埋。骷髅遍地积如山，业重难过饥饿关。能不教人数行泪，泪洒还成点血斑？奉劝富家同赈济，太仓一粒恩无既。枯骨重教得再生，好生一念感天地。天地无私佑善人，善人德厚福长臻。助贫救乏功勋大，德厚流光裕子孙。"

看这开首一句"年来蝗旱苦频仍"，便已经充分地表现了作品的年代。河南蝗旱始于十年，接着十一年、十二年、十三年均蝗旱并发。八年以前，河南并无蝗旱的记载。因此所谓"崇祯八年"断然是错误，据我揣想，大约是"庚辰年"的蠹蚀坏字，由抄者以意补成的吧。劝宋令劝赈既在庚辰年七月初四，入狱自在其后，被红娘子和饥民的劫救，更进而与自成合伙，自当得在十月左右了。同书卷十六《李自成败而复振》条下云："庚辰（十三年）……十二月自成攻永宁陷之。杀万安王朱铿（应为朱采铿），连破四十八寨，遂陷宜阳，众至数十万。李岩为之谋主。贼每剽掠所获，散济饥民，故所至咸附之，势益盛。"在十三年底，李岩在做自成的谋主，这倒是可能的事。

李岩无疑早就是同情于"流寇"的人，我们单从这《劝赈歌》里面便可以看出他的思想倾向。首先值得注意的是他说到"官府征粮纵虎差，豪家索债如狼豺"，而却没有说到当时的"寇贼"怎样怎样。他这歌是拿去"各家劝勉"的。受了骂的那些官府豪家的虎豹豺狼，一定是忍受不了。宋令要申报他"图谋不轨"，一定也是曾经把这歌拿去做了供状的。

红娘子的一段插话最为动人，但可惜除《明史》以外目前尚无考见。最近得见一种《剿闯小史》，是乾隆年间的抄本，不久将由说文社印行⑥。那是一种演义式的小说，共十卷，一开始便写《李公子民变聚众》，最后是写到《吴平西孤忠受封拜》为止的。作者对于李岩也颇表同情，所叙事迹和《明季北略》相近，有些地方据我看来还是《北略》抄袭了它。《小史》本系稗官小说，不一定全据事实，但如红娘子的故事是极好的小说材料，而《小史》中也没有提到。《明史》自必确有根据，可惜目前书少，无从查考出别的资料。

其次乾隆年间董恒岩所写的《芝龛记》，以秦良玉和沈云英为主人翁的院本，其中的第四十出《私奔》也处理着李、牛奔自成的故事。这位作者却未免太忍心了，竟把李岩作为丑角，红娘子作为彩旦，李岩的"出粟赈饥"，被解释为"勉作散财之举，聊博好义之名"。正史所不敢加以诬蔑的事，由私家的曲笔，歪解得不成名器了。且作者所据也只是《李自成传》，把牛、李入伙写在一起。又写牛金星携女同逃，此女后为李自成妻，更是完全胡诌。牛金星归自成时，有他儿子生员牛诠同行，倒是事实，可见作者是连《甲申传信录》都没有参考过的。至《北略》所言自成以女妻金星，亦不可信。盖自成当时年仅三十四岁，应该比金星还要年青，以女妻牛诠，倒有可能。

李岩本人虽然有"好施尚义"的性格，但他并不甘心造反，倒也是同样明了的事实。你看，红娘子那样爱他，"强委身焉"了，而他终竟脱逃了，不是他在初还不肯甘心放下他举人公子的身份的证据吗？他在指斥官吏，责骂豪家，要求县令暂停征比，开仓赈饥，比起上述的江南武生李琏上书搜括助饷的主张要温和得多。崇祯御宇已经十三年了，天天都说在励精图治，而征比勒索仍然加在小民身上，竟有那样糊涂的县令，那样糊涂的巡按，祖庇豪家，把一位认真在"公忠体国"的好人和无数残喘仅存的饥民都逼成了"匪贼"。这还不够说明崇祯究竟是怎样励精图治的吗？这不过是整个明末社会的一个局部的反映而已。明朝统治之当得颠覆，崇祯帝实在不能说毫无责任。

但李岩终竟被逼上了梁山。有了他的入伙，明末的农民革命运动才走上了正轨。这儿是有历史的必然性。因为既有大批饥饿农民参加了，作风自然不能不改变，但也有点所谓云龙风虎的作用在里面，是不能否认的。当时的"流寇"领袖并不只自成一人，李岩不投奔张献忠、罗汝才之流，而却归服自成，倒不一定如《剿闯小史》托辞于李岩所说的"今闯王强盛，现在本省邻府"

的原故。《北略》卷二十三叙有一段《李岩归自成》时的对话，虽然有点像旧戏中的科白，想亦不尽子虚。

> 岩初见自成，自成礼之。
>
> 岩曰："久钦帐下宏猷，岩恨谒见之晚。"
>
> 自成曰："草莽无知，自惭菲德，乃承不远千里而至，益增孤陋兢惕之衷。"
>
> 岩曰："将军恩德在人，莫不欣然鼓舞。是以谨率众数千，愿效前驱。"
>
> 自成曰："足下龙虎鸿韬，英雄伟略，必能与孤共图义举，创业开基者也。"
>
> 遂相得甚欢。

二李相见，写得大有英雄识英雄，惺惺惜惺惺之概。虽然在辞句间一定不免加了些粉饰，而两人都有知人之明，在岩要算是明珠并非暗投，在自成却真乃如鱼得水，倒也并非违背事实。在李岩入伙之后，接着便有牛金星、宋献策、刘宗敏、顾君恩等的参加，这几位都是闯王部下的要角。从此设官分治，守土不流，气象便迥然不同了。全部策划自不会都出于李岩，但，李岩总不失为一个触媒，一个引线，一个黄金台上的郭隗吧。《北略》卷二十三记《李岩劝自成假行仁义》，比《明史》及其他更为详细。

> 自成既定伪官，即令谷大成、祖有光等率众十万攻取河南。
>
> 李岩进曰："欲图大事，必先尊贤礼士，除暴恤民。今虽朝廷失政，然先世恩泽在民已久，近缘岁饥赋重，官贪吏猾，是以百姓如陷汤火，所在思乱。我等欲收民心，须托仁义。扬言大兵到处，开门纳降者秋毫无犯。在任好官，仍前任事。若酷虐人民者，即行斩首。一应钱粮，比原额只征一半，则百姓自乐归矣。"
>
> 自成悉从之。
>
> 岩密遣党作商贾，四出传言："闯王仁义之师，不杀不掠。"又编口号使小儿歌曰："吃他娘，穿他娘，开了大门迎闯王。闯王来时不纳粮。"

又云："朝求升，暮求合，近来贫汉难求活。早早开门拜闯王，管教大小都欢悦。"

时比年饥旱，官府复严刑厚敛。一闻童谣，咸望李公子至矣……其父精白尚书也，故人呼岩为"李公子"。

巡抚尚书李精白，其名见《明史·崔呈秀传》，乃崇祯初年所定逆案中"交结近侍，又次等论，徒三年，输赎为民者"一百二十九人中之一。他和客、魏"交结"的详细情形不明。明末门户之见甚深，而崇祯自己也就是自立门户的好手。除去客、魏和他们的心腹爪牙固然是应该的，但政治不从根本上去澄清，一定要罗致内外臣工数百人而尽纳诸"逆"中，而自己却仍然倚仗近侍，分明是不合道理的事。而李岩在《芝龛记》中即因父属"逆案"乃更蒙曲笔，这诛戮可谓罪及九族了。

李岩既与自成合伙，可注意的是：他虽然是举人，而所任的却是武职。他被任为"制将军"。史家说他"有文武才"，倒似乎确是事实。他究竟立过些什么军功，打过些什么得意的硬战，史籍上没有记载。但他对于宣传工作做得特别高妙，把军事与人民打成了一片，却是有笔共书的。自十三年以后至自成入北京，三四年间虽然也有过几次大战，如围开封、破潼关几役，但大抵都是"所至风靡"。可知李岩的收揽民意，瓦解官兵的宣传，千真万确地是收了很大的效果。

不过另外有一件事情也值得注意，便是李岩在牛金星加入了以后似乎已不被十分重视。牛本李岩所荐引，被拜为"天祐阁大学士"，官居丞相之职，金星所荐引的宋献策被倚为"开国大军师"，又所荐引的刘宗敏任一品的权将军，而李岩的制将军，只是二品。（此品秩系据《北略》，《甲申传信录》则谓"二品为副权将军，三品为制将军，四品为果毅将军"云云。）看这待遇显然是有亲有疏的。

关于刘宗敏的来历有种种说法，据上引《北略》认为是牛金星的"故知"，他的加入是由牛金星的引荐，并以为山西人（见卷二十三《宋献策及众贼归自成》条下）。《甲申传信录》则谓"攻荆楚，得伪将刘宗敏"（见《疆场裹革李闯纠众》条下）。而《明史·李自成传》却以为："刘宗敏者蓝田锻工也"，其归附在牛、李之前。自成被围于巴西鱼腹山中时，二人曾共患难，竟至杀妻相从。但《明史》恐怕是错误了的。《北略》卷五《李自成起》条下引：

> 一云：自成多力善射，少与衙卒李固，铁冶刘敏政结好，暴于乡里。后随众作贼，其兵尝云：我王原是个打铁的。

以刘宗敏为锻工，恐怕就是由于有这位"铁冶刘敏政"而致误（假如《北略》不是讹字）。因为姓既相同，名同一字，是很容易引起误会的。

刘宗敏是自成部下的第一员骁将，位阶既崇，兵权最重，由入京以后事迹看来，自成对于他的依赖是不亚于牛金星的。文臣以牛金星为首，武臣以刘宗敏为首，他们可以说是自成的左右二膀。但终竟误了大事的，主要的也就是这两位巨头。

自成善骑射，既百发百中，他自己在十多年的实地经验中也获得了相当优秀的战术。《明史》称赞他"善攻"，当然不会是阿谀了。他的军法也很严。例如："军令不得藏白金，过城邑不得室处，妻子外不得携他妇人，寝兴悉用单布幕绵……军止，即出校骑射。日站队，夜四鼓蓐食以听令。"甚至"马腾入田苗者斩之"（《明史·李自成传》）。真可以说是极端的纪律之师。别的书上也说："军令有犯淫劫者立时枭磔，或割掌，或割势"（《甲申传信录》），严格的程度的确是很可观的。自成自己更很能够身体力行。他不好色，不饮酒，不贪财利，而且十分朴素。当他进北京的时候，是"毡笠缥衣，乘乌驳马"（《李自成传》）；在京殿上朝见百官的时候，"戴尖顶白毡帽，蓝布上马衣，蹑靿靴"（《北略》卷二十）。他亲自领兵去抵御吴三桂和满洲兵的时候，是"绒帽蓝布箭衣"（《甲申传信录》）；而在他已经称帝，退出北京的时候，"仍穿箭衣，但多一黄盖"（《北略》）。这虽然仅是四十天以内的事，而是天翻地覆的四十天。客观上的变化尽管是怎样剧烈，而他的服装却丝毫也没有变化。史称他"与其下共甘苦"，可见也并不是不实在的情形。最有趣的当他在崇祯九年还没有十分得势的时候，"西掠米脂，呼知县边大绶曰：'此吾故乡也，勿虐我父老。'遗之金，令修文庙"（《李自成传》）。十六年占领了西安，他自己还是"每三日亲赴教场校射"（同上）。这作风也实在非同小可。他之所以能够得到民心，得到不少的人才归附，可见也绝不是偶然的了。

在这样的人物和作风之下，势力自然会日见增加，而实现到天下无敌的地步。在十四、十五两年间把河南、湖北几乎全部收入掌中之后，自成听从了顾君恩的划策，进窥关中，终于在十六年十月攻破潼关，使孙传庭阵亡了。转瞬之间，全陕披靡。十七年二月出兵山西，不到两个月便打到北京，没三天工夫便把北京城打下了。这军事，真如有摧枯拉朽的急风暴雨的力量。自然，假如从整个的运动历史来看，经历了十六七年才达到这最后的阶段，要说难也未尝不是难。但在达到这最后阶段的突变上，有类于河堤决裂，系由积年累月的浸渐而溃进，要说容易也实在显得太容易了。在过短的时期之内获得了过大的成功，这却使自成以下如牛金星、刘宗敏之流，似乎都沉沦进了过分的陶醉里去了。进了北京以后，自成便进了皇宫。丞相牛金星所忙的是筹备登极大典，招揽门生，开科选举。将军刘宗敏所忙的是拶夹降官，搜括赃款，严刑杀人。纷纷然，昏昏然，大家都像以为天下就已经太平了的一样。近在肘腋的关外大敌，他们似乎全不在意。山海关仅仅派了几千兵去镇守，而几十万的士兵却屯积在京城里面享乐。尽管平时的军令是怎样严，在大家都陶醉了的时候，竟弄得刘将军"杀人无虚日，大抵兵丁掠抢民财者也"（《甲申传信录》）了。而且把吴三桂的父亲吴襄绑了来，追求三桂的爱姬陈圆圆，"不得，拷掠酷甚"（《北略》卷二十《吴三桂请兵始末》）；虽然得到了陈圆圆，而终于把吴三桂逼反了的，却也就是这位刘将军。这关系实在是并非浅鲜。

在过分的胜利陶醉当中，但也有一二位清醒的人，而李岩便是这其中的一个。《剿闯小史》是比较同情李岩的，对于李岩的动静时有叙述。"贼将二十余人皆领兵在京，横行惨虐。惟制将军李岩、弘将军李牟兄弟二人，不喜声色。部下兵马三千，俱屯扎城外，只带家丁三四十名跟随，并不在外生事。百姓受他贼害者，闻其公明，往赴禀，颇为申究。凡贼兵闻李将军名，便稍收敛。岩每出私行，即访问民间情弊，如遇冤屈必予安抚。每劝闯贼申禁将士，宽恤民力，以收人心。闯贼毫不介意。"

这所述的大概也是事实吧。最要紧的是他曾谏自成四事，《小史》叙述到，《北略》也有记载，内容大抵相同，兹录从《北略》。

制将军李岩上疏谏贼四事，其略曰：

一、扫清大内后，请主上退居公厂。俟工政府修葺洒扫，礼政府择日率百官迎请（进）大内。决议登极大礼，选定吉期，先命礼政府定仪制，颁示群臣演礼。

一、文官追赃，除死难归降外，宜分三等。有贪污者发刑官严追，尽产入官。抗命不降者，刑官追赃既完，仍定其罪。其清廉者免刑，听其自输助饷。

一、各营兵马仍令退居城外守寨，听候调遣出征。今主上方登大宝，愿以尧舜之仁自爱其身，即以尧舜之德爱及天下。京师百姓熙熙皞皞，方成帝王之治。一切军兵不宜借住民房，恐失民望。

一、吴镇（原作"各镇"，据《小史》改，下同）兴兵复仇，边报甚急。国不可一日无君，今择吉已定，官民仰望登极，若大旱之望云霓。主上不必兴师，但遣官招抚吴镇，许以侯封吴镇父子，仍以大国封明太子，令其奉祀宗庙，俾世世朝贡与国同休，则一统之基可成，而干戈之乱可息矣。

自成见疏，不甚喜，既批疏后"知道了"，并不行。

后两项似乎特别重要；一是严肃军纪的问题，一是用政略解决吴三桂的问题。他上书的旨趣似乎是针对着刘宗敏的态度而说。刘非刑官，而他的追赃也有些不分青红皂白，虽然为整顿军纪——"杀人无虚日"，而军纪已失掉了平常的秩序。特别是他绑吴襄而追求陈圆圆，拷掠酷甚的章法，实在是太不通政略了。后来失败的大漏洞也就发生在这儿，足见李岩的见识究竟是有些过人的地方的。

《剿闯小史》还载有李岩人京后的几段逸事，具体地表现他的和牛、刘辈的作风确实是有些不同。第一件是他保护懿安太后的事。

张太后，河南人。闻先帝已崩，将自缢，贼众已入。伪将军李岩亦河南人，入宫见之，知是太后，戒众不得侵犯。随差贼兵同老宫人以肩舆送归其母家。至是，又缢死。

这张太后据《明史·后传》，是河南祥符县人，她是天启帝的皇后，崇祯帝的皇嫂，所谓懿安后或懿安皇后的便是。她具有"严正"的性格，与魏忠贤和客氏对立，崇祯得承大统也是出于她的力量。此外贺宿有《懿安后事略》，又纪昀有《明懿安皇后外传》。目前手中无书，无从引证。

第二件是派兵护卫刘理顺的事：

> 中允刘理顺，贼差令箭传觅，闭门不应，具酒题诗。妻妾阖门殉节。少顷，贼兵持令箭至，数十人踣其门。曰："此吾河南杞县绅也，居乡极善，里人无不沐其德者。奉李公子将令正来护卫，以报厚德。不料早已全家尽节矣。"乃下马罗拜，痛哭而去。

《北略》有《刘理顺传》载其生平事迹甚详，晚年中状元（崇祯七年），死时年六十三岁。亦载李岩派兵护卫事，《明史·刘理顺传》（《列传》一五四）则仅言"群盗多中州人，入唁曰：'此吾乡杞县刘状元也，居乡厚德，何遽死！'罗拜号泣而去"。李岩护卫的一节却被抹杀了。这正是所谓"史笔"，假使让"盗"或"贼"附骥尾而名益显的时候，岂不糟糕！

第三是一件打抱不平的事：

> 河南有恩生官周某，与同乡范孝廉儿女姻家。孝廉以癸未下第，在京候选，日久资斧罄然。值贼兵攻城，米珠薪桂，孝廉郁郁成疾。及城陷驾崩，闻姻家周某以宝物赂王旗鼓求选伪职，孝廉遂愤闷而死。其子以穷不能殡殓，泣告于岳翁周某。某呵叱之，且悔其亲事。贼将制将军李岩缉知，缚周某于营房，拷打三日而死。

这样的事是不会上正史的，然毫无疑问绝不会是虚构。看来李岩也是在"拷打"人，但他所"拷打"的是为富不仁的人，而且不是以敛钱为目的。

他和军师宋献策的见解比较要接近些。《小史》有一段宋、李两人品评明政和佛教的话极有意思，足以考见他们两人的思想。同样的话亦为《北略》所收录，但文字多夺佚，不及《小史》完整。今从《小史》摘录：

> 伪军师宋矮子同制将军李岩私步长安门外，见先帝枢前有二僧人在旁

诵经，我明旧臣选伪职者皆锦衣跨马，呵道经过。

岩谓宋曰："何以纱帽反不如和尚？"

宋曰："彼等纱帽原是陋品，非和尚之品能超于若辈也。"

岩曰："明朝选士，由乡试而会试，由会试而廷试，然后观政候选，可谓严格之至矣。何以国家有事，报效之人不能多见也？"

宋曰："明朝国政，误在重制科，循资格。是以国破君亡，鲜见忠义。满朝公卿谁不享朝廷高爵厚禄？一旦君父有难，皆各思自保。其新进者盖曰：'我功名实非容易，二十年灯窗辛苦，才博得一纱帽上头。一事未成，焉有即死之理？此制科之不得人也。'其旧任老臣又曰：'我官居极品，亦非容易。二十年仕途小心，方得到这地位，大臣非止一人，我即独死无益。'此资格之不得人也。二者皆谓功名是自家挣来的，所以全无感戴朝廷之意，无怪其弃旧事新，而漫不相关也。可见如此用人，原不显朝廷待士之恩，乃欲责其报效，不亦愚哉！其间更有权势之家，循情而进者，养成骄慢，一味贪痴，不知孝弟，焉能忠烈？又有富豪之族，从夤缘而进者，既费白镪，思权子母，未习文章，焉知忠义？此迩来取士之大弊也。当事者若能矫其弊而反其政，则朝无幸位，而野无遗贤矣。"

岩曰："适见僧人敬礼旧主，足见其良心不泯，然则释教亦所当崇欤？"

宋曰："释氏本夷狄之裔，异端之教，邪说诬民，充塞仁义。不惟愚夫俗子惑于其术，乃至学士大夫亦皆尊其教而趋习之。偶有愤激，则甘披剃而避是非；忽值患难，则入空门而忘君父。丛林宝刹之区，悉为藏奸纳叛之薮。君不得而臣，父不得而子。以布衣而抗王侯，以异端而淆政教。惰慢之风，莫此为甚！若说诵经有益，则兵临城下之时，何不诵经退敌？若云礼忏有功，则君死社稷之日，何不礼忏延年？此释教之荒谬无稽，而徒费百姓之脂膏以奉之也。故当人其人而火其书，驱天下之游惰以惜天下之财费，则国用自足而野无游民矣。"

岩大以为是，遂与宋成莫逆之交。

当牛金星和宋企郊辈正在大考举人的时候，而宋献策、李岩两人却在反对制科。这些议论是不是稗官小说的作者所假托的，不得而知，但即使作为假托，而作者托之于献策与李岩，至少在两人的行事和主张上应该多少有些根据。宋献策这位策士虽然被正派的史家把他充分漫画化了，说他像猴子，又说他像鬼。——"宋献策面如猿猴"，"宋献策面狭而长，身不满三尺，其形如鬼。右足跛，出入以杖自扶，军中呼为宋孩儿"，俱见《北略》。通天文，解图谶，写得颇有点神出鬼没，但其实这人是很有点道理的。《甲申传信录》载有下列事项：

> 甲申四月初一日，伪军师宋献策奏……天象惨烈，日色无光，亟应停刑。

接着在初九日又载：

> 是时闯就宗敏署议事，见伪署中三院，每夹百余人，有哀号者，有不能哀号者，惨不可状。因问宗敏，凡追银若干？宗敏以数对。闯曰：天象示警，宋军师言当省刑狱。此辈夹久，宜酌量放之。敏诺。次日诸将系者不论输银多寡，尽释之。

据这事看来，宋献策明明是看不惯牛金星、刘宗敏诸人的行动，故而一方面私作讥评，一方面又借天象示警，以为进言的方便。他的作为阴阳家的姿态出现，怕也只是一种烟幕吧。

李自成本不是刚愎自用的人，他对于明室的待遇也非常宽大。在未入北京前，诸王归顺者多受封。在入北京后，帝与后也得到礼殡，太子和永、定二王也并未遭杀戮。当他入宫时，看见长公主被崇祯砍得半死，闷倒在地，还曾叹息说道："上太忍，令扶还本宫调理"（《甲申传信录》）。他很能纳人善言，而且平常所采取的还是民主式的合议制。《北略》卷二十载："内官降贼者自宫中出，皆云，李贼虽为首，然总有二十余人，俱抗衡不相下，凡事皆众共谋之。"这确是很重要的一项史料。据此我们可以知道，后来李自成的失败，自成自己实在不能负专责，而牛金星和刘宗敏倒要负差不多全部的责任。

像吴三桂那样标准的机会主义者，在初对于自成本有归顺之心，只是尚在踌躇观望而已。这差不多是为一般的史家所公认的事。假使李岩的谏言被采纳，先给其父子以高爵厚禄，而不是刘宗敏式的敲索绑票，三桂谅不至于"为红颜"而"冲冠一怒"。即使对于吴三桂要不客气，像刘宗敏那样的一等大将应该亲领人马去镇守山海关，以防三桂的叛变和清朝的侵袭，而把追赃的事让给刑官去干也尽可以胜任了。然而事实却恰得其反。防山海关的只有几千人，庞大的人马都在京城里享乐。起初派去和吴三桂接触的是降将唐通，更不免有点类似儿戏。就这样在京城里忙了足足一个月，到吴三桂已经降清，并诱引清兵入关之后，四月十九日才由自成亲自出征，仓惶而去，仓惶而败，仓惶而返。而在这期间留守京都的丞相牛金星是怎样的生活呢？"大轿门棍，洒金扇上贴内阁字，玉带蓝袍圆领，往来拜客，遍请同乡"（《甲申传信录》），太平宰相的风度俨然矣。

自成以四月十九日亲征，二十六日败归，二十九日离开北京，首途向西安进发。后面却被吴三桂紧紧地追着，一败于定州，再败于真定，损兵折将，连自成自己也带了箭伤。在这时河南州县多被南京的武力收复了，而悲剧人物李岩，也到了他完成悲剧的时候。

> 李岩者，故劝自成以不杀收人心者也。及陷京师，保护懿安皇后，令自尽。又独于士大夫无所拷掠，金星等大忌之。定州之败，河南州县多反正。自成召诸将议，岩请率兵往。金星阴告自成曰："岩雄武有大略，非能久下人者。河南，岩故乡，假以大兵，必不可制。十八子之谶得非岩乎？"因谮其欲反。自成令金星与岩饮，杀之。贼众俱解体。（《明史·李自成传》）

《明亡述略》《明季北略》及《剿闯小史》都同样叙述到这件事。唯后二种言李岩与李牟兄弟二人同时被杀，而在二李被杀之后，还说到宋献策和刘宗敏的反应。

> 宋献策素善李岩，遂往见刘宗敏，以辞激之。宗敏怒曰："彼（指牛）无一箭功，敢擅杀两大将，须诛之。"由是自成将相离心，献策他往，宗敏率众赴河南。（《北略》卷二十三）

真正是呈现出了"解体"的形势。李岩与李牟究竟是不是兄弟，史料上有些出入，在此不愿涉及。献策与宗敏，据《李自成传》，后为清兵所擒，遭了杀戮。自成虽然回到了西安，但在第二年二月潼关失守，于是又恢复了从前"流寇"的姿态，窜入河南湖北，为清兵所穷追，竟于九月牺牲于湖北通山之九宫山，死时年仅三十九岁（一六〇六——一六四五）。余部归降何腾蛟，加入了南明抗清的队伍。牛金星不知所终。

这无论怎么说都是一场大悲剧。李自成自然是一位悲剧的主人，而从李岩方面来看，悲剧的意义尤其深刻。假使初进北京时，自成听了李岩的话，使士卒不要懈怠而败了军纪，对于吴三桂等及早采取了牢笼政策，清人断不至于那样快的便入了关。又假使李岩收复河南之议得到实现，以李岩的深得人心，必能独当一面，把农民解放的战斗转化而为种族之间的战争。假使形成了那样的局势，清兵在第二年绝不敢轻易冒险去攻潼关，而在潼关失守之后也绝不敢那样劳师穷追，使自成陷于绝地。假使免掉了这些错误，在种族方面岂不也就可以免掉了二百六十年间为清朝所宰治的命运了吗？就这样，个人的悲剧扩大而成为了种族的悲剧，这意义不能说是不够深刻的。

大凡一位开国的雄略之主，在统治一固定了之后，便要屠戮功臣，这差不多是自汉以来每次改朝换代的公例。自成的大顺朝即使成功了（假使没有外患，他必然是成功了的），他的代表农民利益的运动迟早也会变质，而他必然也会做到汉高祖、明太祖的藏弓烹狗的"德政"，可以说是断无例外。然而对于李岩们的诛戮却也未免太早了。假使李岩真有背叛的举动，或拟投南明，或拟投清廷，那杀之也无可惜，但就是谗害他的牛金星也不过说他不愿久居人下而已，实在是杀得没有道理。但这责任与其让李自成来负，毋宁是应该让卖友的丞相牛金星来负。

三百年了，种族的遗恨幸已消除，而三百年前当事者的功罪早是应该明白判断的时候。从种族的立场上来说，崇祯帝和牛金星所犯的过失最大，他们都可以说是两位种族的罪人。而李岩的悲剧是永远值得回味的。

一九四四年三月十日脱稿

〔附识〕此文以一九四四年三月十九日在重庆《新华日报》上刊出，连载四日。二十四日国民党《中央日报》专门写一社论，对我抨击。国民党反动派的尴尬相是很可悯笑的。

注释

①"炀灶"是说人君受蒙蔽。譬之如灶，一人在灶前炀火遮蔽灶门，则余人不得炀，亦无由见火光。出处见《韩非子·难四》及《战国策·赵策》。——作者注

②手实法，唐代曾施行，限人民于岁暮自陈其田产以定租额。宋神宗时吕惠卿亦行此法，甚为豪绅地主等所反对。——作者注

③巴寡妇清以丹穴致富，始皇曾为筑女怀清台。见《史记·货殖列传》。——作者注

④卜式以牧畜致富，汉武帝有事于匈奴，卜式输助军饷，武帝曾奖励之。事见《史记·平准书》。——作者注

⑤"十八孩儿兑上坐，当从陕西起兵以得天下"："十八孩儿"或"十八子"切李字。"兑"在八卦方位图中是正西方的卦，其上为乾，乾是西北方的卦。李自成崛起于陕西，陕西地处西北，当于乾位，故言"兑上坐"。又"乾为君"，故言"得天下"。——作者注

⑥说文社在一九四四年出版此书，封面的书名为《李闯王》。按：《剿闯小史》其书，名称不一。根据现在见到的说文社一九四四年初版和一九四六年再版，封面为《李闯王》；张继《叙》却标名为《李闯贼史》；无竟氏《叙》又标名为《剿闯小史》；各卷标名也不一致，第一卷至第五卷为《剿闯小史》，第六卷至第十卷为《馘闯小史》。

关于李岩

  前年（一九四四）我曾写《甲申三百年祭》一文，关于李岩与红娘子的逸事有所叙述，颇引起读者的注意，但因参考书籍缺乏，所述亦未能详尽。

  特别关于李岩，我对他有一定的同情。他以举人公子身份而终于肯投归李自成，虽说是出于贪官污吏的压迫，但在他的思想上一定是有相当的准备的。查继佐的《罪惟录》里面有极重要的这么一句："李岩教自成以虚誉来群望，伪为均田免粮之说相煽诱。"（《传三十一·李自成》）"均田"两个字是其他的资料所没有的，虽然仅只两个字，却把李岩的思想立场表示得十分明白。这足证明李岩确不是一位寻常的人物。可惜运动失败，关于这种思想上的更详细的资料，恐怕无从获得了。

  无名氏《梼杌近志》中亦有李岩遗事一则，言其夫人汤氏劝李岩不得，自缢而死，死时尚有绝命词一首。这倒是绝好的戏剧或小说的材料，我把它补抄在下边。

   崇祯末，流寇四起，绳妓红娘子乱河南，杞县举人李信（李岩原名）去，强委身事之。信不从，逃归。有司疑信，执下狱。红娘子来救，城中民应之，信仍归红娘子。遂与李自成约为兄弟，决意为逆。李信妻汤氏劝不听，缢于楼，面色如生，未识何时死。乃出约队，复入殓之，得绝命词一首云："三千银界月华明，控鹤从容上玉京，夫婿背侬如意愿，悔将后约订来生。"信得诗，大恸欲绝。

这大约有所根据，不是出于虚构。即便是出于虚构，也觉得是很有趣味的材料。

吴梅村的《鹿樵纪闻》，也提到李岩、红娘子，但很简略，与《明史·李自成传》中所述无甚出入，或且即为《明史》所本。

照《梼杌近志》看来，李岩与红娘子是成为了夫妇的。红娘子的后事是怎样，可惜无从知道。近见苏北出版社的平剧《九宫山》（击楫词人试编）①，主要是根据《甲申三百年祭》改编的。作者让红娘子劫狱之后，向李岩求婚不遂，遂拔剑自刎。这虽然也是一种处理法，但觉得未免太干脆了。主要该由我负责，因为在我写《甲申三百年祭》时还没有见到《梼杌近志》。

我自己本来也想把李岩和红娘子的故事写成剧本的，酝酿了已经两年，至今还未着笔。在处理上也颇感觉困难。假使要写到李岩和牛金星的对立而卒遭谗杀，那怕是非写成上下两部不可的。

一九四六年二月十二日夜于重庆

注释

①"击楫词人"即李一氓同志的化名。——作者注

上

夏完淳无疑地是一位"神童"。五岁知"五经",九岁善词赋古文,十五从军,十七殉国。不仅文辞出众,而且行事亦可惊人。在中国历史上实在是值得特别表彰的人物。

"神童"这个名称,近来不见使用了,间或在文字上称人为"天才"或"才子",差不多等于是骂人的词令。但有这种幼慧早熟的人存在,却是无可否认的事实。王安石有《伤仲永》一文,言金溪农民的儿子有名叫方仲永的,素未读书,五岁时即能写诗。在十二三岁时,王安石也见过他,也还能够作诗,虽然并不怎么好。再隔七年则"泯然众人矣",安石便为之叹息。他说:

> 仲永之通悟,受之天也。其受之人也,贤于材人远矣。卒之为众人,则其受于人者不至也。

这意思是说方仲永的早熟是因为天资高,假使再加以人力的培养,一定会比有成就的人还要大有成就。然而终竟毫无成就地成为了一般的人,那是因为人力的培养不够。

王安石不愧是一位大教育家,他这批评是异常正确的。

夏完淳和这方仲永是一样的"神童",而夏完淳却有了异常的成就,那就是不仅因为他天资高,而同时还有充分的人力的培养了。这两位古人的存在,似乎在教育学上也是最值得宝贵的事例。

我不愿意摹仿一般轻薄的时髦论客，一动笔便要嘲笑"神童"，奚落"才子"——这样的名称我们假使不高兴就改称为"怪物"或其他的恶名都可以，但总不能否认人间世中是有这种现象的存在。这种现象在我看来实在是值得研究的一个问题。这种幼慧的人，究竟是他的资质真真有异于寻常，还是仅仅在早熟的一点上与众不同呢？方仲永没有受到教育，结果是很早的便完了。夏完淳在十七岁时便被洪承畴杀掉，假使他不早死，是不是还可能有更高更大的成就呢？这些问题是无法凭空作答的，只好等有"神童"的现象出现时，再好好用教育来证明吧。

在欧洲这种现象也很不少，如有名的大音乐家莫扎特与贝多芬，便都是异常早慧，而他们的成就也毕竟是非凡的人。照他们的例子看来，似乎"神童"或"天才"不仅是早熟一点异乎寻常，而在资质上的确也有些特异。这种现象或许可以用生物学上的"突变"来说明的吧？这是由于遗传因子的某种巧妙的配合而成的结果，如此而固定下去，在生物界中便会有新种发生。人类的进化和文化的发展，或许在这儿也可以得到它的究极的说明。"神童"种子的固定下去，在一个民族乃至人类的发展上也就该是值得注意的优生学上的问题了。

但我并没有存心要在这儿强调"神童"或"天才"，我却是想重视教育在"神童"或"天才"上所有的影响。方仲永是"神童"，没有受到教育，结果是牺牲了——像这样被牺牲了的农家子弟，古今来正不知道有多少。夏完淳是成功了，那是因为他具有好的家庭，好的亲眷，好的师友，好的时代，一言以蔽之，便是好的教育。

凡是知道夏完淳的人谁都知道他有一位好的父亲。

夏完淳的父亲夏允彝，字彝仲，别号瑗公。他是明末东林党流风余韵中的人物。东林讲学苏州，一时学者响应，张溥、杨廷枢[②]等结复社于太仓，允彝与陈子龙、何刚、徐孚远、王光承[③]等七十二人结几社于松江，同时似此小规模的结社尚所在多有。允彝以崇祯十年成进士，授福建长乐县知县，在任凡五年，县治成绩极佳。丁母忧归家，不久即遭甲申之变，痛哭累日，毁家倡义，走谒尚书史可法，与谋兴复，闻福王立于南京，乃复折返。福王监国后，不一年而为清兵所擒。其年八月允彝与沈犹龙、陈子龙等起兵松江，兵败；九月自沉于松塘而死。其绝命词云：

> 少受父训，长荷国恩。以身殉国，无愧忠贞。南都既复，犹望中兴。中兴望杳，何忍长存？……人谁不死？不泯者心。修身俟命，敬励后人。

允彝是这样有节概的人，而他的学问文章又为一时的冠冕。王鸿绪的《明史稿》说他"学务经世，历朝制度暨昭代典章，无所不谙习。独处一室，志常在天下。名既高，四方人士争走其门。书简往来，酬答无暇晷。好奖励后进，有片善，称之不容口，多因以成材"。从这段批评里尽可以看出他的为人与为学的态度了。他的著书，现存的有《幸存录》一种，评议明末政局极平允而中肯綮。

有了这样好的父亲，会有夏完淳那样好的儿子，可知绝不是偶然的事。更何况允彝对于他儿子的教育是特别留意。崇祯十年他成进士的时候，完淳仅七岁，他是把他一同带进了燕京的。钱谦益的《赠夏童子端哥》一诗，作于崇祯十一年，便是在燕京遇着夏完淳的时候作的。允彝在长乐任上的五年间，完淳也随侍在侧，有《孤雁行》一诗叙述他的感触可证。视此，可知完淳自出世以后，时时刻刻都是在他父亲的身边，有那样好的一位父亲，才能给与他以决定的影响。

完淳是庶出的，他的嫡母姓盛。这位嫡母，据所表现于完淳的诗文里面的情形看来，也是一位极好的母亲。《狱中上母书》中有云："慈君推干就湿，教礼习诗，十五年如一日。嫡母慈惠，千古所难。"

集中提到嫡母的诗有好几章，例如《怀母诗》二首，自注云："家慈弃家人道，予经乱飘泊，赋此。"所怀的是这位嫡母。《南冠草》里面《拜辞家恭人》一首，所拜辞的也是这位嫡母。足见嫡母对于他的确有甚深的慈爱，而对于他韵教育，则"教礼习诗，十五年如一日"，绝不会是无中生有的漫然的赞颂。

但他的生母也是一位长于文笔的人，并不是寻常的女子。他的生母姓陆，一作姓宁，有《追悼诗》一首附见《完淳集》的卷末。其诗云：

锦瑟苍凉忆旧踪，芳年行乐太悤悤。

焚香帘幕图书静，得月楼台笑语通。

人并玉壶丘壑里，才分彩笔黛螺中。

只余华表魂归去，夜夜星辰夜夜风。

这应该也是一位有才有德的女子，不愧其为夏完淳的母亲。但集中全无关于生母的诗。被捕以后诗有《辞嫡母》《寄姊》《寄内》诸作，而亦不提到生母，不知何故。这位母亲除掉夏完淳之外还有一位女儿叫夏惠吉，在允彝死后家产已为完淳屡次起义所毁，她似乎带着这位小女儿回到娘家去了。《狱中上母书》云："慈君托迹于空门，生母寄生于别姓。"又云："慈君托之义融女兄，生母托之昭南女弟。"昭南即夏惠吉，义融则其姐夏淑吉了。

夏淑吉也是有数的才女，长完淳十五岁，应该是嫡母盛氏所出。她嫁给嘉定的侯家。丈夫侯文中早逝，在夏完淳死的时候她已经守了十一年的寡了。有一个儿子名侯檠，字武功，小完淳六岁，也同样的有"神童"之誉，但在顺治十年，十七岁的时候也夭折了。

嘉定侯家在《嘉定屠城记》④里面是很有名的。峒曾和岐曾兄弟两人都是明朝的进士，各有子三人，称为"嘉定六侯"。姑列表如下，以便观览：

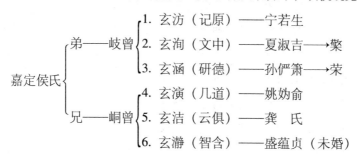

峒曾（广成）与进士黄淳耀（绳如）等在嘉定抗清起义，失败，与演、洁二子同赴叶池而死。智含亡命灵隐，不久死于僧舍。当智含亡命时，研德出官自首，顶代其从弟，此人不久亦死去。他的夫人孙俨箫也亡命，死在上海。岐曾是在二年后因为匿藏陈子龙的原故，为清兵所逼，自缢而死，其母龚氏，妾刘氏死难，妻金氏未死。侯家便剩下这长辈的一位寡妇和晚辈的三位寡妇，大都削发为尼，靠着淑吉一人撑持了。在侯夏两家既败之后，淑吉迁回松江，筑东园岁寒亭，奉母盛氏，姑金氏，与妯娌辈姚妫俞龚氏等同居。完淳《与李舒章求宽侯氏书》中有"家慈之曼云既脱，四寡同居"二语，便是说明这个情形。

淑吉颇有才干，岐曾夫妇和孙俨箫的尸首是她去收殓的。孙俨箫有一个儿子名荣，是她收来抚养的，但这个荣后来的情形是怎样，无从查考。

淑吉亦长于诗，她的别号很多，字美南，号荆隐，又号龙隐、义融，削发为尼后称为神一。卒于康熙元年壬寅，年五十六岁。弟子盛蕴贞为之传，有《龙隐斋诗集》（见《太仓府志》），或称《龙隐遗草》。兹就《完淳集》中所附见的诗若干首抄录如次：

先考功忌日三首

轻生一诀答君恩，伯道无儿总莫论。

不忍回肠思昨岁，楞严朗诵一招魂。

翻疑爱重摘人天，子女缘微各可怜。

拜慰九京无一语，花香解脱已经年。

望系安危一代尊，天涯多士昔盈门。

丘山零落无人过，夜月乌啼自断魂。

忆王庵旧游寄再生

人生聚散本浮沤，回首苍茫感昔游。

晓露未啼花力重，午阴欲定鸟声幽。

闻香小坐忘尘世，步月清言扫旧愁。

梅影横斜应似画，残英满地有谁收？

悼孙俨箫

忆昔于归纨绮丛，郎家声誉擅江东。

肃雍自叶房中乐，散朗仍归林下风。

日暖画楼彤管丽，春深珠箔麝兰通。

彩云散后空凭吊，野哭荒郊恨几重？

闺怨

碧天明月影迟迟，翠袖轻寒香露滋。

海内风尘劳客梦，江东罗绮擅文辞。

频惊桂棹回前渚，时整花钿立小墀。

子夜明灯犹未寝，鱼笺珍玩感婚诗。

她和完淳虽然并不同母，但姐弟之间的情感甚为融洽。完淳诗文中说到他这位姐姐的地方极多，《大哀赋》"非无德曜之妻，尚有文姬之姐"，比之以蔡文姬。《柬荆隐女兄诗》"余也寡兄弟，独有贤女兄，周旋襁褓间，恩勤靡与京。殆与冈极齐，岂止手足情？"视之竟如同父母。此外还有好些诗，如《偶见荆隐旧庄，残英未落，余露泫然，赋示武功》二首，又如《偶与昭南女弟谈怀荆隐女兄》，均乱后之作。狱中有《寄荆隐女兄兼武功侯甥》一首，收人《南冠草》。七言律有《寄荆隐女兄》，言"黄土十年悲故友，青山八月痛孤臣"，当是允彝死后，淑吉已守寡十年，而完淳十六岁时所作。五言古有《孤雁行》，所叙几全是姐弟间的感情，其作较早。

夏惠吉亦不弱。比完淳不知少若干年岁，观《狱中上母书》言"生母托之昭南女弟"，大率在完淳死时，此妹至少当已十三四了。完淳尚有一妹早逝，见其《别子韶顾大妹情》诗题下之自注"家妹早没"。以情理推之，应长于惠吉，或系盛氏所出。（然诗题乃"顾大"联文，非"大妹"联文，不可误。）昭南是惠吉的字，又号兰隐。《偶与昭南女弟谈怀荆隐女兄》诗有句云："空谷传三隐，名闺美二南。"三隐即荆隐、兰隐与夏完淳之别号小隐。二南则美南与昭南也。昭南亦能诗，有《二月雨雪，同静维楼止曹溪，并美南姊作》一首，附见《完淳集》中，其诗云：

天涯风雨雁飞鸣，雨雪相依倍有情。

点点远山寒玉映，层层深树夜珠明。

论心此日欢方洽，惜别他时感又生。

便欲随君愁未得，梅花香梦隔蓬瀛。

此妹后当适人，但与母陆氏，下落怎样，不详。

据上可见完淳一家，父母姊妹都是有气概，有才情的诗人，完淳在这样的家庭中长育起来，你想，他怎样能够不有所成就？

完淳还有一位伯父，名之旭，字元初，又字文伯，因匿藏陈子龙之故，为清吏所逼，以丁亥五月二十五日自缢于文庙颜子位旁。吴履震《五茸志逸》载其绝笔词云：

> 我于甲申春，遭先帝之变，已无意人间世矣。奈以家累牵缠，妻沈氏死于乙酉三月，于五月幼子复死，遂削发于竹篱庵。不幸八月松城破，余弟彝仲殉节。余时欲与弟同死，因孤寡幼弱，弟坚属余留看孤寡，遂靦颜视息。焚修奉佛，不入城市，不看亲友。此松郡万耳万目，不可掩也。今年四月间，忽传吴镇（胜兆）有复明之举。余曰：徒使生灵涂炭耳，遂匿迹松塘荒僻之地。一日方督耕田所，忽有宪牌坐余为陈子龙叛党。捕役先擒余次子诣私室，酷刑逼讯。余时闻知，不觉发指眥裂，欲挺身就戮。独念叛无实据，入以不赦之条，皇天后土，实鉴临之。但今之所谓叛，乃先朝之所谓忠也。彼加我以叛名，乃加我以义名耳。何妨一笑受之？有劝余者曰：土抚台公平详慎，何不出辨而遽自裁？余曰：我生平豪杰自命，今以方外自处，何等高洁？乃囚首屈膝，求活于公府之庭，不亦羞当世而负生平耶？然不死于家而死于圣殿，幼读圣贤书而死圣贤地，之旭死于圣贤之教，非死于清朝也。为清朝之官者，苟良心不死，天理犹存，于枉死者亦一动念乎？抑余更有说焉。人寿几何？富贵幻泡。幸当事者稍存慈祥，宽释冤累，以求免于劫运循环，未必无小裨也。慈悯众生，饶舌劝化，又自笑其婆心矣。

此词与见于徐秉义《明末忠烈纪实》者颇异，徐纪，文辞更为雅驯，末后尚附有四言诗二十四句，中有"惜哉卧子（陈子龙），何不早决"之语，似非之旭所宜出。故余意以为《吴志》实较为真切，且仓卒自缢之人，不会有尔许闲暇咬文嚼字也。

这位伯父对于完淳的教育自然也不无影响，蔡嗣襄《事略》⑤有云："彝仲每见余辈，必令存古陪，存古时年十二岁，……席间抵掌谈烽警，及九边情形，娓娓可听。其伯父文伯止之曰：有客在座，小子何喷喷为！"据此可见这位长辈的教条是干涉主义，和彝仲的不同，但终不失为一位严正的长辈，是毫无问题的。集中有《侍伯父茅庵小憩》一首收入补遗，诗意平平，无甚可述。

其次我们来检查一下夏完淳的亲眷吧。他的亲眷，也差不多是一时的俊秀，先论男女，都很杰出。顺便先说几位能和完淳接近的女性。

上举侯玄演之妻姚妫俞，此人即能诗善画。她是江苏长洲人，字灵修。玄演死难后，依夏淑吉于曹溪，祝发为尼，改名再生，诗集有《再生遗稿》。《完淳集》中附有《仲春十五夜大人言旋即别写怀》诗一首，其辞云：

> 白云天末和愁低，无限情怀怨曙鸡。
>
> 烟柳河桥残月小，疏钟古寺晓风凄。
>
> 百年幻影花枝老，廿载浮生草路迷。
>
> 一苇江头如可折，竺乾西去待相携。

吟味这诗的情调，应该是国变后之作，再生的父亲也是入了空门的。又看"廿载浮生"句，可知再生当时仅是二十来往岁的女子。

盛蕴贞是夏淑吉的表妹，大约就是盛母的侄女。她是侯智含的未婚妻，智含死后，亦削发为尼，师事夏淑吉，法名静维，号寄竺道人，有《寄竺遗草》。《夏集》中附见其《寄兄》诗一首，今录之于次：

> 一自双亲杳，乡园不忍旋。七年三见面，稚子渐齐肩。
>
> 梦断燕山月，春归海树烟。书来能念我，三复《鹡鸰篇》。

又有《赠圣幢》诗一首，圣幢不知何许人。其诗云：

> 自是闺中彦，超然物外华。心能同水月，骨自带烟霞。
>
> 翠长真如竹，黄开般若花。寄言刘越石，应识赵州茶。

淑吉死后，蕴贞为之立传。又其未婚夫智含死时，蕴贞曾著《怀湘赋》。智含死时年二十，蕴贞亦必上下年纪。传与赋俱不可见，但其长于文笔，而冰操凛然，固毫无疑问。

完淳很早便结了婚，其夫人钱秦篆，长完淳一岁，乃嘉善钱梅之女。钱家亦当时望族，父子均以诗名，但秦篆是否能诗，无可考见。此人似甚贤淑，

《狱中上母书》中有云："新妇结褵二年，贤孝素著。"又《遗夫人书》有云："虽德曜齐眉，未可相喻，贤淑和孝，千古所难。"屡以贤孝相称，并屡以德曜（孟光）为比，足见这位夫人一定是一位家庭式的妇女。《南冠草》中有《寄内》一首云：

> 忆昔结褵日，正当摄甲时。门楣齐阀阅，花烛夹旌旗。
> 问寝谈忠孝，同袍学唱随。九原应待汝，珍重腹中儿。

他们结婚时只有十四五岁，而且是在兵荒马乱之中举行的花烛，很明显的是为的立后。诗中谈到"忠孝"，谈到"唱随"，但没有谈到文墨上的事情。这位秦篆夫人和其他几位能与完淳接近的女性比较，是另外一个型，大约是不成问题的。

结婚后不久，秦篆就回到了嘉善的母家。《遗内》书云："三月结褵，便遭大变，而累淑女，相依外家。"即其证。嘉善的钱家也是望族，所谓"门楣齐阀阅"，是没有夸张的。

秦篆的父亲钱梅，字彦林，是和完淳同日死难的人，但他的死难却是受了他女婿的感化。《绍兴府志》称"其性豪逸，丝竹满堂"，可见此人相当浪漫。有一个故事，当夏完淳随他的父亲赴长乐县任的时候，路过嘉善，叩见丈人。他问他的丈人："今日世局如此，不知丈人所重何事？所读何书？"这可弄得钱彦林有点张皇失措，他没有想到一位十一岁的童子，竟公然问出了这样大的问题，于是只好含糊地说："我的所重所学，和你令尊差不多。"后来在被洪承畴审讯的时候，他也有泄气的地方，又受了完淳的一番激励，算得以同时死难，全了晚节。他的夫人徐氏却很节烈，闻彦林死难，沉水而殉。

彦林有两个儿子也都是才人，长于完淳，和完淳均很相得。长子钱熙字漱广，和他父亲的性情颇为两样，父亲尽管是"丝竹满堂"，而他却是"焚香纵帙，如无所睹闻"。长于诗文，完淳有《五子诗》追忆其亡友五人，熙居其一。有《青楼篇与漱广同赋》，所赋者《桃花扇》之女主人翁秦淮名妓李香君。余怀《板桥杂记》有一则云：

> 李香年十三，侠而慧，尤工琵琶，与雪苑侯朝宗善。阉儿阮大铖欲纳

交于朝宗，香力谏止。朝宗去后，有故开府田仰，以重金邀致香。香辞曰："妾不敢负侯公子也。"卒不往。大铖恨朝宗，罗致欲杀之，朝宗逃而免。云间才子夏灵胥作《青楼篇》寄武塘钱漱广。

所谓夏灵胥即是夏完淳了。（《完淳全集》注引作夏灵首，恐误。）又有《杨柳怨和钱大揖石》。揖石当亦漱广之号。集中关系漱广之诗颇多，此外有《春兴八首同钱大作》（七律）、《得东报怀漱广》、《花朝约漱广游邹仲坚园亭阻风雨有作》数首。漱广早卒，年二十七，有《思存集》。除《五子诗》中有追忆诗一首之外，尚有《得漱广讣》《西吊漱广至西塘有述》及《绝句十八首》，其题为：

钱漱广为余内兄，丰姿玉立，神采骏扬，纲纪翼修，百行具备。天假以年，且有为以死。哲人云亡，邦国殄瘁，哀哉。得绝句十八首，短歌之悲过于长号，非有情者不足以语此。

哭之甚哀，大率在同辈中完淳所最佩服的是这位钱漱广和他的姊丈侯文中，十八首中的前两首均以钱、侯并提而再说到自己，大有鼎足而三之意。

嵇阮当年二酒徒，河山邈隔限黄垆。

自从两哭钱侯后，天地伤心一剑孤。

"钱"即钱漱广，又据其自注"侯为家姊倩文中"。

九年地下文中子，人世风流只属君。

今日伤心惟我在，夜台何日共论文？

据"九年地下"语，可知漱广之死后于文中九年，当在甲申，时完淳仅十四岁。其第十五首有"千古文章未尽才"之语，足见推崇与哀悼之深，然亦不幸而等于"自道"。

又有一绝句，题云："漱广有外舍云英者，乱后嫁人，感伤不置，代为赋之。"有"侬未成名欢已嫁"之语，则漱广亦一风流种子也。

彦林之次子为钱默，字不识，八九岁即能诗文。崇祯癸未进士，知嘉定县。《嘉定屠城记》中写此人颇软弱，言其弃官而逃。后削发入黄山，法名成回，号霜华道人，诗有《吹箫集》。《完淳集》中有关此人之诗亦屡见，如《春雪怀不识》，中有句云："昔也宾客满，丝竹起君欢。今也身茕茕，鸡鸣斗阑干。"知是乱后之作，把不识刻画得似乎大有父风。《寒食杂作同钱二不识赋四首》，自注"末章兼赠不识"，亦乱后之作，其次章有"今古文章多薄命，江关词赋半招魂"之语。

钱氏父子之外尚有钱棅，字仲驭，崇祯进士，曾为吏部郎中，国难后破家起义于太湖，亦与完淳同日死难。此人为钱彦林之从兄，在完淳为父执辈。且与完淳为同志，固毫无可疑。

义集中有《感旧步仲芳先生韵六首》，仲芳为钱棻，盖亦彦林之兄弟行，崇祯壬午进士。性嗜学，晚年闭户谢客，著书于大条山。《感旧诗》亦乱后之作，有"江南一片伤心月，多少琵琶马上弹"之语。此人对于完淳当亦不无影响。

尚有钱黯，字长儒者，与钱熙钱默为兄弟行，唯不知是否彦林之子。此人于顺治乙未成进士，授池州推官，以挂误罢免。肆力于经史百家，兼长书画。《完淳集》中有《钱长儒三春卧病，合卺而起，诗以嘲之》一首。其在钱氏弟兄中自亦有文彩者，奈志趣不坚，出仕清朝而复挂误，宜乎完淳早有"嘲之"之作也。

上面已经提到的嘉定六侯除记原一人殆早卒外，余五人均长于文笔，与完淳也均有翰墨缘。

文中为完淳姊丈，且最为其心服之人，《五子诗》中之一子也。有序，云：

> 丧乱之余，亲朋凋谢，平生风谊兼师友者五人焉。短歌击节，仿佛若人。挥泪山河，流连系之矣。

然因文中死时，完淳尚幼，仅六七岁，故集中，除此诗外，它无所见。文中之子武功为完淳之甥，完淳期待之甚殷，集中屡见其名。《狱中上母书》竟以身后事相托。然其时武功仅十一岁。武功亦十七岁而夭，有诗一首附见《完淳集》，甚平常而显稚弱，殆幼作也。

酬别徐介白

沧江倚棹且高歌，游子衔杯意若何？

乱后飘零亲戚少，天涯踪迹别离多。

已悲杨柳愁中折，况遇宾鸿客里过。

握手相期须努力，风尘十载莫蹉跎。

关于其他四侯之诗在集中有《忆侯几道云俱兄弟》，有《寄研德》，有《四月七日寄研德武功叔侄》，有《九月大风雨同智含夜饮》，有《赠徐似之侯智含》，有《秋日避难暧东（嘉定）柬智含》。又《与李舒章求宽侯氏书》中有"侯忠烈（峒曾）九列大臣，一门毕命……寡妻饮恨而归泉，孤子伤心而寄食……龚恭人（峒曾之母）耄耄之年，含辛垂绝。智含兄零丁之质，立骨无依"。等语，盖其时智含亡命，清吏追求甚急，完淳致此书为之求缓颊，但不久智含亦亡命死矣，死时年仅二十。智含亦才士，十一补诸生，有《孝隐遗集》，未见。

影响夏完淳甚深的，除他自己的父亲之外，当推他的先生陈子龙。子龙青浦人，字人中，更字卧子，又有轶符、大樽、孟公等别号。少允彝十二岁，与允彝同中崇祯丁丑进士，为莫逆交。陈夏为几社主盟，实江南文会之领袖。诗文极受时人推崇，著作亦甚富，惜多散佚不传。为学与允彝相似，不偏于章句而重世务，曾辑明文之有涉世务国政者为《经世文编》凡五百余卷。出于黄道周之门。乙酉五月南京失陷后，与夏允彝、沈犹龙等在松江起义，失败。犹龙被杀，允彝既沉水死，子龙因祖母高氏年九十，无人奉养，乃变服逸去，居嘉禾水月庵为僧，更名信衷，字瓢粟，又号颖川明逸。祖母死，乃扶柩还松江，葬于富林。曾书三千余言，焚允彝墓前，陈述后死之故，辞极悲慨。继与夏完淳、钱彦林等助吴日生，在太湖起义，亦失败。吴在嘉善被诱杀。丁亥四月十七日，松江提督吴胜兆反正，子龙预其事，亦失败。子龙走嘉定，告急于侯岐曾，匿其仆刘驯家。已复避就昆山顾大鸿家。巡抚土国宝及操江陈锦遣兵大索，得之。系于舟，将解往南京，至跨塘桥，断索入水，有役执其索引之，反被引入水同死，清人斩其尸。时为顺治四年五月十三日，年仅四十。坐匿子龙故而同死者有侯岐曾一门及顾大鸿、仲熊兄弟，子龙之弟子张宽，夏完淳之伯父夏之旭。

《完淳集》中有《细林野哭》一诗，所哭者即系子龙。国变后屡次起义，师弟均同在行间，平生风谊固不仅问字传经而已也。此外有《从陈轶符年丈游细林山馆》五律一首，《读陈轶符李舒章宋辕文合稿》七律一首。

《细林野哭》在《完淳集》中当推佳作，其情甚真，其辞甚苦，乃在松江被捕后，系于舟，经过细林山时所作。其尾声云：

> 呜呼，抚膺一声江云开，身在罗网且莫哀。公乎公乎为我筑室傍夜台，霜寒月苦行当来。

真可谓声与泪下，一字一咽。其早欲追随其师，存心一死，固已情见乎辞。十七岁之少年如此慷慨沉着，谁能读之，不为之凛然生感耶？

完淳之师尚有一人为太仓张溥，集中有《招魂》一篇吊之，行文全仿《楚辞》。序云：

> 张西铭先生家大人金石交也。予小子获乌爱焉。五龄侍函丈，摘疑赐问，音徽宛存，乃淳年未一纪（十二），而先生遂捐馆舍。

文词纯出于摹拟堆砌，然出于十一二岁之童子，固为可异。西铭死时年亦四十，唯所影响于完淳者远不及大樽。西铭无子，所抚之后嗣不能像贤，《狱中上母书》中曾引以为戒。

集中有《六哀诗》，所哀者为"徐冢宰"石骐，"侯纳言"峒曾[6]，"黄镇南"蜚[7]，"吴都督"志葵[8]，"鲁副镇"之王与[9]及"先考功"夏允彝，这六位都是当时抗清死节的先烈。

又有《六君咏》，所咏者为"史太师"可法，"黄少保"道周，"刘亚相"宗周，"徐詹事"汧，"金司马"声，"祁中丞"彪佳。这"六君"也是殉国的忠臣。诗的体例与《六哀诗》全同，但何以各自为类，不甚了悉。或许也怕是因为有亲与尊之不同，"六哀"亲亲，"六君"尊尊也。

这十二个人除掉他自己的父亲在前已经有详细的叙述之外，可以说都是夏完淳的精神上的师傅，但他对于他们也并不是毫无批判，特别是吴志葵，在他要算是最有微辞。例如诗中言"持重吝一发，谋断苦不早"，即咎其坐失机宜，不能先发制人。《大哀赋》中也批评这个人：

> 威虏偏裨，长兴文吏，原非将帅之才，未有公侯之器。兴怀鸿鹄之
> 言，颇见龙蛇之志。日日胡床之卧，夜夜钧天之醉。既一战之未申，沦九
> 死而靡悔。黄土一抔，丹青万祀。

威虏即指吴志葵，志葵曾封为威虏伯。长兴则指吴日生，乃进士出身。看到"日日胡床之卧，夜夜钧天之醉"的两句，大可以为"持重吝一发，谋断苦不早"的注脚。但志葵能够抗清，又能够死节。所以完淳依然是敬仰他。据《金山县志》，"志葵败绩被擒，戮于南京笕仁桥。妻范氏自杀"。在这节概鲜明的一点，自然是值得敬仰的。集中尚有《哭吴都督》五律六首，其第三首有"湖海门生谊，荆榛国士恩"之语。

就连对于史可法，完淳也并不是全面佩服。《续幸存录》的《南都杂志》中有批评史可法的一两段。"史道陵清操有余，而才变不足。"又"用兵将略非道陵所长"，然而在大节上还是称道他："勤劳王家，鞠躬至死，有武乡之遗风焉。"以诸葛武侯许之，和《六君咏》中"西风五丈原"之句，正相为桴鼓。

"六君"之中大抵刘宗周念台最为所尊崇，诗中比之为孔子，曰："弟子三千人，绍兴邹鲁迹。"黄道周尚在其次，许以"廉介"，而断以"戎马非所长"，与对于史可法之批评在伯仲之间。

吴日生名易（此乃阳之古字，近人书中颇多误为易），吴江人，崇祯十六年进士，曾在史可法部下任事。扬州、吴江相继失陷后，聚师数千人收复吴江，屯军长白荡，曾大败清兵，隆武帝封之为长兴伯。后复失败，致全军覆没，父承绪，妻沈氏及女皆溺死，而日生只身脱险。丙戌春（顺治三年）吴江人周瑞[①]聚兵，复起义于长白荡，迎日生入营主其事。秋，日生至嘉善，与职方倪抚合营，集饮于孙璋家，为汉奸县令刘肃之所卖，被执，擒至杭州，戮于草桥门。

此人因为比较后死，故和陈子龙一样，未入《六哀》之例，但集中有《吴江野哭》一首长诗专门哭他，也和《细林野哭》之专门哭陈子龙的是一样。《吴江野哭》也是完淳被捕后，舟过吴江时所作，有"有客扁舟泪成血，

三千珠履音尘绝；晓气平连震泽云，春（？）风吹落吴江月"之句，又言"梦中细语曾闻得，苍黄不辨公颜色"，盖在舟中曾梦见日生，中夜醒来而潜声痛哭之也。"感激当年授命时，哭公清夜畏人知；空闻蔡琰犹堪赎，便作侯芭不敢辞"，凄怆之情有逾《细林野哭》。蔡琰即蔡文姬，陷没于匈奴，后为曹操所赎还，似乎日生尚有女为清兵所俘。侯芭是杨雄的弟子，足见完淳亦颇以师礼事吴了。

集中尚有《五子诗》，其序文已见前，所谓"平生风谊兼师友者五人"，此五人为邵景说（梅芬）、陆鲲庭（培）、侯文中（玄洶）、钱漱广（熙）、周上莲（锡）。

邵亦几社社友，金山卫诸生。国变后隐居，以病早卒，有《风辉堂诗稿》。完淳评以秀简清高，寡欲遗世。集中关于此人之诗，尚有《舟中忆邵景说寄张子退》，中有句云："孤灯暮雨白纶巾"，大约即为景说写照。又有《偶念三秋旧集忆景说兼越行诸子》，末二句云："邵生黄土风骚尽，三复遗篇尚可师"，其对于景说之倾倒可以想见。陈子龙之弟子王胜时有《题夏存古舍人遗集十首》，附见《完淳集》，其第五首云：

> 仿村风雨夜衔杯，屈指论文醉几回。
>
> 最惜青门诗句好，玉楼同跨紫鸾来。

自注云："夏子尝称邵景说诗"，可知青门即指景说。《五子诗》以邵居首，亦足证"最惜"之意。

陆鲲庭乃仁和人，崇祯庚辰进士。《明末忠烈纪实》云："大兵（清）至浙，培避横山之桐坞岭。过其友陈庭会，语以国祚如此，惟当一死以谢君亲。长号而别。在横山，其妻知其欲死，防之严。培乃绐妻脱身归故居，键户自缢。家人破壁救之，苏。培恚曰：奈何苦我！即作绝命诗，再拜其二仆，以绳授之曰：'使我得成其志者，汝等之惠也。'登床就缢，从容而死，年二十九。"夏诗称其通蔽识微，凤举玉立。

周上莲，据庄师洛[⑪]所考证，疑即屈大均《成仁录》[⑫]中之周秋驾。录云：

> 余友周子秋驾，幼时与华亭夏存古交好，其尊人斗垣先生尝佐存古之

父文忠公允彝为宰长乐。秋驾师文忠而友存古，为学甚勤。存古撰《代乳集》时，年止九龄，才华飚发。而秋驾亦以髫龄能文章，为文忠所器重，以荐于陈门卧子。卧子司理浙东摄府篆，比试诸生，则以秋驾为萧山士冠。

诗中称周为"孝廉"，而又是成了仁的人，庄氏所拟大约是很可靠的。

集中所表见之友人名尚多，其中有死国难者，如徐似之（尔谷）、郭六修（维经）、顾大鸿、仲熊兄弟等。徐即前《六哀诗》中徐冢宰石骐之子，与完淳同日就刑。郭乃江西陇泉人，天启五年进士。清兵围赣州，隆武帝命维经为吏、兵二部尚书兼右副都御史，总理军务，督师往援。维经人赣州，与杨廷麟、万元吉[13]协守。城破，入嵯峨寺，自焚死。大鸿、仲熊即顾咸正二子，因窝藏陈子龙而死于难。

尚有隐遁者如方子留（绶）、蒋大鸿（平阶）、顾伟南（开雍）、王玠石（光承）、杜茶村（濬）、沈宏济（楫——此人曾为完淳之师，穷困而死）。[14]

亦有归顺清廷或致显要，或仍困顿者。如李舒章、宋辕文之流属于前，蒋篆鸿[15]、王后张之流属于后，但此种人比较少。

下

我自从知道夏完淳的存在，便很想把他戏剧化，早被订为去年（一九四二年）三月份的工作，已经把人物和分幕约略拟定了。但足足停顿了一年，直到今年三月这项工作才算告成。坊间已经有《夏完淳》一个剧本，我为避免同名起见，便采用了《南冠草》这个名目。

《南冠草》本是夏完淳最后一个集子的名称，是他在被捕后途中、狱中所作。原集未见，唯就《完淳全集》的标注看来，可以知道有五律十首，七律三首，七古二首。我们不妨把它的目录列在下边：

一、《别云间》，二、《拜辞家恭人》，三、《寄内》，四、《寄荆隐女兄兼武功侯甥》，五、《柬半村先生》，六、《七夕步蠡水先生韵》，七、《闻大鸿仲熊讣》，八、《毗陵遇辕文》，九、《被羁待鞫在皇城故内珰宅》，

十、《御用监被鞫拜瞻孝陵恭纪》。（以上五律。）

十一、《虎丘遇九高》，十二、《由丹阳入京》，十三、《西华门与同难诸公待鞫》。（以上七律。）

十四、《细林野哭》，十五、《吴江野哭》。（以上七古。）

以外尚有词余四曲：《金陵杂咏》《自叙》《感怀》《送沈伯远出狱》，标为《狱中草》，不知道是不是也收在《南冠草》里面。又有《土室余论》一文及《狱中上母》与《遗内》二遗书，论理应同诗词一并收集。唯方子留（绥）《南冠草》原序，仅提到诗而不及曲与文，或许后二种是除外了的。《南冠草》这个集子的单行本，应该还存在于人间，将来如有机会寻得，这个小小的问题是不难解决的。

我的剧本所处理的是完淳被捕前后以至于死的一段情形，正和他这最后一个集子的时期约略相当。诗文中所含孕的情趣和事实，我在大体上是把它们形象化了。因此我把剧本也命名为《南冠草》，觉得是很适当的。

夏完淳的被捕是在顺治四年丁亥的夏间，被捕的原因诸书所说不一，或以为"以陈子龙狱词连及"（《明史稿》），或以为"以吴胜兆牵连"（《镇洋县志》），均是捕风捉影之谈。究其实际，以曹家驹《说梦》所述最为可靠。

> 乙酉之秋。三吴底定，势如破竹。惟浙东拥戴鲁藩，依钱塘之险，守御甚固。黄斌卿（弘光时封肃虏伯）练水师于舟山，遥为声援。一时人心俱欲输款，以图佐命勋。有谢尧文者奔走而联络之。丁亥之春，尧文抵崇阙。谋渡海，其衣冠颇异于众。海上逻卒诘之，复出大言，乃缚以见柘林守备陈可。一加刑讯，具吐真情。随从旅舍孙龙家，搜获所赍表文及名籍，上之提督吴胜兆。时胜兆反谋已决，置之不问，但以尧文檄府羁禁，聊掩众目而已。不数日而胜兆举事。人定后杀杨海防（名之易）、方司理（名重朗），迨黎明而为麾下所缚矣。何暇问及谢尧文事乎？久系不释。会上官至松阅囚，询尧文来历，知其以通南事败，而发觉由柘林，遂从陈可询其颠末。陈以昔所录副本进。据以上闻。土抚公同北来满首到松，按籍而求，无一得脱。首列者为苏之孝廉顾咸正，进士刘曙，吾松董佑申、袁国楠、朱用枚、张谢石、董刚，皆表表有名者，莫不骈首就戮。而表文

出于夏存古之手，亦罹于祸。

此与方子留《南冠草序》所说相合，"会江东有诏谥瑗公师（允彝）文忠，荫一子中书。存古乃上表及疏，称中书臣完淳，死以进报某虚实，约兵以某日航海，会某所。为逻卒所获，就鞫金陵"。又与《苏州府志》所载顾咸正、刘曙被捕时事亦相符。其说云："顺治丁亥，上海诸生钦浩通款舟山，疏吴中忠义士二十三人，首及咸正。乃与同事四十余人并死。"又云："刘曙（长洲县人，癸未进士）以舟山事械送金陵，下狱八旬，与昆山顾咸正、松江夏完淳，及同邑管定纵横诗酒，谈说忠义为乐。丁亥九月十九日赴市，连呼高皇帝而死。"钦浩当即谢尧文之字。或以为上表唐王者亦误，盖其时唐王已经死了。

刘曙下狱八旬，以九月十九日死，则其被捕当在六月。完淳被捕后诗有《七夕步蘗水先生韵》一首，其诗云：

> 忽然秋满地，愁里度良辰。有酒还同醉，无衣岂独贫？
> 月明河鼓动，露落海间新。欲问君平卜，升沉数未真。

一起言"忽然"盖有双关之意，表示其时被捕不久。蘗水先生未详为谁，然其丈人钱彦林亦有《七夕狱中作》的一首云：

> 对泣南冠度绮宵，江乡千里客愁遥。
> 双星若识人间事，也应凄然罢鹊桥。

可知他们翁婿两人的被捕与刘曙亦同时，所谓"狱中"固不必在金陵狱中也。关于完淳被捕之经过，杜登春《童心犯难集》中有一则纪之颇详，今录全文如次：

> 顺治丁亥七月既望，夏子存古以奉表唐王（案：当作鲁王）谢恩为海上逻卒所获，洪经略（案：其时尚未为经略）密行土抚军，索存古甚急。时余读书虎丘石佛寺，不知也。一日，乘凉散步将至憨憨泉，见一小沙弥同青衣数人汲水而饮。遥望沙弥有似存古，趋视之，则竟是也。问之，曰我已就缚上道，无资斧，其为我谋之。余急索囊中倾付之，送其登

舟。有经略差官王姓者，虑有他谋，诘询姓名，词气甚厉。余以世谊交情详告之。且曰吾为行者治装，于尔亦未尝无益，何怒之有？于是置酒脯为别。存古口占一律赠余曰：

竹马交情十五年（《完淳集》作十七年），飘流湖海竟谁怜？

知心独上要离墓，亡命难寻少伯船。

一山鬼未回江上梦，楚囚一去草如烟。

高堂弱息凭君在，目极乡关更惘然。（集中作"姑苏明月愁人醉，残烛无言意惘然"。）

又曰：此行殆不免。妇钱有振，男与尔为婿，女与尔为媳，倘不育，绝嗣。辛勿立后。寄遗嘱数纸而别。余泣数行下，而存古无一点泪。余归告沈子羽霄，约往金陵探听，羽霄慨然偕行。至省之次日，道上有鸣锣，视之，则存古与刘公旦讳曙者，携手出就戮。两公皆不跪，持刀者从喉间断之而绝。余与羽霄敛存古之尸，归其榇于小昆山新茔，葬于考功先生昭位。得朋诸人咸来会葬，余与羽霄亲自覆土，凡四日而毕其事。

以六七月之交被捕，舟行转辗至苏，可能为七月十五日矣。钱诗"江乡千里"句亦足证明被捕后系由水路西上也。

杜九皋者《镇洋县志》云："号让水，世居华亭，青浦籍。为给事张王治婿，遂家太仓。顺治辛卯拔贡，历官处州同知。著有《尺五楼文集》。"顺治辛卯为完淳死后第五年，足见此人节概亦有可议之处。但他和夏完淳的关系相当密切，《童心犯难集》中既表明其对朋友的义气，尚有《吾友诗》四十五首，以完淳居第一，其诗云：

玉樊王佐才，少小薄章句。生不辞党魁，死不辞刀锯。

虎阜前致词，徘徊泪如雨。俎豆有余馨，悲哉《大哀赋》。

对于完淳极其倾倒。"玉樊"云云者，以完淳又号玉樊堂也。《完淳集》中收有《讨降贼大逆檄》，其首语为"崇祯十有七年四月江左诸少年讨降贼大逆臣"云云，此所谓"贼"，乃指李自成。当时崇祯甍，清廷尚未大肆其荼毒，故士大夫辈多以讨贼为忠义。完淳时仅十四岁，在此潮流中自不免受其影响。

杜著《社事本末中》亦记其事。

> 甲申四月，余辈数人称江左少年，上书乡绅四十家，乞举义勤王，为众绅所嫉。又于哭陵时，草檄讨从逆瞀。一时投闲之辈皆侧目。而主其说者实余与夏存古二人。

又云：

> 余年十三，与夏子存古完淳、王子后张奭辈于少年场中留意人物，以社事为己任。迄今事在目前，已恍如隔世矣。

杜与夏乃上下年纪，所谓"生不辞党魁"即指结社事为无疑。虎丘前口占一诗已收入《南冠草》，语句略有不同，或因杜所录者乃初稿，或因系口占，而杜之记忆有误，然大体上无甚更动。所谓"知心独上要离墓"，则完淳在其时，对杜系以"知心"相许。要离之墓本在虎丘，称杜"独上"，似亦可解释为有秘密之意义。

同在《南冠草》中，同系在途中遇友之作，《毗陵（武进）遇辕文》一首，和《虎丘遇九皋》之作，其感触便大不相同。辕文为宋征舆的字，宋亦松江华亭人，与陈子龙、夏允彝同为几社社友。但此公于顺治丁亥即成进士，即陈子龙、夏完淳授命之年。后曾为福建督学，历官至副都督御史，与陈、夏之友之另一人李雯字舒章者同为归顺清廷而显达了的人物。

> 宋生裘马客，慷慨故人心。有憾留天地，为君问古今。
> 风尘非昔友，湖海变知音。洒尽穷途泪，关河雨雪深。

这诗里面很明显的是含有讽刺不满之意，如"裘马客""有憾留天地""风尘非昔友"等句，与赠杜诗，迥然不同。因此我在方便上把杜九皋作为代表了一种方向的人物。便是明亡之后，有一部分士大夫曾经潜下海底，参加了秘密结社，据传顾亭林、傅青主⑯，都是走这条路线的人。

王后张，原名为聚星，后改名为奭，《完淳集》中屡见此人名。如《寄后张》云：

> 千山万山芳草生，千树万树黄鹂鸣。
>
> 汝为高堂不得来，我为高堂不得行。
>
> 寂寞音书竟尘土，昨闻后江新被兵。
>
> 欲眠不眠愁夜半，横笛参差三两声。

又有《雪后怀后张子韶》《与王大后张泛舟华亭谷》。后诗中有"余为龙兮子为云"之句，二人交情似乎并不浅。但这位王先生是在康熙二十六年中了顺天举人，二十七年成了进士的（见《华亭县志》），可知晚节亦不终。后张与完淳为同年辈，到康熙二十六七年已经将近六十岁了。

又其《周釜山先生鹤静堂集跋》有云：

> 追忆考功塾中，弟子侍侧，先生命言志。夏生存古曰其司马长卿乎。爽曰其吾家景略乎。先生瞿然顾爽曰：噫，儒子乃分师席，此诚吾所能。当时师弟子自命莽阔达哉。岂知白驹载驰，智不及料。夏生既弱龄兵死矣，爽且老而无所表见。而先生一仕即已卒，未克大展。

顺民思想，充分十足，辞气之间颇小视完淳，盖斥完淳仅仅是一个文人，而自己则是大能有所作为的政治家也。"吾家景略"即是佐命苻坚的王猛，后张以此自比，洋洋得意，其志趣可想。这段故事，疑出于杜撰，因为夏允彝是富有民族意识的人，不至以自比景略而夸奖其弟子。因此，我对于这位"自命阔达"的王先生，实在不大满意。

国变以后，夏、侯两家的景况是很萧条的，朋友亲戚，死难的死难，变节的变节，势利的人似乎都有点敬鬼神而远之，故完淳诗中亦每每露有不胜今昔之感。如：

> 珠履三千食客稀，玉盘十二齐盟悔。（《题曹溪草堂壁》）
>
> 当年结客同心者，满眼悠悠行路人。（《寄荆隐女兄》）
>
> 五陵年少归何处？匣剑双龙不敢弹。（《感旧六首之三》）
>
> 亲朋交态浑如梦，湖海生涯敢独醒？（《秋日避难东智含》）
>
> 今日三千珠履客，谁人知报信陵恩？（《束友》）
>
> 露下天高肠欲断，秋来客散孟尝门。（《楼头口号》）

像这样的辞句在集中正自举不胜举。这种冷暖炎凉的情形固然是人世间的常态，因此也令我想到夏完淳的被捕上必然会有出卖他的人。这个人没有方法确定，在方便上也就只好拜借了。

完淳被捕时的地点，各书多以为嘉善钱家，如蔡嗣襄《事略》谓"逻卒至其妻家，遂被执"。《黄鹤醉翁记》亦谓"读书外家，丁亥四月巴陈土三帅执之"。然以《南冠草》中诗次考之，如《别云间》即别其故乡松江华亭之作，《拜辞家恭人》则系别母之作：可见他的被捕应该是在华亭他姐姐同母亲所住的地方。至如《屈氏成仁录》谓"完淳走吴易军为参谋，被执"。那更是把事件和年代都弄错了。

《细林野哭》中有句云："我欲归来振羽翼，谁知一举入罗弋。"也足以证明被捕是在他的故乡，而他的"归来"是打算有所作为，高飞远举的。

被捕的时间应该是丁亥的六七月之交，而不是四月。四月是谢尧文被捕的时期。关于谢的被捕，在《贰臣传》的《洪承畴传》[17]中也曾提及：

> 四年四月驻防江宁总管巴山、张大猷，奏柘林游击陈可，擒贼谢尧文，获明鲁王封承畴国公，及其总兵黄斌卿致承畴与巡抚土国宝书，有伏为内应，杀巴、张二将，则江南不足定语。上奖巴山等严察乱萌，而谕慰承畴、国宝曰：朕益知贼计真同儿戏，因卿等皆我朝得力大臣，故反间以图阴陷。朕岂堕此小人之计耶？

观此足见谢尧文一案牵涉甚广，盖他一方面是在替鲁王以海和江南的士大夫联络，谥夏允彝为文忠公，封完淳为中书舍人，因而有完淳的谢表和义士四十余人联名的奏疏。而在另一方面想企图离间当时的敌伪，故封洪承畴，而捏造里应外合的私信。这件案子的结果，在江南士大夫方面，引出了大批的牺牲，在敌伪方面也生出了小小的波折。在这个波折当中我感觉着很大的趣味，因为可以明白地表见当时的敌伪关系。汉奸们的生活是怎样的不自由，敌人对于汉奸的驾御又是怎样的恩威并用。

土国宝亦见《贰臣传》，是山西大同人，是明朝的总兵投降过去的。传称其"以武夫，不习文事"，后因贪赃，畏罪自缢。此人本是一名简单的刽子手，可云无足重轻。但洪承畴在当时却无殊于现今的汪精卫，观其受制于一个满人的总管巴山，仅以莫须有的嫌疑，便由巴山上奏而与土同成为待罪的身份，可证满人在当时之监视汉奸，是怎样的严密。事经审核明知为伪，洪与土虽然受了"谕慰"，而巴也同时受了"奖"。这也可见汉奸的可怜相，便是蹴了你两脚，再摩摩你的头，而自己的脚不用说依然是尊贵的，遇必要时还是要蹴你。在《洪承畴传》里面，接着又有一段十月的事。也是巴山等查获了五个游方和尚，认为有谋叛的踪迹，牵连到洪承畴。所谓"谋叛踪迹"也不过是一位和尚名叫函可的，在经过城门的时候，从他的经笥里面被人查出有福王⑧答阮大铖的信稿，又有一册名叫《变纪》的书说到时事，如此而已。函可是明尚书韩月庵的儿子，与洪承畴有世谊，要想回广东，洪承畴便发了"印牌"给他。结果，洪承畴所发的"印牌"不仅没有生效，反而惹出了麻烦。案子也闹到了北京。刑部认为"徇情"，要予洪以"革职"的处分。算是因为他平定江南"有功"，把他赦免了；而洪承畴借父丧为名，还是自行辞了职。这些情形，真是活鲜鲜地如同眼面前的事一样。

当时的清朝，执政的是摄政王多尔衮，这人是相当跋扈的，而且颇有"才干"，顺治皇帝的位子几乎被他篡掉。他在丁亥四年还只三十二岁，在前曾经到过南京，但他在这一年却没有南下的事实，我为舞台的便利起见，作为他微行到了南京。这是可能，希望史学专家不要以为我在"创造历史"。

我在酝酿本剧的时候，破头的写法本有两种打算：一种是现有的形式用多尔衮、洪承畴来开端，从清廷方面来介绍时代；另一种则由民间抗清的活动开始。《完淳集》中有《遇盗自解》一诗：

> 浪迹烽烟独此身，天涯孤客泪沾巾。
>
> 绿林满地知豪客，宝剑穷途赠故人。
>
> 无复青毡王氏旧，自怜犊鼻阮家贫。
>
> 逢人莫诉流离事，何处桃源可避秦？

我喜欢绿林宝剑一联，这里有让想象力充分活动的余地。我打算写成他在亡命生活中隐姓埋名，一次假定在太湖边上被人打劫，但结果那绿林豪客的首领才是相识的人，不仅没有害他，反而脱剑相赠。这是很有戏剧效果的一景，但我抛弃了，依然采取了现在的形式，用汉奸和烈士对照，用洪承畴

和夏完淳对照。

完淳被审讯时，洪承畴有意软化他，是事实。但他却不仅不屈，还使有意软化的他的丈人钱彦林也慷慨就义了。完淳与洪承畴的对答，先故意恭维一场，反过来再加以痛骂，也是事实。《屈氏成仁录》中所叙述的这一节颇有声色，不过恐怕多少也是加了些润色的。

完淳到过的地方很多，幼时他随着父亲到过燕京，到过福建的长乐。国变以后："飘摇泽国，踯躅行间"，长江下游、太湖沿岸，大概是他时常漂泊的地方。但我所注意的是他似乎曾经到过洞庭湖。他有《绝句口号八首》，其序云："余窜身荆棘，满目风尘，哀厉之辞，殊乖风雅。聊以纪一时流离之苦耳。"既为纪流离之作，则诗中所列地名，理应不能认为藻饰。其第一与第二首云：

> 去年人送短长亭，一片烟波入洞庭。
>
> 江海无情人不见，芳洲春草为谁青？
>
> 毅魄归来风雨多，潇湘春尽晚生波。
>
> 可怜屈宋师门谊，空自招魂吊汨罗。

这儿所提到的洞庭、潇湘，应该指的是湖南境内吧。太湖也有洞庭的别名，如集中别有《夏日幽居三首》，其第三首有句云："一片孤帆入洞庭，两峰晓夹具区青。"具区即太湖，则彼洞庭当即指太湖。但这《绝句口号》第二首的潇湘，似乎便不能作别解了。因此《大哀赋》中有这样的几句，也更惹得我注意：

> 国亡家破，军败身全，招魂而湘江有泪，从军而蜀国无弦。

这所叙的是丙戌年吴日生失败后的事，大约完淳在那时候确实是到过湘、鄂一带。那时候李自成的余部已经屯集在湖北通山县之九宫山，张献忠的部队也还在四川境内，完淳尽有西游的可能，而且还是有企图的，但结果他的企图没有达到。因为李自成已在九宫山的附近被杀，故致"招魂有泪"，欲入蜀而苦无门路，故致"从军无弦"。这些都不好明目张胆地说，故只好以文饰出之。这样去解释，大约也是可能的吧。

完淳是反对隐遁的人，他有《咏史杂成口号十首》，其第四首批评伯夷、叔齐，便是对于隐遁者表示不满：

> 遗恨殷郊大白旗，黄虞千载更无依。
>
> 当时尚有顽民在，何事西山独采薇？

这诗颇足以表见他自己的志趣，因此我感觉着完淳在其将死的一两年，见江南举义等于绝望，实曾经有西投张、李的决心，和那些"顽民"打成一片。没有成功，故又回到长江下游，和鲁王以海通款曲，想逃到南方活动。这便成为"我欲归来振羽翼，谁知一举入罗弋"了。

完淳是诗人，而又以气节自尚，他的父亲死于水，先生陈子龙也死于水，故他对于屈原甚为尊崇。集中摹仿《楚辞》的骚体赋颇多，又有《吊左徒》一诗，屈原可以说是他精神上的先生。这，或许也怕是可以使他远游潇湘的一种动力吧？

完淳似乎颇嗜古，字作"存古"，已足表见。他除喜欢屈子之外，也喜欢庄子，《夏日幽居》第一首有"幽扃习静无人至，读尽《南华》内外篇"之句。集中除骚体赋之外多选体诗。文亦多六朝气习，《大哀赋》系拟庾子山的《哀江南》也是有目共见的事。然而六朝以后的史事人物便很少提及，诗不提李、杜、元、白，[19]文不提韩、柳、欧、苏，[20]词不提周、柳、苏、辛，[21]曲不提关、白、郑、马，[22]甚至如行迹相似之文天祥、陆秀夫之类的宋人亦绝未提及。

但他也并不是泥古的人。他不肯困守章句，素来重视时事，而在行动上不偏废实践。所谓"玉樊王佐才，少小薄章句"，便是确评。因为他鄙视章句，所以他并不迂腐。他虽然以节义文章表见于世，但他毫无方巾气。他不爱引据儒家经典，有一篇《周公论》，隐隐指周公为"叛臣逆相"，更是有点离经叛道。他本来是才子，故不免也有些风流，十五岁时便著《青楼篇》《杨柳怨》，绝不是迂腐假道学先生所能道其一字。国变前，无疑的曾和一些少年侪辈征逐于歌舞之场，所谓"壮游不让五陵豪，酒酣却笑三河侠"（《题曹溪草堂壁》）。国变后尤时时借酒解闷，所谓"江南日暮惨离魂，四海交情酒后论"（《楼头口号》），"相逢对哭天下事，酒酣睥睨意气亲"（《细林野哭》）。"乐府"有《艳歌行》《三妇艳》诸篇，诗余多写情写恨之作，狱中所成套曲，《自叙》里面有"为伊人几番抛死心头愤"之句，《感怀》一首中又有"我那人呵影何方？书在金陵，客梦西楼，一样西风两地愁"的尾声。他这"伊人""那人"，该是有所指，或许就是他的夫人，或许也怕是夫人以外的心友。但他尽管怀抱着这样柏拉图式的爱，我们能够说他不道德吗？

他尚游侠，重义气，故"生不辞党魁，死不辞刀锯"。他虽然没有提到过宋末死节诸臣，但却常提要离、范蠡、伍员、信陵君、高渐离、张良、田横。大抵周末秦、汉之交的一些壮烈的故事，是时常在他的脑子里盘旋着的。

他的政治评论每中肯綮，如《大哀赋》中评明末之失政有"罪莫炽于赵高，害莫深夫褒姒"，即指魏忠贤㉓与客氏而言。批评南京政府之淫靡则曰："东昏侯之失德，苍梧王之不君。玉儿宠金莲之步，丽华长玉树之淫……先见乎玉杯象箸，复征夫酒池肉林。问蛙鸣于为官为私，御龙衮于若亡若存……冠盖之银青俱满，庙堂之铜臭相因……将相尽更始之羊胃，衣冠多南渡之雁民。"把当时南渡君臣之恶德真是写得淋漓尽致了。

他的关于南朝的评述本来还有《续幸存录》一书，是赓续他父亲的《幸存录》而作。原本八卷，为"《南都大略》一卷，《杂志》一卷，《义师大略》一卷，《杂志》二卷，《先忠惠行状》一卷，《死节考》一卷"，见其自序如此。谢国桢《晚明史籍考》言涵芬楼有钞本，多出《达夷授官始末》《沈辽失守始末》《拟谥逊国诸臣评》等目，为自序所无，而自序中之《义师大略》、《杂志》及《行状死节考》等则佚。涵芬楼本闻已毁于一二八之役。今坊间幸存者有明季稗史本，仅《南都大略》六则，《南都杂志》二十八则，末有一则云："以书生谈朝事，其讹者十之三四，故予删其讹而存其是，非全录也。"此乃删者之附识，不知删者究系何人，甚为可惜。删者讥完淳为"书生"，而斥其多"讹"，或系在南都曾当"朝事"之人，盖钱谦益辈所为耶？今观所删存者多精到之语，有所谓"三反"者：

> 南都之政，幅员愈小则官愈大，郡县愈少则官愈多，财富愈贫则官愈富，斯之谓三反。三反之政，又乌乎不亡？

把亡国现象说得最为扼要，则被删文字中恐仍多妙绪，未必尽"讹"。尤可惜者乃关于《义师》及《死节》诸卷竟被完全删弃，则删者之为贰臣，又断然无疑。观完淳自序，谓"不敢苟，不敢私，不敢以己意曲直"，又谓"失之诬，失之枉，我知免矣"，则完淳又不仅为一诗人，而实兼备良史之才者也。

完淳著作除《续幸存录》外，有诗文集数种，曰《玉樊堂集》《内史集》《南冠草》《代乳集》。然余所见为清嘉庆年间庄师洛及其门人何其伟、陈均等所辑之《夏节愍全集》十卷及补遗二卷。据何跋云："《夏节愍集》十卷，盖综其生平所为《玉樊堂集》《内史集》《南冠草》三种汇录成编者也。《玉樊堂集》作于甲申乙酉（间有前作），《内史集》作于从军以后，始丙戌，讫丁亥四五月间。《南冠草》则皆临难时途中、狱中所作也。然节愍年九岁，曾撰《代乳集》，惜不传。"大率现存之全集已包罗夏之诗文全部。搜辑甚勤，补遗一再，并多各种附录以备参考，庄氏师弟之业实可感谢。唯诗文未编年，其中斥满人处，在前认为涉及忌讳之字句均被隐匿，以《大哀赋》为最甚，殊为遗憾。又"节愍"云者乃乾隆四十年之追谥，其时清室政权已稳定，乃追尊明末殉国诸臣以奖励忠烈，计予专谥者三十三人，通谥"忠烈"者一百二十四人，"忠节"者一百二十二人，"烈愍"者三百七十七人，"节愍"者八百八十二人，祀忠烈祠者二千二百四十九人。以"节愍"称完淳，非完淳之志也。

完淳诗文，旧时老师宿儒多极口称赞，如沈德潜云："存古生为才人，死为雄鬼，汪踦不足多也。诗亦高古罕匹"[②]。王昶[③]八十三岁时序《完淳全集》云："年少才高，从军殉难，其人其文，千古未有。"确非溢美之言。然余尤爱其《南冠草》中所录诸作，盖已刊去纷华，满纸血泪，无意求工，而真光射人也。

被捕后之文，如《土室余论》《狱中上母书》《遗夫人书》亦均是血性文字，今整录其二遗书如下。

狱中上母书

不孝完淳今日死矣，以身殉父，不得以身报母矣。痛自严君见背，两易春秋，冤酷日深，艰辛历尽。本图复见天日，以报大仇，恤死荣生，告成黄土。奈天不佑我，锺虐先朝，一旅才兴，便成齑粉。去年之举，淳已自分必死，谁知不死，死于今日也！斤斤延此二年之命，菽水之养，无一日焉。致慈君托迹于空门，生母寄生于别姓。一门漂泊，生不得相依，死不得相问。淳今日又溘然先从九京，不孝之罪，上通于天。呜呼，双慈在堂，下有妹女。门祚衰薄，终鲜兄弟。淳一死不足惜，哀哀八口，何以为生？

虽然已矣，淳之身父之所遗，淳之身君之所用，为父为君，死亦何负于双慈？但慈君推干就湿，教礼习诗，十五年如一日。嫡母慈惠，千古所难，大恩未酬，令人痛绝。慈君托之义融女兄，生母托之昭南女弟。淳死之后，新妇遗腹得雄，便以为家门之幸。如其不然，万勿立后，会稽大望，至今零落极矣，节义文章，如我父子者几人哉？立一不肖后，如西铭先生为人所诟笑，何如不立之为愈耶？

呜呼，大造茫茫，终归无后，有一日中兴再造，则庙食千秋，岂止麦饭豚蹄，不为馁鬼而已哉？若有妄言立后者，淳且与先文忠在冥冥中诛殛顽嚚，决不肯舍！兵戈天地，淳死后，乱且未有定期。双慈善保玉体，无以淳为念。二十年后，淳且与先文忠为北塞之举矣。勿悲勿悲，相托之言，慎勿相负！

武功甥将来大器，家事尽以委之，寒食盂兰，一杯清酒，一盏寒灯，不至作若敖之鬼则吾愿毕矣。新妇结褵二年，贤孝素著，武功甥好为我待之，亦武功渭阳情也。

话无伦次，将死言善，痛哉痛哉。

人生孰无死？贵得死所耳。父得为忠臣，子得为孝子，含笑归太虚，了我分内事。大道本无生，视生若敝屣，但为气所激，缘悟天人理。恶梦十七年，报仇在来世。神游天地间，可以无愧矣。

遗夫人书

三月结褵，便遭大变，而累淑女，相依外家，未尝以家门盛衰，微见颜色，虽德曜齐眉，未可相喻。贤淑和孝，千古所难。不幸至今吾又不得不死，吾死之后，夫人又不得不生，上有双慈，下有一女，则上养下育，托之谁乎？然相劝以生，复何聊赖？芜田废地，已委之蔓草荒烟。同气连枝，原等于隔肤行路。青年丧偶，才及二九之期。沧海横流，又丁百六之会。茕茕一人，生理尽矣！呜呼，言至此，肝肠寸断。执笔心酸，对纸泪滴。欲书则一字俱无，欲言则万般难吐。吾死矣，吾死矣，方寸已乱。平生为他人指画了了，今日为夫人一思究竟，便如乱丝积麻。身后之事，一听裁断，我不能道一语也。停笔欲绝。去年江东储贰诞生，各官封典俱有，我不（亦?）曾得。夫人夫人，汝亦先朝命妇也，吾累汝，吾误汝，复何言哉！呜呼，见此纸如见吾也。外书，奉秦篆细君。

此二书至今读之颇有余悲，且屡读不厌。唯《上母书》中对嫡母备极赞扬，而生母则无所表彰，不知是否出于谦抑。又有"诛殛顽嚣"之语，辞气过烈，不知系指母言，抑指夫人言。《遗夫人书》中关于江东储贰一节，颇觉不似完淳襟怀所宜出。恐其夫人因未得封典尝有怨言，故淳临死复提及，以表示歉仄，并鼓励之。（颇疑"我不曾得"不字乃亦字之误。）二书中均有"先朝"字样，自系抄录者所改，因当时明室并未亡，清室亦尚未稳定，完淳决不致称明室为"先朝"也。

秦篆夫人遗腹果得一男，据《紫堤村志》云："仍不育"，其后夫人亦削发为尼。唯关于遗腹子一节颇有异说。方授《南冠草序》云："存古死而遗腹得一子一女，天之报施不爽哉。"序乃"壬辰冬"所作，距完淳之死已五年。或其时子尚未死，而女则并非遗腹。又《镇洋县志》所载更有大异：

> 云间夏瑗公允彝，一子完淳，字存古。年方典调，天才俊发，所著诗文几驾瑗公而上之。瑗公殉节死，存古时时慷慨悲歌，会以吴胜兆牵连下狱。而我娄王明先者，瑗公门下士也，往探之。存古谓曰：一死无恨，惟室中妇方妊，今以累君。明先颔之，潜走云间，伺其育，潜抱以归。而明先亦以他事败。其友徐方平复抱之归。存古死。此子卒赖两人以全。

看这所说的，差不多有类神话。其实秦篆夫人居外家，乃在嘉善，并非云间。完淳死后尚有母、妻、姐、妹及外甥侯武功等在，何劳此王、徐二人抱抚遗孤耶？盖完淳在当时为人所慕，好事者托此自夸耳。其所抚子，盖真所谓"狸猫换太子"之子也。

即关于完淳之收尸与葬地亦有异说，邗城《黄鹤醉翁记》谓"同郡李之杜收其尸，葬之聚宝山本末享下"。此与前录杜九皋《童心犯难集》所述全异。然以情理推之，殆以杜说为可信，因与杜同赴南京者尚有沈羽霄，而会葬曹溪者尚有及门诸子也。李之杜殆亦冒牌义士，与王明先可谓无独有偶。

关于夏完淳葬地，庄师洛《夏集补遗序》，谓当在松江四十三保十三图荡湾。又庄之侄婿杨超格曾与其友人董尚往曹溪访其墓，据云荡湾在曹溪东北二里，夏允彝之墓在焉。乾隆五十一年，邑令谢庭熏从张隆孙等之请，曾"示禁樵牧"。唯完淳之墓无沍石可考（见《补遗跋》）。尔来又一百三十余年了，抗战胜利了的一天，我很想到松江去访查这些遗迹。

一九四三年四月十六日

注释

①本篇最初发表于一九四三年九月重庆《中原》月刊第一卷第二期，题为《夏完淳之家庭师友及其殉国前后的状况》；收入重庆群益出版社出版的《南冠草》时改题《〈南冠草〉后记》；收入一九四七年上海海燕书店出版的单行本《历史人物》时改今名。一九五七年作者将本篇作为史剧《南冠草》附录，收入人民文学出版社出版的《沫若文集》第四卷。

②张溥（一六〇二——一六四一），字天如，太仓（今属江苏）人。明末文学家。崇祯进士，授庶吉士。著有《七录斋集》。杨廷枢，字维斗，江苏吴县人。曾参加南明吴日生领导的抗清斗争，事败后隐居邓尉山中；后吴胜兆反正失败，受株连入狱，不久遇害。

③陈子龙（一六〇八——一六四七），松江人。南明抗清将领、文学家。崇祯进士，几社成员。清军破南京后，在松江起兵，后败走山中结太湖兵抗清。在苏州被捕，投水自毙。有《陈忠裕公全集》。何刚，字慤人，上海人。几社成员。南明弘光帝建都南京后，为朝廷练水师，隶属史可法。扬州失陷，以弓弦自勒死。徐孚远，字阇公，松江人。几社成员。南京失陷后，从鲁王，任左佥都御史。郑成功起兵反清，徐为其献策。郑死后，遂隐居，卒于台湾。王光承，字玠右，上海人。几社成员。明亡后，躬耕海边。著有《镰山草堂诗集》。

④指《嘉定屠城记略》，又名《东塘日札》。清嘉定人朱子素（字九初）撰，记侯

峒曾、黄淳耀于顺治二年（一六四五年）守城事。

⑤全称为《夏完淳事略》，收入《夏完淳集》。

⑥侯峒曾，字豫瞻，苏州嘉定人。天启进士，崇祯时任浙江参政。清军南下时，率兵坚守嘉定城。城破，携子投水而死。

⑦黄蜚，字文麓，南昌人。明将，封镇南伯。清兵南下时，与吴志葵于太湖一带集兵抵抗。松江陷落后被捕，不屈而死。

⑧吴志葵，字昇阶，上海金山人。明将，曾任左军都督金事。清兵南下时镇守吴淞一带。松江陷落后与黄蜚同时死难。

⑨鲁之玙，字瑟若，明将。弘光帝建都南京后，曾任副总兵，驻兵福山（今江苏常熟县北）。南京陷落后，吴志葵攻苏州，鲁为先锋，强攻入城，后因无援，兵败战死。

⑩周瑞，字毓祥。弘光元年（一六四五年）于长白荡聚义兵反清。次年春杀清兵八百余人，迎吴日毕人营，后与吴同时被捕遇害。

⑪庄师洛，名泖客，松江娄县（今江苏昆山东北）人。辑有《陈忠裕公集》及《夏节愍全集》。

⑫屈大均（一六三〇——一六九六），字介予，一字翁山，广东番禺人。所撰《皇明四皇成仁录》，系纪事史书，记明崇祯、弘光、隆武、永历四朝史事。

⑬杨廷麟，字伯祥，江西清江人。明崇祯进士，授庶吉士，转编修。南京陷落后立忠诚社，曾聚义兵三万，克复江西大部。万元吉，字吉人，江西南昌人。明天启进士，崇祯时任永州检校，军前监记。南京陷落后，奉隆武帝命，为兵部右侍郎兼右副都御史，总督江西湖广诸军，与杨廷麟同守赣州，城破同赴水死。

⑭方子留，名授，安徽桐城县人。曾为《南冠草》作序。蒋大鸿，名平阶，松江华亭（今上海松江西）人。几社成员。顾伟南，名开雍，松江华亭人。王玠石，应为王玠右。杜茶村，名濬，一字于皇，湖北黄冈人。著有《变雅堂集》。沈宏济，名楫，松江娄县（今江苏昆山东北）人。此六人，夏完淳皆有诗赠与。

⑮蒋篆鸿，名玉章，一名璟，浙江嘉善人。清顺治辛卯（一六五一年）中副车，后不得志而卒。

⑯顾亭林（一六一三——一六八二），名炎武，江苏昆山人。著有《日知录》、《亭林诗文集》等。傅青主（一六〇七——一六八二），名山，号朱衣道人，山西阳曲人。著有《霜红龛集》、《荀子评注》等。顾、傅二人均为明清之际的思想家和学者。

⑰《贰臣传》，清高宗（乾隆）敕编，共十二卷，载一百二十五名降清明官传略。

洪承畴列该书卷三之首。

⑱即朱常洵，明神宗朱翊钧之子。万历二十九年（一六〇一年）受封。崇祯十四年李自成攻破洛阳时，被义军所杀。

⑲指李白、杜甫、元稹、白居易。

⑳指韩愈、柳宗元、欧阳修、苏轼。

㉑指周邦彦、柳永、苏轼、辛弃疾。

㉒指关汉卿、白朴、郑光祖、马致远。

㉓魏忠贤（一五六八——一六二七），河间肃宁（今河北肃宁县东南）人。明宦官。熹宗时任司礼秉笔太监，后兼掌东厂，专断国政。天启五年大杀东林党人。崇祯即位后被黜。

㉔据清代沈德潜、周准编《明诗别裁集》载："存古十五从军，十七授命，生为才人，死为雄鬼，汪踦不足多也。诗格亦高古罕匹。"

㉕王昶（一七二五——八〇六），字德甫，上海青浦人。清代学者。曾与庄师洛于明朝诸人残稿中，采掇校勘夏完淳遗文，经何其伟、陈均编印，成《夏节愍全集》。

鲁迅与王国维

　　在近代学人中我最钦佩的是鲁迅与王国维。但我很抱歉，在两位先生生前我都不曾见过面，在他们的死后，我才认识了他们的卓越贡献。毫无疑问，我是一位后知后觉的人。

　　我第一次接触鲁迅先生的著作是在一九二〇年《时事新报·学灯》的《双十节增刊》上。文艺栏里面收了四篇东西，第一篇是周作人译的日本小说，作者和作品的题目都不记得了。第二篇是鲁迅的《头发的故事》。第三篇是我的《棠棣之花》（第一幕）。第四篇是沈雁冰（那时候雁冰先生还没有用茅盾的笔名）译的爱尔兰作家的独幕剧。《头发的故事》给予我的铭感很深。那时候我是日本九州帝国大学的医科二年生，我还不知道鲁迅是谁，我只是为作品抱了不平。为什么好的创作反屈居在日本小说的译文的次位去了？那时候编《学灯》栏的是李石岑，我为此曾写信给他，说创作是处女，应该尊重，翻译是媒婆，应该客气一点。这信在他所主编的《民铎杂志》发表了。我却没有料到，这几句话反而惹起了鲁迅先生和其他朋友们的不愉快，屡次被引用来作为我乃至创造社同人们藐视翻译的罪状。其实我写那封信的时候，创造社根本还没有成形。

　　有好些文坛上的纠纷，大体上就是由这些小小的误会引起来了。但我自己也委实傲慢，我对于鲁迅的作品一向很少阅读。记得《呐喊》初出版时，我只读了三分之一的光景便搁置了。一直到鲁迅死后，那时我还在日本亡命，才由友人的帮助，把所能搜集到的单行本，搜集了来饱读了一遍。像《中国小说史略》一书，我只读过增田涉的日译本，一直到现在还没有读过原文。自已实在有点后悔，不该增上傲慢，和这样一位值得请教的大师，在生前竟失掉了见面的机会。

事实上我们是有过一次可以见面的机会的。那是在大革命失败后的一九二七年年底，鲁迅已经辞卸广州中山大学教务主任回到了上海，我也从汕头、香港逃回到上海来了。在这时，经由郑伯奇、蒋光慈诸兄的中介曾经酝酿过一次切实的合作。我们打算恢复《创造周报》，适应着当时的革命挫折期，想以青年为对象，培植并维系着青年们的革命信仰。我们邀请鲁迅合作，竟获得了同意，并曾经在报上登出过《周报》复刊的广告。鲁迅先生列第一名，我以麦克昂的假名列在第二，其次是仿吾、光慈、伯奇诸人。那时本来可以和鲁迅见面的，但因为我是失掉了自由的人，怕惹出意外的牵累，不免有些踌躇。而正在我这踌躇的时候，后期创造社的几位朋友回国了，他们以新进气锐的姿态加入阵线，首先便不同意我那种"退撄"的办法，认为《创造周报》的使命已经过去了，没有恢复的必要，要重新另起炉灶。结果我退让了。接着又生了一场大病，几乎死掉。病后我亡命到日本，创造社的事情以后我就没有积极过问了。和鲁迅的合作，就这样不仅半途而废，而且不幸的是更引起了猛烈的论战，几乎弄得来不可收拾。这些往事，我今天来重提，只是表明我自己的遗憾。我与鲁迅的见面，真真可以说是失诸交臂。

关于王国维的著作，我在一九二一年的夏天，读过他的《宋元戏曲史》。那是商务印书馆出版的一种小本子。我那时住在泰东书局的编辑所里面，为了换取食宿费，答应了书局的要求，着手编印《西厢》。就因为有这样的必要，我参考过《宋元戏曲史》。读后，认为是有价值的一部好书。但我也并没有更进一步去追求王国维的其他著作，甚至王国维究竟是什么人，我也没有十分过问。那时候王国维在担任哈同办的仓圣明智大学的教授，大约他就住在哈同花园里面的吧。而我自己在哈同路的民厚南里也住过一些时间，可以说居处近在咫尺。但这些都是后来才知道的。假使当年我知道了王国维在担任那个大学的教授，说不定我从心里便把他鄙弃了。我住在民厚南里的时候，哈同花园的本身在我便是一个憎恨。连那什么"仓圣明智"等字样只觉得是可以令人作呕的狗粪上的霉菌。

真正认识了王国维，也是在我亡命日本的时候。那是一九二八年的下半年，我已经开始作中国古代社会的研究，和甲骨文、金文发生了接触。就在这时候，我在东京的一个私人图书馆东洋文库里面，才读到了《观堂集林》，王国维自己编订的第一个全集（《王国维全集》一共有三种）。他在史学上的划时代的成就使我震惊了。然而这已经是王国维去世后一年多的事。

这两位大师，鲁迅和王国维，在生前都有可能见面的机会，而我没有见到，而在死后却同样以他们的遗著吸引了我的几乎全部的注意。就因为这样，我每每总要把他们两位的名字和业绩联想起来。我时常这样作想：假使能够有人细心地把这两位大师作比较研究，考核他们的精神发展的路径，和成就上的异同，那应该不会是无益的工作。可惜我对于两位的生前都不曾接近，著作以外的生活态度，思想历程，及一切的客观环境，我都缺乏直接的亲炙。因此我对于这项工作虽然感觉兴趣，而要让我来作，却自认为甚不适当。六年前，在鲁迅逝世第四周年纪念会上，我在重庆曾经作过一次讲演，简单地把两位先生作过一番比较。我的意思是想引起更适当的人来从事研究，但六年以来，影响却依然是沉寂的。有一次许寿裳先生问过我，我那一次的讲演，究竟有没有底稿。可见许先生对于这事很注意。底稿我是没有的，我倒感觉着：假使让许先生来写这样的题目，那必然是更适当了。许先生是鲁迅的至友，关于鲁迅的一切知道得很详细，而同王国维想来也必定相识，他们在北京城的学术雾围气里同处了五年，以许先生的学力和衡鉴必然更能够对王国维作正确的批判。但我不知道许先生自己有没有这样的兴趣。

首先我所感觉着的，是王国维和鲁迅相同的地方太多。王国维生于一八七七年，长鲁迅五岁，死于一九二七年，比鲁迅早死九年，他们可以说是正整同时代的人。王国维生于浙江海宁，鲁迅生于浙江绍兴，自然要算是同乡。他们两人幼年时家况都很不好。王国维经过上海的东文学社，以一九〇一年赴日本留学，进过东京的物理学校。鲁迅则经过南京的水师学堂，路矿学堂，以一九〇二年赴日本留学，进过东京的弘文学院，两年后又进过仙台的医学专门学校。王国维研究物理学只有一年，没有继续，而鲁迅研究医学也只有一年。两位都是受过相当严格的科学训练的。两位都喜欢文艺和哲学，而尤其有趣的是都曾醉心过尼采。这理由是容易说明的，因为在本世纪初期，尼采思想乃至德意志哲学，在日本学术界是磅礴着的。两位回国后都曾从事于教育工作。王国维以一九〇三年曾任南通师范学堂教习，讲授心理、伦理、哲学，一九〇四年转任苏州师范学堂教习，除心理、伦理、哲学之外，更曾担任过社会学的讲座。鲁迅则以一九〇九年担任浙江两级师范学堂的生理和化学的教员，第二年曾经短期担任过绍兴中学的教员兼监学，又第二年即辛亥革命的一九一一年，担任了绍兴师范学校的校长。就这样在同样担任过师范教育之后，更有趣的是，复同样进了教育部，参加了教育行政工作。王国维是以一九〇六年在当时的学部（即后来的教育部）总务司行走，其后改充京师图书馆的编译，旋复充任名词馆的协调。都是属于学部的，任职至辛亥革命而止。鲁迅则以一九一二年任南京临时政府教育部的部员，初任社会教育司第一科科长，后迁北京，又改为佥事，任职直至一九二六年。而到晚年来，又同样从事大学教育，王国维担任过北京大学的通信导师，清华大学研究院教授，鲁迅则担任过北大、北京师大、北京女子师大、厦门大学、中山大学等的讲师或教授。

两位的履历，就这样，相似到实在可以令人惊异的地步。而两位的思想历程和治学的方法及态度，也差不多有同样令人惊异的相似。他们两位都处在新旧交替的时代，对于旧学都在幼年已经储备了相当的积蓄，而又同受了相当严格的科学训练。他们想要成为物理学家或医学家的志望虽然没有达到，但他们用科学的方法来回治旧学或创作，却同样获得了辉煌的成就。王国维的《宋元戏曲史》和鲁迅的《中国小说史略》，毫无疑问，是中国文艺史研究上的双璧。不仅是拓荒的工作，前无古人，而且是权威的成就，一直领导着百万的后学。王国维的力量后来多多用在史学研究方面去了，他的甲骨文字的研究，殷周金文的研究，汉晋竹简和封泥等的研究，是划时代的工作。西北地理和蒙古史料的研究也有些惊人的成绩。鲁迅对于先秦古物虽然不大致力，而对于秦以后的金石铭刻，尤其北朝的造像与隋唐的墓志等，听说都有丰富的搜罗，但可惜关于这方面的成绩，我们在《全集》中不能够见到。大抵两位在研究国故上，除运用科学方法之外，都同样承继了清代乾嘉学派的遗烈。他们爱搜罗古物，辑录逸书，校订典集，严格地遵守着实事求是的态度。鲁迅的力量则多多用在文艺创作方面，在这方面的伟大的成就差不多掩盖了他的学术研究方面的业绩，一般人所了解的鲁迅大抵是这一方面。就和王国维是新史学的开山一样，鲁迅是新文艺的开山。但王国维初年也同样是对于文学感觉兴趣的人。他曾经介绍过歌德的《浮士德》，根据叔本华的美学思想写过《红楼梦评论》，尽力赞美元曲，而在词曲的意境中提倡"不隔"的理论（"不隔"是直观自然，不假修饰）。自己对于诗词的写作，尤其词，很有自信，而且曾经有过这样的志愿，想写戏曲。据这些看来，三十岁以前，王国维分明是一位文学家。假如这个志趣不中断，照着他的理论和素养发展下去，他在文学上的建树必然更有可观，而且说不定也能打破旧有的窠臼，而成为新时代的一位前驱者的。

两位都富于理性，养成了科学的头脑，这很容易得到公认。但他们的生活也并不偏枯，他们是厚于感情，而特别是笃于友谊的。和王国维"相识将近三十年"的殷南先生所写的《我所知道的王静安先生》里面有这样的一节话："他平生的交游很少，而且沉默寡言，见了不甚相熟的朋友是不愿意多说话的，所以有许多的人都以为他是个孤僻冷酷的人。但是其实不然，他对于熟人很爱谈天，不但是谈学问，尤其爱谈国内外的时事。他对于质疑问难的人是知无不言，言无不尽。偶尔遇到辩难的时候，他也不坚持他的主观的见解，有时也可以抛弃他的主张。真不失真正学者的态度。"（见述学社《国学月报·王静安先生专号》，一九二七年十月三十一日出版。）这样的态度，据我从鲁迅的亲近者所得来的认识，似乎和鲁迅的态度也很类似。据说鲁迅对于不甚相熟的朋友也不愿意多说话，因此有好些人也似乎以为鲁迅是一位孤僻冷酷的人。但他对于熟人或质疑问难的人，却一样是知无不言，言无不尽的。两位都获得了许多青年的爱戴，即此也可以证明，他们的性格是博爱容众的。

但在这相同的种种迹象之外，却有不能混淆的断然不同的大节所在之处。那便是鲁迅随着时代的进展而进展，并且领导了时代的前进；而王国维却中止在了一个阶段上，竟成为了时代的牺牲。王国维很不幸地早生了几年，做了几年清朝的官；到了一九二三年更不幸地受了废帝溥仪的征召，任清宫南书房行走，食五品俸。这样的一个菲薄的蜘蛛网，却把他紧紧套着了。在一九二七年的夏间，国民革命军在河南打败了张作霖，一部分人正在兴高采烈的时候，而他却在六月二日（农历五月三日）跳进颐和园的湖水里面淹死了。在表面上看来，他的一生好像很眷念着旧朝，入了民国之后虽然已经十六年，而他始终不曾剪去发辫，俨然以清室遗臣自居。这是和鲁迅迥然不同的地方，而且也是一件很稀奇的事。他是很有科学头脑的人，做学问是实事求是，丝毫不为成见所囿，并且异常胆大，能发前人所未能发，言腐儒所不敢言，而独于在这生活实践上却呈出了极大的矛盾。清朝的遗老们在王国维死了之后，曾谥之为忠悫公，这谥号与其说在尊敬他，无宁是在骂他。忠而悫，不是骂他是愚忠吗？真正受了清朝的深恩厚泽的大遗老们，在清朝灭亡时不曾有人死节，就连身居太师太傅之职的徐世昌，后来不是都做过民国的总统吗？而一个小小的亡国后的五品官，到了民国十六年却还要"殉节"，不真是愚而不可救吗？遗老们在下意识中实在流露了对于他的嘲悯。不过问题有点蹊跷，知道底里的人能够为王国维辩白。据说他并不是忠于前朝，而是别有死因的。他临死前写好了的遗书，重要的几句是"五十之年，只欠一死，经此世变，义无再辱"。没有一字一句提到了前朝或者逊帝来。这样要说他是"殉节"，实在是有点说不过去。况且当时时局即使危迫，而逊帝溥仪还安然无恙。他假如真是一位愚忠，也应该等溥仪有了三长两短之后，再来死难不迟。他为什么要那样着急？所以他的自杀，我倒也同意不能把它作为"殉节"看待。据说他的死，实际上是受了罗振玉的逼迫。详细的情形虽然不十分知道，大体的经过是这样的。罗在天津开书店，王氏之子参预其事，大折其本。罗竟大不满于王，王之媳乃罗之女，竟因而大归。这很伤了王国维的情谊，所以逼得他竟走上了自杀的路。前举殷南先生的文字里面也有这样的话："偏偏去年秋天，既有长子之丧，又遭挚友之绝，愤世嫉俗，而有今日之自杀。"所谓"挚友之绝"，所指的应该就是这件事。伪君子罗振玉，后来出仕伪满，可以说已经沦为了真小人，我们今天丝毫也没有替他隐讳的必要了。我很希望深知王国维的身世的人，把这一段隐事更详细地表露出来，替王国维洗冤，并彰明罗振玉的罪恶。

但我在这儿，主要的目的是想提说一项重要的关系，就是朋友或者师友。这项关系在古时也很知道重视，把它作为五伦之一，而在今天看来，它的重要性更是有增无已了。这也就是一种重要的社会关系，在一个人的成就上，是一个极其重要的因数。王国维和鲁迅的主要不同处，差不多就判别在他们所有的这个朋友关系上面。王国维之所以划然止步，甚至遭到牺牲，主要的也就是朋友害了他。而鲁迅之所以始终前进，一直在时代的前头，未始也不是得到了朋友的帮助。且让我更就两位的这一项关系来叙述一下吧。

罗振玉对于王国维的一生是关系最密切的一个人，王国维受了他不少的帮助是事实，然而也受了他不少的束缚更是难移的铁案。王国维少年时代是很贫寒的。二十二岁时到上海入东文学社的时候，是半工半读的性质，在那个时候为罗振玉所赏识，便一直受到了他的帮助。后来他们两个人差不多始终没有分离过。罗振玉办《农学报》，办《教育世界》，都靠着王国维帮忙，王国维进学部做官也是出于罗的引荐。辛亥革命以后，罗到日本亡命，王也跟着他。罗是一位搜藏家，所藏的古器物、拓本、书籍，甚为丰富。在亡命生活中，让王得到了静心研究的机会，于是便规范了三十以后的学术的成就。王对于罗似乎始终是感恩怀德的。他为了要报答他，竟不惜把自己的精心研究都奉献了给罗，而使罗坐享盛名。例如《殷虚书契考释》一书，实际上是王的著作，而署的却是罗振玉的名字。这本是学界周知的秘密。单只这一事也足证罗之卑劣无耻，而王是怎样的克己无私，报人以德了。同样的事情尚有《戬寿堂所藏殷虚文字》和《重辑仓颉篇》等书，都本是王所编次的，而书上却署的是姬觉弥的名字。这也和鲁迅辑成的《会稽郡故书杂集》，而用乃弟周作人名字印行的相仿佛。就因为这样的关系，王更得与一批遗老或准遗老沈曾植、柯绍忞之伦相识，更因缘而被征召人清官，一层层封建的网便把王封锁着了。厚于情谊的王国维不能自拔，便逐渐逐渐地被强迫成为了一位"遗臣"。我想他自己不一定是心甘情愿的。罗振玉是一位极端的伪君子，他以假古董骗日本人的钱，日本人类能言之。他的自充遗老，其实也是一片虚伪，聊借此以沽誉钓名而已。王国维的一生受了这样一位伪君子的束缚，实在是莫大的遗憾。假使王国维初年所遇到的不是这样一位落伍的虚伪者，又或者这位虚伪者比王国维早死若干年，王的晚年或许不会落到那样悲剧的结局吧。王的自杀，无疑是学术界的一个损失。

鲁迅的朋友关系便幸运得多。鲁迅在留学日本的期中便师事过章太炎。章太炎的晚年虽然不一定为鲁迅所悦服，但早年的革命精神和治学态度，无疑是给了鲁迅以深厚的影响的。在章太炎之外，影响到鲁迅生活颇深的人应该推数蔡元培吧？这位有名的自由主义者，对于中国的文化教育界的贡献相当大，而他对于鲁迅始终是刮目相看的。鲁迅的进教育部乃至进入北京教育界都是由于蔡元培的援引。一直到鲁迅的病殁，蔡元培是尽了没世不渝的友谊的。蔡、鲁之间的关系，在我看来差不多有点象罗、王之间的关系。或许不正确吧？然而他们相互间的影响却恰恰相反。鲁迅此外的朋友，年辈相同的如许寿裳、钱玄同，年轻一些的如瞿秋白、茅盾，以及成为了终生伴侣的许广平，这些先生们在接受了鲁迅的影响之一面，应该对于鲁迅也发生了回报的影响。就连有一个时期曾经和鲁迅笔战过的后期创造社的几位朋友，鲁迅也明明说过是被他们逼着阅读了好些关于唯物辩证法的文艺理论的书籍的。我这样说，但请读者不要误会，以为我有意抹杀鲁迅的主观上的努力。我丝毫也没有那样的意思。我认为朋友的关系是相互的，这是一种社会关系，同时也就是一种阶级关系，我们固然谁也不能够脱离这种关系的影响，然而单靠这种关系，也不一定会收获到如愿的成就。例如岂明老人①的环境和社会关系应该和鲁迅的是大同小异的吧，然而成就却相反。这也就足以证明主观努力是断然不能抹杀的了。

准上所述，王国维和鲁迅的精神发展过程，确实是有很多地方相同，然而在很关重要的地方也确实是有很大的相异。在大体上两位在幼年乃至少年时代都受过些封建社会的影响。他们从这里蜕变了出来，不可忽视地，两位都曾经经历过一段浪漫主义的时期。王国维喜欢德国浪漫派的哲学和文艺，鲁迅也喜欢尼采，尼采根本就是一位浪漫派。鲁迅的早年译著都浓厚地带着浪漫派的风味。这层我们不要忽略。经过了这个阶段以后，两位都走了写实主义的道路，虽然发展的方向各有不同，一位偏重于学术研究，一位偏重于文艺创作，然而方法和态度确是相同的。到这儿，两位所经历的是同样的过程，但从这儿以往便生出了悬隔。王国维停顿在旧写实主义的阶段上，受着重重束缚不能自拔，最后只好以死来解决自己的苦闷，事实上是成了苦闷的俘虏。鲁迅则从此骎骎日进了。他从旧写实主义突进到新现实主义的阶段，解脱了一切旧时代的桎梏，而认定了为人民大众服务的神圣任务。他扫荡了敌人，也扫荡了苦闷。虽然他是为肺结核的亢进而终止了战斗，事实上他是克服了死而大踏步地前进了。

就这样，对于王国维的死我们至今感觉着惋惜，而对于鲁迅的死我们却始终感觉着庄严。王国维好像还是一个伟大的未成品，而鲁迅则是一个伟大的完成。

我要再说一遍，两位都是我所钦佩的，他们的影响都会永垂不朽。在这儿我倒可以负责推荐，并补充一项两位完全相同的地方，那便是他们都有很好的

《全集》传世。《王国维遗书全集》（商务版，其中包括《观堂集林》）和《鲁迅全集》这两部书，倒真是"虽与日月争光可也"的一对现代文化上的金字塔呵！

但我有点惶恐，我目前写着这篇小论时，两个《全集》都不在我的手边，而我仅凭着一本《国学月报》的《王静安先生专号》和许广平先生借给我的一份《鲁迅先生年谱》的校样；因此我只能写出这么一点白描式的轮廓，我是应该向读者告罪的。

再还有一点余波也让它在这儿摇曳一下吧。我听说两位都喜欢吸香烟，而且都是连珠炮式的吸法。两位也都患着肺结核，然而他们的精神却没有被这种痼疾所征服。特别是这后一项，对于不幸而患了同样病症的朋友，或许不失为一种精神上的安慰和鼓励吧。

一九四六年九月十四日

注释

①即周作人。周作人自号岂明。

论郁达夫

　　我这篇小文不应该叫作"论"，只因杂志的预告已经定名为"论"，不好更改，但我是只想叙述我关于达夫的尽可能的追忆的。

　　我和郁达夫相交远在一九一四年。那时候我们都在日本，而且是同学同班。

　　那时候的中国政府和日本有五校官费的协定，五校是东京第一高等学校，东京高等师范学校，东京高等工业学校，千叶医学校，山口高等商业学校。凡是考上了这五个学校的留学生都成为官费生。日本的高等学校等于我们今天的高中，它是大学的预备门。高等学校在当时有八座，东京的是第一座，在这儿有为中国留学生特设的一年预备班，一年修满之后便分发到八个高等学校去，和日本人同班，三年毕业，再进大学。我和达夫同学而且同班的，便是在东京一高的预备班的那一个时期。

　　日本高等学校的课程在当时分为三个部门，文哲经政等科为第一部，理工科为第二部，医学为第三部。预备班也是这样分部教授的，但因人数关系，一三两部是合班教授。达夫开始是一部，后来又转到我们三部来。分发之后，他是被配在名古屋的第八高等，我是冈山的第六高等，但他在高等学校肄业中，又回到一部去了。后来他是从东京帝国大学的政治经济学部毕业，我是由九州帝国大学医学部毕业的。

　　达夫很聪明，他的英文、德文都很好，中国文学的根底也很深，在预备班时代他已经会做一手很好的旧诗。我们感觉着他是一位才士。他也喜欢读欧美的文学书，特别是小说，在我们的朋友中没有谁比他更读得丰富的。

在高等学校和大学的期间，因为不同校，关于他的生活情形，我不十分清楚。我们的友谊重加亲密了起来的是在一九一八年以后。

一九一八年的下半年我已被分发到九州帝国大学，住在九州岛的福冈市。适逢第六高等学校的同学成仿吾，陪着他的一位同乡陈老先生到福冈治疗眼疾，我们同住过一个时期。我们在那时有了一个计划，打算邀集一些爱好文学的朋友来出一种同人杂志。当时被算在同人里面的便有东京帝大的郁达夫，东京高师的田汉，熊本五高的张资平，京都三高的郑伯奇等。这就是后来的创造社的胎动时期。创造社的实际形成还是在两年之后的。

那是一九二〇年的春天，成仿吾在东京帝国大学造兵科研究了三年，该毕业了，他懒得参加毕业考试，在四月一号要提前回国。我自己也因为听觉的缺陷，搞医学搞得不耐烦，也决心和仿吾同路。目的自然是想把我们的创造梦实现出来。那时候达夫曾经很感伤地写过信来给我送行，他规戒我回到上海去要不为流俗所污，而且不要忘记我抛别在海外的妻子。这信给我的铭感很深，许多人都以为达夫有点"颓唐"，其实是皮相的见解。记得是李初梨说过这样的话："达夫是摩拟的颓唐派，本质的清教徒。"这话最能够表达了达夫的实际。

在创造社的初期达夫是起了很大的作用的。他的清新的笔调，在中国的枯槁的社会里面好像吹来了一股春风，立刻吹醒了当时的无数青年的心。他那大胆的自我暴露，对于深藏在千年万年的背甲里面的士大夫的虚伪，完全是一种暴风雨式的闪击，把一些假道学、假才子们震惊得至于狂怒了。为什么？就因为有这样露骨的真率，使他们感受着作假的困难。于是徐志摩"诗哲"们便开始痛骂了。他说：创造社的人就和街头的乞丐一样，故意在自己身上造些血脓糜烂的创伤来吸引过路人的同情。这主要就是在攻击达夫。

达夫在暴露自我这一方面虽然非常勇敢，但他在迎接外来的攻击上却非常脆弱。他的神经是太纤细了。在初期创造社他是受攻击的一个主要对象。他很感觉着孤独，有时甚至伤心。记得是一九二一年的夏天，我们在上海同住。有一天晚上我们同到四马路的泰东书局去，顺便问了一下在五月一号出版的《创造》季刊创刊号的销路怎样。书局经理很冷淡地答应我们："二千本书只销掉一千五。"我们那时共同生出了无限的伤感，立即由书局退出，在四马路上接连饮了三家酒店，在最后一家，酒瓶摆满了一个方桌。但也并没有醉到泥烂的程度。在月光下边，两人手牵着手走回哈同路的民厚南里。在那平滑如砥的静安寺路上，时有兜风汽车飞驰而过。达夫曾突然跑向街心，向着一辆飞来的汽车，以手指比成手枪的形式，大呼着："我要枪毙你们这些资本家"！

当时在我，我是感觉着："我们是孤竹君之二子。"

胡适攻击达夫的一次，使达夫最感着沉痛。那是因为达夫指责了余家菊的误译，胡适帮忙误译者对于我们放了一次冷箭。当时我们对于胡适倒并没有什么恶感。我们是"异军苍头突起"，对于当时旧社会毫不妥协，而对于新起的不负责任的人们也不惜严厉的批评，我们万没有想到以"开路先锋"自命的胡适竟然出以最不公平的态度而向我们侧击。这事在胡适自己似乎也在后悔，他自认为轻易地树下了一批敌人。①但经他这一激刺，倒也值得感谢，使达夫产生了一篇名贵一时的历史小说，即以黄仲则为题材的《采石矶》。这篇东西的出现，使得那位轻敌的"开路先锋"也确切地感觉到自己的冒昧了。

胡适在启蒙时期有过些作用，我们并不否认。但因出名过早，而膺誉过隆，使得他生出了一种过分的自负心，这也是无可否认的实情。他在文献的考证上下过一些工夫，但要说到文学创作上来，他始终是门外汉。然而他的门户之见却是很森严的，他对创造社从来不曾有过好感。对于达夫，他们后来虽然也成为了"朋友"，但在我们第三者看来，也不像有过什么深切的友谊。

我在一九二〇年一度回到上海之后，感觉着自己的力薄，文学创作的时机并未成熟，便把达夫拉回来代替了我，而我又各自去搞医学去了。医学搞毕业是一九二三年春，回到上海和达夫、仿吾同住。仿吾是从湖南东下，达夫是从安庆的法政学校解了职回来。当时我们都是无业的人，集中在上海倒也热烈地干了一个时期。《创造》季刊之后，继以《创造周报》《创造日》，还出了些丛书，情形和两年前大不相同了。但生活却是窘到万分。

一九二三年秋天北大的陈豹隐教授要往苏联，有两小时的统计学打算请达夫去担任，名份是讲师。达夫困于生活也只得应允，便和我们分手到了北平。他到北平以后的交游不大清楚，但我相信"朋友"一定很多。然以达夫之才，在北平住了几年，却始终是一位讲师，足见得那些"朋友"对于他是怎样的重视了。

达夫的为人坦率到可以惊人，他被人利用也满不在乎，但事后不免也要发些牢骚。《创造周报》出了一年，当时销路很好，因为人手分散了，而我自己的意识已开始转换，不愿继续下去，达夫却把这让渡给别人作过一次桥梁，因而有所谓创造社和太平洋社合编的《现代评论》出现。但用达夫自己的话来说，他不过是被人用来点缀的"小丑"而已。

达夫一生可以说是不得志的一个人，在北大没有当到教授，后来（一九二四年初）同太平洋社的石瑛到武大去曾经担任过教授，但因别人的政治倾向不受欢迎而自己受了连累，不久又离开了武汉。这时候我往日本去跑了一趟又回到了上海来。上海有了"五卅"惨案发生，留在上海的创造社的小朋友们不甘寂寞，又搞起《洪水》半月刊来，达夫也写过一些文章。逐渐又见到创造社的复活。直到一九二六年三月我接受了广州大学文学院长的聘，又才邀约久在失业中的达夫和刚从法国回国的王独清同往广州。

达夫应该是有政治才能的，假如让他做外交官，我觉得很适当。但他没有得到这样的机会。他的缺点是身体太弱，似乎在二十几岁的时候便有了肺结核，这使他不能胜任艰剧。还有一个或许也是缺点，是他自谦的心理发展到自我作贱的地步。爱喝酒，爱吸香烟，生活没有秩序，愈不得志愈想伪装颓唐，到后来志气也就日见消磨，遇着什么棘手的事情，便萌退志。这些怕是他有政治上的才能，而始终未能表现其活动力的主要原因吧。

到广州之后只有三个月工夫，我便参加了北伐。那时达夫回到北平去了，我的院长职务便只好交给王独清代理。假使达夫是在广州的话，我毫无疑问是要交给他的。这以后我一直在前方，广州的情形我不知道。达夫是怎样早离开了广州回到上海主持创造社，又怎样和朋友们生出意见闹到脱离创造社，详细的情形我都不知道。在他宣告脱离创造社以后，我们事实上是断绝了交往，他有时甚至骂过我是"官僚"。但我这个"官僚"没有好久便成了亡命客，我相信到后来达夫对于我是恢复了他的谅解的。

一九二八年二月到日本去亡命，这之后一年光景，创造社被封锁。亡命足足十年，达夫和我没有通过消息。在这期间的他的生活情形我也是不大清楚的。我只知道他和王映霞女士结了婚，创作似乎并不多，生活上似乎也不甚得意。记得有一次在日本报上看见过一段消息，说暨南大学打算聘达夫任教授，而为当时的教育部长王世杰②所批驳，认为达夫的生活浪漫，不足为人师。我感受着异常的惊讶。

就在芦沟桥事变前一年（一九三六年）的岁暮，达夫忽然到了日本东京，而且到我的寓所来访问。我们又把当年的友情完全恢复了。他那时候是在福建省政府做事情，是负了什么使命到东京的，我已经不记忆了。他那时也还有一股勃勃的雄心，打算到美国去游历。就因为他来，我还叨陪着和东京的文人学士们周旋了几天。

次年的五月，达夫有电报给我，说当局有意召我回国，但以后也没有下文。七月芦沟桥事变爆发了，我得到大使馆方面的谅解和暗助，冒险回国。行前曾有电通知达夫，在七月十七日③到上海的一天，达夫还从福建赶来，在码头上迎接着我。他那时对于当局的意态也不甚明了，而我也没有恢复政治生活的意思，因此我个人留在上海，达夫又回福建去了。

一九三八年，政治部在武汉成立，我又参加了工作。我推荐了达夫为设计委员，达夫挈眷来武汉。他这时是很积极的，曾经到过台儿庄和其他前线劳军。不幸的是他和王映霞发生了家庭纠葛，我们也居中调解过。达夫始终是挚爱着王映霞的，但他不知怎的，一举动起来便不免不顾前后，弄得王映霞十分难堪。这也是他的自卑心理在作祟吧？后来他们到过常德，又回到福州，再远赴南洋，何以终至于乖离，详细的情形我依然不知道。只是达夫把他们的纠纷做了一些诗词，发表在香港的某杂志上。那一些诗词有好些可以称为绝唱，但我们设身处地替王映霞作想，那实在是令人难堪的事。自我暴露，在达夫仿佛是成为一种病态了。别人是"家丑不可外扬"，而他偏偏要外扬，说不定还要发挥他的文学的想象力，构造出一些莫须有的"家丑"。公平地说，他实在是超越了限度。暴露自己是可以的，为什么要暴露自己的爱人？这爱人假使是旧式的无知的女性，或许可无问题，然而不是，故所以他的问题弄得来不可收拾了。

达夫到了南洋以后，他在星岛编报，许多青年在文学上受着他的熏陶，都很感激他。南太平洋战事发生后，新加坡沦陷，达夫的消息便失掉了。有的人说他已经牺牲，有的人说他依然健在，直到最近才得到确实可靠的消息，他已经不在人世了。

十天前，达夫的一位公子郁飞来访问我，他把沈兹九写给他的回信给我看，并抄了一份给我，他允许我把它公布出来。凡是达夫的朋友，都是关心着达夫的生死的，一代的文艺战士假使只落得一个惨淡的结局，谁也会感觉着悲愤的吧？

郁飞小朋友：

信早收到。因为才逃难回来，所以什么事情都得从头理起，忙得很，到今天才复你，你等得很着急了吧。

你爸爸是在日本人投降后一个星期才失踪的，到现在还没有回来，大约是凶多吉少了。关于你爸爸的事是这样：在星加坡沦陷前五天，我们一同离开星加坡到了苏门答腊附近小岛上，后来又溜进了苏门答腊。那时我们大家都改名换姓，化装了生意人，谁也不知道我们的来历。有一次你爸爸不小心，讲了几句日本话，就被日本宪兵来抓去，强迫他当翻译。他没有办法，用"赵廉"这个假名在苏岛宪兵部工作了六个月。在这期间，他用尽方法掩护自己，同时帮忙华侨，所以他给当地华侨印象极好。他在逃难中间的生活很严肃。那时我们也在同一个地方，不过我们住的是乡下。他常常偷偷地来看我们，告诉我们日本人的种种暴行，所以他非常恨日本人。后来，他买通了一个医生，说有肺病不得不辞职，日本人才准了他。

一年半以后，星加坡来了一个汉奸，据告日本宪兵，说他在做国际间谍。当地华侨为这事被捕的很多，日本人想从华侨身上知道你爸爸是否真有间谍行为，结果谁也说没有；所以仍能平安无事。在这事发生以前，我们因为邵宗汉先生和王任叔伯伯在棉兰，要我们去，我们就去棉兰了。他和汪金丁先生和其他的朋友在乡间开了一间酒店，生意很好，就此维持生活。

直到日本人投降后，他想从此可以重见天日了，谁知一天夜里，有一个人来要求他帮忙一件事情，他就随便踏了一双木屐从家里走出，就此一去不返。至于来诱他出去的人那是谁，现在还不清楚，大约总是日本人。我们为了这事从棉兰赶回苏，多方面打听，毫无结果。以后我们到了星加坡，又报告了英军当局，他们只说叫当地日本人去查（到现在，那里还是日军维持秩序），那会有呢？

问题是在此：日本降后，照例兵士都得回国，而宪兵是战犯，要在当地听人民控告的。人民控告时，要有人证物证，你爸爸是最好的人证，所以他们要害死他了。而他当时没有想到这一层；没有早早离开，反而想在当地做一番事业。

你不要哭，在这几年当中，你爸爸很勇敢，很坚决，这在你也很有荣誉的。况且人总有一死的呀，希望你努力用功！再会。

你的大朋友　沈兹九

看到这个"凶多吉少"的消息，达夫无疑是不在人世了。这也是生为中国人的一种凄惨，假使是在别的国家，不要说像达夫这样在文学史上不能磨灭的人物，就是普通一个公民，国家都要发动她的威力来清查一个水落石出的。我现在只好一个人在这儿作些安慰自己的狂想。假使达夫确实是遭受了苏门答腊的日本宪兵的屠杀，单只这一点我们就可以要求把日本的昭和天皇拿来上绞刑台！英国的加莱尔说过"英国宁肯失掉印度，不愿失掉莎士比亚"；我们今天失掉了郁达夫，我们应该要日本的全部法西斯头子偿命！……

实在的，在这几年中日本人所给予我们的损失，实在是太大了。但就我们所知道的范围内，在我们的朋辈中，怕应该以达夫的牺牲为最惨酷的吧。达夫的母亲，在往年富春失守时，她不肯逃亡，便在故乡饿死了。④达夫的胞兄郁华（曼陀）先生，名画家郁风的父亲，在上海为伪组织所暗杀。夫人王映霞离了婚，已经和别的先生结合。儿子呢？听说小的两个在家乡，大的一个郁飞是靠着父执的资助，前几天飞往上海去了。自己呢？准定是遭了毒手。这真真是不折不扣的"妻离子散，家破人亡"！达夫的遭遇为什么竟要有这样的酷烈！

我要哭，但我没有眼泪。我要控诉，向着谁呢？遍地都是圣贤豪杰，谁能了解这样不惜自我卑贱以身饲虎的人呢？不愿再多说话了。达夫，假使你真是死了，那也好，免得你看见这愈来愈神圣化了的世界，增加你的悲哀。

一九四六年三月六日

注释

①他后来曾经写过一封信来，向我缓和，似道歉而又非道歉的。——作者注

②这人是太平洋社的一位头子，利用过达夫和创造社的招牌来办《现代评论》的。——作者注

③此处日期疑有误。作者从日本回到上海的时间应为七月二十七日。

④一九三七年十二月，侵陷富阳的日军强迫郁达夫的母亲陆氏驮运货物，郁母在夜间躲入住宅的夹壁中，于同月三十一日终因冻饿致死。

附录　再谈郁达夫

关于达夫，我已经写过一篇《论郁达夫》，收在《历史人物》里面了。

最近看见王任叔的《记郁达夫》（《人世间》第二卷第一期），有些地方提到我和达夫间的关系，然而显然有着错误，因此我想再来谈谈。

> 是他，这郁达夫，在日本《人名大字典》上，地位比郭沫若还高。"郭沫若就是这样妒忌我郁达夫的"（达夫亲自对我这么说），谁还不知道郁达夫呢……

我可不相信郁达夫果真说过这样的话，恐怕是王先生记错了吧？

第一，所谓日本《人名大字典》，我就不知道是什么人著的，什么书房出版的。第二，在字典上的地位的高低，我也不懂这意义。既是字典，应该郁达夫是一项，郭沫若是一项。郁达夫的郁，照日本的汉读是读为 Iku 的，郭沫若的郭是读为 Kaku 的。如依罗马字的顺次排列，I 在 K 之前，郁自然比郭会高。如依日本假名排列，无论依照"伊吕波歌"的顺序或"五十音图"的顺序，郁字都得在郭字之前。再说，依汉文的笔画吧，郁也当得在郭之前。我怎么幼稚到那样可怜，会因在字典上的地位的高低而"妒忌"达夫呢？达夫又何至于幼稚得那样可怜，要说我因为字典上的地位的高低而妒忌他呢？要么，除非那字典的编法，就和班固的《古今人表》的编法那样，是分了上中下的人品的，不然这字典上的地位的高低，我实在有点不能理解。

或许是编字典的人在叙述我和达夫的项下，曾经为我们较量过高低，而加以评骘吧。这倒是可能的。事实上达夫是比我高，我向来都承认。关于这层，我比任何第三者的日本人认识得更清楚，达夫也是认识得很清楚的。他的天资比我高，学识比我高，外国文和外国文学的修养比我高，中国旧诗的成就比我高，小说是他的专长，当然更比我高。这些我都是一向承认的，我有达夫这样的朋友感觉过骄傲是实在，怎么能说我"妒忌"他呢？要说别种意义上的"地位"，创造社根本就没有过严密的组织，说不上谁高谁低。不过要拿学级来说，成仿吾要高我们一级，应该算他最高。达夫虽然和我同级，但他学的是经济，大学三年毕业，我学的是医学，四年毕业，我在中间为创造社的建立，曾回国休学一年，因此达夫的大学学程是早我两年毕业的，自然他就高过了我。创造社的各种刊物如《创造》季刊、《创造周报》《创造日》《创造月刊》，乃至《洪水》半月刊、《流沙》《文化批判》《思想》等，我都没有负过主编的名义。初期的几种，主要是达夫和仿吾负责的。如要以主编者来定高低的话，我也得承认，达夫和仿吾都高过我。但我何至于因为这样的高低而生"妒忌"呢！

所以我不能相信达夫会对任叔先生说过那样的话，那一定是王先生记错了。

自然，我和达夫，也有过一些龃龉的地方，那是无可讳言的。普通的"兄弟"不是都还要"阋墙"的吗？但龃龉的动机也并不是出于"妒忌"，更说不上是因为地位的高低。本来这些往事，我在有些机会上都是叙述过的，为读者的方便起见，我不妨把来汇集在这儿。

第一次的龃龉：

这是一九二三年在编《创造日》的时候发生的。当时的政学会（即后来的政学系）有一个机关报在上海叫《中华新报》，由张季鸾在主笔政。张季鸾和我们都是大高同学会里面的人（日本留学生毕业于帝国大学及各高等学校者合组为大高同学会），有一次就在同学会的聚餐上，季鸾向我提议，要创造社的朋友们替《中华新报》编一个副刊，我采取了慎重的态度，答应和大家商量。在我和达夫、仿吾商量的时候，我是不赞成出的。我的理由是政学会的倾向有问题，《中华新报》报格不高（当时在上海只是三四等报，销路百来份），我们也忙不过来（当时有《季刊》和《周报》）。但达夫和仿吾都赞成出，我也就退让了。于是我们分工，我对《周报》更多负些责任，仿吾和达夫对《创造日》更多负些责任。但我得承认，我们在情趣上是有些龃龉的。不幸《创造日》只出到一百期，由章士钊的来沪，而被报馆方面提议停刊了。

第二次的龃龉：

这是在《创造日》创刊后不久的事。北大教授陈豹隐要赴苏联，他所担任的统计学，一星期有两个钟点，他打电报来请达夫去担任，充北大的讲师。这时我是不赞成达夫去的。达夫应该把他的使命放在文学上，何必去教统计？讲师的地位不大冠冕，何必屈就？《创造日》刚创刊，达夫一走，如何维持？但达夫和仿吾都主张去，我也就退让了。不过我也得承认，我是感觉着有点不舒服的。特别是达夫去后一直不替创造社的刊物写文章，一时俨然把我们当成了路人。

第三次的龃龉：

这是一九二四年四月《创造周报》办了一周年要停刊的时候。达夫去北平后不写稿子，仿吾已决定赴广东大学任理科教授，我自己在意识上有了转变，《周报》便决定停刊，我跑到日本去搞社会科学去了。而达夫在这时却决计与太平洋社合作，由太平洋社与创造社合办《现代评论》，这是使我最伤感情的一件事。太平洋社的主要人物就是王世杰、周鲠生、杨端六、皮宗石、陈源那一批大学教授，我认为和他们合不拢来，而且把文艺拿去作为并不进步的政论的附庸，分明是一种后退。然而达夫和仿吾商议的结果，便在《周报》上登出了合办《现代评论》的预告。我在日本看见这预告时是伤心痛哭过的。结果达夫在《现代评论》的地位，后来自己认为是"小丑"，还惹起语丝社的误解认为我们帮凶，我和仿吾都还挨过骂。实在是大不值得的一件事。

第四次的龃龉：

这是一九二七年在北伐期中的事。我那时在南昌，达夫辞去了广州中山大学的教职回上海来专门负责经营创造社。他用"曰归"的笔名在《洪水》半月刊上发表了一篇《广东事情》，尽量暴露了广东方面不满人意的地方。我认为不妥当，曾经分别写信与仿吾和达夫，表示意见。那时上海还在孙传芳的管制下，广东情形尽管不满人意，总还是革命的大后方，不好在敌人的管制区域去加以揭露；何况创造社的朋友们都集中在广州，而我又在前方，我们的步调这样不一致，会弄得大家难处。但就以这一封信为导线，后来竟惹得达夫登报声明脱离创造社了。当然也还有别的原因。那时候达夫和上海新月社的人们太接近了，那些人们是在孙传芳、丁文江的羽翼下的，因此便遭了创造社小朋友们的反对。达夫对这，或许曾有误解，以为是出于我的策动。达夫在前多少有过一些偏见，他总以为创造社的小朋友们多是我的私人，其实那完全是误解，达夫后来也当然是觉察了的。

就这样，龃龉又加龃龉，我们终至于闹到过绝交。这些都是事实。但绝不是谁"妒忌"谁，也决不是谁的地位高低的问题。在达夫正式宣布绝交后，他公开地写过文章来骂过我，骂过仿吾，骂过创造社的其他的人，有达夫的文章可以复案。我也忍受不过，曾经隐讽地回答过一下，大约是写在《桌子的跳舞》里面的吧。我们那时都还年轻，感情彼此都不容易控制，是值得遗憾的事。但我始终对达夫是怀着尊重和惋惜的意思的。我尊重他的天才，尊重他的学殖，尊重他的创作成绩，更尊重他的坦白直率，富于情谊，为了朋友每每不顾一切，把自己置诸度外；但我可惋惜他有时候比我更加轻率，做事情往往太不思前想后，过于冲动，而且他往往过分自贱自卑，这在我看来有点类似于自暴自弃或不自爱不自重的程度的。可是今天我得承认，这些都正是达夫的美德。他那样容易忘我，实在是他的品格崇高的地方。我自己比起他来，实在是庸俗得非常。我虽然也是一位冲动性的人，但比起他来，我要更矜持得多，更有打算得了。我做一件事情，每每有点过分的思前想后，而采取保守。在表面看来，我好像是一位急进分子，而达夫倾向于消极，而在我们的气质上，认真说，达夫实在比我更要积极进取得多。但他的积极进取性没有得到充分的适当的展开，那是应该归罪于时代和环境的。

然而达夫行事尽管有时候过于轻率，有时候容易被人利用，但他本质上是一位善良而无私的人。他只要一发觉他的轻率，被人利用，他便能够立刻回头，不致陷入太深。他和太平洋社的关系，和新月社的关系，都是这样。但他和创造社的关系却是恢复了的。我们几位老朋友，尽管闹翻过一次，结果还是言归于好了。我们是和弟兄一样，虽然十年反目，但把目再反过来，依然又是兄弟。我现在就说到他和我的复交吧。那是在一九三六年的年底，达夫曾经游历过一次日本，我那时候还住在日本千叶县的一个乡下市川。他亲自到市川里来访我，我们是高兴得无以复加的。那时的情绪我写过一篇《达夫的来访》，收在《归去来》一个集子里面了。

那一回达夫曾先后到乡间三次。我因为他的关系，也被东京的日本文人们邀去参加过几次欢迎他的宴会。达夫是十二月十七日离开东京的，我还曾赶到东京驿去送行，但正碰着车子开。达夫站在最后一节的头等车的最后的凉台上，挥着帽在向车站上很多送行的人惜别。我跑去杂在那些人众中间，他恐怕是没有看见的（关于这层，后来见面后我也忘记问到）。我跟着车子跑了一段，放开喉咙喊了好几声"达夫"。这些情形仿佛还是昨天的事一样。

达夫那时是在福建省政府做事情，他的到东京纯粹是游历性质，但他遭到日本人的误解倒是事实。那时候日本人正积极筹备着对于中国的大侵略，在经济国策上在搞着所谓"战时体制"，在政治上在搞着什么"国体明征"，又有什么"社会新编制"。一句话归总，法西斯体系的完成是在露骨地加紧。因此，一般有爱国情绪的中国留学生也是在被加紧监视中的。达夫在这样的局势下去游历，表面上虽然受着一些文人们的欢迎，而实质上却受着宪兵警察们的监视。在十二月五号，研究中国文学的一部分日本人士曾经邀请达夫在学士会馆讲演，讲中国的诗，但在未开讲之前便被警察禁止了。

第二年七月七日芦沟桥事件爆发，我在七月二十七日便逃回到了中国来。我的回国的经过，在初日本人方面因为不明真相，是有过一番揣测的，他们以为是和达夫有密切的关系。达夫在半年前之来，就是负了这个使命。这种揣测很具体地表现在佐藤春夫的一篇小说里面，题目似乎是《亚细亚的儿子》，曾经在《中央公论》上发表，后来并且电影化了的。那就是把我的归国拿来做了题材，而加以种种想象的成分，并说到我回国大感失望，后来又跑到殷汝耕那边去从事"大东亚和平运动"，做了一座大医院的院长，于是大团圆。中间关于我回国，就把达夫的游日连接上了。他把达夫写成为一个间谍，而且写得很坏。这位佐藤春夫和我们并不生疏，他在介绍鲁迅上更曾经被国内一部分的朋友们感觉着亲暱的，但他事实上是日本军阀的一个号筒，他是大日本主义的一位积极的鼓吹者。达夫游历东京时，对他曾经特别表示过敬意，但没想出在他的笔下竟被写成了不可想象的反派。达夫为这事曾经写过文章来驳斥，那时我们同住在武汉，是武汉还没有陷落的时候。这篇文章将来总可以有方法查出吧。就是佐藤春夫的那篇小说，一定也可以查出的。在武汉时，最初看见那小说的是崔万秋，因为他在国际宣传处服务。他们经过特种关系，是经常可以见到日本的报章和杂志的。

　　我现在倒感悟到了。佐藤春夫的那篇小说，说不定和达夫的遇害有着密切的关系。他把达夫写成间谍，而把我的回国归到达夫的策动，这可能是代表着日本官宪的意见。即使不是奉命而写，但经他一个人的想象那样写成之后，他是有很多的读者的人，自然可以把那种误解传播得很广，而使那种误解也就成为日本官宪的意见了。这真是一件万分遗憾的事。日本人是很褊狭的，而且复仇心很顽强，达夫如被那样误解，日本宪兵要不甘心他，那真是近情近理的事了。是这样，我们竟直可以说：佐藤春夫把达夫杀害了！

　　佐藤春夫的揣测，其实完全是误解。这误解传播得似乎很广，就在王任叔的文章里面也说着这样的话：

> 　　而且，也是他，这郁达夫，曾经做过蒋委员长顾问，当过中央设计委员会的委员；而且还是他，抗战的直前，去过日本，和许世英大使共同设计把郭沫若弄回中国来的。日本人一定是痛恨郁达夫死了的……

　　这差不多就完全承受着佐藤春夫的揣测。其实关于我的回国，达夫虽然有着一些间接的关系，但对于直接的策动是毫不相干的。我现在可以把我回国的经过，扼要地叙述出来，因为现在是可以公开的时候了。

　　在芦沟桥事变前两三个月光景，达夫从福州突然给我一个电报，说当局对于我将有重用，要我赶快回国。我回电请他把详细情形告诉我，但他却没有回信。事实也就阴消下去了。

　　芦沟桥事变发生后，直接帮助了我行动的是钱瘦铁和金祖同。瘦铁在王芃生的系统下做情报工作，他曾经把我的意思通知当时在国内的王芃生，得到了政府的同意，他便为我负责进行购买船票等事项。祖同便奔走于东京与市川之间传递消息。当然大使馆方面也是知道情形的。一切的准备停当了，我于七月二十五日破晓离开市川，在东京和瘦铁、祖同取齐，乘快车到神户，改乘加拿大皇后号回国。祖同是一同跟着我回国的。在动身之前，我曾关照过大使馆，请拍一电报通知达夫。因此，我在七月二十七日到上海时，达夫竟从福州赶来迎接了我。当时我问了达夫，他打电报给我的经过，他只说是当时福建省主席陈公洽要他打的，他也把我的回电给了陈公洽，但以后却没有下文，一切经过的详情他也不知道。他劝我往福州去，但我谢绝了。达夫就在当天下午便乘船回福州去了。

这，就是达夫对于我的回国所参预的全部，事实上他只做了一番间接又间接的传达消息的工作，并不是他"和许世英大使共同设计"把我弄回中国来的。这真是把达夫冤枉死了。但为什么又选到达夫来和我通消息呢？这在后来我是弄清楚了，虽然也并不怎么清楚，只是一个大略。

我回国后便住在上海，当局曾经要我到南京，我没有去。一直到九月底，又由陈诚的推挽，我终竟到了一次南京，见了一次蒋介石，只两三天工夫我又回上海来了。在回上海的前夕，我去访问张群并向他辞行。是他亲自把底细告诉了我，我才把这个闷葫芦凿破了。

原来四五月间，在庐山有重要的聚会，张群和其他的一部分人，说到了我，认为可以让我回来做些工作了。在当时我是受着通缉的，必须蒋介石点一个头，我才有公开回国的可能。张群在一个机会上向蒋提出了，也得到了允许，因此我的回国便不成问题了。但怎样把这消息来通知我呢？陈公洽那时也在庐山，便想到达夫和我的关系，所以就由他通知达夫，由达夫再通知我。这些经过，连达夫自己也是不知道的。

这里顺便我还想叙述一点后来的事。

在上海成为孤岛以后，我以十一月二十七日赴香港，后来又到广州。在第二年的正月六日我接到陈诚的电报邀我到武汉。到了武汉，才知道有政治部的复活，由陈诚任部长，周恩来和黄琪翔任副部长，要我担任第三厅，主持宣传工作。我知道工作的困难，无心再作冯妇，在二月我逃到长沙去躲避了一个月，但终竟躲不掉，只好又回到武汉。筹备了一个月，在四月一日才勉强把三厅成立了，比其他的厅后了两个多月。政治部的编制原本是一厅两处，挨着次序，第三厅是只包含第五处和第六处的。第五处主管文字宣传，由胡愈之担任处长。第六处主管艺术宣传，由田寿昌担任处长。但在筹备中蒋要我们添设一处第七处，主管对敌宣传。我便想请达夫主持，立即打电去福州邀请他。但因工作迫切，等不得他来只得就近请范寿康担任了。因此等达夫到达武汉时，三厅的组织已经完全就绪，便只好聘他为设计委员了。有的人不了解这些经过，曾经责怪过我：认为我既把达夫请来，又不重视他，而给他一个闲差事。这完全是局外人的一种皮相的观察。认真说，三厅的工作连我自己根本就是不愿意担任的。勉强担任下来了，受着种种的牵制，工作无法开展。稍微开展了一些，其他组织动员的工作又配合不上来，而且彼此做些相对消的事。那真是痛尽了头。所以要说是闲，则三厅三处的工作差不多无一不闲。我倒宁肯真的闲下来，可以减少些苛烈的责任感。当时三厅的人大家都是很苦闷的，这不是我一个人的牢骚。因此假如由得我自由，我就让达夫来做厅长，我去做设计委员，倒也是心甘情愿的。达夫在设计委员的地位，曾自由自在地驰骋于台儿庄等战区，在我们倒是艳羡不置的。

总之达夫的长才未尽，竟死难于异域，是可悲的事。而他的死可能还是因为曾经营救我而招致，那就更使我没齿不能泯此哀思了。力量不足，生不能够尽保护朋友的责任，死又不能够表彰，实在是非常的遗憾。

然而达夫是完成了一个有光辉的特异的人格的。鲁迅的韧，闻一多的刚，郁达夫的卑己自牧，我认为是文坛的三绝。

一九四七年十月十八日

论闻一多做学问的态度

　　最近吴辰伯先生把《闻一多全集》的稿子从北平给我寄了来，除掉少数几篇"缺"或"缓交"的之外，我费了两个礼拜的工夫细细地校读了两遍，校补了一些誊录上的错误和夺落，填写了一些古代文字，更把全部的标点统一了。全稿的字数我没有过细计算，大约总在一百五十万字以上吧。在这里面关于文化遗产的部分要占四分之三，关于近代学识，特别是参加民主运动以来的著述，仅占极少数。因此从这整个的遗稿上使我得到一个这样的印象：一棵茁壮的向日葵刚刚才开出灿烂的黄花，便被人和根拔掉，毁了。

　　"千古文章未尽才"，这是夏完淳哭他的内兄钱漱广的一句诗。这两三个礼拜来老是在我的脑子里和口角上盘旋着。闻一多的大才未尽，实在是一件恨事。他假如不遭暗害，对于民主运动不用说还可以作更大的努力，就在学问研究上也必然会有更大的贡献的。

　　我本来打算再把遗稿作第三次的校读，然后细心地来写一篇《闻一多的为人及其为学》那样的文章。但《大学》的主编夏康农先生为了急于要纪念一多，一定要叫我提前写作。我现在只好粗枝大叶地写些他的做学问的态度吧，主要地局限在整理古代遗产这一方面。

　　一多对于文化遗产的整理工作，内容是很广泛的。他所致力的对象是秦以前和唐代的诗与诗人。关于秦以前的东西，除掉一部分的神话传说的再建之外，他对于《周易》《诗经》《庄子》《楚辞》这四种古籍，实实在在下了很大的工夫。就他所已成就的而言，我自己是这样感觉着：他那眼光的犀利，考证的赅博、立说的新颖而翔实，不仅是前无古人，而且恐怕还要后无来者的。这些都不是我一个人在这儿信口开河，将来他的《全集》刊布后，凡是细心阅读过它的人，我相信都会发生同感。我现在姑且举两个例子在这儿。

第一，他有一篇《诗新台鸿字说》，解释《诗经·邶风·新台篇》里面"鱼网之设，鸿则离之"的那个鸿字。两千多年来读这诗的人都马虎过去了，以为是鸿鹄的鸿，但经一多从正面、反面、侧面来明证，才知道这儿的"鸿"是指蟾蜍即虾蟆。古人曾叫虾蟆或蟾蜍为"苦蚳"（见《广雅·释鱼》和《名医别录》），苦蚳就是鸿的切音了。苦蚳为鸿亦犹窟笼为孔，喉咙为亢。而更巧妙的是有一种草名叫屈芨的，别名也叫着鸿。《淮南子·地形篇》"海间生屈芨"，高诱注云："屈芨，游龙，鸿也。"这确是很重要的发现。要把这"鸿"解成虾蟆，然后全诗的意义才能畅通。全诗是说本来是求年青的爱侣却得到一个弓腰驼背的老头子，也就如本来是想打鱼而却打到了虾蟆的那样。假如是鸿鹄的鸿，那是很美好的鸟，向来不含恶义，而且也不会落在鱼网子里，那实在是讲不通的。然而两千多年来，差不多谁都以这不通为通而忽略过去了。

其次，再举《天问·释天》里面解释"顾菟"的一条吧。"夜先何德，死则又育？厥利维何，而顾菟在腹？"这是问的月亮的情形。向来的人都把顾和菟分开来，认为顾是顾望，而菟就是兔子。到了清代的毛奇龄，认为顾菟不能分开，是月中的兔名，算是进了一步。直到闻一多，又才举出了十一项证据来，证明顾菟就是蟾蜍的别名。蟾蜍一名居蝫，与顾菟实一音之转。同一转语则为科斗，为活东，与蟾蜍实为一体。《汉少室神道阙》刻月中蟾蜍四足一尾，宛如科斗后期之形，故知顾菟亦即科斗。闻先生举了十一例以证成其说，虽然他还在浩叹："既无术以起屈子于九泉之下以为吾质，则吾虽辩，其终不免徒劳乎？噫！"但我敢于相信，他的发现实在是确凿不易的，并不是"徒劳"。

像这样细密新颖地发前人所未发的胜义，在全稿中触目皆是，真是到了可以使人瞠惑的地步。这样一位富有发明力的天才，我隐隐地感觉着，可惜是用在文字学或文献学这一方面来了。假如是用在自然科学或技术科学方面，不会成为更有益于全人类的牛顿和爱迪生吗？我固然无心要在文献学和自然科学或技术科学中定出轩轾的差别。用科学的方法来治理文献或文学，其实也就是科学。但如站在功利的立场，那价值的广狭，的确是大有甸句的。虽然在中国也尽有的是这样的功利学者，认为一个古字古义的发明实不亚于天文学家发现了一个星球。①或许是吧，但我并不想那样夸张地看，我相信闻一多先生也不曾那样夸张地看的。

闻先生治理古代文献的态度，他是承继了清代朴学大师们的考据方法，而益之以近代人的科学的致密。为了证成一种假说，他不惜耐烦地小心地翻遍群书。为了读破一种古籍，他不惜在多方面作苦心的彻底的准备。这正是朴学家所强调的实事求是的精神，一多是把这种精神彻底地实践了。唯其这样，所以才能有他所留下的这样丰富的成绩。但他的彻底处并不是仅仅适用于考据，他把考据这种工夫仅是认为手段，而不是认为究极的目的的。请看他在《楚辞校补》的引言上所说的这样的话吧：

> 较古的文学作品所以难读，大概不出三种原因。（一）先作品而存在的时代背境与作者个人的意识形态，因年代久远，史料不足，难于了解；（二）作品所用的语言文字，尤其那些"约定俗成"的白字（训诂家所谓"假借字"），最易陷读者于多歧亡羊的苦境；（三）后作品而产生的传本的讹误，往往也误人不浅。《楚辞》恰巧是这三种困难都具备的一部古书，所以在研究它时，我曾针对着上述诸点，给自己定下了三项课题：（一）说明背境，（二）诠释词义，（三）校正文字。

凡是古书，把这三种困难都是具备着的，事实上并不限于《楚辞》。因而他所规定的三项课题，其实也就是研究古代文献上的共同的课题。尤其是第一种，那是属于文化史的范围，应该是最高的阶段。但中国自秦、汉以来两千多年，实在还没有产生出过一部好好的文化史。专家的研究也是同样。汉儒的研究是在第二第三阶段上盘旋，宋儒越蹦了第三阶段，只是在第二阶段的影子上跳跃。清儒又回到第二第三阶段上来，然而也只在这里踯躅，陶醉于训诂名物的糟粕而不能有所超越。这是当然的。要想知道"时代背境"和"意识形态"，须要超越了那个时代和那个意识才行。"不识庐山真面目，只缘身在此山中"。不能超越那个时代和意识，那便无从客观地认识那个时代和那个意识，不用说你更不能够批判那个时代和那个意识。就像孩儿期中孩儿自身不明白自己的处境和意识的一样，两千多年的封建社会的停滞也就必然地汇成了封建意识的污潴。要澄清这污潴，今天正是时候了。

我们再看一多在《楚辞校补》的引言中叙述着他的苦衷吧。他认为他所拟定的三项课题，最好是同时交卷，然而为情势所迫，他一时不能够全部完成，"只好将最下层，也是最基本的第三项——校正文字的工作，先行结束，而尽量将第二项——诠释词义的部分容纳在这里"。他认为这是"权变的办法"，是他所极不愿做的。然而为了"可以腾出时间来多做点别的事"，他终于这样做了。这引言是写于一九四一年的十二月八日，也正是民主运动开始发动的时候，我们看他这样急于想"腾出时间来多做点别的事"的苦心，不可以看出一多以后的活动是早有部署在心的吗？但我在这儿注意地引用到这段文字的用意，倒侧重在他对于自己所从事的工作具有全盘的计划，而且在完成计划的各个步骤上的评价他是丝毫也没有陷于自我陶醉的。"校正文字"和"诠释词义"的工作，这些正是考据家们所兢兢焉乐道的事业，而在他只是基本的准备工作，而且"校正文字"还只是"最下层"。这不明显地表示着：他丝毫也没有把自己的工作做过分的夸大视吗？他的《楚辞校补》在他自己看来既只是第二第三阶段上的作品，我们准据着这同一的自白，也可以知道，他对于他的《周易义证类纂》《诗经新义》《诗经通义》《庄子内篇校释》《离骚解诂》等，这样一连串的在文字训诂上极有价值的文字，也不过是视为第二第三阶段的工作罢了。其实这些著作，当代的考据家们，假使能有得一篇，也就尽足以自豪的。事实上是他们一篇也没有，已经就在自豪了。一些旧式的或新式的卫道者，不是根本连字都不认识，便在那儿以仲尼复活，墨翟再生自命吗？闻先生不是这样的糊涂虫。他虽然在古代文献里游泳，但他不是作为鱼而游泳，而是作为鱼雷而游泳的。他是为了要批判历史而研究历史，为了要扬弃古代而钻进古代里去刳它的肠肚的。他有目的地钻了进去，没有忘失目的地又钻了出来。这是那些古籍中的鱼们所根本不能想望的事。

一九四四年的五月三日的晚上，在昆明的联大新舍南区十号教室里，曾经举行过一次"五四"历史座谈，据记录，在周炳琳、张奚若等发言之后，闻一多发言。他曾经这样说过：

刚才张先生说辛亥革命是形式上的革命，"五四"是思想革命，正中下怀，但是你们现在好像是在审判我，因为我是在被革的系——中文系里面的。但是我要和你们里应外合！

他这就是说钻进"中文"——中国文学或中国文化——里面去革中文的命。他说"封建社会的东西全是要不得的。我相信，凭我的教育经验和心得，它是实在要不得的。中文系的任务就是要知道它的要不得，才不至于开倒车"。今天搞中文的人谁个具有这样的抱负？旧式的卫道者不用说了，就拿现在一些搞"国文"的新式学者来说，不是月月都在那儿祖述桐城，甚至还在赞扬八股吗？那些君子们不用说不是中文的革命叛徒，简直是唐、宋盛世的辅命功臣了。要说猗欤休哉，也的确是值得说一声猗欤休哉的！

然而一多却不是这样的功臣！他搞中文是为了"里应外合"来完成"思想革命"。这就是他的治学的根本态度。为了要得虎子而身入虎穴，决不是身入虎穴去为虎作伥。他在写考证文字的时候照例使用文言，但他认为"未能免俗"，他梦想着要用白话文来写考证文字。这也是见于《楚辞校补》引言里的话，可见他就在迫不得已使用文言上，都没有忘记要扬弃文言。但他在第一阶段的工作——即最上层的批判时代背境与意识形态上，他是断然把文言扬弃了的。这段工作，他虽然做得不多，但已经开始在做。而且在做的过程中，他自己的意识形态已经有了变迁和改进，也是可以明白地看出的。这可以把他的《庄子》和《人民诗人屈原》两篇文章拿来做证明。

一多不仅在《庄子》的校释上做了刻苦的工夫，他另外有一篇题名就叫《庄子》的论文，直可以说是对于庄子的最高的礼赞。这篇文章可惜稿件中没有注出写作的年月（整个《一多全集》稿的缺点，便是各篇文章都没有注上年月），不知是什么时候写的。但从那内容上看来，必然是他比较早年的作品。他是在那儿诚心诚意地赞美庄子，不仅陶醉于庄子的汪洋恣肆的文章，而且还同情于他的思想。请看下面的这些摘录吧。

> 有大智慧的都会认识道的存在，信仰道的实有，却不像庄子那样热忱地爱慕它。
>
> 是诗少不了那一个哀艳的情字。《三百篇》是劳人思妇的情；屈宋是仁人志士的情；庄子的情可难说了，只超人才载得起他那神圣的客愁。所以庄子是开辟以来最古怪、最伟大的一个精神。

　　读《庄子》的人，定知道那是多层的愉快。你正在惊异那思想的奇警，在那踌躇的当儿，忽然又发觉一件事，你问那精微奥妙的思想何以竟有那样凑巧的曲达圆妙的辞句来表现它，你更惊异；再定神一看，又不知道那是思想那是文字了，竟许甚么也不是，而是经过化合作用的第三种东西，于是你尤其惊异。这应接不暇的惊异，使你加倍地愉快，乐不可支。这境界，无论如何，在庄子以前，绝对找不到，以后，遇着的机会确实也不多。

　　文中之支离疏，画中的达摩，是中国艺术里最特色的两个产品。正如达摩是画中有诗，文中也常有一种"清魄入图画，视之如古铜古玉"（龚自珍《书金伶》）的人物，都代表中国艺术中极高古、极纯粹的境地，而文学中这种境界的开创者则推庄子……这种以丑为美的兴趣，多到庄子那程度，或许近于病态。可是谁知道，文学不根本便犯着那嫌疑呢！

　　这和《死水》中所表现的思想有一脉相通的地方，大约就是新月时代的闻一多的表白吧？你看他那陶醉于《庄子》的"乐不可支"的神情！他在迷恋着"超人"，迷恋着"高古""神圣""古铜古玉""以丑为美"（《死水》的主要倾向），甚至于迷恋于庄子的"道"。"认识道的存在"、"信仰道的实有"的是"有大智慧的"人。意在言外地憧憬着要"像庄子那样热忱地爱慕它"。庄子的"道"是什么？那是我们中国古代的黄老学派所悬拟的宇宙万汇的本体。眼前的宇宙万汇是可视、可闻、可臭、可触的感官界，但这感官界的来源是有一个超越于感官的不可见、不可闻、不可臭、不可触的实质的本体。那本体的名字就叫着"道"。宇宙万汇都是这"道"的化身，一切变化都是"道"的活动。"道"是宇宙万汇的创化者，也就是宇宙万汇的真正的主宰者（"真宰"）。所以"道"这个东西其实就是前一时代的所谓"上帝"的混沌化，"上帝"是有眼耳口鼻的人形，"道"是没有眼耳口鼻的混沌而已。万物都是"道"，也就是说万物都是神。庄子的思想在我们中国古代本是一种泛神论的思想。这种思想和印度的古代和希腊的古代某些形而上学家的想法是共通的，在反对神、反对宗教、反对建立在教权上的统治方式上，很有足以使人迷恋的地方。而加以庄子的古今独步的文笔，的确是陶醉了不少的人。我自己在年轻的时候也就是极端崇拜庄子的一个人，就是晚年来反对庄子最力的鲁迅，他也很称赞庄子的文章，甚至于也沾染过庄子的思想。鲁迅自己说过："就在思想上，也何尝不中些庄周和韩非的毒，时而很随便，时而很峻急。"②但鲁迅是从庄子思想中蜕变了出来，闻一多也同样把庄子思想扬弃了。

闻一多扬弃了庄子思想，这表现在什么地方呢？这表现在他日后一转而痛骂道家了。

> 一个儒家做了几任"官"，捞得肥肥的，然后撒开腿就跑，跑到一所别墅或山庄里，变成一个什么居士，便是道家了。
>
> ——《关于儒·道·土匪》

他斥墨家是土匪、儒家是偷儿、道家是骗子。他说"讲起穷凶极恶的程度来，土匪不如偷儿，偷儿不如骗子，那便是墨不如儒，儒不如道"。这是把道家思想清算得很痛快的。

如从对于文化史的贡献上来说，这层思想的转变可以说很具体地表现在他的由庄子礼赞转而为屈原颂扬。

我们在上述《庄子》一文中看见他以屈原和宋玉并称，说"屈、宋是仁人志士的情"，没有庄子伟大。这完全是一种旧式的看法。但在近作《人民诗人屈原》里面，看法便完全不同了。"是什么使得屈原成为人民的屈原"的？他举出了四种原因。第一，屈原虽然是楚国的同姓，却"早被打落下来，变成一个作为宫廷弄臣的卑贱的伶官。……这样，首先在身份上，屈原便是属于广大人民群中的"。第二，"屈原最主要的作品——《离骚》的形式，是人民的艺术形式……次要的作品——《九歌》是民歌"。第三，"在内容上，《离骚》无情地暴露了统治阶层的罪行，严正地宣判了他们的罪状……用人民的形式，喊出了人民的愤怒"。第四，"屈原的死，更把那反抗情绪提高到爆炸的边沿，只等秦国的大军一来，就用溃退和叛变的方式，来向他们万恶的统治者，实行报复性的反击。历史决定了暴风雨的时代必然要来到，屈原一再的给这时代执行了'催生'的任务"。

这四种条件，在他认为，若缺少了一件，便不能成为真正的人民诗人。"尽管陶渊明歌颂过农村，农民不要他，李太白歌颂过酒肆，小市民不要他，因为他们既不属于人民，也不是为着人民的。杜甫是真心为着人民的，然而人民听不懂他的话。屈原虽没写人民的生活，诉人民的痛苦，然而实质的等于领导了一次人民革命，替人民报了一次仇。屈原是中国历史上唯一有充分条件称为人民诗人的人。"

就这样，闻一多由庄子礼赞变而为屈原颂扬，而他自己也就由绝端个人主义的玄学思想蜕变出来，确切地获得了人民意识。这人民意识的获得也就保证了新月诗人的闻一多成为了人民诗人的闻一多。假使屈原果真是"中国历史上唯一有充分条件称为人民诗人的人，"那么有了闻一多，有了闻一多的死，那"唯一"两个字可以取消了。屈原由于他的死，把楚国人民反抗的情绪提高到了爆炸的边沿，闻一多也由于他的死，把中国人民反抗的情绪提高到了爆炸的边沿了。替人民报仇者，人民亦必为之报仇；为革命催生者，革命亦必为之催生——催向永生的路上行进。

闻一多毫无疑问是永生了。他真真是"求仁得仁"。他不仅在做学问上获得了人民意识，而在做人上更保障了人民意识的确切获得。然而话又得说回来，他的很快地便被催向永生，在一多自己虽然是一种至上的成就，在人民也就是一种历史的收获，然而很苦痛地是伴随了一个过高的代价。假如在一多获得了人民意识之后，再多活得十年，让他在事业上，在学问上，更多多地为人民服务，人民的收获想来也不会更微末的吧？在他把文化史批判的准备工作刚好完成，正有充分的资格来担当批判过去、创造将来的时候，却没有让他用笔来完成他的使命，而是用血来完成了。不能过分矫情的说，这不是重大的损失。

"千古文章未尽才"，在今天我读着一多的全部遗著，在惊叹他的成绩的卓越之余，仍不能不为中国的人民，不能不为人民本位的中国文化的批判工作，怀着无穷的隐痛。"一个人倒下去，千百万个人起来！"在革命工作上我虔诚地希望能够这样，在为人民服务的学术工作上我也虔诚地希望能够这样。

一九四七年八月七日

注释

①这是胡适的话。——作者注
②《写在"坟"后面》。——作者注

二、李白与杜甫

李白虽然号称为"谪仙人",其实他的功名欲望是非常强烈的。他喜欢称道的历史人物,如傅说、吕尚、管仲、范蠡、乐毅、鲁仲连、信陵君、张良、韩信、诸葛亮、谢安等,都是所谓"定国安邦"的风云人物。他每每以他们自比。这些历史人物,在出世之前,大都有过一段隐遁或者不得志的时期。这在李白看来,也仿佛是"尺蠖之屈""龙蛇之蛰",是必不可少的历程。有时他连这一段出世前的隐遁也都加以批评。例如,对于诸葛亮,他曾经这样说过:"耻学琅琊人,龙蟠事躬耕。"(《邺中王大劝入高凤石门山隐居》)又如,对于谢安石,他也曾经这样说过:"莫学东山卧,参差老谢安。"(《送梁四归东平》)这些都表明着:他的热衷于用世是怎样强烈。

李白在政治活动中的第一次大失败

——待诏翰林与赐金还山

　　李白虽然号称为"谪仙人"，其实他的功名欲望是非常强烈的。他喜欢称道的历史人物，如傅说、吕尚、管仲、范蠡、乐毅、鲁仲连、信陵君、张良、韩信、诸葛亮、谢安等，都是所谓"定国安邦"的风云人物。他每每以他们自比。这些历史人物，在出世之前，大都有过一段隐遁或者不得志的时期。这在李白看来，也仿佛是"尺蠖之屈""龙蛇之蛰"，是必不可少的历程。有时他连这一段出世前的隐遁也都加以批评。例如，对于诸葛亮，他曾经这样说过："耻学琅琊人，龙蟠事躬耕。"（《邺中王大劝入高凤石门山隐居》）又如，对于谢安石，他也曾经这样说过："莫学东山卧，参差老谢安。"（《送梁四归东平》）这些都表明着：他的热衷于用世是怎样强烈。

　　他出蜀后，在开元十五年（七二七）被招赘于故相许圉师家，即隐居在安陆的北寿山中。有友人孟少府致书规劝，说他安于小隐，不肯出外见见大世面。他于是写了一通《代寿山答孟少府移文书》，表明了自己的志趣。《书》里面有这样的一段话：

　　　　近者逸人李白，自峨眉而来……遁乎此山。仆（北寿山）尝弄之以绿绮，卧之以碧云，漱之以琼液，饵之以金砂。既而，童颜益春，真气愈茂，将欲倚剑天外，挂弓扶桑，浮四海，横八荒，出宇宙之寥廓，登云天之渺茫。俄而，李公仰天长吁，谓其友人曰：吾未可去也！吾与尔达则兼济天下，穷则独善一身。安能餐君紫霞、荫君青松、乘君鸾鹤、驾君虹龙，一朝飞腾，为方丈、蓬莱之人耶？此则未可也！乃相与卷其丹书，匣其瑶瑟，申管晏之谈，谋帝王之术，奋其智能，愿为辅弼，使寰区大定，海县清一。事君之道成，荣亲之义毕，然后与陶朱、留侯，浮五湖、戏沧洲，不足为难矣。

这就是李白的一整套人生观，基本上是儒家与道家思想的混合。不得志时拼命想做官，得志后便尽可能明哲保身，功成身退。这种处世方略，在封建时代的士大夫阶层，是具有普遍性的。大概就因为有这位孟少府的敦劝，李白在开元十八年（七三○）的春夏之交，便曾经经由南阳到长安去进行过政治活动。这就是他在《与韩荆州书》里所说的"三十成文章，历抵卿相"之年了。这一次他呆了一年多点，结识了一些有名人物，如唐玄宗的妹子玉真公主（赐号"持盈法师"）、秘书监贺知章等，并结成了"酒中八仙"之游。虽然并没有达到"为辅弼"的愿望，但使他的名声煊赫了起来，为天宝元年（七四二）唐玄宗的召见打下了基础。

天宝元年的夏季，李白与道士吴筠同隐居于浙江曹娥江上游的剡中。吴筠首先受到唐玄宗的征召，由于他的直接推荐，更由于贺知章与持盈法师等的间接支持，因而唐玄宗也派人征召李白入京。这样一来，使得这位"谪仙人"高兴得大大地出乎意外；他大约以为：从此便可以满足他的"使寰区大定，海县清一"的大愿了。请看他的《南陵别儿童入京》一诗的末尾两句吧："仰天大笑出门去，我辈岂是蓬蒿人？"扬扬得意的神态，不真是有点如闻其声、如见其人吗？

第二次入京，气派也迥然不同。它不像第一次那样隐居终南山，漫游坊州、邠州等地，自叹穷途末路；有时为斗鸡徒所窘迫，几乎不能脱身；而是在金銮殿上被召见，并得以代草王言，侍从游宴，待诏翰林，准备大用。关于这一段生活，李白自己一直到晚年都以为非常光荣。且把乾元二年（七五九）五十九岁时所作的《赠从弟南平太守之遥二首》之一中的回忆，摘录如下：

汉家天子驰驷马，赤车蜀道迎相如。

天门九重谒圣人，龙颜一解四海春。

> 彤庭左右呼万岁，拜贺明主收沉沦。
>
> 翰林秉笔回英盼，麟阁峥嵘谁可见？
>
> 承恩初入银台门，著书独在金銮殿。
>
> 龙驹雕镫白玉鞍，象床绮席黄金盘。
>
> 当时笑我微贱者，却来请谒为交欢。①

你看他写的多么得意！把唐玄宗比成汉武帝，把自己比成司马相如。实际上恐怕连司马相如都还不曾受过他所受到的优待。皇帝见了他而满面笑容，使得天下皆春。满朝文武都在为皇帝得人而庆贺，高呼"万岁"。看来李阳冰在李白《草堂集序》中所述的情况是合乎实际的。

> 天宝中，皇祖下诏，征就金马。降辇步迎，如见绮皓（以绮里季为代表的商山四皓）。以七宝床赐食，御手调羹以饭之……置于金銮殿，出入翰林中。问以国政，潜草诏诰，人无知者。

但这些情况，由李白自己屡次在诗文中夸述，读起来是不能令人愉快的。南宋诗人陆游也就曾经讥刺过他："以布衣得翰林供奉，此何足道！遂云'当时笑我微贱者，却来请谒为交欢'，宜其终身坎壈也。"②受人讥评，在李白是理有应得。但陆游的讥评，说得并不中肯。李白那两句诗是在讥刺趋炎赴势者流，何以讥刺了趋炎赴势者便应当"终身坎壈"？其实李白的值得讥评处是在他一面在讥刺别人趋炎赴势，而却忘记了自己在高度地趋炎赴势。以翰林供奉的身份待诏了一年多，以为可以大用，但结果依然落了一场空。这样的后果，在待诏的后期，李白自己也约略预感到。有《翰林读书言怀呈集贤诸学士》一诗可以为证。

> 晨趋紫禁中，夕待金门诏。观书散遗帙，探古穷至妙。片言苟会心，掩卷忽而笑。青蝇易相点，《白雪》难同调。本是疏散人，屡贻褊促诮。云天属清朗，林壑忆游眺。或时清风来，闲倚檐下啸。严光桐庐溪，谢客临海峤。（谢灵运有《登临海峤》诗，'临海'乃郡名。）功成谢人间，从此一投钓。

在冷衙门里做着闲员，候补着官职，和同事们有些合不来。由于自己的"疏散"，被人批评为"褊促"，他已经生出了天空海阔的想法，想去游山玩水、当隐君子了。李白这个人看来毕竟是天真，他轻率地说出了自己的心事，而且还要呈献给同人。于是，他的愿望很快就得到满足，没有等到他"功成"便让他去当严子陵或者谢康乐去了。他的被"赐金还山"，实际上就是被下令逐客。

李白遭受到这种待遇，他是很失望的。和他视被征召为十分光荣一样，他也视被谗逐为十分遗憾。对于这一失败，他在诗文里面反复说过多次。在《答高山人》一诗里说："谗惑英主心，恩疏佞臣计"；又在所谓《为宋中丞自荐表》里说："为贱臣诈诡，遂放归山。"（表文不会是李白代笔，内容涉及事实处应是由李白传出。）这所说的"佞臣""贱臣"到底是谁，没有点名。魏颢在《李翰林集序》中点了张垍的名，谓"以张垍谗逐"。这一定是李白亲自告诉他的。张垍是做过宰相的张说的次子，他是唐玄宗的女婿，受到宠爱，住在宫中，以中书舍人的身份供奉翰林。这人后来投降了安禄山，又为安的部下所杀。像这样没有气节的人，要谗毁李白，很够资格。而且他手里也掌握着可供谗毁的第一手资料。那就是上举《翰林读书言怀呈集贤诸学士》那首诗。张垍既在供奉翰林，李白的诗当然也"呈"了给他。他尽可以把这首诗拿去给唐玄宗看，说李白十分清高，身在魏阙而心在江湖。这样便可以轻而易举地把李白驱逐出朝了。李白曾经说过"谗巧生缁磷"（《赠崔文昆季》），可见进谗者是相当巧妙的。（古语有"磨而不磷，涅而不缁"的话，是说白玉磨不损，染不黑。巧妙的谗毁使白玉也被污损了。）

进谗者其实不只张垍一个人。张垍虽然"佞"而并不"贱"，所谓"贱臣"必然还另有所指。这个人无疑是指宦官头子高力士。唐人韦叡的《松窗录》（原书已佚，《太平广记》中有收录）记载高力士以脱靴为深耻，挑拨杨玉环，说李白在《清平调词》中"以（赵）飞燕指妃子，是贱之甚矣！"因而使李白失掉了杨玉环的欢心。唐玄宗曾经三次想授李白以官职，便被杨玉环阻挠了三次。这件逸事，宋人乐史在《李翰林别集序》里也叙述到，进谗的手法也相当"巧"，不会是虚构的小说。高力士也是谗毁者之一人，完全可以肯定。杨玉环不用说也参加了进谗者的行列。

张垍、高力士、杨玉环，他们的谗毁可能是分别进行的，也可能是合流进行的，或者先分别而后合流。然而，进行谗毁必须有接受谗毁的基础。如果唐玄宗真正器重李白，哪怕有更多的张垍、高力士、杨玉环，也无法动摇。唐玄宗之于安禄山便是一个很好的旁证。在安禄山将要反叛的前一二年，连杨国忠那样的人都屡次进谏，断言安禄山必反；然而唐玄宗却一味纵容，终竟酿成了大规模的叛逆。李白的情况却是两样。唐人段成式的《酉阳杂俎》中有一段话，道出了事实的真相。

> 李白名播海内，玄宗于便殿召见。神气高朗，轩轩然若霞举。上不觉忘万乘之尊，因命纳屦。白遂展足与高力士曰："去靴！"力士失势，遽为脱之。及出，上指白谓力士曰："此人固穷相。"③

这就是唐玄宗对于李白的真实评价。尽管李白"神气高朗"，而在玄宗看来则是"穷相"。唐玄宗眼里的李白，实际上和音乐师李龟年、歌舞团的梨园子弟，是同等的材料。两千多年前汉代的司马迁曾经说过："文史星历，近乎卜祝之间，固主上所戏弄，倡优畜之，流俗之所轻也。"（见《汉书·司马迁传》）这就是张垍、高力士、杨玉环之所以能进行谗毁的基础了。

一年多的翰林待诏的生活，对于李白究竟带来了什么好处呢？他做了一些歌颂宫廷生活的诗，如《清平调词三首》《宫中行乐词八首》《侍从宜春苑奉诏试赋龙池柳色初青听新莺百啭歌》一首等，至今都还留存着。杜甫所称为"清新""俊逸"的，大概就是以这些作品为代表吧？其实不过是御用文士的帮闲献技而已。李白曾上《宣鸿猷》一篇，没有保留下来。任华在《杂言寄李白》诗中提到它，"《大鹏赋》《鸿猷》文，嗤长卿，笑子云"，可以知道它和赋体接近，是对统治者的歌功颂德，如司马相如（长卿）的《封禅文》、扬雄（子云）的《剧秦美新》。又他所潜草的"诏诰"和"答蕃书"之类，也没有流传下来。但这些文字的失传，对于李白来说，应该算不得是什么损失。

李白的性格是相当矛盾的，他有时表现得清高，仿佛颇有浮云富贵、粪土王侯的气概，但他对于都门生活乃至宫廷侍从生活却又十分留恋。集中有两首《赠崔侍御》的诗，不妨并引在下边，以见李白并不太清高的一面。

第一首：

黄河三尺鲤，本在孟津居。点额不成龙，归来伴凡鱼。故人东海来，一见借吹嘘。风涛倘相因，更欲凌昆墟。

第二首：

长剑一杯酒，男儿方寸心。洛阳因剧孟，托宿话胸襟，但仰山岳秀，不知江海深。长安复携手，再顾重千金。君乃輶轩佐，余叨翰墨林。高凤摧秀木，虚弹落惊禽。不取回舟兴，而来命驾寻。扶摇应借力，桃李愿成阴。笑吐张仪舌，愁为庄舄吟。谁怜明月夜，肠断听秋砧？

这两首诗，前人都以为是同时做的。细审诗的内容，断然有先后的不同。第一首应该作于开元十八年第一次离开长安之后，第二首则作于第二次游长安，被赐金放还之后。两首诗的主旨虽然大体一致，希望崔侍御替自己"吹嘘"，使自己能够登上高位，但第一首只说"点额不成龙"是毫无收获；第二首则说到待诏翰林，又说到"复携手"和"再顾"。这就显示了不是作于同时。同性质的两诗先后同赠于一人，正足证明李白想用世的心是怎样殷切，也足证明李白和崔侍御的交情不同寻常。

在这里想顺便解决一下崔侍御为谁的问题。崔侍御是崔宗之，名成辅，以字行，崔日用之子。韩朝宗荐之于朝，开元中官至右司郎中侍御史，故被称为崔郎中或崔侍御。他也是"酒中八仙"之一人，杜甫诗："宗之潇洒美少年，举觞白眼望青天，皎如玉树临风前"（《饮中八仙歌》），这就等于是李白诗中的"但仰山岳秀，不知江海深"的注释了。"山岳秀"言其风姿之美，"江海深"言其气量之大，也可以解为酒量之大。崔宗之后被谪贬于湘阴，有《泽畔吟》之作，李白曾为之序。继又移官金陵，与李白相遇，诗酒唱和。他比李白先死，李白有《忆崔郎中宗之游南阳遗吾孔子琴，抚之潸然感旧》一诗以哭之。有句云"一朝摧玉树，生死殊飘忽；留我孔子琴，琴存人已殁"，两人情谊的深厚可以想见。

成辅或作成甫，李白集中附有"摄监察御史崔成甫《赠李十二》"诗一首，即是崔宗之所赠；注家或误以为另一人。另一崔成甫乃崔沔之长子，其弟

"佑甫字贻孙，相德宗"，具见《新唐书·宰相世系表（表第十二下）》。此人比崔宗之稍晚。李华《崔孝公（沔）文集序》云："长子成甫，进士擢第，校书郎，陕县尉，知名当时，不幸早世。"颜真卿《崔孝公宅陋室铭记》亦云然，唯不及陕县尉。其为陕县尉时在天宝元年，略见《唐书·韦坚传》。此人和李白似无关系。

李白在被赐金放还后，对于别人也在请求援手。有时显然有点不择对象。他有一首《走笔赠独孤驸马》，和《赠崔侍御》第二首是同样性质的诗。"独孤驸马"是独孤明，唐玄宗的又一个女婿，尚信成公主。

> 都尉朝天跃马归，香风吹人花乱飞。
>
> 银鞍紫鞯照云日，左顾右盼生光辉。
>
> 是时仆在金门里，待诏公车调天子。
>
> 长揖蒙垂国士恩，壮心剖出酬知己。
>
> 一别蹉跎朝市间，青云之交不可攀。
>
> 倘其公子重回顾，何必侯嬴长抱关？

前四句写出驸马公的威风，中四句回忆待诏时的光荣，末尾四句写出自己的落魄。把独孤明比为信陵君，把自己比为侯嬴。希望独孤明重回青顾，挽救自己的失脚。单从诗面看来，李白与独孤明之间的"青云之交"，事实上是标准的势利之交，正如李白自己慨叹过的"前门长揖后门关，今日结交明日改"（《赠从弟南平太守之遥》）。然而李白却不惜低首下心地向这样的人请求援手。这是李白的又一面。任华在《杂言寄李白》诗中称赞李白"数十年为客，未尝一日低颜色"，看来有时是不尽然的。

其实李白要想被当时的朝廷所重用，认真说是等于梦想。在开元、天宝之交，唐代的统治已经由最高峰折入下行阶段。幸运儿同时又是败家子的唐玄宗，自中年以后迷信神仙符箓，专意渔色享受，政权操在奸相李林甫手里。李林甫为了巩固自己的相位，凡是稍有骨气的人都受到他的排斥和杀害。左相李适之，"酒中八仙"之一人，因与李林甫抵触被贬，终于被胁自杀。凡与李适之接近的人差不多都被贬斥，甚至被杖杀。如为李白与杜甫所推崇过的李邕（北海）便是被杖杀者之一。李林甫为了预防文臣的出将入相，影响他的相位，他怂恿玄宗以非汉族的武人为将。因此，当时的大将，大都不是汉人。以非汉人为将是唐代的传统，这本不是坏事，显示出没有民族的歧视。但因动机不纯、用人不择，却酿成了大祸。像安禄山那样屡次败阵、屡犯死罪的人，竟倚为独当一面的重镇；安之所以叛变，事实上是唐玄宗和李林甫有以养成的。在这样的局势之下，稍有远见的人，都不安于位或洁身退隐。如李白的推荐者吴筠和贺知章，都比李白早离开了长安。关于这样的局势，李白自己也未始没有感觉到。上举《翰林读书言怀》一诗也正表明了他的预感。同样的诗，有《送裴十八图南归嵩山》二首，值得加以研究。

第一首：

　　何处可为别？长安青绮门。胡姬招素手，延客醉金尊。临当上马时，我独与君言。风吹芳兰折，日没鸟雀喧。举手指飞鸿，此情难具论。同归无早晚，颍水有清源。

第二首：

　　君思颍水绿，忽复归嵩岑。归时莫洗耳，为我洗其心。洗心得真情，洗耳徒买名。谢公终一起，相与济苍生。

两首诗毫无问题是天宝二年秋或三年春在长安做的。值得注意的是两首的立意互相矛盾。前一首是说：你归隐嵩山，我不久也要回去了。后一首是说：你归隐不要独善其身，总应该东山再起。这矛盾如何解决呢？据我看来，第二首先作，是和其他饯别者一同做的，是门面话；第一首后作，是"临当上马时，我独与君言"的心里话。由第一首看来，李白对于当时的局势是很清楚的。"风吹芳兰折"，是说贤者遭到摧残，"日没鸟雀喧"，是说世道晦暗，群小喧嚣。这两句诗，如果和《答杜秀才五松山见赠》开头一节印证起来，意趣便非常显豁。

　　昔献《长杨赋》，天开云雨欢。当时待诏承明里，皆道扬雄才可观。敕赐飞龙二天马，黄金络头白玉鞍。浮云蔽日去不返，总为秋风摧紫兰……

又在夸耀他被玄宗征召、待诏翰林的往事。说到"浮云蔽日"、"秋风摧紫兰"，不就是"风吹芳兰折，日没鸟雀喧"复写吗？《送裴图南》是天宝二年或三年在长安时做的，有话不好明言；《答杜秀才》是隔了十年之后的回忆，往年的哑谜便自行透出谜底来了。

还有值得注意的是：在裴图南之外同时又有一个人名裴周南，是李白亲密的酒友。范传正《翰林学士李公新墓碑》有云："时人又以公及贺监（知章）、汝阳王（李琎）、崔宗之、裴周南等八人为酒中八仙。"杜甫《饮中八仙歌》则为贺知章、汝阳王李琎、左相李适之、崔宗之、苏晋、李白、张旭、焦遂，无裴周南之名。前人以为"八仙"各有异说，故范、杜所举不同。但仅知其然，而不知其所以然。我的看法是：杜甫所咏"八仙"是早期开元年间形成的；范传正所言则是后期天宝年间的演变。杜甫所咏的苏晋死于开元二十二年（见《唐书·苏珦传》）。他被列入"八仙"是在李白以开元十八年第一次入长安时事。苏晋去世后，世人又以裴周南代替了他，故范、杜所举不一致。在这里又可以发现第二个问题。裴周南既与李白有这样深厚的交谊，他和裴图南是否就是一个人？我看是很可能的。"周"与"图"字形极相近，二者必有一误，论理以"图南"为更适。

像这样诗友、酒友、道友，有的退隐，有的贬谪，有的受害，李白自己也有意离开，只是时期有早迟罢了。

然而李白的心境始终存在着矛盾。他一方面明明知道朝廷不能用他；但另一方面他却始终眷念着朝廷。他有《鲁中送二从弟赴举之西京》诗，一开首就有这样的四句：

> 鲁客向西笑，君门若梦中；霜凋逐臣髮，日忆明光宫。

这忠心耿耿的程度是不亚于"每饭不忘君"的杜甫的。约略同时所作的《单父东楼秋夜送族弟（李）况之秦》，诗中也有这样的几句：

> 长安宫阙九天上，此地曾经为近臣；
> 一朝复一朝，发白心不改；
> 屈平憔悴滞江潭，亭伯流离放辽海。

自比为屈原，其实也就是比唐玄宗为楚怀王。自比为崔骃（亭伯），那对于上层有所不满便更加暴露了。崔骃在东汉和帝时为大将军窦宪的主簿，由于切直，为宪所疏远，使出为乐浪郡的长岑县令。崔骃自以远去，不得意，遂不就任。李白用了这个典故，显然是借以表示自己的不得意。

这些诗都是"赐金还山"后不久的诗，但这种矛盾的心境，直到后来长流夜郎遇赦放回之后，都依然没有改变。《经乱离后，天恩流夜郎，忆旧游书怀，赠江夏韦太守良宰》那首长诗便是绝好的证明。诗长八百三十字，是李白现存诗歌中最长的一首。这诗可以说是李白的自传。诗中叙述到他在天宝十一年十月去过幽州，看到安禄山势力的庞大，曾经痛哭流涕。他责备了唐玄宗养痈遗患，"君王弃北海，扫地借长鲸"；也责备了唐玄宗无知人之明，"无人贵骏骨，绿耳空腾骧"。他自己是"心知不得语"，"挟矢不敢张"，无可奈何。但到后面说到长流夜郎遇赦放回后，他又希望韦良宰进京时为他说项，使他能够回到朝廷，为朝廷报效了。

　　五色云间鹊，飞鸣天上来。传闻赦书至，却放夜郎回。暖气变寒谷，炎烟生死灰。君登凤池去，勿弃贾生才。

他又自比为贾谊，希望韦良宰向朝廷建议，把自己召回。这时的朝廷已经是肃宗朝廷了，其实是每况愈下。肃宗李亨为了能早日收复长安，曾与回纥相约："克城之日，土地、士庶归唐；金帛、子女归回纥。"父亲把天下的一半送给安禄山，儿子则把人民的一半以上卖给回纥。这样的卖民天子，没有可能召回李白这样一位"贾生"，也是理所当然的。

从忠君思想这一角度来看问题时，李白和杜甫的态度有所同，也有所不同。同，是他们始终眷念着朝廷；不同，是李白对于朝廷的失政还敢于批评，有时流于怨悱；杜甫则对于朝廷失政讳莫如深，顶多出以讽喻。李白是屈原式的，杜甫则是宋玉式的。封建意识愈朝后走，愈趋向于宋玉式的忠君。所谓"臣罪当诛，天王圣明"（韩愈语），成为自唐以来君臣关系的典则。因此，旧时代的士大夫们对于杜甫的"每饭不忘君"能够津津乐道，对于李白的"日忆明光宫"则视若无睹。这是主观意识在作怪。旧时代的文人爱把杜甫比为"圣人"，把李白看作"浪子"，实际上是不那么平允的。就如王安石那样的人，他也说过这样的话："李白识见卑下，诗词十句，九句言妇人、酒耳。"诗中言酒，杜甫比李白的还要多。诗中言妇人，特别像关于歌伎侑酒之类，是封建时代的恶习，李白与杜甫都未能脱出这个泥沼。但李白在诗中也屡次讥刺"荒淫"和"好色"，足见他也深知其非。

> 神女去已久，襄王安在哉？荒淫竟沦替，樵牧徒悲哀。（《古风》第五十八首）

> 陈王徒作赋，神女岂同归？好色伤大雅，多为世所讥。（《感兴八首》之二）

公平地说来，李白在封建时代的文人中还算是比较有节概的。他比较能和民众接近，他所交往的上层也还比较有所选择。他能貌视权贵倒是事实。例如，高力士是唐玄宗所信任的宦官头子，已经做到"将军"，太子"兄"事之，诸王公主等称之为"翁"，而李白却没有把他看在眼里。又例如，右相李林甫，他在文字上一次也没有提到过。从这些事例看来，李白的为人比较还能洁身自好，虽然他也有他的十分庸俗的一面。

要之，李白和杜甫一样，在封建制度鼎盛时代，都紧紧为封建意识所束缚。他们的功名心都很强，都想得到比较高的地位，以施展经纶，但都没有可能如意。他们的经纶究竟是怎样？两人都不曾作过有系统的叙述。单就李白来说，他在《明堂赋》《大猎赋》中透露了一些梗概。

《明堂赋》：

> 下明诏，颁旧章。振穷乏，散敖仓。毁玉沉珠，卑宫颓墙。使山泽无间，往来相望。帝躬乎天田，后亲于郊桑。弃末返本，人和时康。

《大猎赋》：

> 饱人以淡泊之味，醉时以醇和之觞。鼓之以雷霆，舞之以阴阳。虞乎神明，狃于道德。张无外以为罝，琢大朴以为丰代。顿天网以掩之，猎贤俊以御极……使天人晏安，草木蕃殖；六宫斥其珠玉，百姓乐于耕织；寝郑卫之声，却靡曼之色。

大抵上是儒家思想与道家思想混合起来的一套所谓"仁政"——大公无私，举贤任良，节用爱民，重农轻商。封建时代的士大夫阶层大都有这样的空想，实际上任何朝代的统治者都没有认真实施过。李白诗中对于地方官吏的治绩每每加以称道，也不外是施行"仁政"的那一套刻板文章。但有一点突破了陈套，值得注意的东西，那便是《题瓜州新河饯族叔舍人贲》一诗中的开头四句。

齐公凿新河，万古流不绝。丰功利生民，天地同朽灭。

"齐公"指齐澣。《唐书·玄宗纪》：开元二十六年"润州（今江苏镇江）刺史齐澣开伊娄河于扬州南瓜州浦"。又《齐澣传》：开元二十五年"迁润州刺史。润州北界隔吴江，至瓜步沙尾纡汇六十里。船绕瓜步多为风涛之所漂损。澣乃移其漕路于京口塘下，直渡江二十里。又开伊娄河，二十五里即达扬子县。自是免漂损之灾，岁减脚钱数十万……迄今利济焉"。这是值得称赞的建设事业。它的好处不仅在"岁减脚钱数十万"，而是减少了人民的牺牲，节省了人民的劳役，可以多尽力于农作。李白对这建设事业作了极其高度的评价，"丰功利生民"，是有眼识的。可惜他没有用他的诗笔来对这一事业加以尽情的描绘，而只是短短地写下了二十个字。

另外有一首《丁都护歌》，解释上有异说，值得在这里讨论一下。

云阳（即丹阳）上征去，两岸饶商贾。吴牛喘月时，拖船一何苦！水浊不可饮，壶浆半成土。一唱都护歌，心摧泪如雨。万人凿（缪本作系）盘石，无由达江浒。君看石芒砀，掩泪悲千古。

宋人萧士赟疑是讽刺韦坚。天宝初，江淮南租庸等使韦坚，曾导引浐水至长安城东，成广运潭。二年而成，民间萧然愁怨。（见《分类补注李太白诗》）

明人胡震亨袭其意，以为讽刺齐澣。"澣新河在瓜步者，白尝作诗颂美，此独言其苦。瓜步岸卑易开，润州岸高难开，地势至今然，白诗并纪实也……芒，石棱；砀，石纹；指所凿，盘石言。"（见《李诗通》）

王琦所见有异于萧、胡。王云："芒砀诸山实产文石。或者是时官司取石于此山，僦舟搬运；适当天旱水涸，牵挽而行，期令峻急，役者劳苦，太白悯

之而作此诗。'凿'字旧本或作'系'字,'万人系盘石,无由达江浒',诗旨益觉显然。"(见《李太白文集辑注》)

今案王说近是。诗意分明言拖船运石之苦,并非言凿石开河之苦。但"芒砀"在此乃迭韵联语,犹言"莽撞"。胡以石棱、石纹解之,王说为"诸山",均系望文生义。芒山在沛,砀山在梁,于此了不相涉。揣诗意当是采取太湖石由运河北运,故言"云阳上征"。太湖石,在唐代已见珍视。《唐书·白居易传》:"罢苏州刺史时,得太湖石五……以归",可证。又唐昭宗时人吴融有《太湖石歌》,首四句云:"洞庭山下湖波碧,波中万古生幽石;铁索千寻取得来,奇形怪状谁能识?""铁索千寻取得来"即"万人系盘石"之意,原文当以作"系"为是。太湖石多孔穴如眼。搬运时或用席类裹之,以防损坏,故诗云"掩泪悲千古"。自来统治阶级即多佳木奇石之贡,如《禹贡》已言青州"厥贡……铅、松、怪石"。有李白此歌,可见开元、天宝年间已有太湖石之采贡。这正可以补足史籍的缺文。李白深感其劳苦,故言莽撞的太湖石都在同情劳苦人民,而流出千古伤心之泪。这和齐澣有何干系?胡震亨受了萧士赟的暗示而别立新说,其实是说不通的。李白对于齐澣开新河既那样超级赞美,岂能复加以讽刺而矛盾至此!

齐澣是有才干和权变的历史人物,曾受到武则天和李隆基的器重,为姚崇、宋璟所信赖。姚与宋曾言:"欲知今,问齐君。"④他以进士出身,而却颇有政治手腕。史书上说他"行贿中官",得到高力士的支持,因而在地方上做出了一些事业。为了推进事业,减少阻碍而与中官联系,是否可以目为"行贿",是值得考虑的。然而就是那样有权变的齐澣,而终为李林甫所遏制未能大用,这恐怕也就是李白之所以极力称赞他的另一个原因吧?

李林甫做了二十年的宰相,死后是杨国忠继承了他的权势。杨国忠死后,又是由肃宗时代的李辅国继承。当时的政局实实在在有如江河日下。李白显然没有齐澣那样的才干,他生在这样的时代,而又不能"摧眉折腰事权贵"(《梦游天姥吟留别》),尽管他有"兼善天下"的壮志,要想实现,岂不完全是个梦想?

李白在政治活动中的大失败,在第一幕结束之后还有第二幕,不久也就要开场了。

注释

①所谓"当时"，应指开元十八年第一次去长安的时分。这两句诗也足证李白曾经两次去长安。——作者注

②陆游《老学庵笔记》卷六。

③《酉阳杂俎》卷十二。

④《资治通鉴》卷二一一。

李白在政治活动中的第二次大失败

——安禄山叛变与永王璘东巡

天宝十四年（七五五）十一月，安禄山以肃清君侧，诛锄杨国忠为名，叛变于范阳，出兵西犯，河东诸郡相继陷没。十二月攻占东都洛阳。第二年六月攻破潼关，哥舒翰被生擒而降贼。于是，被李白比为汉武帝的唐玄宗李隆基便成了逃亡天子，匆匆忙忙地向四川逃跑。一百四十年的李唐统治，中国封建时代的最高峰，仿佛从天上掉到地下，几乎一蹶不振。

安禄山是突厥人与波斯人的混血儿，他的成为最大的军阀以至于叛变，事实上是唐玄宗和李林甫们把他养成的。根据《唐书·安禄山传》，可以看出自天宝元年至十三年他的官职升进的惊人的迅速。天宝元年任第一任的平卢节度使，兼'柳城太守，又兼渤海、黑水等四府经略使。二年，晋骠骑大将军，三年又兼范阳太守、河北采访使。六年，晋御史大夫，封为柳城郡公，不久又晋封为东平郡王。九年，兼河北道采访处置使，又兼云中太守、河东节度使。十三年，任尚书左仆射，实封千户。他真可以说是位极人臣，就只剩下做皇帝了。

他不是仅有虚位，而是大权在握的。今天的河北、内蒙、东北、乃至黑龙江以北、乌苏里江以东的一大片土地差不多都是他的势力范围，他不断地在招兵买马，蓄积势力。连杨国忠在天宝十二、三年时都感觉到他必然叛变，而唐玄宗却一味宠信他，甚至于把他收为杨玉环的义子。在这样的情况之下，使这个混血胡人终至于叛变了。

安禄山叛变当时，所谓"盛唐"是怎样呢？同一《安禄山传》中有扼要的叙述，可怜得几乎令人不能相信。据说当时州县的铠甲兵器都锈坏了，不能用。临时招募的兵士，连弓套都不能解、剑鞘也不能拔。拿起木棒抗敌，当然不能抵抗。于是，地方官吏们便弃城逃跑，或者自杀，或者被俘虏。这样的情况，每日不断。这就是所谓"盛唐"的真实面貌。一方面是十几年的养精蓄锐，另一方面是几十年的文恬武嬉，两相接触，其结果也就一目了然了。自安禄山叛变之日起，仅仅三十三天便攻陷了洛阳；到明年正月安禄山在洛阳称帝，国号"大燕"，几乎在中国历史上留下了一个新的朝代。安禄山在叛变后的第三年，即唐肃宗至德二年（七五七）正月，被他的儿子安庆绪杀了。安庆绪也不到三年，即在乾元二年（七五九），又被突厥人的史思明杀了。而史思明也不到三年，即在上元二年（七六一），又为他的儿子史朝义所杀。史朝义后为回纥兵所败，在唐代宗广德元年（七六三）自缢，为期也不到三年。就这样，整整八年间的所谓"安史之乱"基本上也就平定了下来，李唐算幸运地没有失掉它的统治。然而这八年间，黄河流域的居民是遭了大劫的。经过乱离之后，全国人口只有一六九〇万强，比天宝十三年减少了将近十分之七。李白诗所哀痛的"白骨成丘山，苍生竟何罪？"（《流夜郎，忆旧游书怀，赠韦良宰》）看来不是夸大。

在安禄山叛变前三年，即天宝十一年（七五二）十月和十一月，李白去过幽州——安禄山势力范围的中心地带。他当时也感觉到安禄山的叛变已迫在目前。他在追忆诗《经乱离后，天恩流夜郎，忆旧游书怀，赠江夏韦太守良宰》中有所叙述。

> 十月到幽州，戈鋋若罗星。君王弃北海，扫地借长鲸。呼吸走百川，燕然可摧倾。心知不得语，却欲栖蓬瀛。弯弧惧天狼，挟矢不敢张。揽涕黄金台，呼天哭昭王。无人贵骏骨，绿耳空腾骧。乐毅傥再生，于今亦奔亡。

这一段叙述得很沉痛，这里对于玄宗朝廷是有严峻的批评的。"扫地借长鲸"的"君王"是谁呢？就是唐玄宗李隆基！可见李白认为：酿成了安史之乱，李隆基要负很大的责任。是唐玄宗把当时天下的将近三分之一和盘送给了安禄山，使得他庞然坐大，一呼一吸可以使百川沸腾，连燕然山都会被吹成飞灰。这还只是天宝十一年十一月左右的事，再隔三年的天宝十四年十一月，终于使"天下横溃"，实现了李白的预感。李白在游幽州的当时非常伤心，伤心他自己知而不能言、言而无人听。这样的话，在他的乐府《远别离》和《梁甫吟》中还反复地说过，只是把地上的舞台移到了天上或者把今时的人物换为了古时，在现实的描绘上，加盖了一层薄薄的纱幕而已。

他曾经在黄金台上"呼天哭昭王"是可以使人理解的。他在那时的确是无从进言，即使有进言之路，唐玄宗也不会信他。连杨国忠、韦见素的话都等于耳边风，李白以一个被谗逐的文人，所说的话能有多重的份量？"心知不得语，却欲栖蓬瀛"，这里面包含有自我批评。用了一个"却"字，那就等于说：在国难临头的时候公然还想游仙避世，是不应该的。诗作于乾元二年（七五九），上距天宝十一年（七五二）已经八年了。李白是经历了长流夜郎的刑余之人，他的思想有了相当大的变迁，故他回忆往事时能够批评自己。但他的自我批评是不够深刻的。在国难临头的时候，求仙固然不应该，"奔亡"也同样不应该。这种退撄逃跑的思想到后来一直纠缠着他。安禄山叛变时，他正采取了"奔亡"的道路，应该说是李白一生中所犯的最大错误。但他还在护短，说"乐毅傥再生，于今亦奔亡"，这正表明他的自我批评的极不深刻。

请读他的《扶风豪士歌》吧。"洛阳三月飞胡沙，洛阳城中人怨嗟；天津流水波赤血，白骨相撑如乱麻。"这分明是天宝十五年三月安禄山占领着洛阳时的情况。在这样的情况下，他却是"我亦东奔向吴国……来醉扶风豪士家"。"扶风豪士"不知道是甚么人，看来也不外是一个逃亡分子，并不能算作甚么"豪"！但李白不仅誉之为"豪士"，而且还跟着一道胡闹——大开酒宴，吴歌楚舞，脱帽在手，抛向空中，却自比为张良，实在是太不成话！

再请读他的《猛虎行》吧。同样是在天宝十五年的三月，在溧阳酒楼和草书名家张旭相遇，"槌牛挝鼓会众宾"，同样在歌舞作乐。尽管"秦人半作燕地囚，胡马翻衔洛阳草"，是国难严重的时候，而他和张旭却是忘乎其性。歌中又把张旭比为张良，而把自己比为韩信。他又在说："有策不敢犯龙鳞，窜身南国避胡尘。"这时的逃避却是万万不能使人谅解了。他即使不能西向长安，为什么不留在中原联结有志之士和人民大众一道抗敌？而却"窜身南国"，还要胡乱享乐，自鸣得意！李白在这时实在是糊涂透顶了！

长安以天宝十五年六月下旬为安禄山的部下所占领，但在这之前的六月十二日唐玄宗早已离开了，逃跑得非常匆忙。十四日到了马嵬坡，侍从部队兵变，把阿飞宰相杨国忠杀了，玄宗被迫缢杀了杨玉环。十五日应老百姓们的请求，留下了太子李亨以图恢复北方，逃亡皇帝继续逃亡。七月二十八日逃到成都，据说"从官及六军至者千三百人"，人数虽不多，对于沿途的骚扰一定是大有可观的。

在逃亡途中的七月十五日，玄宗听从了房琯的建议，下出分置的制诏，史书上称之为"制置"，这在当时是紧急而重要的一项措施。根据《资治通鉴》（肃宗至德元年，即天宝十五年）所述，照录其内容如下：

> 以太子亨充天下兵马元帅，领朔方、河东、河北、平卢节度都使，南取长安、洛阳，以御史中丞裴冕兼左庶子，陇西郡司马刘秩试守右庶子；
>
> 永王璘充山南东道、岭南、黔中、江南西道节度都使，以少府监窦绍为之傅，长沙太守李岘为都副大使；
>
> 盛王琦充广陵大都督，领江南东路及淮南、河南等路节度都使，以前江陵都督府长史刘汇为之傅，广陵郡长史李成式为都副大使；
>
> 丰王珙充武威都督，仍领河西、陇右，安西、北庭等路节度都使，以陇西太守济阴邓景山为之傅，充都副大使。
>
> 应须士马、甲仗、粮赐等，并于当路自供。
>
> 其诸路本节度使虢王巨等，并依前充使。
>
> 其署置官属及本路郡县官，并任自简择，署讫闻奏。

当时规定，盛王李琦、丰王李珙都不出阁，随侍在玄宗左右。只有太子李亨和永王李璘分赴任所。这用意非常明白，李亨所负的是恢复黄河流域的使命，李璘所负的是经营长江流域的使命。江南东路、淮南、河南等虽然不归永王管辖，但盛王既不出阁，为之傅的刘汇是房琯的"私党"（见下引《唐书·房琯传》贺兰进明语），而权位在都副大使李成式之上，可见盛王的领域实际上也属于永王的势力范围了。李璘所负的使命，看来比李亨所负的使命还要重要。黄河流域如能恢复，则天下仍归于一统，自然是最好的前程。但就当时的情势看来，北路的恢复事业比较困难，希望颇为渺茫；而南路的经略则大有把握，至少可以维持到南北朝时代的局面。因此，李璘的赴镇，关系很重大。他所负的使命是在天下不能归于一统时准备建立"东唐"或"南唐"。在他离开玄宗时，无疑是曾经被面授过机宜的。

但在这"制置"下达之前，太子李亨于七月十二日已即位于灵武，改元"至德"，尊玄宗为"上皇天帝"。直到八月十二日，灵武的通报到达成都，唐玄宗只好听从太子的摆布。再隔六天，八月十八日，玄宗派遣了韦见素、房琯、崔涣等把传国玉玺送给李亨，正式禅位，估计要九月中旬才能到达。于是父子之间的矛盾告一段落，兄弟之间的矛盾便突出而且激化了。

李璘是玄宗的第十六个儿子。据说幼时失母，是李亨把他抚养大的。开元十三年（七二五）三月封为永王，十五年五月遥领荆州大都督，二十年七月加开府仪同三司。"制置"之诏下达后，他离开了玄宗，以天宝十五年七月至襄阳，九月至江夏。到了江夏后，《唐书》本传说他"召募士将数万人，恣情补署，江淮租赋山积于江陵，破费巨亿"。其实这些都是按照"制置"的规定行事的。《新唐书》本传又说他"见富且强，遂有窥江左意。以薛镠、李台卿、韦子春、刘巨鳞、蔡驷为谋主……以浑惟明、季广琛、高仙琦为将"。史官们忽略了"制置"的用意，偏袒李亨朝廷，而以李璘为叛逆。其实真正违背父命的是李亨而不是李璘。李亨既已擅自做了皇帝，天下成为了他的私有物，不愿意被别人分割。他是不同意"制置"的用意的。《唐书·房琯传》中，有北海太守贺兰进明，在肃宗李亨面前谗毁房琯的一段话，实际上道出了李亨的心事。

> 琯昨于南朝，为圣皇（指玄宗）制置天下，乃以永王为江南节度，颍王为剑南节度，盛王为淮南节度。制云：命元子（指肃宗）北略朔方，命诸王分守重镇……此虽于圣皇似忠，于陛下非忠也。琯立此意，以为圣皇诸子但一人得天下，即不失恩宠。又各树其私党刘秩、李揖、刘彙，邓景山、窦绍之徒，以副戎权。推此而言，琯岂肯尽诚于陛下乎？

贺兰进明的这番话受到肃宗李亨的赏识，话是说到他的心坎上了。像这样，把玄宗集团说为"南朝"，则肃宗集团自然是"北朝"。父子之间，俨然敌国；更何况乎兄弟！实际上李亨当时是同两个方面在争夺天下，一个方面是同安禄山、史思明争，另一个方面是同"圣皇"和"圣皇诸子"之间争。因此，在东西二京都尚未收复的情况下，兄弟之间的内战便爆发了。

关于永王的东下，李白有《永王东巡歌》纪其事。诗现存十一首（其中第九首前人定为伪作），透露了当时的一些真实情况，很值得研究。因此，我想一首一首地加以解释。

第一首：

> 永王正月东出师，天子遥分龙虎旗。
> 楼船一举风波静，江汉翻为雁鹜池。

这表明永王正式宣告出师的时期是在至德二年正月，就在这一个月内安禄山被他的儿子安庆绪所杀，作诗的日期或者在其前，也可能在其后而消息尚未传到。"天子"自然是唐肃宗。"遥分龙虎旗"是说授权出兵。由这句诗可以看出，永王军中还不知道唐肃宗李亨已经在上一年十二月对他们下了讨伐令：一方面以高适（他是反对"制置"的人）兼御史大夫，扬州大都督府长史，淮南节度使，领广陵等十二郡，与江东节度使来瑱，率东部兵会师于安州（今湖北安陆），以申讨伐；另一方面则派遣宦官啖廷瑶、段乔福去与地方势力广陵采访使李成式等联系；事实上永王已经处在了腹背受敌的形势之下。由于永王军中还不知道这个形势，人们是很乐观的，由李白的诗即可以看出。第一歌的下二句是说：永王一出师，长江流域首先就安定了下来，江汉变成了鹅鸭的池塘。情绪是多么乐观！他们要乐观，当然也有道理。在他们看来，"制置"是玄宗的意旨，论理会为肃宗所同意。永王的出师是奉命行事，还会有什么阻碍呢？然而，他们是把实际情况估计错了。玄宗和肃宗父子之间的冲突，这个新因素，他们没有料到。

第二首：

> 三川北虏乱如麻，四海南奔似永嘉。
> 但用东山谢安石，为君谈笑静胡沙。

由于安禄山的叛变，黄河中下游的地主阶级苍黄南奔，又出现了晋代永嘉南渡的现象。李白在同年秋季所作《为宋中丞请都金陵表》中也说到"天下衣冠士庶，避地东吴，永嘉南迁，未盛于此"。两者是互为印证的。李白在自比谢安，以为"谈笑"之间便可以扫荡胡尘。自负得有点惊人，乐观得也有点惊人。"三川"是秦郡名，汉改为河南郡，在荥阳、洛阳一带，因有河、洛、伊三水，故名。

第三首：

> 雷鼓嘈嘈喧武昌，云旗猎猎过寻阳。
>
> 秋毫不犯三吴悦，春日遥看五色光。

永王是由江夏出兵的，这时已经过了寻阳，到了江苏境内了。这儿在说"秋毫不犯"，赞扬永王水师的纪律好；但在二年后所作的《流夜郎，忆旧游书怀，赠韦良宰》诗中却说："帝子许专征，秉旄控强楚；节制非桓、文，军帅拥熊虎。"看来后者是老实话，前者是在宣传。五彩云笼罩着春日，完全是太平景象。幸好还有一个"遥"字，只是说有很可以乐观的前景，在李白的心境中可见还是有一定的分寸的。

第四首：

> 龙盘虎踞帝王州，帝子金陵访古丘。
>
> 春风试暖昭阳殿，明月还过鸂鶒楼。

这首表明永王已经到过金陵，使"龙盘虎踞"的六代帝都又恢复了生意。春风着手在吹暖着昭阳殿，明月从新又照亮了鸂鶒楼。李白本有迁都金陵的主张，故加意写出金陵的复活。这里可以提出一个问题：永王既经到过金陵，为什么没有以金陵为根据地而停留下来？下面的歌辞中有回答，便是永王想去"救河南地"（唐代的"河南道"包含着今河南省和山东省的全部，安徽、江苏等省的一部分，其中包含着东都洛阳），用的是"水师"，所取的路线有两条，一条是"浮海"，一条是通过运河。但这目的没有达到，只是在李白的这些诗里面留下了些痕迹。

第五首：

> 二帝巡游俱未回，五陵松柏使人哀。
>
> 诸侯不救河南地，更喜贤王远道来。

"二帝"自然指玄宗与肃宗，当时东西二京都尚未恢复，玄宗在成都，肃宗在彭原。"五陵"是在长安附近的五座先王的坟墓，即李渊的献陵，李世民的昭陵，李治的乾陵，李哲的定陵，李旦的桥陵。诗的后二句把永王出师的目的点明了，就是要"救河南地"，企图去收复洛阳。当时没有从旱路出兵，而是采取的水路，看来是有直捣幽燕（安禄山的根据地）的想法。

第六首：

> 丹阳北固是吴关，画出楼台云水间。
>
> 千岩烽火连沧海，两岸旌旗绕碧山。

这里点出了永王水师所在之地，是在镇江附近。镇江是南北运河衔接的枢纽。看来当时的用兵计划，除"浮海"之外，很想利用运河北上，至少可以运输粮食伏马。诗人着力在写当时的印象，两岸旌旗，连天烽火，浮江海浪，映水楼台，是一幅壮丽的油画。

第七首：

> 王出三江按五湖，楼船跨海次扬都。
>
> 战舰森森罗虎士，征帆一一引龙驹。

水师已由长江中游到了下游，目的是准备"跨海"，即主力军经由海路北上。其中一部分或许是辎重部队，已经到了扬州了。从这首诗里面可以看出永王军事的部署，他确实是想跨海北征的。"三江"之说甚多，在此当是长江、汉江、赣江。

第八首：

> 长风挂席势难回，海动山倾古月摧。
>
> 君看帝子浮江日，何似龙骧出峡来？

"古月"切胡字，出师的目的是在摧毁胡人安禄山、史思明的势力。乘长风破万里浪，海陆（陆是经由运河）并进，故云"海动山倾"。"帝子"指永王，"龙骧"是西晋龙骧将军王濬，他以晋武帝咸宁五年（二七九）十一月率龙船下益州，大举伐吴。这里以王濬比永王是合乎分寸的，足证下面的第九首确是伪作。

第九首：

> 祖龙浮海不成桥，汉武寻阳空射蛟。
>
> 我王楼舰轻秦汉，却似文皇欲渡辽。

"祖龙"是秦始皇，"文皇"是唐太宗，"渡辽"是说唐太宗用兵辽东。这里把永王比成唐太宗，而且超过了秦皇、汉武，比拟得不伦不类，和其他十首也不协调，前人以为伪作，是毫无疑问的。《东巡歌》应该只有十首，其后不久作的《上皇西巡南京（成都）歌》也只有十首，显然是仿效大小《雅》以十首为一"什"的办法。第九首无疑是永王幕府中人所增益，但却为永王提供了一个罪状，便是有意争夺帝位，想做皇帝了。

然而诗尽管不是李白做的，却有史料价值。诗中说到"浮海"，说到"渡辽"，可证永王幕府中人的确是想由海路北上直捣安史的根据地。这一首，把第七首和第八首的含意更突露出来了。

第十首：

> 帝宠贤王入楚关，扫清江汉始应还。
>
> 初从云梦开朱邸，更取金陵作小山。

这首又回顾了一下"制置"的使命，经营长江流域，以金陵为根据地，并出师北伐。值得推敲的是第二句的"还"字。"还"到哪里？第十一首作了回答："西入长安到日边！"这对于肃宗李亨要李璘还蜀，也作了正面的回答。"初从云梦开朱邸"，是说坐镇江陵（长江中上游的重镇）。"更取金陵作小山"，便是要以江宁为根据地。这句诗中的"金陵"是指紫金山。"小山"用的是淮南小山的典故；淮南小山，旧说以为人名，或以为文体名。但李白有《白毫子歌》（"白毫子"是隐士，言其眉有白毫），首二句云"淮南小山白毫子，乃在淮南小山里"；又说"小山连绵向江开，碧峰峣岩绿水回"，则"小山"分明是山名。李白当有所本。此处是说要把紫金山作为永王苑里的"小山",显示了永王有以江宁为根据地的用意。

第十一首:

> 试借君王玉马鞭,指挥戎虏坐琼筵。
>
> 南风一扫胡尘静,西入长安到日边。

这首是预想到凯旋的时刻了,在庆功宴上献俘,李白要加以指挥。但最重要的是"西入长安到日边"句,不仅要"救河南地",恢复洛阳,而且还要"西入长安"。这就是"东出师"的最终目的。向"东"是为了"浮海"——走海路进兵,"出师"是为了"一扫胡尘",消灭安史的势力,光复东西二京。

但这个行军计划没有可能实现,大约就在李白做出这几首《东巡歌》之后不久,问题揭晓了。首先是吴郡采访使李希言,用了对等的照会,写上了李璘的名字,诘问东下的用意。永王李璘被这事激怒了,复照加以申斥,其文如下:

> 寡人,上皇天属,皇帝友于,地尊侯王,礼绝寮品。简书来往,应有常仪。今乃平牒抗威,落笔署字,汉仪隳紊,一至于斯!

于是便派浑惟明去攻取李希言,派季广琛去袭击广陵采访使李成式。内战的局面便展开了。李希言的"平牒抗威",很明显是和李成式一样,已经和李亨朝廷取得了连系,而永王却还蒙在鼓里。他的"友于皇帝"早在打他的主意,他却一点也不知道。转瞬之间,堡垒又由内部崩溃了。是季广琛首先发难,永王的军帅们几乎全部背叛了。《新唐书·永王传》里面有所纪载:

> 广琛知事不集,谓诸将曰:"与公等从王,岂欲反耶?上皇播迁,道路不通,而诸子无贤于王者。如总江淮锐兵,长驱雍洛,大功可成。今乃不然,使吾等名缝叛逆,如后世何?"
>
> 众许诺,遂割臂盟。
>
> 于是,惟明奔江宁,冯季康奔白沙,广琛以兵六千奔广陵。

武将们真真正正地星离云散了,没有脱离的就只有一位高仙琦。永王的军势在丹阳附近被地方势力击败，永王仅以五骑由丹阳奔鄱阳，打算南走岭南。但以当年二月，在大庾岭为江西采访使皇甫侁所擒而被杀害，高仙琦不知所终。就这样，连高适和来瑱的兵都还没有过江，战事便很快地结束了。

看来，永王为人是刚愎自用的。他的幕下也未始没有人才，而是有才而不能用。就如李白，他派了他的"谋主"之一人韦子春到庐山去把他请下山来，三请而后达到目的。李白有《赠韦秘书子春》一诗以纪其事。李白初下山时是至德元年（天宝十五年）十二月下半月，适逢永王的水师也由武昌开到九江。李白当时是兴高采烈的。《在水军宴韦司马楼船观伎》中有云："诗因鼓吹发，酒为剑歌雄"，得意之态如在目前。韦司马可能就是韦子春，秘书是旧职，司马是新官。同时所作的诗还有《在水军宴赠幕府诸侍御》，说他自己参加了宴会，"如登黄金台"，以燕昭王比永王，而以乐毅自比。然而不久他就幻灭了。李璘对于他，实际上并不那么重视。李白《与贾少公书》，充分证明了这一点。

> 白绵疾疲苶，长期恬退。才微识浅，无足济时。虽中原横溃，将何以救之？王命崇重，大总元戎，辟书三至，人轻礼重。严期迫切，难以固辞。扶力一行，前观进退……徒尘忝幕府，终无能为。唯当报国荐贤，持以自免。斯言若谬，天实殛之。

这很明显是在永王幕府中写的信，估计在他写了《东巡歌》之后不会太久。他自己已经感觉着，在幕府里面等于灰尘了。李白在幕府中的生活，整个计算起来，只有两个月光景。心境转变得很快，环境也转变得很快。还没有来得及让他荐贤自代，他只好从前线奔亡了。有《南奔书怀》诗，别题为《自丹阳南奔道中作》，其中有这样几句叙述到永王部下的崩溃情形和自己的心境：

> 天人秉旄钺，虎竹光藩翰……不因秋风起，自有思归叹。主将动谗疑，王师忽离叛……宾御如浮云，从风各消散。

秋风思归，用的是张翰的故事。张翰在西晋齐王司马冏的幕下，因秋风起而思食江东莼羹，因而离开了齐王。不久齐王失败被杀，张翰得免于难。李白说自己早就有思归之叹，并不是待秋风起而思莼羹，这和《与贾少公书》中所说是一致的。真正的原因是李璘并不重视他。从这一点看来，李璘远不如他的"友于皇帝"李亨。李亨还知道重用高适以为讨伐李璘的统帅，而李璘却使李白感觉着自己在幕府里只像是灰尘。李白既受到这样的待遇，其他有才智之士尽可以类推。就如季广琛所说的"总江淮锐兵，长驱雍洛"也并不是错误的见解。可见永王部下的武臣们也并不赞成内战。如果李璘能够集思广益，一方面抚慰人民，真正做到"秋毫不犯三吴悦"，另一方面联络地方上的实力派，真正做到"总江淮锐兵，长驱雍洛"，他实在是大有可为的。然而他却急于首先揭开了内战的幕，使好端端的一个局面，被他自己的独断专行葬送了。李白高度激昂的心境很快地转而为极端的灰心，不是没有来由的。

李白是被挟在两种私心之间遭受到灾难，他对于李璘的忘公谊而急私忿固然早就失望，而对于肃宗李亨的先安内而后攘外也是十分痛心。但他不敢明言，却屡屡借题讽喻。例如《筜筤谣》："汉谣一斗粟，不与淮南春；兄弟尚路人，吾心安所从？"又如《上留田行》："参商胡乃寻天兵？……尺布之谣，塞耳不能听。"所谓"汉谣"是讽刺汉文帝刘恒与淮南王刘长之间的冲突。刘长不守法度，被充军西蜀，不食而死。民间因有《尺布之谣》："一尺布，尚可缝。一斗粟，尚可春。兄弟二人不相容。""参商寻天兵"的故事，见《左传》昭公元年，据说古代高辛氏有两个儿子不和睦，老是在天上打仗，高辛氏便叫大儿子去主管商星（又名心星或大火）、二儿子去主管参星。这两个星座是对立着的，在晚上的天空中不能同时出现。两者既不会见面，当然不会再打仗了。这个神话很古，可能传自殷代。（卜辞十二辰中有两个不同结构的"子"字，即第一位的"子"与第六位的"巳"，是对立着的。）李白的诗，毫无疑问，是在利用这些传说来讽喻时事。

又《南奔书怀》中有句云："秦赵兴天兵，茫茫九州乱"，诗意全同。何以标出"秦赵"？旧时注家未得其解。今案《史记·赵世家》云："赵氏之先与秦共祖。"中衍之后飞廉有子二人，其一曰恶来，其后为秦；恶来弟曰季胜，其后为赵。故秦与赵乃兄弟之国。"秦赵兴天兵"即"参商寻天兵"。"秦"自指肃宗集团，"赵"则喻永王军势。李白是反对打内战的，然而李亨与李璘毕竟把"北寇"丢在一边以干戈相见，而李璘已一败涂地。"过江誓流水，志在清中原；拔剑击前柱，悲歌难重论"。这是《南奔书怀》的最后四句，表明了李白的失望和痛心。真正是"尺布之谣，塞耳不能听"了！

永王失败被杀，同时他的几位"谋主"——薛鏐、李台卿、韦子春、刘巨鳞、蔡骈，《新唐书·永王传》以为"皆伏诛"，其实并不尽然。其中李台卿一名便确实没有被杀，李白在长流夜郎遇赦放回后还有诗送他，即《赠别舍人弟台卿之江南》。诗作于乾元二年（七五九），是李白游潇湘时与李台卿相遇。诗中云"良图委蔓草，古貌成枯桑；欲道心下事，时人疑夜光"，所说的便是永王东巡事。又云"吾弟经济士，谪居我何伤？潜虬隐尺水，著论谈兴亡"。可见李台卿被谪贬在潇湘附近。李白称之为"经济士"，又称之为"潜虬"（卧龙），看来他们之间的感情并没有变。李台卿不是背叛投降是可以肯定的。他之没有被诛，一定是有有力者保护了他，详细的情况不明。

李白虽然没有被列为永王的"谋主"，但他的名气大，他的出处关系也大。照杜甫的诗看来，他在当时是"世人皆欲杀"（《不见》）的。何以也没有被杀？在这里，裴敬在《翰林学士李公墓碑》中叙述了一段逸事。

> （李白）尝有知鉴，客并州（太原），识郭汾阳于行伍间，为脱免其刑责而奖重之。后汾阳以（已）功成官爵，请赎翰林。上许之，因免诛。其报也。

碑文作于唐武宗会昌三年（八四三），在李白死后八十一年，郭子仪死后六十二年。《新唐书·李白传》、乐史《李翰林别集序》都转载此事。前人大率信而不疑，近人詹锳根据颜真卿《家庙碑》，得知，郭子仪弱冠应举，即趋显达，时当在开元四年左右，李白尚未出夔门。又天宝以前，子仪并未尝任职并州。故断言："太白解救汾阳之说，纯属伪托；至汾阳之以官爵赎翰林，确否虽不可必，然其决非报德。"（《李白诗文系年》十七页）詹氏考证颇详，"伪托"之说可信。唯沿旧说，谓"汾阳之以官爵赎翰林"，则是把裴敬碑文的"以功成官爵，请赎翰林"误解了。今案"以"字应该读为"已"，前人照字面作"用"字解，把事实太夸大了。永王失败时，郭子仪任左仆射兼天下兵马副元帅，他为爱才起见，对于李白的处分发表过从宽的意见，应该是合情合理的事。有了郭子仪的缓颊，李白因而得免于诛戮，但传入民间便傅益成为郭李相救的传说。这传说，其后尚有发展，如《警世通言》的《李谪仙醉草吓蛮书》（后收入《今古奇观》），竟说李白在长安游街，看到郭子仪犯法，被绑赴刑场，出面把他搭救了。这应该说是民间的同情心的表现，是李白所赋有的平民性的一面所得到的回报。民间对于所爱好的人，是不愿意他被杀乃至死亡的，李白其后病死于当涂也被美化为入水捕月而骑鲸飞升的传说，是出于同样的心理。

永王死后，《新唐书》本传中还有一些尾声，足以看出封建统治阶级在狗咬狗的闹剧中，所表演出的假仁假义。

> 璘未败时，上皇下诰：降为庶人，徙置房陵。及死，（皇甫）侁送妻子至蜀，上皇伤悼久之。
>
> 肃宗以少所自鞠（抚养），不宣其罪。谓左右曰："皇甫侁执吾弟，不送之蜀而擅杀之，何耶？"由是不复用。

分明是自己的狡兔三窟之计，南北并进，而却把李璘作为替罪羊，既废之而又"悼之"；分明是自己下令讨伐，东西夹攻，而却斥责皇甫侁的"擅杀"，既罪之而又"不宣其罪"；依然在尔虞我诈、我诈尔虞。这就是封建帝王父子兄弟之间的现实关系。皇甫侁自以为体得了意旨而落得"不复用"，只是兔死狗烹之又一例证而已。假如他不"擅杀"，难保不会以同情叛逆的罪名，而受到更严烈的处分的。

要之，永王的迅速败亡，是李白在政治活动中的又一次大失败，而且失败得更惨，更加突如其来。他虽然没有被杀，但寻阳的监狱在等待着他，夜郎的流窜在等待着他，迅速的衰老和难治的疾病在等待着他，李白所表演的悲剧逐步地快要接近尾声了。

李白在长流夜郎前后

　　永王败走，李白也只好苍黄南奔。他奔到彭泽自首，于是便以附逆之罪被投入狱中。这在他真是没有梦想到的天外飞来的横祸。他的从永王"东巡"，本来是出于一片报国忧民的诚意，谁想到竟落得成为一个叛逆的大罪人？他是异常悲愤而伤痛的。他在狱中做了《百忧章》《万愤词》等诗，说他"举酒太息，泣血盈杯"（《百忧章》），又说"泪血地而成泥，狱户春而不草"（《万愤词》）。他在精神上受了很大的打击。

　　意外的是，他这时和十年前的诗友高适却成为了对立面。高适是反对房琯"制置"建议的人。《唐书·高适传》："永王璘起兵于江东，欲据扬州。初，上皇以诸王分镇，适切谏不可。及是，永王叛。肃宗闻其论谏有素，召而谋之。适因陈江东利害，永王必败。上奇其对，以适兼御史大夫、扬州大都督府长史、淮南节度使。诏与江东节度使来瑱率本部兵平江淮之乱，会于安州。师将渡而永王败，乃招季广琛于历阳。兵罢。"高适，与李白、杜甫相反，成为肃宗集团的人，因而飞黄腾达起来了。高适既是讨伐永王的统帅，李白自然也就是他所讨伐的对象。李白的下狱是否出于高的指令不得而知，他至少是采取着作壁上观的态度。这在受者直等于幸灾乐祸。因此，李白对于高适的感情也就可想而知了。李白有《送张秀才谒高中丞》一诗，实际上是对于高适的一篇《广绝交书》。诗有序：

　　　　余时系寻阳狱中，正读《留侯（张良）传》。秀才张孟熊，蕴灭胡之策，将之广陵（扬州），谒高中丞（适）。余喜子房之风，感激于斯人。

因作是诗以送之。

"中丞"为御史大夫的副职，史称高适兼御史大夫，盖尊称之。张孟熊"蕴灭胡之策"，是说他有恢复东西二京，消灭安庆绪、史思明的计划。当年正月安庆绪已经杀了他的父亲安禄山，仍然盘据在洛阳。张孟熊是想去见高适，劝他进兵洛阳。所以使得李白"感激"——深深地有所同感，而认为张孟熊有其远祖张子房（良）之风。因为这样，所以作诗送他。无疑也是有意通过他把诗给高适看，以表达自己的心境。诗的前半段称颂张良"智勇冠终古"，初则为韩报仇而反秦，继复佐汉解纷而灭楚。张孟熊既有平定安史之乱的计划，因而说他发扬了先人的"清芬"。接下去便转入了当时的现实。

> 胡月入紫微，三光乱天文。高公镇淮海，谈笑却妖氛。采尔幕中画，戡难光殊勋。我无燕霜感，玉石俱烧焚。但洒一行泪，临歧竟何云？

在胡尘涨天的时候，东西两京沦陷，玄肃二帝蒙尘，日月五星的运行都混乱了。在这时出镇淮海的"高公"，在"谈笑"之间扫却了"妖氛"。但这所谓"妖氛"并不是主要的敌人安庆绪、史思明，而是准备去进攻安史的皇帝的兄弟永王；把永王打败了的也并不是出镇淮海的"高公"，而是地方势力。事实的经过赋予诗以讥讽。张孟熊怀有"灭胡之策"，假使"高公"能够采取这个计划，把内战的矛头转向外战，转向真正的主要敌人，那就会认真建立"殊勋"了。这些诗句，对于"高公"，应该是很犀利的讽刺。

由于内战，使得"玉石俱焚"，李白本人正被囚在狱中等待处分。说"我无燕霜感"，其实正是我有涨天的燕霜之感。这诗可以和《古风》第三十七首对照着读。

> 燕臣昔恸哭，五月飞秋霜；庶女号苍天，震风击齐堂。精诚有所感，造化为悲伤。而我竟何辜？远身金殿旁。浮云蔽紫闼，白日难回光。群沙秽明珠，众草凌孤芳。古来共叹息，流泪空沾裳。

"邹衍无罪，见拘于燕。当夏五月，仰天而叹，天为陨霜。"（《论衡·感虚篇》引古说）"庶女叫天，雷电下击，（齐）景公台陨，支体伤折，海水大出。"（见《淮南子·览冥训》，高诱注云："庶贱之女，齐之寡妇。无子，不嫁。事姑谨敬。姑无男有女。女利母财，令母嫁妇。妇益不肯。女杀母以诬寡妇，妇不能自明，冤结叫天。天为作雷电，下击景公之台。陨，坏也；毁景公之支体，海水为之大溢出也。"）

李白在这首《古风》中自比为邹衍与齐女，受了冤屈，大有燕霜齐电之感。这首《古风》，注家多以为作于被谗逐的天宝初年，如果当年便有燕霜齐电之感，那么在永王事件后被系狱于寻阳，更不能说没有燕霜齐电之感了。"但洒一行泪，临歧竟何云？"无话可说，也正可以解释为无言的抗议。

送张孟熊的诗，无疑是被高适看过的，但他来了个不予理会。从此，李白和高适之间便再也看不出有何关系了。高适镇广陵不到一年，在至德二年（七五七）的冬天改授太子少詹事，移驻洛阳。又不一年半光景，乾元二年（七五九）三月，九节度使师大溃于相州（今河南安阳），高适由洛阳南奔，绕道襄阳、邓州而至长安。五月出任彭州刺史，在任一年多，于上元元年（七六〇）又改任蜀州刺史。当他在西蜀的任内，照杜甫的诗看来，西蜀的上层舆论认为李白是该杀的（《不见》："世人皆欲杀"）。刺史是左右舆论的人，可以想见高适对于李白一直处在敌对的地位。李白以乾元二年春在长流夜郎的途中——巫峡，遇赦，东下江陵，在江夏、潇湘等地还流连了一年多，但他没有回到西蜀而放浪于长江下游，看来不是没有原故的。尽管杜甫在《不见》一诗中希望他回乡："匡山读书处，头白好归来"；然而他一直到死，终竟没有回到他少年时的读书处——绵州的大匡山。

李白和高适这两位诗人在梁宋之游所结下的友谊，成为了玄宗与肃宗父子之间、李亨与李璘兄弟之间权力争夺的牺牲。从这个角度来看，《古风》第五十九首的含义，才可以得到切实的理解。

　　恻恻泣路歧，哀哀悲素丝。路歧有南北，素丝易变移。万事固如此，人生无定期。田（蚡）窦（婴）相倾夺，宾客互盈亏。世途多翻覆，交道方峻嶮。斗酒强然诺，寸心终自疑。张（耳）陈（徐）竟火灭，萧（育）朱（博）亦星离。众鸟集荣柯，穷鱼守枯池。嗟嗟失欢客，勤问何所规？

"路歧有南北"，不就是贺兰进明所指的玄宗集团的"南朝"和与之对立的肃宗集团的北朝吗？纯白的丝，染于苍则苍，染于黄则黄，看你是靠近哪一边。汉景帝时的窦婴与田蚡都以外戚相继得势，宾客即互为盈亏，趋炎赴势者流只朝有权势者的一边跑。交道是所谓"翻手作云覆手雨"的。饮酒高歌、慷慨激昂时所发出的盟誓，毕竟不过是一时的心血来潮。张耳与陈馀那样共同起义过的朋友，后来不是火并了吗？——张耳为汉将，把陈馀杀掉了。萧育与朱博那样的刎颈交，后来不是也势不两立吗？这些话里面，不能说没有含蓄着李白与高适的分道扬镳。"嗟嗟失欢客"另有所指，我以为指的是杜甫，留待下文适当的地方再加以说明。

李白对于交道的反复尽管这样悲叹，但他依然是得到了朋友的帮助。首先他的被捕下狱，又继之以长流夜郎而未遭到杀戮，有材料说明他是得到郭子仪的缓颊。不然，他是很难免于死的。

确实给予了帮助的还有宰相张镐、江南宣慰使崔涣和御史中丞宋若思。这些人，李白都有诗呈赠。特别是宋若思，在直接管理他的案件，曾经审讯过他，为他昭雪。他释放了李白让他参加了自己的幕府，还极力向肃宗朝廷推荐。李白有诗赠宋，题为《中丞宋公以吴兵三千赴河南，军次寻阳，脱余之囚，参谋幕府，因诗赠之》。诗中有句云："组练明秋浦，楼船入郢都；风高初选将，月满欲平胡。"所叙是秋天的气象，无疑是八、九月间的事。可知李白在狱中，可能呆了半年光景。

李白对于宋若思是很感激的。他从监狱里被释放了出来，在宋的幕府里虽然只住了短短的一两个月，却以宋的名义留下了一些有力的文章，足证李白又有了一个精神亢扬的期间。

《为宋中丞请都金陵表》把当时的局势叙述得比较醒豁。

今，自河以北，为胡所凌；自河之南，孤城四垒。大盗蚕食，割为鸿沟；宇宙龃龉，昭然可睹。

这是说黄河流域要光复旧业，很难办到。于是用对比的手法，接着写出金陵的形胜，表明最上的办法只好南迁。

> 臣伏见金陵旧都，地称天险；龙盘虎踞，开扃自然。六代皇居，五福
> 斯在；雄图霸迹，隐轸犹存；咽喉控带，萦错如绣。天下衣冠士庶，避地
> 东吴，永嘉南迁，未盛于此。

请注意，当时黄河流域的地主阶级南奔吴越，不仅有似永嘉南渡，而且可能超过了永嘉南渡。这是很好的史料。从这里可以看出：迁都金陵建立"东唐"或"南唐"，是当时的一种舆论。李白虽然在替宋若思立言，其实表达了一般地主阶级的意见，也表达了自己的意见。李白之所以肯从永王"东巡"，其目的至少一半即在实现这种希望。李璘失败了，希望未能实现，现在他又通过宋若思去恳求李亨来实现了。然而唐代的统治者毕竟是幸运。由于敌人的内讧，也由于得到回纥的协助——是付了高度代价的协助，就在至德二年的九月和十月，也就是在宋若思上表的期间，东西二京都相继收复了，南迁或东渡的必要也就自然消除了。尽管洛阳的收复以后还有些波折，但恢复中原已成定局，中国不至于再分裂为南北朝了。

另一篇文章是《为宋中丞祭九江文》，文章虽短，却同样有力。这等于是一篇誓师文，值得重视。"祭九江"其实就是祭长江。文中称长江为"长源公"。王琦注引《唐书·玄宗纪下》"（天宝六载）封河渎为灵源公，济渎为清源公，江渎为广源公，淮渎为长源公"。王谓"今祭江神而曰'长源公'，盖字之误也"。字误是没有问题的，但不是李白文的字误，而是《唐书》的字误。长江，源远流长，应是长源公；淮水，源多流广，应是广源公。李白文倒可以纠正《唐书》之误。

长江，何以又称为"九江"？旧时有种种说法，大抵都在两湖和江西境内寻出九条支流以充数，以说明所谓"江流九派"。但从《禹贡》的"九江孔殷，沱、潜既道，云土梦作乂"看来，在"九江"的总目下涉及了在四川境内的支流和湖北境内的云梦，可见古时所谓"九江"必然有不同的含义。我揣想，应该是指长江上游的九条大支流，即岷江（古以为长江之源），大渡河、金沙江、沱江、嘉陵江、黔江、湘江、汉水、赣江。是这样的九条大水综合成为长江，故长江又称为"九江"。这样，《禹贡》的叙述也才可以得到妥帖的说明。

古以五岳四渎为神。四渎，《唐书》以江、淮、河、济当之，但亦有江、淮、河、汉之说。宋若思要誓师北伐，故李白为之作文以祭长江。虽然视长江为神而加以禋祀，沿袭了古来的迷信，但这是时代的限制。从文章的角度来说，《祭九江文》倒是值得欣赏的一篇古文。文章并不长，不妨把全文引在下边。

> 谨以三牲之奠，敬祭于长源公之灵。
>
> 惟神（指长江）包括乾坤，平准天地，划三峡以中断，疏九道以争奔。纲纪南维，朝宗东海。牲玉有礼，祀典无亏。
>
> 今万乘蒙尘，五陵惨黩。苍生悉为白骨，赤血流于紫宫。宇宙倒悬，欃枪未灭。含识结愤，思剪元凶。若思忝列雄藩，恪当重寄。遵奉王命，大举天兵。照海色于旌旗，肃军威于原野；而洪涛渤潏，狂飙振惊。惟神使阳侯卷波，羲和奉命。楼船先济，士马无虞。扫妖孽于幽燕，斩鲸鲵于河洛。
>
> 惟神佑我，降休于民。敬陈精诚，庶垂歆飨。

仅仅一百七十五个字，把长江的气魄、时局的艰危、战士的振奋，表现得颇有力量。这和《春夜宴桃花园序》对照看，是别具风格的文字，一边是轻松，一边是凝重，但无疑都是经过充分锤炼的作品。

另有一篇文章《为宋中丞自荐表》，前人似乎不曾怀疑过，但却是大有可疑。"自荐"本来不是什么稀罕的事，但代人立言自荐却是十分奇特的。代人自荐，很难立言。被代者何苦对所荐者一定要出这样的难题？这是逼着人自己称赞自己。宋若思既是御史，自能执笔。即使要找人代笔，他的幕府中也绝对不会只有李白一个人。

表文中所叙述，有的地方和事实不符。例如，"遇永王东巡，胁行，中道奔走，却至彭泽。"李白从永王"东巡"，是受了三次聘请，最后由韦子春请下庐山的。下庐山时兴致勃勃，在永王水军中的初期也兴高采烈，并不是"胁行"。《流夜郎，忆旧游书怀，赠韦良宰》诗中有云："半夜水军来，寻阳满旌旃；空名适自误，迫胁上楼船。"这个"迫胁"犹言"迫遽""迫促"，是说自己匆匆忙忙地上了楼船。这和《与贾少公书》中所说"严期迫切，难以固辞，扶力一行，前观进退"，是一致的。但改说为"胁行"则是完全被动了。这在宋若思，是有意为李白开脱；但如出于李白的笔下，那就太不光明磊落了。

"中道奔走"也不符事实。李白有《南奔书怀》诗，一题作《自丹阳南奔道中作》，丹阳是永王与地方势力作战的最前线，可见李白是到了最前线。诗中所写，如"舟中指可掬，城上骸争爨"，也完全是前线作战的情形。这就证明：李白并不是"中道奔走"。写为"中道奔走"，在宋若思是有意为李白开脱；但如出于李白的笔下，那也太不光明磊落了。

表文中称赞李白的地方，有些措辞过分夸大。例如说，李白"文可以变风俗，学可以究天人，一命不沾，四海称屈"，这由宋若思或别的代笔人写出，可以表示对于李白的衷心的钦佩和同情；但如果出自李白的笔下，那就有点过于狂妄自大了。又例如说："昔四皓遭高皇而不起，翼惠帝而方来，君臣离合，亦各有数。岂使此人（指李白）名扬宇宙，而枯槁当年？"把李白比为商山四皓，把唐肃宗却比为懦弱无能的汉惠帝，这个典故，用得很欠斟酌。而且说李白"名扬宇宙"，也未免太夸夸其谈了。执笔者既责备了唐玄宗无知人之明，又对于唐肃宗施加以非用贤不可的压力；文章实在大有毛病。这如果真是出于李白的手笔，李白不简直是个狂人吗？

因此，我的看法是：这篇《荐表》决不是李白的代笔，甚至是否经过李白看过，都值得怀疑。但为什么又成为了李白的代笔呢？我看，这是当时肃宗朝廷里面认为李白该杀的一批人的任意裁诬。李白既在宋若思幕中，宋若思所上的表文，自然可以认为出自李白的手笔了。这样便增加了李白的狂妄之罪，率性严加究办，长流夜郎！这在李白真是活天冤枉。后人不察，把这篇文章收入李白的诗文集中，这样的冤罪还蒙受了一千多年，更是李白所意料不及的。

长流夜郎！——李白又意外地遭受到大祸，于是刚得到解脱的心境又由亢扬的高峰陡降入苦痛的深谷。李白因而生了病，不能不离开设在武昌的宋若思幕府，暂时到宿松去避难养病。李白有《赠张相镐》诗二首，题下自注云："时逃难，病在宿松山作。"诗的第一首中有云："拥旄秉金钺，伐鼓乘朱轮；虎将如雷霆，总戎向东巡。"这和至德二年十一月张镐东征的史实相符。《新唐书·肃宗纪》：至德二年"十一月丙午（初二日，刻本误作'丙子'），张镐率四镇伊西北庭行营兵马使李嗣业、陕西节度使来瑱，河南都知兵马使嗣吴王（李）祗，克河南郡县"。故知《赠张相镐》诗必作于至德二年十一月。

又同书《肃宗纪》至德二年十二月初二，因玄宗由成都回到长安，为了表示庆贺，赐"民酺五日"（叫老百姓饮酒作乐五天）。李白有诗《流夜郎闻酺不预》，因为是充军的罪犯没有资格参加庆典，可见长流夜郎的定罪至迟当在当年的十一月底。

李白首途赴夜郎（在今贵州遵义附近）即以当年十二月初旬或中旬由宿松出发，溯江西上。在起程的一段路上，有他的妻室宗氏和妻弟宗璟陪同，送到寻阳江才分别了。沿途有些逗留，同地方官吏或过境官吏时有应酬，还能游山玩水，饮酒赋诗。但李白的心境是近乎绝望的。他没有在寻阳狱中时的"百忧"和"万愤"了。他似乎感觉到"忧"既无益，"愤"也多余，而是有点"听天由命"了。"天命有所悬，安得苦愁思？"（《流夜郎，永华寺寄寻阳群官》）"我去黄牛峡，遥愁白帝猿；赠君卷施草，心断竟何言？"（《留别龚处士》）不过，他也还没有完全绝望，那就是希望有万一的机会遇赦，"我愁远谪夜郎去，何日金鸡放赦还？"（《流夜郎赠辛判官》）

这个等于无望的希望，却很快地便被他望到了。乾元二年（七五九）三月，因关内大旱，曾经有过一次赦令："天下现禁囚徒，死罪从流，流罪已下一切放免。"（见《唐大诏令集》卷八十四《以春令减降囚徒敕》）李白这名受到"流罪"处分的"现禁囚徒"便得到"放免"。当接到赦令时，他刚刚到了巫峡，在舟行生活中整整过了十五个月。《自巴东舟行，经瞿唐峡（古西陵峡），登巫山最高峰，晚还题壁》诗云："江行几千里，海月十五圆"，便是这时节的作品。

在近于绝望的心境中，忽然在半途遇到大赦，李白的高兴是可以想见的。在他的诗歌创作中，这时又来了一个高潮。有名的七绝《早发白帝城》（一作《白帝下江陵》或《下江陵》），唐人绝句的杰作之一，便是他兴致飞飏的绝好的表现。

> 朝辞白帝彩云间，千里江陵一日还。
>
> 两岸猿声啼不住，轻舟已过万重山。

这首诗，有人说是开元十三年（七二五），李白初出夔门时所作，也有人说是乾元二年遇赦离白帝城东下时所作，都没有说准确。他们都忽略了第二句的一个"还"字和第四句的"已过"两个字。那明明是遇赦东下，过了三峡，回到了荆州时做的。

通过江水的湍急浩荡，充分表现了心境的欢快激昂。这和遇赦前不久的《上三峡》，形成了南北两极。

> 三朝上黄牛，三暮行太迟。三朝又三暮，不觉鬓成丝。

诗是从古歌谣的"朝见黄牛，暮见黄牛；三朝三暮，黄牛如故"脱胎而来。但古歌谣只言舟行的迟缓，李白诗则增加了流窜的愁苦。水行的快加上心境的快活，水行的慢加上心境的消沉，都是同性质的东西相加，各自起了成倍的合力作用。这种心境的激变，李白自己也是意识到的。他在诗里面有明确的纪录，请看他的《自汉阳病酒归，寄王明府》那首诗吧：

> 去岁左迁夜郎道，琉璃砚水长枯槁。
>
> 今年敕放巫山阳，蛟龙笔翰生辉光。
>
> 圣主还听《子虚赋》，相如却欲论文章。
>
> 愿扫鹦鹉洲，与君醉百场。
>
> 啸起白云飞七泽，歌吟绿水动三湘。
>
> 莫惜连船沽美酒，千金一掷买春芳！

李白的遇赦并不是特赦，然而也使他生出了一种幻想，以为朝廷看中了他的文章，就像汉武帝读到《子虚赋》，把司马相如召进京去的一样，他也会有这样的机会了。所以他非常高兴，愿意把鹦鹉洲打扫干净，和王汉阳醉它个一百回。他要放声高叫，使楚地的七泽腾起云雾；他要纵情歌唱，使湖南的绿水翻涌波澜。正是春日的芳华畅茂的时候，连船载着美酒，就花费多少的金钱也不用吝惜吧！他真是表现出了连天的欢喜。

李白这位诗人，看来是很天真的，他一高兴起来便容易在幻想中生活了。他希望朝廷召回，在约略同时做的《江夏送倩公归汉东序》中说得更加明白："今圣朝已舍季布，当征贾生，开颜洗目，一见白日，冀相视而笑于新松之山耶?"这幻想是多么地葱茏！为了抱有这个幻想，他在江汉一带逗留了多时，接着又南游洞庭、潇湘，在今湖南、湖北之间迟回了一年之久。其用意，令人无可怀疑地可以看出，就是在等待朝廷召回的好音了。他为此也请求过别人为他揄扬。诗集中那首最长的诗（长八百三十字）——《经乱离后，天恩流夜郎，忆旧游书怀，赠江夏韦太守良宰》，可以作为代表。诗的最末一节有这样的几句：

> 五色云间鹊，飞鸣天上来。传闻赦书至，却放夜郎回。暖气变寒谷，炎烟生死灰。君登凤池去，勿弃贾生才。

他自比为贾谊，希望能被召回。这种希望，在诗文里表达过不止一次。当时的中原局势是怎样呢？正当李白由巫峡回到江汉一带的三月，郭子仪等九节度使的大兵，因大旱饥馑。溃于相州。九月史思明又攻陷了洛阳。所以诗的下文谈到了时局：

> 桀犬尚吠尧，匈奴笑千秋（田千秋，汉昭帝时的宰相）①。中夜四五叹，常为大国忧。旌旆夹两山，黄河当中流。连鸡不得进，饮马空夷犹。安得羿善射，一箭落旄头！

看来做诗的当时，九节度使师溃于相州的消息似乎早已传到了江夏，情况是不能令人乐观的。李白表示了他的殷忧，也表示了他的大志。扫荡胡尘，射落胡星，是他一向的志愿。这时仍然是雄心勃勃的。

但幻想毕竟只好幻灭。当时的肃宗朝廷，比之天宝年间，是每况愈下了。代替了李林甫和杨国忠的是李辅国（原是管养马的宦官），代替了杨贵妃的是张良娣。再加上玄肃父子之间的矛盾始终存在着，凡属接近玄宗的人都先后遭到贬斥，如同情李白的张镐、崔涣、宋若思等人都是属于这一类。连仅仅官任左拾遗的杜甫，只因疏救房琯，已于乾元元年（七五八）六月谪贬为华州司功；第二年七月又因关中饥馑，不能不弃官流浪。正当李白流连江汉时，杜甫已经流落到成都了。在这样的情形之下，李白怎能有希望被朝廷召回呢？

因此，在上元元年（七六〇）的春天，他结束了洞庭和潇湘的漫游，又折回到江夏，不久便东下寻阳而暂时寓居于豫章。

上元二年（七六一）他又离开了豫章，往来于宣城与历阳二郡之间。在这一年，他一生中最后一次重要的政治活动，便是在八月间去参加李光弼的东征，但半途在金陵生病而中止了。他有诗纪其事：《闻李太尉大举秦兵百万出征东南，懦夫请缨，冀申一割之用，半道病还，留别金陵崔侍御十九韵》。"李太尉"即李光弼。《通鉴》：上元二年五月"复以李光弼为河南副元帅、太尉兼侍中，都统河南、淮南东·西、山南东、荆南、江南西、浙江东·西八道行营节度，出镇临淮（今安徽泗县一带）"。出镇的主要用意是在防御安史的残余势力史朝义。诗共二十韵，题只言"十九韵"，因第一句入韵，未算入。其前几韵云：

> 秦出天下兵，蹴踏燕赵倾。黄河饮马竭，赤羽连天明。太尉仗旄钺，云旗绕彭城。三军受号令，千里肃雷霆。函谷绝飞鸟，武关拥连营。意在斩巨鳌，何论鲲与鲸！

极力写出军容之盛。"蹴踏燕赵倾"就是要摧毁安史的地盘。"巨鳌"是指史朝义。当年三月史朝义已杀其父史思明，继承"大燕"的帝位，建元"显圣"。他还有不小的势力，东北可以退回幽燕，东南可以窜犯吴越。李光弼的出兵是有防止史朝义流窜的用意的。

李光弼以当年八月十七日赴河南行营。李白的参军诗中有"旧国见秋月"句，时令相合。这时，李白已经六十一岁了，他说他"愿雪会稽耻，将期报恩荣"。所谓"会稽耻"是指自己因从永王"东巡"而被长流夜郎的那一番失败。他到了那样的年龄还决心去从军，可以算得是"烈士暮年，壮心不已"（曹操诗句）了。看来他和李光弼之间必然有一定的关系，如果不是得到李光弼本人的同意，便是在他的幕府中有李白的熟人。不然，李白不会贸然从事。因病半途而废，他感受到十分的遗憾。

其实因病而废，却成了李白意外的幸事。李光弼的出兵还有第二个用意，是要镇压东南的人民。第二年的宝应元年（七六二），也就是李白去世的一年，八月，台州（今浙江临海县）袁晁起义，聚众二十万，接连占领了上饶、永嘉、宁波等地，声势浩大。史书上说"民疲于赋敛者多归之"（《通鉴》宝应元年），毫无疑问，二十万人中绝大多数是农民。这一农民起义，支持了九个月，但终为李光弼的部下所"讨平"了。李光弼这位契丹族的"中兴名将"，同时也是屠杀起义农民的刽子手。李白去从军，幸而生了病，不然岂不在他的一生中会真正留下了一个不能磨灭的大"耻"吗？

李白当时得的是什么病，没有明确记载。病必不轻，是可以断言的。估计，会是第二年十一月夺去了他的生命的所谓"腐胁疾"的初期。唐人皮日休《七爱诗》之一②，说到李白"竟遭腐胁疾，醉魄归八极"。"腐胁疾"，顾名思义，当是慢性脓胸穿孔。脓胸症的病源有种种，酒精中毒也是其中之一。李白在上元二年的发病，估计是急性脓胸症。病了，没有得到适当的治疗，便成为慢性。于是，肺部与胸壁之间的蓄脓，向体外腐蚀穿孔。这可能就是所谓"腐胁疾"了。

这种慢性症很难有痊愈的希望。李白的嗜酒，又至死不休，更使这样的疾病没有治愈的可能。李白真可以说是生于酒而死于酒。他到暮年，逐渐把学仙炼丹的迷信抛弃了，把功名富贵的野心也抛弃了，除诗歌之外，唯一的嗜好就是酒。

> 而我谢明主，衔哀流夜郎。归家酒债多，门客粲成行，高谈满四座，一日倾千觞。

这是上元二年在宣州南陵县铜官《赠刘都使》诗中的几句。此外还有"所求竟无绪"句，很明显是他八月从军因病中途折回后的事。可见他不仅一个人独饮，而是有不少的酒客和他一同豪饮。有时他到田家去做客，同主人对饮至天黑。"田家有美酒，落日与之倾。"（《游谢氏山亭》）有时他饯别朋友，还要饮一个通宵。"今宵贳酒与君倾……酣歌一夜送泉（渊）明。"（《送韩侍御之广德》）像这样不断地豪饮，他的可能因酒而得的病，如何能好？

李白是以宝应元年（即上元三年）十一月死于当涂的。他到当涂去依靠"从叔"县令李阳冰，前人以为就在宝应元年中。但就他的《献从叔当涂宰阳冰》一诗看来，应该是在上元二年的冬天。这时在九江营商的"兄"可能已经离开了，或者兄弟之间生了隔阂，故只好去依靠"从叔"。诗是五言二十八韵，最后七韵是这样：

> 小子别金陵，来时自下亭。群风怜客鸟，差池相哀鸣。各拔五色毛，意重太山轻。赠微所费广，斗水浇长鲸。弹剑歌苦寒，严风起前楹。月衔天门晓，霜落牛渚清。长叹即归路，临川空屏营。

照这诗看来，分明是在冬天由金陵去当涂访问阳冰。因为在金陵靠着朋友们的周济不能维持生活，所以来到当涂求靠。但他开始没有说出来意；已经告别了，在船上写出这诗来奉献，才迫不得已说出了自己的窘迫。李阳冰看了诗，又才把他挽留了下来。这就表明：诗必作于上元二年的冬季。因此，他才有可能在当涂过第二年的重九。他有《九日龙山饮》一诗可以为证：

> 九日龙山饮，黄花笑逐臣。醉看风落帽，舞爱月留人。

"龙山"在当涂县南十里，如果他是宝应元年的冬天才到当涂，他就不可能以"逐臣"身份在龙山登高，度过重九。他还有一首《九月十日即事》，应该是第二天做的。

> 昨日登高罢，今朝又举觞。菊花何太苦？遭此两重阳！

诗的格调情趣完全相同，把李白豪迈之气差不多洗脱干净了。简单二十个字，不仅仅在惜花，而且在借花自惜。他的一生也是遭了两次大蹭蹬的——赐金还山与长流夜郎。花遭两次重阳，人遭两次重伤。语甚平淡，而意却深远，好像在对自己唱安眠歌了。

李阳冰的《草堂集序》作于宝应元年十一月初旬，时李白病已垂危，在枕上授稿，请求作序。由这篇序文看来，李白寓居当涂也必然在一年前上元二年的岁暮。

> 阳冰，试弦歌于当涂，心非所好。公，遐不弃我，扁舟而相欢。临当挂冠，公又疾亟。草文万卷，手集未修。枕上授简，俾余为序……自中原有事，公避地八年。当时著述，十丧其九。今存者，皆得之他人焉。时宝应元年十一月乙酉序。

"乙酉"是十一月初十，李白在当时或许尚在病中，但离去世也不会太远了。李白赴当涂如果是在李阳冰"临当挂冠"（就要离任）的时候，李阳冰不会挽留他，他也不便停留下来。故李白最后寓居当涂必然有一年光景，终于以"腐胁疾"病死在当涂。李华《故翰林学士李君墓志》谓"年六十有二，不偶，赋《临终歌》而卒"。《临终歌》今存集中，刊本误作《临路歌》，简短四十二字：

> 大鹏飞兮振八裔，中天摧兮力不济。
>
> 馀风激兮万世，游扶桑兮挂左袂。
>
> 后人得之（兮）传此，仲尼亡兮谁为出涕？

照样自比为大鹏，自负之心至死不变。然而自叹"力不济"，这和《古风五十九首》的第一首"吾衰竟谁陈？"是有一脉相通的。在那首《古风》里面，他想到了孔仲尼泣麟："希圣如有立，绝笔于获麟"；在这首《临终歌》里面，他又想到了孔仲尼泣麟。他一方面在自比仲尼，一方面又在叹息时无仲尼，而却寄希望于"后人"。实际上如果仲尼还在，未必肯为他"出涕"；而"后人"是没有辜负他的。他的诗歌被保留了一千多首，被传诵了一千多年，"后人"是没有辜负他的。

注释

①田千秋在汉武帝、昭帝时均为宰相。"匈奴笑千秋"，事在武帝时。

②《七爱诗》所爱七人为房玄龄、杜如晦、李晟、卢鸿、元德秀、李白、白居易。对李白推崇备至，谓千万年不能得此俊才。——"惜哉千万年，此俊不可得！"——作者注

李白的道教迷信及其觉醒

　　李白的思想，受着他的阶级的限制和唐代思潮的影响，基本上是儒、释、道三家的混合物。他虽然怀抱着"达则兼济天下，穷则独善其身"的儒家教条；"兼善"的希望，他没有达到；"独善"的实际，却害了他的一身。他在"独善"方面，是深深陷没在道教的泥沼里，直至他的暮年。对于佛教，他也有相当的濡染，但深入程度还不及杜甫。杜甫是禅宗的信徒，而李白却是道教的方士。

　　李白在出蜀前的青少年时代，已经和道教接近。在出蜀后，更常常醉心于求仙访道、采药炼丹。特别在天宝三年在政治活动中遭到大失败，被"赐金还山"，离开了长安以后，他索性认真地传受了道箓。

　　李阳冰在《草堂集序》里说："丑正同列，害能成谤，格言不入，帝用疏之。公乃浪迹纵酒，以自昏秽；咏歌之际，屡称东山……天子知其不可留，乃赐金归之。遂就从祖陈留采访大使（李）彦允，请北海高天师授道箓于齐州紫极宫（老子庙）；将东归蓬莱，仍羽人，驾丹丘耳。"这在李白看来是他私生活中的一件大事。他有《奉饯高尊师如贵道士传道箓毕归北海》一诗留下了纪录。他的道箓，还是安陵道士盖寰替他书写的，他也有诗纪其事。《访道安陵，遇盖寰为予造真箓，临别留赠》，便是。显然他是先去安陵（河南鄢陵县）找盖寰道士，把道箓造好了，然后到济南，由高如贵"尊师"在老子庙里面正式授予。这样，李白就成了一名真真正正的道士了。所以他在《草创大还》一诗里面，也郑重其事地说："抑予是何者？身在方士格！"

　　当年道教信徒受道箓有一定的仪式，《隋书·经籍志》中有所叙述。形式十分烦琐，比佛教徒的受戒、耶稣教徒的受洗礼，似乎还要煞有介事。不妨把《隋书》所述介绍在下边，以表示这位"谪仙人"李白，干下了多么惊人的一件大蠢事！

> 其受道之法，初受《五千文箓》，次受《三洞箓》，次受《洞玄箓》，次受《上清箓》。箓皆素书（用朱写在白绢上），纪诸天曹官属佐吏之名，有多少。又有诸符错在其间。文章诡怪，世所不识。
>
> 受者必先洁斋，然后赍金环一，并诸赞币，以见于师。
>
> 师受其赞，以箓授之。仍剖金环，各持其半，云以为约。弟子得箓，缄而佩之。
>
> 其洁斋之法，有黄箓、玉箓、金箓、涂炭等斋。为坛三成，每成皆置绵蕝（古人引绳束茅为之，后人挂纸钱）以为限域。旁各开门，皆有法象。
>
> 斋者亦有人数之限，以次入于绵蕝之中，鱼贯面缚，陈说愆咎，告白神祇，昼夜不息。或一、二七日而止（少者一个七天，多者两个七天）。
>
> 其斋数之外有人者，并在绵蕝之外，谓之斋客。但拜谢而已，不面缚焉。

这是多么惊人的仪式！受道的人要像罪人一样，把自己的两手背剪起来，一个七天七夜乃至两个七天七夜，鱼贯而行，环绕坛垴，不断地口中念念有词，向神祇忏悔。用不用饮食呢？没有提到。既是"洁斋"，又"昼夜不息"，恐怕是不用饮食的吧。这样惨酷的疲劳轰炸，身体衰弱的人等不到七天七夜就会搞垮。不能坚持到底的人，便成为落伍者，不能得"道"。能够坚持到底的人，自然会搞得精神和肉体两都疲惫不堪，在这时就会发生幻视、幻听等精神异常的现象。他会看到神人显形，也会听到神人宣示或者所谓天上的音乐。

"受道者"，和仅有一半资格的"斋客"不同，和毫无资格的凡人更是不同，事实上是一些愚蠢透顶的狂信徒。想到那样放荡不羁的李白，却也心甘情愿地成为这样的人，实在是有点令人难解。因此，同情他的人，不论是和他同时或稍晚，都想为他辩护。李阳冰说他"浪迹纵酒，以自昏秽"，则迷信道教是更进一步地"以自昏秽"，自在不言之中。稍晚的范传正在《新墓碑》中辩护得更加淋漓尽致。

> 公以为千钧之弩，一发不中，则当摧幢折牙，而永息机用；安能效碌碌者苏而复上哉？脱屣轩冕，释羁韁锁，因肆情性，大放宇宙间。
>
> 饮酒，非嗜其酣乐，取其昏以自富（护？）。
>
> 作诗，非事于文律，取其吟以自适。
>
> 好神仙，非慕其轻举，将不可求之事求之，欲耗壮心，遣余年也。

辩护得煞费苦心，但如李白有知，恐怕连他自己也不会同意。李白本人倒是很认真的。他想做官——说得冠冕一点，便是"兼善天下"，很认真；饮酒，很认真；作诗，很认真；好神仙，也很认真。他常常看到一些神人、仙人的形象，向他招手，对他说话，授他以仙诀，有时还给他以白鹿、鸾凤之类，使他飞行于太清。这些，在他的诗里面层见迭出，举不胜举。这和屈原在《离骚》里面的乘龙驭凤、遨游九天的叙述有所不同——在《远游》里面虽然有类似处，但《远游》不是屈原的作品；屈原的是出于悬想，李白的是出于迷信。他深信那些仙翁、仙女、仙兽、仙禽等是实质的存在。他深信人可以长生不老，或者返老还童。他和秦始皇一样，真正相信东海上有神仙居住的三神山。他和汉武帝一样，真正相信西方的昆仑山上有西王母。他相信麻姑的指甲就和鸟爪一样，搔起背来却很轻。他相信比人要小得多的白鹤、黄鹄等会把人载着飞入仙境。他相信人可以长出羽毛（所谓"羽化"），像鸟一样飞翔；这样的人就叫作"羽人"。他甚至相信武昌的黄鹤楼就是仙人在那里"学飞术"的地方。——《望黄鹤楼》诗："颇闻列仙人，于此学飞术。"

山东的泰山，那样实际存在着的海拔一五三二米的山，他在天宝元年去登过，有《游泰山》诗六首以纪其事。他在那里却遇着了"玉女"（第一首）、"羽人"（第二首）、"青童"（第三首）、"众神"（第四首）、"鹤上仙"（第五首）、"仙人"（第六首），首首都在和神仙打交道；使得他"稽首再拜"，"叹息"，"踟蹰"，"恍惚不忆归"；然而终是可望而不可及。值得注意的是，第四首里面有这样的话：

> 清斋三千日，裂素写道经；吟诵有所得，众神卫我形。

"三千日"约等于八年的岁月，要说为夸大，像"白发三千丈"那样，倒很简单。但六首诗都是很虔诚的，不好在这一首中玩弄那样不切实际的夸大手法。因此，这"清斋三千日"句，恐怕是"三七日"（三个七天）的字误。天宝元年，他还没有成为真正的道士，但他已经那样虔诚了。他在登泰山以前作了那么长时期的斋戒。这就可以使他的精神异常，发生幻觉了。他所见到、所听到的东西，在正常的人认为是幻，而在他自己却是真——他是真正看到，真正听到的。这样就使他的迷信，维系了相当长远的岁月。

由于他相信神仙，相信人可以成为神仙，故他相信仙药，相信灵丹，相信服了仙药的人可以长生，可以生出羽翼而高飞。

> 安得生羽毛，千春卧蓬瀛？（《天台晓望》）
> 安得不死药，高飞向蓬瀛？（《游泰山》第四首）

这是他经常提出的问题，也就是迷信神仙者所经常提出的根本问题。秦始皇这样提出过，汉武帝这样提出过，但在秦皇汉武之后，问题的答案好像已经找着了。那就是李白在《题雍丘崔明府丹灶》一诗里，所概括出的两句话：

> 九转但能生羽翼，双凫忽去定何依？

只要有了"九转金丹"，服用了便能生出羽翼，一双草鞋也就成为一对水鸟，可以载着人白日飞升。这就是所谓答案。"九转金丹"是什么？晋人葛洪在所著《抱朴子·金丹篇第四》中有所叙述，可能也就是他本人所"发明"。

> 一转之丹，服之，三年得仙；
>
> 二转之丹，服之，二年得仙；
>
> 三转之丹，服之，一年得仙；
>
> 四转之丹，服之，半年得仙；
>
> 五转之丹，服之，百日得仙；
>
> 六转之丹，服之，四十日得仙；
>
> 七转之丹，服之，三十日得仙；
>
> 八转之丹，服之，十日得仙；

九转之丹，服之，三日得仙。

什么是"丹"？就是以硫化汞（HgS）的丹砂为基础，搀杂以别种矿石粉末，用火化炼出来的东西。所谓"转"，也就是化学变化。由于某一种物质或几种物质的化学变化，没有得到正确的理解，而认为不可思议，因而发生出长生仙药或点石成金的幻想。例如，硫化汞是呈红色的矿物，故称之为"丹砂"。丹砂经火后，离析其硫黄成分而剩下水银，则由红转白，由固体转为半流体。这些现象，葛洪是目击到的，但他却知其然而不知其所以然。他在《金丹篇》里说："丹砂本赤物，从何得成此白物（水银呈白色）？"又说："丹砂是石耳，今烧诸石皆成灰，而丹砂何独得尔？（言化为水银而能流动）。"就由这一知半解便窜入炼丹术或点金术的邪途。这样的邪途，在唐代天宝年间经过大食（阿拉伯）再传到西方。歌德在《浮士德》诗剧中，对于炼丹术也有所吟咏。①但在西方，后来因知识有了进境，转为了科学的化学。在中国古代，则转来转去，没有转到科学的阶段而荒废了。

为了追求长生，秦皇汉武已经受了骗，魏晋的统治阶层也接着受了骗。受了骗的结果，有的人也受到教训，得以知道："服食求神仙，多为药所误。"（《古诗十九首》中的《驱车上东门》）因此，也有人不相信所谓"灵丹"。这在葛洪本人也早就在埋怨了："有积金盈柜、聚钱如山者，复不知有此不死之法；就令闻之，亦万无一信。"（《金丹篇》）其实这倒错怪了人。有钱人倒是相信的；愈有钱，愈想长生不死。"万无一信"的是没有钱的穷苦人，在水深火热的牛马不如的生活中，哪有心情去追求长生！

当然，知道是骗局而不愿再受骗的有产者自然也有，如撰述《隋书·经籍志》的唐人就揭穿了这一点："金丹玉液，长生之事，历代糜费，不可胜纪，竟无效焉。"但尽管"无效"，愚而不可救药的上层统治者却照样受骗，也"不可胜纪"！《经籍志》中就叙述到梁武帝的一例。陶弘景为梁武帝"试合神丹，竟不能就"，偏谎言"中原隔绝，药物不精"之故（古时以为越南所产的丹砂最精），梁武帝却深信不疑，对于陶弘景更加崇敬。

李白也不过是在向这些最愚蠢的统治者学步而已。他认真炼过灵丹，炼丹时非常神气。

闲剑琉璃匣，炼丹紫翠房。身佩豁落图，腰垂虎鞶囊。仙人驾彩凤，志在穷遐荒。(《留别曹南群官之江南》)

弃剑学丹砂，临炉双玉童。寄言息夫子，岁晚陟方蓬。(《流夜郎半道承恩放还，兼欣克服之美，书怀示息秀才》)

炼丹时把心爱的宝剑丢在一边，不再讲任侠了。腰系着绣有伏虎形的荷包，荷包中盛着《豁落图》，即所谓道箓。——"豁落"是道教术语。道经中有所谓"青真童子名之为豁落七元"。又说"天书字……八角垂芒，光辉照耀，惊心炫目"②。李白在《访道安陵》一诗中形容道士盖寰为他所造的真箓时便有"七元洞豁落，八角垂星虹"二句。故知所谓《豁落图》即是道箓。还有一对玉童在身旁协助。丹炼好了，服之成了仙，便可以远游于蓬莱、方壶等所谓海上的三神山了。

炼丹糜费，当然要有资本：一要有钱，二要有健康。这两样资本，在李白壮年时代都是不缺乏的。他自己说过："炼丹费火石，采药穷山川"(《留别广陵诸公》)；"五岳寻仙不辞远，一生好入名山游"(《庐山谣》)。他游遍了当时大半个中国的名山，至少有一半目的是为了采药求仙。这样的生活，没有钱，没有健康是不能支持的。李白是大财主的儿子，有兄在九江经商，有弟在三峡营业，可不用多说。他的身体也本来十分强健，别人说他目光如虎，炯炯有神。他喜欢骑马射箭，击剑蹴球。他喜欢打猎，能一箭射中双鸢，射穿双虎。在年轻时分，他还曾经同人打架。他有《叙旧赠陆调》一诗，叙述到他在长安北门曾被斗鸡徒围困，全亏陆调突破"万人丛"，请来官宪，才把李白救出。诗中说陆调"风流少年时，京洛事游遨"，陆调既是"少年"，李白当时的年龄也不会太老。他被斗鸡徒围困事，当在他开元十八年第一次游长安的时候。陆调的本领不小，李白的本领当然也很有可观。

然而，尽管你有多少钱，尽管你有过人的健康，是经不住无意识的长期消耗的。李白说他"倾家事金鼎，年貌可长新"(《避地司空原言怀》)。家是倾了，而"年貌长新"的希望适得其反，连自己的健康也倾了！李白出乎意外地衰老得很早。天宝十四年（七五五）冬，他才五十五岁。他参加了永王李璘的幕府之后不久，在《与贾少公书》中自陈："白绵疾疲茶，长期恬退。"

这便是他早衰的佳证。为什么那样早衰？原因当然有种种，过分嗜酒是容易被人想到的原因之一，但长期炼丹、服丹，以致水银中毒，我看是更重要的一项。结果是神仙迷信、道教迷信深深地害了他，然而要从这迷信中觉醒，却还有一段长远的历程。

嗜酒自然是坏事，但对李白说来，有有害的一面，也有有利的一面。那就是，酒是使他从迷信中觉醒的触媒。

> 提壶莫辞贫，取酒会四邻；仙人殊恍惚，未若醉中真。（《拟古》第三首）
> 贤圣既已饮，何必求神仙！三杯通大道，一斗合自然。（《月下独酌》第二首）
> 蟹螯即金液，糟丘是蓬莱；且须饮美酒，乘月醉高台。（《月下独酌》第四首）

从这些诗看来，酒仿佛成为了李白的保护神，使他逐步减少了被神仙丹液所摧残和毒害。以蟹螯代替丹液，把糟丘看作神山，这在李白是一种飞跃。他在《古风》第三十首中的旧看法是恰恰相反的，那儿他在嘲笑时人"绿酒晒丹液"。现在他也站到"绿酒"一边，战胜着"丹液"了。因而他的好诗，多半是在醉后做的。且引他的《江上吟》一首为例，那是酒与诗的联合战线，打败了神仙丹液和功名富贵的凯歌。

> 木兰之枻沙棠舟，玉箫金管坐两头；
> 美酒尊中置千斛，载伎随波任去留。
> 仙人有待乘黄鹤，海客无心随白鸥；
> 屈平辞赋悬日月，楚王台榭空山丘。
> 兴酣落笔摇五岳，诗成啸傲凌沧洲；
> 功名富贵若长在，汉水亦应西北流！

这是他从长流夜郎半途赦回，流连在江夏一带时所做的诗。在这里，他在嘲笑仙人，轻视海岳，浮云富贵，看重诗歌。什么"仙人"？你要等到黄鹤来才能高举，然而"黄鹤一去不复返"了！我能和"海客"一样毫无私心，便能时时与白鸥为伍。请看屈原的辞赋——《离骚》《九歌》和《九章》吧！屈原虽然遭到谗毁，自沉于汨罗江，然而他的文章却一直和日月一样，留传到现在还有灿烂的光辉。楚怀王和楚襄王父子却怎样了？他们炫耀一时的宫殿楼台，以前峥嵘在山陵地带，今天不是渺然无存了吗？我兴致一来，下笔挥写能使你五岳动摇。——五岳不再是使他稽首再拜的神人之居了。诗歌做成了，我放声高吟，能使你海上的三神山俯首在我脚下！功名富贵是不能持久的，汉水总是滔滔不绝地向着东南流，谁也不能把这流向扭转！

他这时得到"千斛酒"的力量，好像得到了百万雄兵，顷刻之间，战胜了一切的神仙妖异、帝王将相。然而，只是暂时的。等他的酒一醒，他又成为一个极其庸俗的人，为"万古愁""万古愤""万古恨"所重重束缚着，丝毫也动颤不得。上举《书怀示息秀才》一诗也是"流夜郎半道放还"时的作品，他和"双玉童"又出现在丹灶旁边，他又在梦想着飞往海上的三神山了。

读李白的诗使人感觉着：当他醉了的时候，是他最清醒的时候；当他没有醉的时候，是他最糊涂的时候。因此，他自己也"但愿长醉不愿醒"（《将进酒》），甚至夸张说"百年三万六千日，一日须倾三百杯"（《襄阳歌》）。

但是，酒喝太多了，对于他的健康，当然也不会没有影响。上元二年秋，李光弼东征，他抱了雄心去参军，半途因病折回。这病无疑是第二年冬季夺去了他的生命的"腐胁疾"的前驱症候；更无疑是使他彻底从迷信中觉醒过来的后劲契机。倾了家，当然不能再从事金鼎的冶炼；倾了健康，更无法再迷信神仙丹液的有效了。

这里有一首诗：《下途归石门旧居》，向来不大为专家们所注意，其实在了解李白的生活上是具有关键性的作品。这应该作于宝应元年即他去世之年的春天。他前往当涂的横望山去向旧友吴筠道士诀别，也是他和道教迷信的最后诀别。我要把这诗的全文，逐段解释如下。

第一段：

> 吴山高，越水清，握手无言伤别情；
> 将欲辞君挂帆去，离魂不散烟郊树。
> 此心郁怅谁能论？有愧叨承国士恩。

> 云物共倾三月酒，岁时同饯五侯门。

从这首段看来，赠别的对象是吴筠，毫无问题。第三句的"君"字即指吴筠。吴筠是华阴人，善诗能文，举进士不第，后来在会稽成了道士。天宝元年的春夏之交，李白从鲁郡南下，与吴筠同游剡中，在浙江曹娥江上游，二人成为了志同道合的朋友。不久，吴筠被唐玄宗征召入京，他在玄宗面前推荐了李白，同时得到贺知章与玉真公主等人的支持。于是，唐玄宗也征召李白入京。二人同待诏翰林，成为了天子的"近臣"。但在不太长的时间内，吴先李后地都离开了长安。本段后三句所说的就是这一段往事的回忆。"承国士恩"是说受到玄宗的知遇。其所以受到知遇是由于吴筠的推荐，故说"叨承"。"云物"犹言天上。同为翰林供奉，有时同陪游宴，为时仅三阅月，故云"云物共倾三月酒"。这三个月是跨着天宝元年与二年的；同在长安和王侯们过了一个岁首，故云"岁时同饯五侯门"。这是赠别吴筠的诗，毫无疑问。

吴筠在天宝二年春离开长安后隐居嵩山，唐玄宗为他建立了一座"道馆"。安禄山之乱，两京陷没，吴又南下，入会稽剡中。吴卒于大历十三年（七七八），比李白之死迟十六年。门徒们谥之为"宗元先生"（据《新唐书·隐逸传》）。但据这首诗看来，在宝应元年他是隐居在当涂县东六十里的横望山，即石门所在之处的。

第二段：

> 羡君素书常满案，含丹照白霞色烂。
>
> 余尝学道穷冥筌，梦中往往游仙山。
>
> 何当脱屣谢时去？壶中别有日月天。
>
> 俯仰人间易凋朽，钟峰五云在轩牖。
>
> 惜别愁窥玉女窗，归来笑把洪崖手。

"素书"是用朱墨写在白绢上的道书。第二句，王琦注以为素书的形容，"含丹者，书中之字以朱写之；白者，绢色。丹白相映，灿然如霞。"但"满案"的素书不会全都是坦开着的，我以为应该是形容吴筠本人唇红齿白、鹤发童颜。吴筠是不重炼丹的人，史书上说唐玄宗曾经向他问神仙冶炼法，他作了很合理的回答："此野人事，积岁月求之，非人主宜留意。"正因为这样，所以他健康长寿，已在病中的李白因而"羡"他。

"学道"之于李白，在这首诗里已经成为往事了。他回想当年也曾经穷搜不可捉摸的"玄之又玄"，连梦里都在漫游仙山。在那时真是想抛开尘世的一切，跳入壶中的别有天地里去。在那时以为俯仰在尘世间是容易凋朽的，寄居在金陵时，窗轩都面对着钟山，表示自己不愿意脱离自然。在那时也曾经到嵩山去访问过吴筠，分手时对嵩山的玉女窗曾依依惜别。现在又回到横望山来了，笑握着老朋友的手，有说不尽的感慨。"洪崖"，据说是三皇时代的伎人，成仙，隐居于四川青城山，号"青城真人"。在这里是借来比吴筠。值得注意的是李白说他是"归来"，可见早些时李白也在横望山隐居过。

第三段：

> 隐居寺，隐居山，陶公炼液栖其间。
> 凝神闭气昔登扳，恬然但觉心绪闲。
> 数人不知几甲子，昨来犹带冰霜颜。
> 我离虽则岁物改，如今了然识所在。
> 别君莫道不尽欢，悬知乐客遥相待。

"陶公"就是梁武帝所崇信的陶弘景了。他在横望山隐居过，炼过丹液，故横望山又名"隐居山"，陶所隐居的地方名"隐居寺"。先年李白在这儿寄居时，曾经凝神聚气地扳登过，那时身体健康，登山时是泰然恬静，满不在乎的。——想到以前的恬静，反衬出现在连山也不能登了。这次来看见几位老人，一共加起来，不知道有好几百岁了。（一个甲子是六十岁，"几甲子"至少也当有一百二十岁，不能是每个人的岁数。）这些隐居学道的人，以前都是见过的，以前是面带冰霜，这一次见到也还是面带冰霜。冰霜犹言"冰雪"，《庄子·逍遥游》形容藐姑射之山的神人，有"肌肤若冰雪"之语。离开这儿有了好几年，景物（包含李白自己的健康）也有所改变了，但现在的自己却是湛然清醒，明白了自己所处的地位。"如今了然识所在"，是这首诗的核心句子，表明李白是觉悟了，要和一切迷信幻想脱离了。但他说得很娓婉，不是那么金刚怒目。他似乎没有意思把自己的觉悟强加于人。匆匆而来，匆匆而去，看来是没有尽兴的，因此诗人在安慰主人："不要说没有尽兴吧，我知道你是好客的，你会期待着我的再来。"

第四段——最后一段：

> 石门流水遍桃花，我亦曾到秦人家。
>
> 不知何处得鸡豕？就中仍见繁桑麻。
>
> 俯然远与世事间，装鸾驾鹤又复远。
>
> 何必长从七贵游，劳生徒聚万金产？
>
> 揖君去，长相思，云游雨散从此辞。
>
> 欲知怅别心易苦，向暮春风杨柳丝。

尽管走得很匆忙，但诗人却到"石门"去过。"石门"，是横望山中一带风光奇特的所在。王琦注引《真诰》："石门，山水尤奇，盘道屈曲。沿磴而入，峭壁二里，夹石参天。左拥右抱，罗列拱揖。高者抗层霄，下者入衍奥。中有玉泉嵌空，渊渊而来。春夏霖潦奔驰，秋冬澄流一碧，萦绕如练。"颇费了笔墨来形容。但李白没有流连于风景，而所关心的倒是居民。他点出了"鸡豕""桑麻"等重要的生活资料。石门一带的农民生活，被描绘成了现实的"桃花源"，和谐淡泊，远远和城市生活有着间隔，比起脱离现实的空想的"装鸾驾鹤"（仙人生活）更远远有着间隔了。何必贪图富贵荣华，追求水月镜花？李白从农民的脚踏实地的生活中看出了人生的正路；当然，也是他有了觉醒，才能体会到农民生活的真谛。这在别的诗中结晶成了两句："闲时田亩中，搔背牧鸡鹅。"（《书情赠蔡舍人雄》）

"云游雨散从此辞"，最后告别了，这不仅是对于吴筠的诀别，而是对于神仙迷信的诀别。想到李白就在这同一年的冬天与世长辞了，更可以说是对于尔虞我诈、勾心斗角的整个市侩社会的诀别。李白真像是"了然识所在"了。

然而，李白在一千多年前的当代，要说已经觉悟得那么彻底，也是不可能的。他还有不少的牵挂，而且也无心去斩断那些牵挂。"向暮春风杨柳丝"，就是那些千丝万缕的牵挂的"丝"了。

这首诗，我认为是李白最好的诗之一，是他六十二年生活的总结。这里既解除了迷信，也不是醉中的豪语。人是清醒的，诗也是清醒的。天色"向暮"了，他在向吴筠诀别；生命也"向暮"了，他也在向尘世诀别。

注释

①参看拙译《浮士德》第一部，五一——五二页。——作者注
②此句亦见《隋书·经籍志》。

李白与杜甫在诗歌上的交往

　　李白和杜甫，在天宝三年（七四四）的春夏之交，相遇于洛阳。李白是遭遇谗毁，由长安被赐金放回，时年四十四岁。杜甫是"忤下考功第"后的第十年，时年三十三岁。他们都在壮年，而且是怀才不遇，目空一切的。

　　当年的秋季，李杜相约漫游梁（开封）宋（商丘），高适也参加了他们的行列。杜甫晚年在《遣怀》和《昔游》两诗中，对于当时情况有所回忆。李杜二人其后又同游齐鲁（高适有时也参加），这时是他们的友谊的高潮期。杜甫在《与李十二白同寻范十隐居》诗中有云："怜君（指李白）如弟兄"；又云："醉眠秋共被，携手日同行。"看来他们好像比兄弟还要亲热。他们在一道的时候分不开手，不在一道的时候便终日怀念。"寂寞空斋里，终朝独尔思"，这是杜甫《冬日有怀李白》的开头两句。他们不仅趣味相投，而且信仰接近。在一同饮酒赋诗，六博畋猎；也在一同求仙访道，并准备采药还丹。杜甫第一首《赠李白》的七绝，便是当时李杜二人的合影。

　　秋来相顾尚飘蓬，未就丹砂愧葛洪。

　　痛饮狂歌空度日，飞扬跋扈为谁雄？

　　前人以为这首诗是杜甫对于李白有所规劝，那是错误的看法。人们不仅忽略了第一句中的"相顾"两个字，更完全忽略了杜甫也迷信神仙丹药，而且终生嗜酒，嗜酒的程度绝不亚于李白。"空度日""为谁雄？"都是愤世嫉俗之词，在慨叹英雄无用武之地。这所指的不仅是李白一个人，也包含了杜甫自己。杜甫在《壮游》诗里，说他自己年少时"性豪业嗜酒，嫉恶怀刚肠……饮酣视八极，俗物多茫茫！"这态度难道还不够"飞扬跋扈"吗？不要忘记，《今夕行》中，杜甫在咸阳客舍"凭陵大叫呼五白"时，还自称为"英雄"呢！

杜甫十分同情李白，毫无问题。在现存一千四百四十余首诗中，和李白有关的将近二十首。其中专门寄赠或怀念李白的有十首——《赠李白》前后两首，《与李十二白同寻范十隐居》一首，《冬日有怀李白》一首，《春日忆李白》一首，《梦李白》二首，《天末怀李白》一首，《寄李十二白二十韵》一首，《不见》一首。诗中提到李白的五首——《送孔巢父谢病归游江东兼呈李白》一首，《饮中八仙歌》一首，《苏端、薛复筵，简薛华，醉歌》一首，《昔游》一首，《遣怀》一首。没有提名，但其中一定包含有李白的，无法统计。例如《哭郑司户（虔）、苏少监（源明）》诗中有句云："豪杰何人在？文章扫地无！"这里面一定包含有李白。王维卒于上元二年（七六一），李白卒于宝应元年（七六二），郑与苏同卒于广德二年（七六四）。他们四位都是杜甫所亲近的有名的文艺家，相隔三、四年都先后去世了，故杜甫发出了那样的慨叹。又如《赠高式颜》诗中有句云："自失论文友，空知卖酒垆"，这里面也一定包含有李白。高式颜是高适的侄子，高适卒于永泰元年（七六五），"论文友"自然是指高适。但如果我们联想到《春日忆李白》的"何时一樽酒，重与细论文？"更联想到《遣怀》诗中的这几句："忆与高（适）李（白）辈，论交入酒垆；两公壮藻思，得我色敷腴"；能够说《赠高式颜》诗中的话没有包含着李白吗？又再如杜甫署明作于"大历五年（七七〇）正月二十一日"的《追酬故高蜀州（适）人日见寄》诗，序中有云："今海内忘形故人，独汉中王（李）瑀与昭州敬使君超先在。"这时岑参也死了，死于大历四年十二月下旬。在这"忘形故人"里面也应该包含有李白。

李白虽然年长十一岁，他对于杜甫也有同样深厚的感情。但他有关杜甫的诗不多，只剩下四首，都是在漫游齐鲁时代的诗。其前其后应该还有作品，可惜散佚了。前人爱以现存诗歌的数量来衡量李杜感情的厚薄，说杜厚于李，而李薄于杜。那真是皮相的见解。

现将李白有关杜甫的四首诗叙列在下边。

《鲁郡东石门送杜二甫》：

> 醉别复几日，登临遍池台。何时石门路，重有金樽开？秋波落泗水，海色明徂徕。飞蓬各自远，且尽手中杯。

开头一句是说没有几天便要分手了。舍不得分手，因而有酒同醉饮，有景同登临。这不就是"醉眠秋共被，携手日同行"的实际吗？"何时石门路，重有金樽开？"不也就是"何时一樽酒，重与细论文"的希望吗？虽然没有表达出"弟兄"的字面，但两人当时的情谊，比起一般的"弟兄"来似有过之而无不及的。

《秋日鲁郡尧祠亭上宴别杜补阙范侍御》：

> 我觉秋兴逸，谁云秋兴悲？山将落日去，水与晴空宜。鲁酒白玉壶，送行驻金羁。歇鞍憩古木，解带挂横枝。歌鼓川上亭，曲度神飚吹。云归碧海夕，雁没青天时。相失各万里，茫然空尔思。

这首诗在题目上有问题。李杜游齐鲁时，杜甫并无官职。后来有了官职，做过左拾遗，也并不是"补阙"。因此，前人有的怀疑"杜补阙"不会是杜甫。考唐人段成式《酉阳杂俎》已征引此诗："众言李白惟戏杜考功'饭颗山头'之句，成式偶见李白《祠亭上宴别杜考功》诗，今录其首尾（案即上引诗首四句与尾四句)。"[1]这虽然误把"考功"弄成了杜甫的功名，"杜考功"即杜甫是无疑问的。"饭颗山头"之句是李白赠杜甫的诗句，《尧祠亭上宴别》也必然是赠杜甫的诗。因此，李白集中的诗题应该是《秋日鲁郡尧祠亭上宴别杜甫兼示范侍御》。"兼示"二字，抄本或刊本适缺，后人注以"阙"字。其后窜入正文，妄作聪明者乃益"甫"为"补"而成"补阙"。《酉阳杂俎》既只言"宴别杜考功"，则原诗应该只是"宴别杜甫"，范侍御不是"宴别"的对象。这位范侍御很显然就是杜甫《与李白同寻范十隐居》的那位"范十"了。

诗与前诗当是同时所作，时令相同，地点亦相近。同时的赠别诗留下了两首，正足以证明：李杜在"几日"的惜别中，的确是"登临遍池台"的。这首诗的末句"茫然空尔思"，不也就同于杜甫的"终朝独尔思"吗？

《沙丘城下寄杜甫》：

> 我来竟何事？高卧沙丘城。城边有古树，日夕连秋声。鲁酒不可醉，
> 齐歌空复情。思君若汶水，浩荡寄南征。

"沙丘城"不是钜鹿的沙丘台或沙丘宫。李白《送萧三十一之鲁中兼问稚子伯禽》诗云："我家寄在沙丘旁"，可知此沙丘为李白在鲁中寄居处。此时与杜甫不在一处，怀念杜甫的情绪竟如汶水一样长流不断，有鲁酒也不能忘情，有齐歌也不足取乐。这情谊还不算真挚吗？

但有一首诗却被人误解得很厉害，那就是第四首的所谓《戏赠杜甫》了。"戏"字无疑是后人误加的。

《戏赠杜甫》：

> 饭颗山头逢杜甫，头戴笠子日卓午。
> 借问别来太瘦生？总为从前作诗苦。

李白集中未收此诗，前人或疑伪作。诗见唐人孟棨《本事诗》，孟棨以为李白讥刺杜甫"拘束"。同是唐人的段成式，在《酉阳杂俎》中也以为李白"戏"杜甫。可见作为讥刺或戏作，是唐人相当广泛的见解。自从有了这种见解，后人便视为定论，如《唐书·文苑传》竟说："天宝末诗人，甫与李白齐名，而白自负文格放达，讥甫龌龊，而有'饭颗山'之嘲诮。"

这真是活天冤枉。诗的后二句的一问一答，不是李白的独白，而是李杜两人的对话。再说详细一点，"别来太瘦生"是李白发问，"总为从前作诗苦"是杜甫的回答。这样很亲切的诗，却完全被专家们讲反了。

杜甫作诗向来是苦费心思的。他在《江上值水如海势，聊短述》中说："为人性癖耽佳句，语不惊人死不休！"——为了能做出好的诗句连命都可以不要，这还不苦吗？又在《解闷十二首》之七中说："熟知二谢将能事，颇学阴何苦用心。"——为了能做出好诗，要把谢灵运和谢朓的诗读得烂熟，还要学阴铿与何逊的刻苦用心，在这儿已明白说出了一个"苦"字。他不仅能体会前人的"苦"，也能体会今人的"苦"。"清诗近道要，识子用心苦"（《贻阮隐居》），这就是所谓能识此中甘苦了。"苦用心"的结果自然会"瘦"，所

以他在《暮登四安寺钟楼（原在今四川新津）寄裴十迪》中有这样的一句："知君苦思缘诗瘦。"这就是"借问别来太瘦生？总为从前作诗苦"的极周到的注脚。不仅"苦"字有了着落，连"瘦"字也有了来历。这样亲切而认真的诗，被解为"嘲诮"，解为"戏赠"，解为讥杜甫"拘束"或甚至"龌龊"，未免冤枉了李白，也唐突了杜甫！

唐代以诗歌取士，做诗的人们因用心做诗而致身体瘦削，并不是什么丑事。请读韩愈为他的诗友孟郊所作的《贞曜先生墓志铭》吧。他形容孟郊的苦吟竟至使用上"刿目鉥心""掐擢胃肾"的辞句。这也就是后人所说的"呕心滴血"了。

就是李白本人，尽管"放达"，做诗又何尝掉以轻心？他的《古风五十九首》的第一首开头两句是"大雅久不作，吾衰竟谁陈？"最后的四句是"我志在删述，垂辉映千春；希圣如有立，绝笔于获麟"。请看，他是在怎样的作鼓振金！

要之，"饭颗山头逢杜甫"一诗，既非"嘲诮""戏赠"，也不是后人伪作。那诗亲切动人，正表明着李白对于杜甫的深厚的关心。这和杜甫《赠李白》"秋来相顾尚飘蓬"一绝，直可以说是一唱一和。

李杜在齐鲁的同游为期并不长。天宝四年秋季，李白南下，杜甫西上，成为了杜甫在《春日忆李白》中所说的"渭北春天树，江东日暮云"。（杜甫定居在西北如古树，李白漫游在东南如浮云。）从此两人便没有再见面的机会。

一别十三、四年，经过了天翻地覆的安史之乱，特别是在李白长流夜郎时及其后，杜甫对于李白的感情是有明显的转变的，那便是由怀念仰慕转变为哀怜惋惜。乾元二年（七五九）的秋天，在秦州做的《梦李白二首》之二的结尾四句是："孰云网恢恢？将老身反累。千秋万岁名，寂寞身后事。"他耽心李白的冤罪，千载难雪，会"名堙没而不彰"。

这时杜甫远在秦州，因地方偏僻，消息隔绝，不知道李白的真情实况。其实在杜甫作诗的当时，李白已遇赦放回，在南游洞庭了。同时所作的《天末怀李白》，也是非常隔膜，但也非常哀惋。

凉风起天末，君子意如何？鸿雁几时到？江湖秋水多！文章憎命达，

魑魅喜人过。应共冤魂语，投诗赠汨罗？

他揣想李白流窜夜郎（在今遵义附近）所走的路径可能是经过湖南北部再往西走，故有"投诗赠汨罗"与"冤魂"屈原"共语"的揣测。这虽然揣测错了，但在杜甫做诗当时李白确实在岳阳一带，舟游洞庭，而有"划却君山好"那样豪放的诗句。②

但到后来得到李白的消息，情况便不同了。《寄李十二白二十韵》，共二百字，可以说是杜甫的李白诗传，对于李白的现状，不仅他的生活，更兼及他的心事，都好像了如指掌了。这首诗对于了解李白和李杜二人的关系上，是一项重要的资料，我想把全诗分段地诠解在下边。

第一段：

昔年有狂客，号尔谪仙人。笔落惊风雨，诗成泣鬼神。声名从此大，汩没一朝伸。

"昔年"，我认为是开元十八年。李白时年三十岁，第一次出游长安。李白《与韩荆州书》中所谓"三十成文章，历抵卿相"，即在此年。"狂客"指贺知章，贺曾自称为"四明狂客"。贺知章是"酒中八仙之游"的第一人。"八仙"中有死于开元二十二年的苏晋，足证"酒中八仙之游"为时必在开元二十二年以前。

唐孟棨《本事诗·高逸第三》："李太白初自蜀至京师，舍于逆旅。贺监知章闻其名，首访之。既奇其姿，复请所为文。白出《蜀道难》以示之。读未竟，称叹者数四，号为谪仙。解金龟换酒，与倾尽醉，期不问日。由是称誉光赫。"此说与杜甫诗相为表里，最为可信。又范传正《新墓碑》云："贺知章……吟公《乌栖曲》云：此诗可以泣鬼神矣。"《乌栖曲》，有人说是传闻异辞；实际上是贺知章同时见到《蜀道难》与《乌栖曲》。这由杜甫的诗可以证明。"笔落惊风雨，诗成泣鬼神"，上句切《蜀道难》，下句切《乌栖曲》，可见孟、范二说正相为补充。

《蜀道难》之作有种种说法，有的说是刺严武，有的说是刺章仇兼琼，有的说是讽唐玄宗奔蜀，都是些武断的臆测。胡震亨在《李诗通》里说："《蜀道难》自是古相和歌曲，梁陈间拟者不乏，讵必尽有为而作！"又说："李白之作当在开元、天宝间……即事成篇，别无寓意。"大抵上是正确的，但说为作于开元、天宝间，也只是揣测之辞。应该是李白的少作，作于开元十八年以前，此正足以表示李白的"天才英丽"（苏颋在李白二十岁时的评语）。诗中极言蜀道东北部的艰险，而未涉及东南部的壮丽，也足证明李白作诗当时对蜀道的认识还有局限。

第二段：

> 文采承殊渥，流传必绝伦。龙舟移棹晚，兽锦夺袍新；白日来深殿，青云满后尘。

这是说到李白在天宝元年（七四二）第二次入京，受到唐玄宗的重视，做到翰林待诏，在那时做了一些歌颂宫廷生活的诗章。时或白日应诏，到深殿里草拟文诰；时或月夜泛舟侍游，赋诗了无敌手。夺锦袍的故事见《唐书·宋之问传》："（武）则天幸洛阳龙门，令从官赋诗。左史东方虬诗先成，则天以锦袍赐之。及之问诗成，则天称其词愈高，夺虬锦袍以赏之。"李白既受到重视，如身在天上，即成为所谓"青云之士"，一时趋炎附势的人都来甘拜后尘了。这正是李白在自己的诗里所说的"当时笑我微贱者，却来请谒为交欢"（《赠从弟南平太守之遥》）。"当时"是指开元十八年。

第三段：

> 乞归优诏许，遇我夙心亲。未负幽栖志，兼全宠辱身。剧谈怜野逸，嗜酒见天真。醉舞梁园夜，行歌泗水春。

李白在天宝三年受谗逐，被赐金放还，杜甫把它说得很轻松。说李白没有辜负自己浮云富贵的志趣，能够宠辱不惊，全身而退。说他们在洛阳相遇，得以亲近，满足了向来的期望。说自己的高谈阔论，蒙李白爱其粗野。说两人都喜欢喝酒，各显出一片天真。在梁园的夜月下酒醉而起舞，这说的是同游梁宋时的情形。在泗水的春风中沿路走，沿路唱歌，这说的是同游齐鲁时的情形。

第四段：

才高心不展，道屈善无邻。处士祢衡俊，诸生原宪贫。稻粱求未足，薏苡谤何频！

说李白才气很高，壮志无法舒展。说人生的行路屈折，善人得不到援助。说李白虽俊如祢衡而无一官半职，贫如原宪只是一位书生；因此才下山求出路，想办法糊口。然而物质食粮还未得到满足，而贪污的诽谤喧腾众口。马援从南方运回的薏仁米被人说成为珍珠。估计当时的士大夫们必有人诬枉李白受了永王的重赂，故杜甫引用了马援的典故。李白诗中也有相应的自解："徒赐五百金，弃之如云烟，辞官不受赏，翻谪夜郎天"（《赠韦良宰》），说到赐金的数目，并说到辞赏不受，无疑是为了避谤。但李白的下山被杜甫说成为解决吃饭的问题，杜甫虽然有意开脱，在倔强自负的李白看来恐怕是不会满意的。

第五段：

五岭炎蒸地，三危放逐臣，几年遭鹏鸟，独泣向麒麟。

这一段是指长流夜郎。"五岭"指岭南地带，在唐是流放区域。"三危"在敦煌东南二十里。《尚书·舜典》："流共工于幽州，放驩兜于崇山，窜三苗于三危，殛鲧于羽山，四罪而天下咸服。"三危和五岭都是暗喻夜郎。"三危"句可能会使李白深受刺激，因为这样用典，是把李白比成"四凶"之一的"三苗"了。杜甫是在苦心炼句，以"三"对"五"，但诗是"寄"给李白看的，看到这里，尽管李白如何"放达"，恐怕也不能无动于衷吧。

"鹏鸟"是用贾谊的故事。贾谊被贬谪为长沙王的太傅，作《鹏鸟赋》以自慰。鹏鸟据说是不祥之鸟，赋中向此鸟扣问以吉凶及其祸福到来的迟速。鸟回答以一片达观的形而上学的见解，主要是道家思想。这里是以贾谊来比李白。

"麒麟"用的是孔丘作《春秋》绝笔于"获麟"的故事。《春秋公羊传》鲁哀公"十有四年，春，西狩获麟"，孔丘闻之，为之流泪。据说麟是"仁兽"，要天下太平、圣人当道，然后才出现。麟之出非其时，故遇害。因此孔丘为之感伤，就把《春秋》的写作终止下来了。《谷梁传》也是这样说。《左传》不同，直到鲁哀公十六年夏四月"孔子卒"才结束了。为什么把这个典故用到这儿？在方便上留待下面说明。

第六段：

> 苏武元还汉，黄公岂事秦？楚筵辞醴日，梁狱上书辰。已用当时法，谁将此议陈？

前四句都在用典，但用得都很勉强。"苏武元还汉"，是说李白像苏武归汉一样本有脱离永王的存心。"黄公岂事秦？"是说商山四皓之一的夏黄公不肯为秦始皇所用，借喻李白入永王幕府是不愿意的。把永王李璘比成匈奴，比成秦始皇，比得都有点不伦不类。"楚筵辞醴"也是一样。西汉时楚王刘戊的祖父楚元王刘交对于经学家的穆生很尊敬，穆生不喝酒，但每有宴集都要为他备甜酒（"设醴"）。刘戊即位之后，也照常备甜酒。有一次偶然忘记了，于是穆生就说：这是看不起我，可以走了。他就称病辞退。这个典故也是用来表示李白早有脱离永王的用意。"梁狱上书"用的是西汉邹阳的故事。梁孝王下邹阳于狱，邹阳从狱中上书自陈，文辞典赡，是现存古文中一篇有名的作品。梁孝王得书后，把邹阳释放了。这明显地是用以暗喻李白在寻阳狱中有《上崔相涣》《万愤词》《百忧章》等诗。李白也是被御史中丞宋若思释放了的。"已用当时法"，是说已因罪下狱，受了处分，为崔涣、宋若思所洗刷。但又被长流夜郎，这又出于谁的倡议呢？"谁将此议陈？"的"议"或作"义"，是没有读懂原诗，被后人所窜改的。

第七，最后一段：

> 老吟秋月下，病起暮江滨。莫怪恩波隔，乘槎与问津。

上两句说李白已经老了，有时在秋月下闲吟；生了病，病有起色，有时在黄昏中的江边上散步。最后两句是劝李白不要埋怨朝廷，让我到天上去问个出路——或者让我们同到天上去问个出路。说得有点不着边际，好像是说要向朝廷请示，又好像是说听天由命。

杜甫的这首诗，一向的注家认为是乾元二年（七五九）秋在秦州所作，但从诗中所叙述的李白情况看来，这样的说法是大有问题的。杜甫在秦州所做的有关李白的诗，如《梦李白》与《天末怀李白》等，对于李白的情形都很隔膜，但这一首却不同了。关于李白的生活近况和心理动态，都好像了如指掌。特别是"老吟秋月下，病起暮江滨"两句，很明显地表明是李白在宝应元年（七六二），即行将去世的一年，在当涂养病的情形。这诗毫无疑问是这一年的秋天做的。当时杜甫在梓州，但他的兄弟杜占在留守成都草堂，经常在成都与梓州之间往还，因此杜甫对于外界的消息是比较灵通的。

诗既是"寄"给李白的，足证他们之间已经有诗札来往。这从李白来说，也要有了定居之后才能有此方便。估计李白在上元二年（七六一）定居当涂后，便立即有消息寄给杜甫，故杜甫也才能知道他的生活近况和早有脱离永王的心事。不然是无法说通的。

准此，第五段的"独泣向麒麟"也才可以得到确切的解释。那无疑是李白把自己的近作《古风》第一首抄寄了给杜甫——所抄寄的当然不止限于这一首，也不止限于诗。《古风》第一首的最末四句上面已经征引过，不妨再引一遍吧：

我志在删述，垂辉映千春。希圣如有立，绝笔于获麟。

这儿的"绝笔于获麟"和杜甫的"独泣向麒麟"有如桴鼓之相应，能够说是偶然合拍的吗？

诗是"寄"给李白的，李白在去世之前还有相当的时间，不至于看不到它。看到之后，李白会作何感想？我认为有好些辞句很难使李白满意。关于"三危放逐臣"句，上面已经说了，那还只是出于考虑欠周到的语病。还有更重要的关节处，一定会使李白失望。天宝初年李白被谗逐，这在李白是非常遗憾的事，而在杜甫诗中却以"乞归优诏许"一句不着痕迹地带过。不好诽谤朝廷，在杜甫说来自然是"忠"；但对于谗毁者的"贱臣""佞臣"——高力士、张垍之流，却未免过于"恕"了。李白下庐山从永王东巡并不算犯罪而是冤枉（皮日休在《七爱诗》中便未涉及此事），他一方面是体贴着唐玄宗的意旨在办事，另一方面也想借永王之力扫荡胡尘，拯救天下苍生；然而杜甫却把它说成为找饭吃而受到处分。这在李白恐怕是更感到意外的。

叙述到这里，对于李白《古风》第五十九首——也是最后一首的最后四句，算找到了它的寄意所在。

> 众鸟集荣柯，穷鱼守枯池。嗟嗟失欢客，勤问何所规？

前两句容易理解。大抵的人（"众鸟"）都在趋炎赴势（"集荣柯"），少数穷途末路的人（"穷鱼"）穷得没有出路（"守枯池"）。这"众鸟"与"穷鱼"自然是方以类聚，各走各的路；在这里也在暗喻着交道的翻覆——这是诗的重点。后两句译成现代语，便是：

> 呵呵，你同样是穷途末路的流浪者呵，
>
> 你勤勤问候我，到底要规戒我些甚么？

这里所说的"失欢客"，不就是在暗指杜甫吗？这首《古风》看来很明显地是李白在接到杜甫寄诗之后做的，也很明显地表明了李白的失望。他所期待着的知己，虽然同处在困境，但并不如十几年前那样的真正的知己了。

杜甫最后一首关于李白的诗是《不见》，题下原注云"近无李白消息"，可能是李白死后的第二年——广德元年（七六三）在梓州做的。估计是李白接到杜甫寄赠的二十韵长诗之后，由于失望便没有再和杜甫通消息；或许也是病到垂危，再没有可能通消息了。但这首《不见》，把杜甫对于李白的哀怜，表现得更无掩饰。

> 不见李生久，佯狂殊可哀。世人皆欲杀，吾意独怜才。敏捷诗千首，
> 飘零酒一杯。匡山读书处，头白好归来。

最出人意外的是"佯狂"（装疯）两个字。估计当时是有人造李白的谣言，说李白发了疯；杜甫为他辩解，说为"佯狂"。但从李白的诗文和行动看来，并看不出李白本人有过什么"佯狂"的痕迹。说他"佯狂"，李白曾在诗里斥为世人的误会。《笑歌行》的末尾有这样几句：

> 笑矣乎，笑矣乎！宁武子，朱买臣，叩角行歌背负薪。今日逢君君不
> 识，岂得不如佯狂人？

这正从正面来回答了造谣者和附和者，并不是"狂"，而是被"不识"的人误认为"狂"，因此就仿佛"如佯狂"。《笑歌行》和《悲歌行》两诗，自

宋代苏东坡以来，专家们都认为"断非太白作"③。其实这个断案，下得真是武断。这两首诗，还有其他的诗如《答王十二寒夜独酌有怀》之类，彻底打破了"温柔敦厚"的老教条，正突出了李白的积极性的一面，断为伪作是老教条的幽灵在作怪。

《不见》一诗中"世人皆欲杀"句是可贵的资料。这透露出了当时的统治者和西蜀的士大夫阶层对于李白的一般的态度。杜甫处在这种氛围中能够哀怜李白，自然表示了他的友情。但他只怜李白的才，而不能辨李白的冤；在他看来，李白仍然犯了大罪，非真狂而是"佯狂"，应该杀而可以不杀，如此而已。这样的同情是大有限度的，故"诗"只言其"敏捷"，"酒"却着其"飘零"——孤苦伶仃，无人过问，只求解救于酒。因此，他要李白回到故乡彰明县的大匡山去读书，使晚年有所寄托。

看来杜甫对于李白的期待或评价，并不如李白自己所自负的那么高。拿对诗歌的评价来说，李白是有点轻视六朝文体的，他说过"自从建安来，绮丽不足珍"（《古风》第一首），虽然他也尊重陶渊明、谢灵运和谢朓。但杜甫对于六朝诗文却予以相当高度的评价。杜甫既肯定阴铿，何逊、鲍照和庾信的业绩，而说李白的诗句之佳者"往往似阴铿"（《与李白同寻范十隐居》），又比之以庾信和鲍照——《春日忆李白》："清新庾开府，俊逸鲍参军。"特别在《苏端、薛复筵，简薛华，醉歌》一诗中，把李白和薛华并举，同时举出了六朝文人何逊、刘孝绰、沈约，谢朓和鲍照。这位和李白抗衡的薛华，而且超过了何、刘、沈、谢、鲍的人，却没有一首诗流传下来，可能是杜甫喝醉了酒，过分抬高了薛华，但他对李白的评价是保留着一向的水平的，便是和六朝的文人们可相颉颃。

值得提出的是杜甫有《戏为六绝句》——专门论诗的六首七绝。这些诗的写作，在我看来，和李白显然是有关联的。诗的第一首高度肯定了庾信，第二首和第三首同样肯定了唐初四杰：王勃、杨炯、卢照邻、骆宾王。这些前人，在李白现存的诗歌中都没有被提到过。第四首是对当代诗人的评价：

　　才力应难跨数公，凡今谁是出群雄？
　　或看翡翠兰苕上，未掣鲸鱼碧海中！④

"数公"是指庾信和王、杨、卢、骆。说庾信和四杰以后还没有人能超过庾信和四杰。当今的文人中谁是出类拔萃的英雄呢？就是说谁也不是！《戏为六绝句》，一般的研究家认为是宝应元年在成都所作。李白死于这一年的十一月，杜甫作诗时李白还未死，在杜甫看来，李白自然不能算是"出群雄"了。同时代的诗人们，才力都敌不过庾信和王、杨、卢、骆；顶多只能写点像翠鸟站在兰苕上的小玩艺，至于在大海里剑劈鲸鱼的大作却谁也没有。因此，绝句的第五首说到自己要努力，要做到与屈原、宋玉并驾齐驱，不要反而落在梁陈文人们的后面去了。第六首则更劝大家努力，不要藐视前人，最好多多学习。

在这六首绝句中虽然没有点李白的名，我看是和李白有关联的，甚至可能是以李白为主要对象，以李白在《古风》第一首中轻视六朝诗文的见解为主要对象。杜甫为了减轻刺激，在题目上标出了一个"戏"字，其实他是很认真的。杜甫这些诗，包含着对于自己的高标准的要求；但李白对于自己的要求标准也有同样的高度，他在《临江王节士歌》里面曾经发问："安得倚天剑，跨海斩长鲸？"这就是他自己也承认"未掣鲸鱼碧海中"了。

杜甫说他自己要努力："窃攀屈宋宜方驾。"杜甫很看中宋玉，愿以宋玉为师，爱把屈原与宋玉并举来提高宋玉。其实宋玉是值不得学的，他的文学的成就已被李白远远超过了。李白并不那么佩服宋玉，他的《秋日鲁郡尧祠亭上宴别杜甫》开头两句就是反宋玉的。"我觉秋兴逸，谁云秋兴悲？"说秋兴悲的就是宋玉。杜甫在《咏怀古迹》里却特别欣赏他，所谓"摇落深知宋玉悲，风流儒雅亦吾师"。在这里也可以看出李杜二人的不同处。至于屈原的成就水平，不仅李白没有达到，杜甫也没有达到。杜甫爱做排律诗，元稹在《杜君（甫）墓系铭》中极力加以称颂；说他"上薄风雅，下该沈（佺期）宋（之问），言夺苏（武）李（陵），气吞曹（植）刘（桢），掩颜（延年）谢（灵运）之孤高，杂徐（陵）庾（信）之流丽，尽得古人之体势，而兼文人之独专矣"；"诗人以来，未有如子美者！"这真是绝顶的颂扬。值得注意的是在"古人"中他没有提到屈原，而在"今人"中他却紧紧抓着了李白。

> 是时山东人李白，亦以奇文取称，时人谓之李杜。余观其壮浪纵恣，

摆去拘束，模写物象，及乐府歌诗，诚亦差肩于子美矣。至若铺陈终始，排比声韵，大或千言，次犹数百，辞气豪迈而风调清深，属对律切而脱弃凡近，则李尚不能历其藩翰，况堂奥乎！

这样抑李而扬杜，差不多成为封建时代士大夫阶层的定论。其实元稹所极力赞扬的排律，和六朝人的骈体文、后代的八股文，是一脉相承的东西。封建时代科考取士时长期采用过，是读书人的宦海梯航。那种完全脱离群众（正如元稹所说的"脱弃凡近"）、掉书袋、讲堆砌的文艺玩艺儿，正是李白之所不屑为，而有意打破它的。杜甫晚年来特别嗜好，借以消磨岁月，卖弄学识。元稹可以说是嗜痂成癖了。然而同是唐人，也还是有人能够说几句公道话的。韩愈有《调张籍》一诗，开头六句是：

李杜文章在，光焰万丈长。不知群儿愚，那用故谤伤！蚍蜉撼大树，可笑不自量！

这只是以李杜并称，但由抑李扬杜的人看来，可能已经是抑杜扬李了。其实无论李也好，杜也好，他们的"光焰"在今天都不那么灿烂了。用公平的眼光来看，李的"摆去拘束"的乐府歌诗，比起杜的"属对律切"的长篇排律来，要更有诗味，更接近于群众，更有生命一些。就是杜甫的好诗，也不属于他苦心惨淡地搞出来的排律。然而出乎意外的是解放以来的某些研究者却依然为元稹的见解所束缚，抑李而扬杜，作出不公平的判断。

在这里我想介绍一下前些年辰出现的一种新型的李杜优劣论，更想顺便加以批评。

剑阁的险峻，利于军阀割据，给人民带来灾难，他（杜甫）便大骂上帝，要把它划平："吾将罪真宰，意欲划叠嶂！"（《剑门》）假如我们拿李白"划却君山好，平铺湘水流。巴陵无限酒，醉杀洞庭秋"的诗句和杜甫的诗相比较，我们就不难看出他们二人之间的差异。他们的想法，可以说是一样的，都充满着一种浪漫主义精神，然而动机目的却不相同。（萧涤非《杜甫研究》，五九页，一九五九年）

动机和目的怎样不同，没有明说，但意思是很明白的。杜甫要"划叠嶂"是为人民除灾难（其实更多地在为朝廷着想），李白要"划却君山"却不是这样。因此，杜甫是人民的诗人，李白则不是。但李白为什么要"划却君山"？他的动机和目的究竟是什么？倒值得拿来研究研究的。

李白那四句诗是《陪侍郎叔游洞庭醉后三首》的第三首。这诗是乾元二年（七五九）长流夜郎，中途遇赦放回，南游潇湘时作的。时令是在秋季。不妨再把全诗抄在下边，以醒眉目：

> 划却君山好，平铺湘水流。巴陵无限酒，醉杀洞庭秋！

这好像是为了能多喝些酒而要"划却君山"，也就是李白三几个人要把洞庭湖的水当成酒来喝，喝不够还要把君山划掉以增加分量。如果真是这样，那真可以说是酒后狂言了。喜欢喝酒的人同时也喜欢流连风景。君山在洞庭湖中是风光明媚的地方。李白约略同时做的七绝《陪族叔刑部侍郎晔及中书贾舍人至游洞庭五首》的第五首，便在歌颂君山的美丽。

> 帝子潇湘去不还，空馀秋草洞庭间。
> 淡扫明湖开玉镜，丹青画出是君山。

这样美丽如画的君山而要"划却"它，岂不是大杀风景吗？但这还是皮相的说法，我们倒要再进一步问：酒到底是从哪里来的？洞庭湖里面的水，湘江里面的水，不能直接变为酒。这样穷根究底地问一下，似乎对于李白的真意能够有所接近了。

洞庭湖，对长江来说，是一个天然的泄洪池。大水期间，长江水位高涨，倒灌入湖。入秋，水位降低，洞庭湖周围或附近的土地又从水里解放了出来。因此在唐时就有人围湖作圩以事屯垦。杜甫有《宿青草湖》一诗可以为证：

> 洞庭犹在目，青草续为名。宿桨依农事，邮竿报水程。

青草湖在君山之南，实际上是洞庭湖的继续。"宿桨依农事"，便是说水退了，人们把船桨放在一边，又拿起锄头来开垦。注家有人认为"湖中多种田"（杨伦《杜诗镜铨》），这是正确的。这样的情形，一定在唐代以前就有，但要感谢杜甫为我们留下了唐代的实据。根据这个实据以揣想李白的"动机目的",他要"划却君山"以铺平湘水,不是他看到农民在湖边屯垦,便想到要更加扩大耕地面积吗?这样的揣想,和诗中的"酒"和"秋"是不是有联系?有!而且联系得很紧凑!

秋是收成的季节。丰年,古人便叫着"有秋"。酒在古代是专用稻粱酿成的;要有稻粱的大丰收,然后才能有巴陵的无限酒。在这里还可以令人联想到周代的农事诗《豳风·七月》。那诗的最后一章便歌咏到秋收时的欢乐。

> 九月肃霜,十月涤场。朋酒斯飨,曰杀羔羊。
> 跻彼公堂,称彼兕觥,万寿无疆!

这歌颂秋收的快乐多么开心?李白曾经说过"我觉秋兴逸,谁云秋兴悲?"(见上举《秋日鲁郡尧祠亭上宴别杜甫》),就是从这里脱胎出来的。"划却君山好"的念头,难道不也是从这里脱胎出来的吗?李白有《田园言怀》一诗,足以证明他确实重视农事。

> 贾谊三年谪,班超万里侯。何如牵白犊,饮水对清流?

因此,我乐于肯定:李白要"划却君山"是从农事上着想,要扩大耕地面积。"巴陵无限酒"不是让李白三两人来醉,而是让所有的巴陵人来醉。这样才能把那样广阔的洞庭湖的秋色"醉杀"(醉到尽头,醉得没有剩余)。因此,李白"划却君山"的动机和目的,应该说才是真正为了人民。

或许有人会问:李白在《江夏赠韦南陵冰》一诗中要"槌碎黄鹤楼""倒却鹦鹉洲",和这"划却君山",不同样是醉时的豪语吗?何必一定要追求"动机目的"?我的回答是:李白要"槌碎黄鹤楼""倒却鹦鹉洲",在那首诗里也是说明了他的"动机目的"的,那就是"头陀云月多僧气,山水何曾称人意!"他是不满意于中国的风景区多被僧寺道院俗化了,所以他要"槌碎""倒却";他是想破立一番。动机和目的,同这"划却君山"一诗虽然有所不同,但说到破和立的关系上来,倒是一致的。

或许又有人会说:"你是偏爱李白,在挖空心思扬李抑杜。"那么我可以另外举出一对十分相似的例证来评比李杜二人,而那对例证对于杜甫却是十分不利的。

> 欲折月中桂，持为寒者薪。（李白《赠崔司户文昆季》）
>
> 斫却月中桂，清光应更多。（杜甫《一百五日夜对月》）

两人的奇拔着想完全相同，但动机和目的便大不相同。李白是要为"寒者"（请注意，不是"寒士"）添柴烧，想上天去扳折月中桂；杜甫是在思家流泪，眼泪有如月光的"金波"，想"斫却月中桂"，让眼泪流得更痛快一点。"一百五日"旧历合当清明前二日，古时是"寒食节"。杜甫做诗的当时沦陷在长安。他在对月思家，所以诗的开头两句是"无家对寒食，有泪如金波"。接下去便是这"斫却月中桂"的两句。前人注为把月桂斫掉，可以望到家里人。其实即使斫掉，也是望不到的。既言"有泪如金波"，那么金波更多些，不也就是眼泪更多些吗？杜甫在这首诗里面，完全沉没在个人的感情里，和李白的"动机目的"显然形成了为己与为人的对立。当然，我们也不能就此而抑杜扬李；但也不想赞同信手举一两句诗来便轻易地抑李扬杜。

一般地说来，李白的性格和诗歌是比较更富于平民性的。杜甫在《饮中八仙歌》中刻画李白的四句，倒是传神之笔。

> 李白斗酒诗百篇，长安市上酒家眠。
>
> 天子呼来不上船，自称臣是酒中仙。

一方面同市井平民亲近，另一方面能藐视帝王的尊严，这正是李白的好的一面。这时没有夹杂着求仙还丹的迷信，功名富贵的野心，人们是比较喜欢这样的李白的。在中国古代诗人中，博得人们广泛爱好的，恐怕要以李白为第一人吧？

请读他的《宿五松山下荀媪家》那首诗吧。

> 我宿五松下，寂寥无所欢。田家秋作苦，邻女夜春寒。跪进雕胡饭，月光明素盘。令人惭漂母，三谢不能餐。

古人席地而坐，坐取跪的形式。打盘脚坐叫"胡坐"，是外来的坐法。客人既跪坐，故进饭的女主人也采取"跪进"的形式。今天的日本人，主要还保存着这种习惯，是隋唐时代从中国学过去的。李白以"漂母"比荀媪，可见他是以韩信自比。这诗可能是他比较年青时做的。"田家秋作苦，邻女夜春寒"，淡淡写来却表示李白是深知稼穑之艰难的人。因此，他在农家受到款待，他感谢得非常虔诚，谢了三次，不能动箸。

再请读他的《秋浦歌十七首》之十四吧。在这首歌里，他在歌颂冶矿工人。歌颂冶矿工人的诗不仅在李白诗歌中是唯一的一首，在中国古代诗歌中恐怕也是唯一的一首吧？

> 炉火照天地，红星乱紫烟。赧郎明月夜，歌曲动寒川。

虽仅寥寥二十个字，却把冶矿工人歌颂得很有气魄。"秋浦，有银有铜"，见《新唐书·地理志》。"赧郎明月夜"与"歌曲动寒川"为对句。"赧郎"，旧时注家不得其解，其实就是银矿或铜矿的冶炼工人。在炉火中脸被掀红了，故称之为"赧郎"，这是李白独创的辞汇。"明月夜"的"明"字当作动词解，是说红色工人的脸面使"月夜"增加了光辉。工人们一面冶炼，一面唱歌，歌声使附近的贵池水卷起了波澜。这好像是近代的一幅油画，而且是以工人为题材。

这些歌颂工农生活的诗，虽然不是"掣鲸碧海中"，但也不是"翡翠兰苕上"，而是一片真情流露的平民性的结晶。

李白好酒，酒店老板可以和他成为莫逆之交。他有《哭宣城善酿纪叟》一诗是颇有感情的。

> 纪叟黄泉下，还应酿老春。夜台无李白，沽酒与谁人？

"善酿"表明是小工商业，一面自己酿酒，一面出售。这诗也表现了李白不拿身份，能以平等的态度待人。人们自然也就喜欢他。旧时的乡村酒店，爱在灯笼或酒帘上写出"太白世家"或"太白遗风"等字样，这是对于李白的自发性的纪念。杜甫也同样好酒，但没有看见过，也没有听说过，任何地方的酒店打出过"少陵世家"或"少陵遗风"的招牌。

人民的喜爱毕竟和士大夫阶层或者知识分子不同，人民是有人民自己的选择的。

注释

①《酉阳杂俎》卷十二。

②李白诗《陪侍郎叔游洞庭醉后三首》之三。

③苏轼定两诗为伪作，见津逮秘书本《东坡题跋》卷二。

④隋人虞茂《四时白纻歌·江都夏》中有句云；"兰苕翡翠恒相逐"（见郭茂倩《乐府诗集》第五十六卷）。——作者注

杜甫的阶级意识

　　封建社会的阶级矛盾，杜甫在安史之乱前后的流离转徙中，是亲身体会到了。"朱门酒肉臭，路有冻死骨"（《自京赴奉先县咏怀》），是人们所乐于称道的名句。这显然是从"庖有肥肉，厩有肥马；民有饥色，野有饿莩"（《孟子·梁惠王》）脱胎而来，但作为一个封建时代的诗人，在一千二百多年前就能有这样明白的认识，应该说是难能可贵的。不过问题还得推进一步：既认识了这个矛盾，应该怎样来处理这个矛盾？也就是说：你究竟是站在哪一个阶级的立场，为谁服务？推论到这一层，杜甫的阶级立场便不能不突露出来了。他是站在地主阶级的立场，统治阶级的立场，而为地主阶级、统治阶级服务的。

　　杜甫广德元年（七六三）夏在梓州（今四川三台县）有《喜雨》一诗，诗里面有这样的句子："安得鞭雷公，滂沱洗吴越！"——怎得用钢鞭鞭打雷公，降下滂沱大雨来清洗吴越一带！这到底是什么意思呢？请看他在诗句下的自注："时闻浙右多盗贼。"原来他是要清洗或扫荡吴越一带的"盗贼"。那些"盗贼"又是些什么人呢？我现在根据《资治通鉴》中所叙述，把当时的情况，揭示如下：

　　代宗宝应元年（七六一）八月……台州贼帅袁晁，攻陷浙东诸州，改元宝胜。民疲于赋敛者多归之。李光弼遣兵击晁于衢州（今浙江衢县）。破之……九月……袁晁陷信州（今江西上饶）。冬十月，袁晁陷温州（今浙江温州）、明州（今浙江宁波）。

代宗广德元年（七六三）夏四月庚辰（初七），李光弼奏擒袁晁，浙东皆平。时晁聚众近二十万，转攻州县，光弼使部将张伯仪将兵讨平之。

杜甫所说的"浙右盗贼"，指的就是袁晁领导的起义农民。那将近二十万人的农民起义军，杜甫恨不得把他们痛"洗"干净。他的希望是达到了。他所敬仰的"中兴名将"之一的李光弼——他在《八哀诗》中所哀悼的第二人，做到了他所期待的"雷公"，但没有等待他的钢鞭，费了八个月的"剿灭"，把农民起义军"扫荡"了。这不明显地表明了杜甫的阶级立场吗？

再举一个例子吧。在《夔府书怀》诗中有这样的句子："绿林宁小患？云梦欲难追！即事须尝胆，苍生可察眉。"诗句写得非常隐晦，如果不看注，是很难理解的。"云梦"的故事出于《左传》鲁定公四年："楚子涉睢（'睢'，《左传》哀公六年作'沮'，水名。）济江，入于云中（云梦之中），王寝，盗攻之，以戈击王；王孙由于（'由于'是王孙之名）以背受之，中肩。"杜甫的诗意就是说强盗厉害，虽是"绿林小盗"你也不能轻视它，轻视了就会遭到楚昭王的处境，后悔难追。"察眉"的故事见《列子·说符篇》："晋国苦盗，有郤雍者能视盗之眼，察其眉睫之间而得其情。晋侯使视盗，千百无遗一焉。晋侯大喜。"杜甫用这个典故，意思是对于"苍生"（老百姓）要卧薪尝胆地严加警惕，要能防祸于未然，在"眉睫之间"便能辨别出乱党。这就是杜甫的阶级感情，多么森严而峻烈呵！

以上只举了两例以表明杜甫的阶级意识和立场，杜甫是完全站在统治阶级、地主阶级一边的。这个阶级意识和立场是杜甫思想的脊梁，贯穿着他遗留下来的大部分的诗和文。生在封建统治鼎盛的唐代，要怀抱着那样的意识、采取着那样的立场，是不足为怪的。旧时封建时代的士大夫们要赞扬那样的意识和立场，也是不足为怪的。可怪的是解放前后的一些研究家们，沿袭着旧有的立场，对于杜甫不是采取批判的态度，而是依然全面颂扬，换上了一套新的辞令。以前的专家们是称杜甫为"诗圣"，近时的专家们是称为"人民诗人"。被称为"诗圣"时，人民没有过问过；被称为"人民诗人"时，人民恐怕就要追问个所以然了。

新的专家们爱称赏杜甫的《三吏》和《三别》，以为是最富有"人民性"

的作品，就让我们把这六篇作品来作进一步的研究吧。为了郑重起见，我把它们逐字逐句地试译成现代话，以增加我自己的确切的了解。

这六首诗的时代背景是怎样呢？肃宗乾元元年（七五八）秋，杜甫在左拾遗任内，以疏救废相房琯获罪，被谪贬为华州（今陕西华阴县）司功。到了冬季，他回到洛阳。那时郭子仪、李光弼、李嗣业等以六十万大军包围安庆绪于相州（今河南安阳）。安庆绪坚守以待史思明。史思明自魏州（故城在河北大名县东）引兵趋相州。第二年乾元二年三月，两军战于安阳河北，大风忽起，吹沙拔木，天地晦冥，咫尺不辨。两军各南北溃退，弃甲仗辎重无数。郭子仪切断河阳桥，保卫东都洛阳。李光弼、王思礼等撤回，其余溃归本镇。杜甫是在这样的情况之下回到洛阳而又离开洛阳的。可能在相州溃败后不久，他由洛阳折回华州，途中就其所闻所见写成了《新安吏》《石壕吏》《潼关吏》，即所谓《三吏》；和《新婚别》《垂老别》《无家别》，即所谓《三别》。虽然是各自独立的六首诗，但也可以看为是在一个主题下分成六段的一部乐章。留下了当时战地附近人民的生活苦况，的确是很可宝贵的。我现在先从《三别》译起，再译到《三吏》。

新婚别

原文	译文
兔丝附蓬麻，	兔丝子缠在蓬上和麻上，
引蔓故不长。	牵条引蔓，自然不会太长。
嫁女与征夫，	养女嫁给兵，出门打仗，
不如弃路旁。	倒不如丢在路旁，不养。
结发为君妻，	我和你，做了夫妻一场，
席不暖君床；	席子还冰冷地铺在床上；
暮婚晨告别，	昨晚成亲，今早就要分张，
无乃太匆忙！	这也未免呵过于匆忙！
君行虽不远，	你去，虽说是近在河阳，
守边赴河阳。	但你到那儿，是上战场。

妾身未分明，	我的身子还和嫁前一样，
何以拜姑嫜？	叫我怎样去拜见高堂？
父母养我时，	我爹娘养我在家里辰光，
日夜令我藏。	昼夜都把我藏在闺房。
生女有所归，	嫁鸡随鸡，原是女生外向，
鸡狗亦得将。	嫁狗随狗，总得出阁从郎。
君今往死地，	你今朝是走向死亡路上，
沉痛迫中肠！	叫我的心痛呵，痛断肝肠！
誓欲随君去，	我发誓想同你一道前往，
形势反苍黄。	但那样，反而会弄得紧张。
勿为新婚念，	你不要把奴家放在心上，
努力事戎行。	你请专心一意，操练刀枪。
妇人在军中，	军中有女子会混乱阴阳，
兵气恐不扬。	有损军风纪，使斗志不昂。
自嗟贫家女，	自叹是贫家女，本无奢望，
致此罗襦裳；	今朝穿上了新制的衣裳；
罗襦不复施，	这衣裳从今后关进衣箱，
对君洗红妆。	当你面，我把这脂粉洗光。
仰视百鸟飞，	抬头看，天上有百鸟飞翔，
大小必双翔。	大小鸟儿尽都作对成双。
人事多错迕，	人世间总不免事多参商，
与君永相望。	我同你，永远像织女牛郎。

　　全诗是新娘子的泣别辞，把新娘写得十分慷慨，很识大体，很有丈夫气。但这无疑是经过诗人的理想化。诗人有时是以地主生活的习惯来写"贫家女"。真正的"贫家女"是不能脱离生产劳动的，何至于"父母养我时，日夜令我藏"？这显然是诗人的阶级意识在说话；不过像这样暮婚朝别、送郎从军的"贫家女"故事一定不会是虚构，只是杜甫写得还不够真实而已。

垂老别

原文	译文
四郊未宁静，	东西南北四方都是战场，
垂老不得安。	临到老来，也还得不到安康。
子孙阵亡尽，	儿子孙子都已战死干净，
焉用身独完？	俺有什么指望苟全性命？
投杖出门去，	丢掉拐杖，俺只好出门投军，
同行为辛酸。	伙伴们在为俺感到酸辛。
幸有牙齿存，	好在俺满口的牙齿齐整，
所悲骨髓干。	虽然骨髓枯了，上了年龄。
男儿既介胄，	大丈夫既然武装上了身，
长揖别上官。	打个拱手，向着官长辞行。
老妻卧路啼，	老搭当睡在路旁呻吟，
岁暮衣裳单。	数九寒天，衣裳单薄得很。
熟知是死别，	明知道再会是没有可能，
且复伤其寒。	更可怜呵她在战战兢兢。
此去必不归，	这一去再也呵不会回程，
还闻劝加餐。	她还在苦劝俺努力加餐。
土门壁甚坚，	河阳的土门，壁垒严整，
杏园度亦难。	杏园镇，料也是不易侵凌。
势异邺城下，	形势呵，不同于往时的邺城，
纵死时犹宽。	纵是死，也还有一段时辰。
人生有离合，	人生在世总有离合悲欢，
岂择衰盛端？	或盛或衰，哪能单凭心愿？
忆昔少壮日，	回忆俺年富力强的当年，
迟回竟长叹。	不能不低回反复终于长叹。
万国尽征戍，	普天下，尽都在南征北战，

烽火被冈峦。	山头四处，只见烽火连天。
积尸草木腥，	尸横遍野，草木也带腥膻，
流血川原丹。	血流成河，大地通红一片。
何乡为乐土？	哪里还有个什么"桃花源"？
安敢尚盘桓！	俺怎敢还要在这儿流连？
弃绝蓬室居，	丢下了茅草窝，一去不返，
塌然伤肺肝。	神魂无主，使俺呵伤心伤肝。

一对老夫老妻的惜别，写得相当细腻。两位老人互怜互慰，终于硬着心肠离别了，然而五腑六脏是摧毁了的。子孙都阵亡尽了，老翁怕已年过七十，依然被拉去当兵。自知只有一死，丢下的老妻也只有一死。这就是不久前的"盛唐"景象！

无家别

原文	译文
寂寞天宝后，	天宝年安禄山叛乱以来，
园庐但蒿藜。	四处荒芜，田庐布满蒿莱。
我里百余家，	俺的乡里有百来户人家，
世乱各东西。	各自东逃西窜，有去无回。
存者无消息，	活着的人呵断绝了消息，
死者为尘泥。	死了的人呵化为了尘埃。
贱子因阵败，	小区区是由于邺城打败，
归来寻旧蹊。	找寻老路，俺才逃回家来。
久行见空巷，	走来走去，街坊满目空虚，
日瘦气惨凄。	阳光淡淡，气象冷冷凄凄。
但对狐与狸，	碰头的就只有一些狐狸，
竖毛怒我啼。	嚎叫着，竖着毛向我生气。
四邻何所有？	左邻右舍，到底有谁存在？
一二老寡妻。	只不过老寡妇一二而已。

宿鸟恋本枝，	晚来，百鸟都怀念着树枝，
安辞且穷栖？	俺岂能丢掉这破烂房子？
方春独荷锄，	正是春天，独自个用锄种田；
日暮还灌畦。	天色晚了，还得浇水灌菜园。
县吏知我至，	县官老爷知道俺已回家转，
召令习鼓鞞。	又派人来拉俺去当兵操练。
虽从本州役，	再去当兵，虽然只在本县，
内顾无所携。	内顾一无所有，不免凄然。
近行止一身，	拉到近处，只剩一个身子；
远去终转迷。	日后远去，到底谁能预期？
家乡既荡尽，	人家和乡里，都空空如洗，
远近理亦齐。	远处和近处，又何分彼此！
永痛长病母，	想起俺久病的娘，痛彻心脾，
五年委沟溪。	卧病五年，已经埋在沟里。
生我不得力，	生俺个蠢儿子，太没出息，
终身两酸嘶。	娘儿俩一辈子呼天抢地。
人生无家别，	人生一世弄到无家告别，
何以为蒸黎？	做百姓的还有什么生理？

这首诗可能是六首中最好的一首，具体地描绘出了洛阳一带田园荒芜、人烟绝灭的景象。特别是最后一句："何以为蒸黎？"作者把问题提出来了，但没有写出答案。答案可能有两个：一个是"只好造反"；一个是"没有办法"。照诗的情调和作者的意识看来，只能是后者。

新安吏

原文	译文
客行新安道，	旅行者在新安道上旅行，
喧呼闻点兵。	闹轰轰地碰着正在拉兵。
借问新安吏，	向新安的差官问了问情形，

"县小更无丁。	差官说："县小，已经没有壮丁。
府帖昨夜下，	昨夜晚，上头来了一个通令：
次选中男行。"	挨次抽去十八岁的中男从军。"
"中男绝短小，	"刚满十八岁，人还没有长成，
何以守王城？"	抽去当兵，守城怎么能胜任？"
肥男有母送，	比较肥壮的，有母亲送行；
瘦男独伶俜。	没有人送行的，瘦骨零仃。
白水暮东流，	白水向东流去，时已黄昏，
青山犹哭声。	青山还带着一片的哭声。
"莫自使眼枯，	"不要白白地哭坏了眼睛，
收汝泪纵横。	收住眼泪，何苦枉自伤心！
眼枯即见骨，	眼泪哭干，即使哭成枯井，
天地终无情。	天和地都丝毫不讲人情。
我军取相州，	本来我军已把相州固定，
日夕望其平；	早晚都期望着拿下州城；
岂意贼难料，	又谁知敌情不容易料准，
归军星散营！	打下败仗，全军五裂四崩！
就粮近故垒，	有的为了粮草，逃回本镇；
练卒依旧京。	有的依据洛阳，重整溃军。
掘濠不到水，	挖掘战濠，不到见水光景，
牧马役亦轻。	郊原牧马，劳役也算很轻。
况乃王师顺，	更何况国军是名正言顺，
抚养甚分明。	抚养士卒又是十分公平。
送行勿泣血，	莫再痛哭呵，送行的妈妈们，
仆射如父兄。"	郭子仪待兵宽，有如父兄。"

唐代自天宝三年至代宗广德元年七月规定："以十八（岁）为中男，二十二（岁）为丁"（见《唐书·食货志》）。但在新安所有的壮丁都已经早被拉完了。现在奉命拉走年满十八岁的"中男"。诗人看到有母亲送行的"中男"比较壮，由于平时有母亲照拂；没有人送行的便瘦得可怜，这表明母亲是死了

或者病倒了。为什么只说母亲送行呢？这也表明男丁早被拉光。天色已经黄昏了，人已经被拉走了，像河水东流那样一去不复返了。然而被撇下的母亲们还在山野里号哭。诗人便劝告她们："不要哭了，即使把眼泪哭干，把眼眶哭现出骨头来也没有办法，天地都是无情的。"接着又加以安慰："好在劳役不重，给养也还好，特别是做长官的人（退守河阳的郭子仪，时因战败降职为左仆射），就像大家的父兄一样，可以放心。"

诗很简练，而叙述却颇为细致。无疑，诗人是有同情心的，特别是"天地终无情"句，也表示了相当的激愤。旧时代的诗人能写出这样的诗来，的确是很少见的。但是，使人民受到这样的灾难到底是谁的责任？应该怎样才能解救这种灾难？诗人却是讳莫如深，隐而不言；而只是怨天恨地，只是对于受难者一味的劝解和安慰。故诗人的同情，应该说是廉价的同情；他的安慰，是在自己安慰自己；他的怨天恨地是在为祸国殃民者推卸责任。

石壕吏

原文	译文
暮投石壕村，	天晚了，投宿在石壕镇，
有吏夜捉人。	夜里有差官来拉壮丁。
老翁逾墙走，	店老板骇得来翻墙逃走，
老妇出门首。	老板娘打开门出去应酬。
吏呼一何怒，	差官嗥叫得多么凶猛，
妇啼一何苦！	老板娘哭得多么悲痛！
听妇前致辞：	只听得老板娘向前说道：
"三男邺城戍，	"三个囝都守相州去了。
一男附书至，	一个囝刚刚捎信回来，
二男新战死。	两个囝不久战死在外。
存者且偷生，	活着的只好听天安排，
死者长已矣。	死了的有如石沉大海。
室中更无人，	俺家里再没有别的男人，

惟有乳下孙。	就只有吃奶的一个孙孙。
孙有母未去，	孙儿的亲娘没回娘家门，
出入无完裙。	衣裙破烂，不好出外见人。
老妪力虽衰，	俺个老妈子，力气虽然衰朽，
请从吏夜归。	愿跟随你老爷去应差奔走；
急赴河阳役，	连夜连晚赶到河阳的营盘，
犹得备晨炊。"	还可以替大军们烧好早饭。"
夜久语声绝，	夜深了，说话的声音断了，
如闻泣幽咽。	仿佛有人在隐隐地抽泣。
天明登前途，	天亮了，我要奔赴前程了，
独与老翁别。	就只和店老板一人告别。

"石壕"，前人以为即陕县城东七十里的石壕镇，由诗中看来，一夜可以赶到河阳，可见离河阳不远。河阳古有三城，北城在孟县，南城在孟津，中潬城在夹滩——灵宝之北。河阳辖地颇广，郭子仪当时驻军于河阳，或者其驻军之一部分就在石壕附近，不然，三城的任何一城都不是一夜之间可以赶到的。

诗，完全是素描。诗人投宿在一家招商小客店里，适逢其会，遇着了这个悲剧。所写的老板娘颇有自我牺牲的精神。她被拉走了，"幽咽"的当是她守寡的媳妇。店老板躲过了风险之后，逃回来了。诗人完全作为一个无言的旁观者，是值得惊异的。呼号很猛的差官没有惊动诗人可以理解，因为只消表明身份是华州司功，就够了。但差官却没有奈何媳妇儿，不知道是否碍在司功老爷的面前不敢胡为，还是诗人行文有所文饰。只好作为一个问题附带着写在这儿。

潼关吏

原文	译文
士卒何草草，	士兵们多么忙呵，
筑城潼关道。	潼关上正在筑墙呵；

大城铁不如，	大城比铁还要强呵，
小城万丈余。	小城也高过一万丈呵！
借问潼关吏，	向潼关的差官细问根苗，
"修关还备胡。"	他说："修关预防敌人再扰。"
要我下马行，	他要我下马来仔细瞧瞧，
为我指山隅。	为我指示了山谷与山坳。
"连云列战格，	"栅栏排列到与天相连，
飞鸟不能逾。	老鹰要飞过也感困难。
胡来但自守，	敌人再来，只消你闭关自守，
岂复忧西都？	长安的安危不用再耽忧。
丈人视要处，	贵台，请你看这儿多么险要，
窄狭容单车。	路窄，只容许单车过道。
艰难奋长戟，	紧急时挥动长长的枪矛，
千古用一夫。"	一夫当关，永远能够保牢！"
"哀哉桃林战，	"桃林之败，败在轻易出关，
百万化为鱼！	百万大兵化为了河鱼百万！
请嘱防关将，	请为我转告守关的将官，
慎勿学哥舒！"	殷鉴不远，切莫学那哥舒翰！"

　　诗人到了潼关，看到在筑新城。他打听了一下情形，被请下马来踏看了新城的形势。于是和管工程的差官作了一番对话。差官是主张坚守的，夸示了"一夫当关，万夫莫开"的险要。诗人也同意坚守，因而回想到不久前哥舒翰轻率出关应敌的失败，要后来的守将引以为前车之鉴。

　　"桃林"就指潼关一带。天宝十五年（七五六）六月，占据了洛阳的安禄山，派兵进攻潼关。当时守将哥舒翰本拟坚守，但为杨国忠所疑忌，怕这位突骑施族的大将也有异志，怂恿唐玄宗派遣宦官促战。哥舒翰仓卒出关应敌，遭受大败，全军覆没。哥舒翰本人为部下所出卖，成了俘虏，投降了安禄山，但终竟为安庆绪所杀。

　　这六首诗，的确是杜甫的刻意之作，基本上是写实，具有独创的风格。从内容上来说，的确是颇能关心民间疾苦，把安史之乱时靠近前线的真实面貌，留下了一些简洁的素描。在旧时代的文人中传诵了一千多年——当然也有人不敢选读，是可以令人首肯的。但在今天，我们从阶级的观点来加以分析时，诗的缺陷便无法掩饰。杜甫自己是站在地主阶级的立场上的人，六首诗中所描绘的人民形象，无论男女老少，都是经过严密的阶级滤器所滤选出来的驯良老百姓，驯善得和绵羊一样，没有一丝一毫的反抗情绪。这种人正合乎地主阶级、统治阶级的需要，是杜甫理想化了的所谓良民。杜甫是不希望人民有反抗情绪的，如果有得一丝一毫那样的情绪，那就归于"盗贼"的范畴，是为杜甫所不能同情的危险分子了。他曾经在《甘林》一诗中这样明白地吐露过："时危赋敛数，脱粟为尔挥……劝其死王命，慎勿远奋飞！"国步艰难，苟捐杂税很多，在个人所能做到的范围内可以施点小恩小惠；但谁要逃跑或者抗粮拒税，那就不能马虎了。"劝其死王命"，这就是杜甫的基本态度，也就是这《三吏》和《三别》的基本精神。把这种精神和态度，说成是"为了人民"，人民能够同意吗？

认真说，杜甫是站在"吏"的立场上的。《三吏》中所写的"吏"都不那么令人憎恨。"石壕吏"虽然比较凶，但只是声音凶而已。对于"潼关吏"，诗人还引以为同调。潼关吏是主张防御的，诗人表示同情，认为哥舒翰之败确实是出关迎敌的结果。这却充分证明：诗人的军事见解并不怎么高明。战争的胜负，关键在乎人心的向背，并不全在乎战术上的攻或守。这点常识上的问题，诗人都忽略了；而只一味地谴责哥舒翰。哥舒翰固当谴责，但只谴责他一个人，那是对于更上级的负责者开脱罪行。在这一点上，杜甫是有意识的。他有时也骂骂"小吏"，而为"大吏"大帮其忙。请读他的《遣遇》一诗吧：

> 石间采蕨女，鬻市输官曹。丈夫死百役，暮返空村号……贵人岂不仁，视汝如莠蒿？……奈何黠吏徒，渔夺成逋逃！

他把横征暴敛、苛差劳役的暴政，归罪于在下的奸猾小吏，而说在上的"贵人"是仁慈的。这和《新安吏》中的"仆射如父兄"是一样的手法，和《潼关吏》中的"慎勿学哥舒"也是一样的手法。

　　过分夸大《三吏》和《三别》的"人民性"，是不切实际的，对于杜甫并没有做到深切的了解。为了认真地了解杜甫，我还要举两首新研究家们认为富于"人民性"的作品来加以解剖。我同样采取逐句对译的形式，以免自己在了解上的疏忽。

茅屋为秋风所破歌

原文	译文
八月秋高风怒号，	仲秋八月的狂风放声怒吼，
卷我屋上三重茅。	把三重茅草从我屋顶上卷走。
茅飞渡江洒江郊，	茅草飞过江去，洒满岸头，
高者挂罥长林梢，	有的高挂在大树的树颠，
下者飘转沉塘坳。	有的飘落下水荡和水沟。
南村群童欺我老无力，	南村的儿童们欺我衰老，
忍能对面为盗贼。	好忍心呵，当我面就做强盗。
公然抱茅入竹去，	斗胆地把茅草抱进竹林，
唇焦口燥呼不得。	制止不住，叫得我唇干舌燥。
归来倚杖自叹息。	回家来扶着拐杖只好叹气。
俄顷风定云墨色，	不一会儿风止了，乌云如漆，
秋天漠漠向昏黑。	秋天自昼短，茫茫成了黑夜。
布衾多年冷似铁，	布被条盖了多年，冷如铁板，
娇儿恶卧踏里裂。	小娃儿不好好睡，把被蹬穿。
床头屋漏无干处，	床头屋顶在漏雨，湿成一大片，
雨脚如麻未断绝。	雨脚毫不间断，像麻线一般。
自经丧乱少睡眠，	自从战乱以来就很少睡眠，
长夜沾湿何由彻？	湿糟糟地，长夜漫漫何时旦？
安得广厦千万间，	怎么才能有高楼大厦千万间？
大庇天下寒士俱欢颜，	让天下的寒士们住下，皆大喜欢；
风雨不动安如山！	风吹不动，雨泼不进，安如太山！

呜呼，何时眼前	呵呵，什么时候耸现出这些高楼
突兀见此屋？	大厦，
吾庐独破受冻死亦足！	我的茅庐破烂，自己冻死，也心甘情愿！

诗的性质，旧时的注家有不同的说法。有的说是隐喻时事，有的说是写实。但无论是隐喻也好，写实也好，诗里面是赤裸裸地表示着诗人的阶级立场和阶级情感的。

诗人说他所住的茅屋，屋顶的茅草有三重。这是表明老屋的屋顶加盖过两次。一般地说来，一重约有四、五寸厚，三重便有一尺多厚。这样的茅屋是冬暖夏凉的，有时候比起瓦房来还要讲究。茅草被大风刮走了一部分，诗人在怨天恨人。

使人吃惊的是他骂贫穷的孩子们为"盗贼"。孩子们拾取了被风刮走的茅草，究竟能拾取得多少呢？亏得诗人大声制止，喊得"唇焦口燥"。贫穷人的孩子被骂为"盗贼"，自己的孩子却是"娇儿"。他在诉说自己的贫困，他却忘记了农民们比他穷困百倍。

异想天开的"广厦千万间"的美梦，是新旧研究专家们所同样乐于称道的，以为"大有民胞物与之意"，或者是"这才足以代表人民普遍的呼声"。其实诗中所说的分明是"寒士"，是在为还没有功名富贵的或者有功名而无富贵的读书人打算，怎么能够扩大为"民"或"人民"呢？农民的儿童们拿去了一些被风吹走的茅草都被骂为"盗贼"，农民还有希望住进"广厦"里吗？那样的"广厦"要有"千万间"，不知道要费多大的劳役，诗人恐怕没有梦想到吧？慷慨是十分慷慨，只要"天下寒士"皆大喜欢，自己就住破房子冻死也不要紧。但如果那么多的"广厦"真正像蘑菇那样在一夜之间涌现了，诗人岂不早就住了进去，哪里还会冻死呢？所谓"民吾同胞，物为吾与"①的大同怀抱，"人饥己饥，人溺己溺"的契稷经纶，只是一些士大夫们的不着边际的主观臆想而已。

遭田父泥饮美严中丞

（被一位老农夫扭着喝酒，他不断赞美御史中丞严武）

原文	译文
步屧随春风，	顺着春风，随意在郊外散步，
村村自花柳。	四处是桃红柳绿，一片画图。
田翁逼社日，	临近社日了，有位年老农夫，
邀我尝春酒。	邀我到他家里去，春酒满壶。
酒酣夸新尹，	醉中夸奖新任的成都府尹，
"畜眼未见有。"	"牛眼睛没见过这样的好人！"
回头指大男，	回过头去，指着大儿子议论：
"渠是弓弩手。	"他本是飞骑营的弓弩大兵。
名在飞骑籍，	他是长番，照例是不能代更，
长番岁时久。	在营里已呆了好几个年辰。
前日放营农，	前几天放他回家为庄稼奔走，
辛苦救衰朽。	分担辛苦，救了俺这个老朽。
差科死则已，	应差上粮，到死也心甘情愿，
誓不举家走。	决不全家逃跑，流落到外边。
今年大作社，	要大办春祭，祝今年的丰收，
拾遗能住否？"	拾遗公，请你留下，能不能够？"
叫妇开大瓶，	又叫老板娘把大酒坛开口，
盆中为吾取。	倒在大瓦盆里，好为我添酒。
感此气扬扬，	看到老农喜扬扬，使我感受，
须知风化首。	民情欢愉，这正是风化之首。
语多虽杂乱，	老农话多，虽然是颠五倒六，
说尹终在口。	但夸奖长官，不断在转舌头。
朝来偶然出，	清晨，我偶然到外边来闲游，

自卯将及酉。	没想到，从卯时起将到交酉。
久客惜人情，	久客在他乡，人情真是难有，
如何拒邻叟？	我怎能拒绝，不同老农应酬？
高声索果栗，	老农大声地叫添板栗、炒豆，
欲起时被肘。	几次告辞，都拐着不许我走。
指挥过无礼，	举动放纵，礼貌太不讲究，
未觉村野丑。	但也不觉得他那粗鄙可丑。
月出遮我留，	月亮出来了，还不让我分手，
仍嗔问升斗。	还怪添酒不勤，酒喝得不够。

时严武为剑南东西川节度使兼成都尹，又兼御史中丞，中丞乃御史大夫的副职，尊称之则为大夫。因兼成都尹，故诗中又屡称为"尹"。诗里把老农写得很朴实，说话也很直率，在旧时代可以算得是一篇好作品。但不久前的研究家，竟有人说"杜甫已经超越了自己的阶级，和农民差不多成了一家人"，那完全是皮相的见解。诗里的老农，很明显是一位富裕农民。诗人和这位老农，是把界限划得很清楚的。他是却不过人情，才勉强受着招待。说老农太不讲礼貌，说老农粗鄙，阶级的界线，十分森严。诗人为什么要做这首诗？他的用意不是在感谢老农，而在为自己设防线，特别是要借老农的口来赞美严武。诗不是写给老农看的，而是写给严武和他的幕僚们看的。"借花献佛"，诗人的手法倒相当高明，但能闭着眼睛说，是"超越了自己的阶级"吗？

对于严武应该作怎样的评价？旧时代的史官们也还比较客观，一方面赞美他的防御吐蕃的武功；另一方面也斥责他的骄奢暴猛。《唐书·严武传》中有这样的一段话：

> 蜀土颇饶珍产，武穷极奢靡，赏赐无度。或由一言，赏至百万。蜀方间里，以征敛殆至匮竭。然蕃虏亦不敢犯境。

这评价是接近真实的，和杜甫的诗对照起来，可见诗人在使用曲笔。"一言而赏至百万"，杜甫的这首诗，不知道要得到多少报酬了？但杜甫尽管布下了防线，就因有这样的诗，却也遭受到了士大夫们的责难。《唐书·文苑传》

说他"纵酒啸咏，与田夫野老相狎荡，无拘检"。看来就是根据这首诗所下的评语。这也表明：尽管诗人已有森严的阶级感情，然而阶级感情还有比他更森严的人存在。

如果真是"超越了自己的阶级"，杜甫不仅不能成为"诗圣"，恐怕连他的姓和名都早就消声匿迹，或者遭受到一千多年的"乱臣贼子"的骂名了。"超越了自己的阶级"，真真是谈何容易！

注释

①"物为吾与"，《宋元学案》卷十七作"物吾与也"。

杜甫的门阀观念

　　中国封建时代的地主阶级，一般都以氏族传统的"高贵"而自豪。紧紧站在地主阶级立场的杜甫，较之李白具有更加固执的门阀观念。这在他的诗文中表现得十分露骨。

　　首先他矜夸杜姓是陶唐氏尧皇帝的后人。开元二十九年（七四一）作的《祭远祖当阳君（杜预）文》里面说："初，陶唐氏出自伊祁，圣人之后，世食旧德。"天宝元年（七四二）为他姑母所作的《唐故万年县君京兆杜氏墓志》里面也说："其先系统于伊祁，分姓于唐、杜。吾祖也，吾知之，远自周室，迄于圣代。传之以仁义礼智信，列之以公侯伯子男。"这种追溯远祖的说法当然也有它的根据。《左传》襄公二十四年："（范）宣子曰；昔匄之祖，自虞以上为陶唐氏，在夏为御龙氏，在商为豕韦氏，在周为唐、杜氏。"这就是杜姓出于陶唐氏的根据。

　　这个古代传说上的氏族渊源，在他的诗里面也每每提到。《敬寄族弟唐十八使君》："与君陶唐后，盛族多其人。圣贤冠史籍，枝派罗源津。"《重送刘十弟判官》："分源豕韦派（豕韦氏之后，有刘累），别浦雁宾秋。年事推兄忝，人才觉弟优。"分明一位姓唐，一位姓刘，而自己是姓杜，但根据传说，便坦然认为同族，认为兄弟了。

　　唐十八，不知其名。杜集中关于这个人还有另外一首五律，题为《巫山县汾州唐使君十八弟宴别，兼诸公携酒乐相送，率题小诗，留于屋壁》。这是大历二年（七六七）春杜甫泛舟出峡，路过巫山县时所作。注家以为"唐十八为汾州（山西汾阳）刺史，时贬施州（湖北恩施）"。诗中称唐为"故人"

（"故人犹远谪"），可能他们是在长安见过的。在《敬寄族弟唐十八使君》中他更盛称这位故人："介立实吾弟，济时肯杀身……得罪永泰末，放之五溪滨。鸾凤有铩翮，先儒曾抱麟。"誉之为翎毛被剪掉的凤凰，比之以作为普通的兽类而被猎获的麒麟。看来总得是一位相当的人物吧。但关于初次见面的刘十，他也在加以称颂，那就很难理解了。

送刘十的诗，集中也有两首，除上举一首外，还有《惜别行，送刘仆射判官》。两首都作于大历四年（七六九），杜甫去世的前一年，时在长沙。刘十也不知道他的名字，他是当时山南东道节度使梁崇义的判官，诗中称梁为"仆射"，可能是他的兼职。刘十奉了梁崇义之命，由襄阳到湘潭一带"括马"（大量收罗马匹）。杜甫和他素不相识，在长沙才第一次见面，而却把他恭维得了不得。"刘侯奉使光推择，滔滔才略沧溟窄。杜陵老翁秋系船，扶病相识长沙驿。""光推择"是不负使命的意思，为推荐和选择者增光。这是普通的恭维，但下一句便恭维得没有边际了。对于初次见面的一位地方军阀的判官，杜陵老翁竟称许他的才略比沧海还要宽！诗中对于梁崇义也推崇备至，说他浮云富贵，号令明晰，待士慷慨，自奉俭约，报主有一片丹心，却敌怀满腔浩气；收马不惜金帛，意在扫荡敌寇。其实这人和后来的藩镇差不离，是蓄有异志的。派人到长沙括马，实际是在扩充自己的兵力。其后在德宗建中二年（七八一），因拒奉朝命，为李希烈所杀。杜甫的称誉看来和事实不相符合。再请看《重送》一诗中还有这样的话："本支凌岁晚，高义豁穷愁。"杜甫既认刘十为同宗，故自称"本支"。正当他困在长沙，自己深感到日暮途穷的时候，得到了刘十的"高义"，使他的"穷愁"忽然消掉了。这所谓"高义"，不是表明刘十对于杜甫曾有隆重的馈遗吗？这就无怪乎杜甫要在文字上尽力报酬这一"高义"了。

别有《寄刘峡州伯华使君》一诗，同是赠给一位姓刘的人。诗里面认亲族的关系虽然不那么显著，但也在称兄道弟。"昔岁文为理，群公价尽增。家声同令闻，时论以儒称。太后当朝肃，多才接迹升。"注家认为刘伯华当是刘允济的后人，更可能是允济的孙子。刘允济在垂拱四年（六八八）明堂初成时，奏献过《明堂赋》，得到武则天的嘉奖，拜为著作郎。（见《唐书·刘允济传》）杜甫的祖父杜审言也是以诗见重于武后，授以著作佐郎的。有过这样的关系，所以说"家声同令闻"。这所表示的不仅是"令闻"相同，而且刘与杜还同是一"家"。故诗的下文又说"老兄真不坠，小子独无承"。"老兄"不是泛泛的称谓，是从同一远古族系算来的兄弟行。

以上是杜甫自认为陶唐氏之后而自豪。这是从辽远的传说时代说起的，但从近一点来说，杜甫却把晋人杜预这位有名的历史人物认为他的"远祖"。上面已经征引过的《祭远祖当阳君文》，有必要再来补叙一下。

开元二十九年（七四一）杜甫家住偃师，在县西北二十五里的首阳山下筑了一个陆浑山庄。大概附有窑洞以备居息，故又称为"土室"。在这一年的寒食，土室筑成，他就做了那篇《祭当阳君文》，以表示自己"不敢忘本，不敢违仁"。

当阳君就是杜预（二二二——二八五），他是晋室的驸马都尉、镇南大将军，封为当阳县侯，死后谥为"成"。这位"身不跨马，射不穿札"的将军，在军事上却是足智多谋，又是出色的政治家、历法家、机器发明家、水利工程家，时人因而称之为"武库"，表明他的胸中，刀枪剑戟，应有尽有。但他还是一位历史学者，著有《春秋左氏传集解》，至今还流传于世。他自己称为有"左氏癖"。

这样一位历史人物，在杜甫自然乐于认之为"远祖"，而自称为"十三叶孙"了。这和系出陶唐氏的渺茫传说不同，而在大体上是有历史根据的。元稹的《杜君（甫）墓系铭》中也说："晋当阳成侯姓杜氏，下十世而生依艺，令于巩。依艺生审言，审言善诗，官至膳部员外郎。审言生闲，闲生甫。闲为奉天令。"算来自杜预至杜甫，也恰为十三世。元稹所叙世系必然得之于请他做《墓系铭》的杜甫之孙杜嗣业，故能相合无间。经过近人的努力，根据《元和姓纂》的纪载，杜氏十三世的名位大抵上被清理出来了。但在这里依然小有问题，即是有人认为只有十二代，有人却认为有十四代。由杜预之死（二八五）至开元二十九年（七四一）凡四百五十六年，无论是十二叶、十三叶或十四叶，每代的年数绵亘到三十年以上，看来多少还是有些问题。但这样的问题，用不着去作深入的纠缠，杜甫自己的说法恐怕是较有根据的。杜甫有时也提到杜预之父杜恕，在《进〈雕赋〉表》中言"自先君恕、预以降，奉儒守官，未坠素业"。杜甫诗文中提到杜恕的就只有这一处。

关于杜预的事迹，杜甫在诗中还屡屡提到。大历三年（七六八）在他暂寓江陵的时候有首《惜别行》，中有句云"尚书勋业超千古，雄镇荆州继吾祖"。"尚书"指当时的荆州刺史卫伯玉，"吾祖"也就是以镇南大将军都督荆州诸军事的杜预了。大历四年（七六九）在长沙做的《回棹》一诗中也有"凉忆岘山颠……吾家碑不昧"，这说的是杜预在岘山刻的碑。碑凡二，一立于岘山之颠，一沉于岘山下的万山潭底，记载自己的勋绩，以期永不磨灭。在山上的即使风化了，在水中的将来还可以出土。但和杜预的祈愿相反，岘山上的碑自然毁灭了，而水底的却至今尚未出现。

杜甫所爱夸耀的还有一位严格意义的祖父，杜审言。这是武则天所赏识的诗人，与陈子昂齐名，在唐代诗歌史上是有建树的一位高傲的人物。《新唐书》本传中说他曾经对人自夸：他自己的文章要使屈原、宋玉做听差，他的书法要使王羲之向他北面称臣。杜甫也很以有这样的一位祖父为光荣，他说"天下之人谓之才子"（见杜甫《万年县君墓志》）。在诗里面也常常称道，"吾祖诗冠古"（《赠蜀僧闾丘师兄》），"诗是吾家事"（《宗武生日》），把杜审言的诗看为前无古人，把诗歌看为杜家的专业，杜甫的高傲性格看来也不亚于他的祖父了。

杜审言曾经因事牵连，由洛阳县丞贬为吉州（今江西吉安）司户参军。在吉州受到同僚的陷害，被下狱，仇家更想处死刑。他的次子杜并，年十六岁，手刃仇家于宴会席上致死。杜并自己也当场被人杀害。唐代人是重视子报父仇的，杜并的"孝烈"便受到了当代的同情（苏颋为作墓志、刘允济为作祭文），杜审言因之得以免罪，回到洛阳。武则天召见，要起用他，问他高兴吗？杜审言手舞足蹈称谢。武则天便叫他做一首《欢喜诗》，诗成，受到欣赏，授著作佐郎。

> 惟昔武皇后，临轩御乾坤。多士尽儒冠，墨客蔼云屯……吾祖诗冠古，同年蒙主恩。（《赠蜀僧闾丘师兄》）

杜甫在这里所歌咏的，便是审言受武后赏识的那一节。"闾丘师兄"，据杜甫自注，是闾丘均之孙。闾丘均是成都人，"以文章著称，景龙中起家为太常博士"（附见《唐书·陈子昂传》）。景龙是中宗复位后的年号，凡三年（七〇七——七〇九），但据杜甫的诗看来，在武后时代间丘均已经早被重视了。

上面征引过的《寄刘峡州伯华使君》诗中叙述到刘允济与杜审言同被见重于武后，谓"时论以儒称"，这也就是"自先君恕，预以降，奉儒守官，未坠素业"的传统。因此，作为著作佐郎的诗人杜审言也应该算为"儒"了。杜甫在大历初在夔府所作的《偶题》中叙述到他自己作诗文的经历，有"法自儒家有"的诗句。"法自儒家有"等于说"诗是吾家事"。故如严格地说来，所谓"儒家"也不过是"书香之家"或者"读书人家"而已。《八哀诗》中哀李邕一首里面曾更具体地说到杜审言的诗。

> 例及吾家诗，旷怀扫氛翳。慷慨嗣真作，咨嗟玉山桂。钟律俨高悬，鲲鲸喷迢递。

李邕（即李北海）是器重杜甫的人，杜甫也推崇李邕。山东济南历下亭的壁上有李邕与杜甫的刻像。李邕是当时有名的文章家和书法家，他极力称赞杜审言的诗，故使得杜甫深受感激。

"吾家诗"指杜审言的诗。"嗣真作"指杜审言的一首长诗《和李大夫嗣真奉使存抚河东》，诗是五言排律，四十韵，共四百字。排律做到四十韵这样长，是杜审言开始的，故杜甫称为"冠古"。李邕极赏为"玉山桂"，意思就是天下第一。《晋书·郤诜传》，郤诜对答晋武帝问，自称"臣举贤良对策为天下第一，犹桂林之一枝、昆山之片玉"。这就是所谓"玉山桂"的出处，用得有点别扭。诗是排律，对仗谨严，故称为"钟律俨高悬"（像高悬着的编钟十二律严格地排比着）。长达四十韵、四百字，故称其"鲲鲸喷迢递"（有如长鲸大鲲，喷出的水气长远）。这是唐人应试诗的新形式，后人称为"试帖诗"。杜甫遵守着这个传统并把它扩大了。他有五言排律《秋日夔府咏怀一百韵》，长达一千字，是杜甫诗集中最长的一首。元稹曾极力推重他，说"铺陈终始，排比声韵，大或千言，次犹数百，辞气豪迈而风调清深，属对律切而脱弃凡近"[①]，所说的就是这种排律诗了。他认为杜甫远远超过了李白。李白还没有走近杜甫的围墙，更说不上升堂入室了。封建时代的士大夫们大抵以为定论，这是由于封建时代以诗文取士，诗重排律的原故。但这种东西，在今天看来，和南北朝时代的四六骈文，明清时代的八股文，其实是难兄难弟。刘彦和

《文心雕龙·明诗篇》里有两句话批评南朝刘宋诗文的风格："俪采百字之偶，价争一句之奇"，很可以利用来批评唐宋以来的排律诗，并还须改动两个字，便是"俪采百句之偶，价争一字之奇"。这样苦心地勉强做出来的诗，认真说不过是文章游戏而已。

杜甫做诗十分讲究规律，所谓"律中鬼神惊"（《赠郑谏议》），所谓"遣词必中律"（《桥陵诗》），所谓"晚节渐于诗律细"（《遣闷戏呈路十九曹长》），"律"或"诗律"，便是字的平仄、句的对仗。需做到"属对律切"，清规戒律很多，讲究起来没有止境。杜甫以尽力合乎规律为得意，李白则满不在乎，有时更有意在打破规律。两人的风格的确有些不同，在封建时代抑李扬杜的人却说杜甫是创新派、革命派，李白是复古派、保守派。这颠倒了的评价，不应该再颠倒过来吗？

杜甫的门阀观念甚至发展到和唐代帝室攀亲戚，讲世谊的地步。他有《别李义》一诗，叙述了杜家和李姓王朝的亲戚关系。

> 神尧十八子，十七王其门。道国洎舒国，实惟亲弟昆。中外贵贱殊，余亦忝诸孙。

"神尧"指唐高祖李渊，因李渊禅位给他的儿子李世民，故以唐尧比之。李渊有二十二个儿子。卫王李元霸、楚王李智云先卒。玄武门之难，太子李建成和巢王李元吉为秦王李世民所杀。李世民做了皇帝，剩下十七个儿子都封了王。

道国王李元庆是第十六个儿子，舒国王李元名是第十八个，故说道国与舒国，实在是亲兄弟。李义是李元庆的玄孙。杜甫的母亲姓崔，崔氏的母亲是李元名的外孙女，故杜甫是舒王的外孙女的外孙。杜甫在《祭外祖祖母文》中提到了这层关系。"纪国（纪王李慎，唐太宗李世民的儿子）则夫人之门，舒国则府君之外父。""外父"是外祖之误，故杜甫自叙于王室的"诸孙"之列，虽然有内外亲疏之分，在母系的血统上来说，杜甫也要算是"王孙"了。杜甫和李义的世系，不妨列表如下：

$$
李渊 \rightarrow \begin{cases} 道王元庆 \rightarrow 询 \rightarrow 微 \rightarrow 炼 \rightarrow 李义 \\ 舒王元名 \rightarrow 女 \rightarrow 崔 \rightarrow 女 \rightarrow 杜甫 \end{cases}
$$

杜甫还有一首诗《送重表侄王砅评事使南海》，则是在和李姓王朝讲世交。

> 我之曾老姑，尔之高祖母。尔祖未显时，归为尚书妇。
> ……
> 及乎贞观初，尚书践台斗。夫人常肩舆，上殿称万寿。六宫师柔顺，法则化妃后。至尊均嫂叔，盛事垂不朽。

王砅的高祖父是礼部尚书王珪，杜甫的曾祖姑是王珪的夫人。诗中叙述了一段在杜甫认为是很重要的故事。据说在隋朝大业末年，王珪很穷，和房玄龄、杜如晦是亲密的朋友。有一次房、杜两人同李世民一道来访问王珪。李世民当时只有十八岁。王珪的夫人隔着窗户看到了李世民，认为是非凡的人，她私下把头发剪下来卖成钱，治酒款待了这几位客人。后来李世民做了皇帝，王珪也位至尚书。李世民和王夫人以"嫂叔"相称，夫人的德性化及于宫闱。这样一位夫人是杜甫的"曾老姑"，不用说杜甫是引以为荣的。

关于剪发治酒的故事可以令人联想到晋人陶侃的母亲。《晋书·陶侃传》："侃早孤贫，为县吏。鄱阳孝廉范逵尝过侃，时仓卒无以待宾。其母乃截发，得双髲以易酒肴。乐饮极欢，虽仆从亦过所望。"后来侃因范的推荐，逐渐显达。杜甫的曾老姑显然仿效了陶母。但是，关于这个故事却有不同的说法。《新唐书·王珪传》载王珪母李氏嘱王珪引房玄龄、杜如晦来其家，窥见之，以为二人乃公辅才，敕备酒食款待。没有说到李世民，也没有说到杜氏夫人剪发。因此，有人对杜甫的诗怀疑。但事关杜王两家，如果杜甫捏造，王砅怎能坦然相信呢？《新唐书》的撰述者是宋人，应该是传闻失实，或有所省略而已。

根据上述，可见杜甫重视门阀的观念非常深固。他不仅重视自己的门阀，而且还重视别人的门阀。

《赠韦七赞善》诗中有云："乡里衣冠不乏贤，杜陵韦曲未央前。尔家最近魁三象，时论同归尺五天。"在"尺五天"下杜甫自注云："俚谚曰'城南韦杜，去天尺五'。"这不仅夸示了杜家世系的高贵，同时也夸示了韦家世系的高贵。注家引唐代宰相世系表以为证："杜氏曾任宰相者十一人，韦氏十四人。"韦杜二家，与王室的距离，真是只有一尺五远了。

　　　　名家莫出杜陵人……拖玉腰金报主身。

　　这是《季夏送乡弟韶陪黄门从叔朝谒》一诗中的两句。"黄门从叔"指杜鸿渐。杜鸿渐是请唐肃宗李亨背着他的父亲唐玄宗即皇帝位于灵武的劝进者之一人，曾为河西节度使，后以黄门侍郎同平章事镇蜀。大历二年还京"朝谒"，杜甫的诗便是当年季夏做的。照"名家莫出杜陵人"看来，杜家的有名显然还在韦家之上了。有名的家族莫有一家还能够超出杜陵杜家之上的，不少人"拖玉腰金"，——襟垂碧玉佩，腰悬黄金印，杜甫真可谓自豪了。然而遗憾，这正表现了他的浓厚的封建意识。

　　杜甫既重视门阀，故对于有门阀地位的人，往往不择对象，甚至使用曲笔加以颂扬。最使人惊愕的有《滕王亭子二首》，代宗广德元年（七六三）杜甫游阆州（今四川阆中县）时所作。滕王是李渊第二十二个儿子李元婴，调露中（六七九）曾任阆州刺史。这个人是一个出奇的坏蛋。新旧《唐书》本传都说他骄横无度，狎昵厮养，酷好狩猎，骚扰百姓，借狗求置，弹人取乐。高宗李治都屡次告戒他，但不改故态，臣下进谏更要遭受到打骂。对于他的胡作非为的事例，《新唐书》还有所记载，实在是不堪入目。

　　这样一个狗彘不如的王爷，杜甫却偏偏对他怀念不已，并假借人民之口而加以歌颂。请直接读他的原诗吧。

　　一　君王台榭枕巴山，万丈丹梯尚可攀。
　　　　春日莺啼修竹里，仙家犬吠白云间。
　　　　清江锦石伤心丽，嫩蕊浓花满目斑。
　　　　民到于今歌出牧，来游此地不知还。
　　二　寂寞春山路，君王不复行。古墙犹竹色，虚阁自松声。
　　　　鸟雀荒村暮，云霞过客情。尚思歌吹入，千骑拥霓旌。

　　台榭是劳动人民的业绩，江山是祖国的自然，诗人要对台榭歌颂，要对江山赞美，本无可厚非。但一首"君王"，两首"君王"，悼叹不置。前称"出牧"，后颂"霓旌"，尊崇无际。连明代的杨慎（升庵）都表示不满："其恶如此，而诗称'民到于今歌出牧'，未足为诗史。"②这批评是很中肯的，然而注家仇兆鳌却不同意，他说第一首"末二句一气读下，正刺其荒游，非颂其遗泽也"。我也照他的说法"一气读下"了，我就感觉不到有什么"刺"。亭园写得那么美，做"王爷"的偶尔出游，要流连一下，何所见其"荒游"？何况用了"歌出牧"字样，怎么也表达不出恶意。其实"来游"的主词分明是"民"，与"歌"字是同位动词，因上句既言"出牧"，下句又言"来游"，如果同属于王，句法上犯复。王的"来游"，照第二首的"千骑拥霓旌"看来，也不能写得那么随便。

然而，意外的是解放以来的研究专家们却还有人在说："这类诗就是在用曲笔，'伤心丽'三字正泄露着此中消息，'丽'而至于'伤心'，'歌'就应该是'刺'而不是'颂'。"（傅庚生《杜甫诗论》一四八页）这真是惊人的"曲笔"！"伤心丽"译成现代话就是"好看得要命"，相传为李白所作的《菩萨蛮》上半段也有"寒山一带伤心碧"句，"伤心碧"也就是"绿得要命"。断断乎不能说有了"伤心丽"字样，"歌"就变成"刺"了。

最后还有值得注意的是：杜甫对于陶渊明却有微辞。虽然他也肯定陶的诗，把陶和谢灵运并举，"焉得思如陶谢手，令渠述作与同游？"（《江上值水如海势聊短述》）但他在《遣兴五首》之三中对于陶是有所批评的。

> 陶潜避俗翁，未必能达道。观其著诗集，颇亦恨枯槁。达生岂是足？默识盖不早。有子贤与愚，何其挂怀抱！

尽管杜甫对自己的二子宗文，宗武，比起陶渊明对其五子还要更加关怀，但他却坦然对于陶渊明加以讥刺。黄山谷认为是"寄之渊明以解嘲"，这种说法也未免太纡曲了。

更有进者，陶渊明自认为是陶唐氏的后人，他的《命子》诗（给他的大儿子命名为"俨"，取字"求思"的诗），一开首就说："悠悠我祖，爰自陶唐。邈为虞宾，历世重光。御龙勤夏，豕韦翼商。"照这叙述看来，陶氏与杜氏应该说是同祖。陶渊明更应该说是杜甫的远祖了。但杜甫在诗文中却没有承认过这层关系。虽然杜甫的"曾老姑"——王珪的夫人，分明效法了陶侃的母亲剪售头发以酬宾客，而杜甫在诗文中也没有提到过这位在晋代赫赫有名的陶侃。陶渊明是把陶侃认为曾祖的，可能不是嫡亲，在《命子》诗中对于这位曾祖推崇备至。陶侃是东晋的功臣，在军四十一年，位至八州都督，封长沙郡公，故诗中言："桓桓长沙，伊勋伊德，天子畴我，专征南国；功遂辞归，临宠不忒，孰谓斯心，而近可得？"为陶渊明所这样推崇的人却被杜甫抹杀了，陶杜同祖的关系也被抹杀了。杜甫是十分尊重族系传统的人，这却怎样来解释呢？

看来杜甫不承认陶侃的一族真正是陶唐氏的后人。陶侃本是东晋当时的少数民族溪族。晋成帝咸和三年（三二八）他已七十岁左右，位至征西大将军，并讨平了苏峻之难，建立了大功；然而同时的温峤却在背后称之为"溪狗"（见《世说新语·容止篇》）。据此，可见陶渊明自称为尧皇帝的后人是出于假冒，这也暴露了陶渊明的庸俗的一面。如果从这一个角度来说陶渊明"未必能达道"，倒是千真万确。

其实远古的神话传说是荒渺无凭的。陶唐氏的存在究竟是否历史事实，其本身就是问题。因而杜氏之不必为陶唐氏的后人，也和陶氏之不必为陶唐氏的后人一样。杜甫虽然没有明说陶渊明假冒，而在实际上没有承认他们是同族。这可从反面来证明杜甫的门阀观念是怎样顽强，并也同样证明杜甫的庸俗更远远在陶渊明之上。

注释

①元稹《唐故检校工部员外郎杜君墓系铭》。

②见《升庵全集》卷五八《民歌出牧》条，文作"其恶如此，而少陵老子乃称之，所谓诗史者，盖亦不足信乎？"作者据仇兆鳌《杜少陵集详注》第一○八九页摘引。

杜甫的功名欲望

　　封建时代的士大夫阶层，要想有所作为，功名便是他们的第二生命。他们是属于统治阶级，读书的目的就是为了做官，以管理百姓；说得堂皇一点，就是为了"治国平天下"。所谓"学而优则仕"，所谓"学古入官"①，在封建时代的士大夫们是视为天经地义的。

　　但要做官，进入实际统治者的地位，除帝王公侯可以世袭之外，尽管门阀有很大的作用，但总要经过一定的所谓选拔的门径。在唐代的情况是：一般要通过考试，成为"进士"或其他名目；其次是直接向皇帝陈情，或者通过有权位者的推荐。

　　杜甫是功名心很强的人，这三种门径，他都闯过，而且都不止一次。

　　他受过两次考试都失败了。第一次是在开元二十三年，年二十四岁，时在洛阳赴贡举，不第。第二次是在天宝六年，年三十六岁，时在长安应试，也没有及第。天宝六年唐玄宗下诏：天下有一艺者赴京应考。奸相李林甫怕应考者揭露自己的劣迹，玩弄了各种手法，使应试的人全部落第，他因而向皇帝恭贺，说是"野无遗贤"。在这一次的落第者中，元结也是一个。经过两次失败之后，杜甫没有再去应试了，于是便终身没有成为"进士"。

　　杜甫曾经三次直接向皇帝陈情。第一次是天宝九年，年三十九岁，他曾经直接进献《雕赋》，但没有下文。第二次是在天宝十年，年四十岁，他献上《三大礼赋》。这次受到唐玄宗的"奇视"，命待诏集贤院；第二年又召试文章送隶有司，参列选序，但也遭到李林甫的遏制，没有结果。第三次是在天宝十三年，年四十三岁，献上《封西岳赋》，又是没有下文。

三次所献的赋和献赋时所上的表文，都还保存着。杜甫自己虽然相当得意，说"赋或似相如"（《酬高使君（适）相赠》），又说别人以班固、扬雄比拟（《壮游》），其实并不那么高明。特别是那几通表文，应该说是杜甫留下来的恶札。《进〈雕赋〉表》说到自己是杜预之后、杜审言之孙，希望能承继祖业，这倒是写实。但说到自己"衣不盖体，常寄食于人，奔走不暇，只恐转死沟壑"；一再地恳求"伏惟天子哀怜之"，"伏惟明主哀怜之"。这不是把自己的贫困太夸大了吗？值得注意的是：杜甫很喜欢猛禽，除《雕赋》外，在他的诗中也有不少处关于雕鹗鹰隼的吟咏。这大约是由于他在青壮年时代喜欢打猎的原故。《进〈雕赋〉表》中有赞扬雕的几句话："臣以为雕者，鸷鸟之殊特，搏击而不可当；岂但壮观于旗门，发狂于原隰？引以为类，是大臣正色立朝之义也。臣窃重其有英雄之姿。"这可表明了杜甫的个人英雄主义，然而和他过分夸大自己的贫困可怜，是极不调和的。

《进〈三大礼赋〉表》也用了同样的笔法，极力夸大自己的贫困，说"臣生长陛下淳朴之俗，行四十载矣。与麋鹿同群而处，浪迹于陛下丰草长林，实自弱冠之年矣……顷者，卖药都市，寄食友朋……恐倏先狗马，遗恨九泉。"

这些话把自己说得非常可怜，和《壮游》诗中所叙述的生活状况，形成了南北两极。

> 性豪业嗜酒，嫉恶怀刚肠……
>
> 饮酣视八极，俗物多茫茫。东下姑苏台，已具浮海航。
>
> 到今有遗恨，不得穷扶桑……
>
> 放荡齐赵间，裘马颇清狂。

这到底哪一边是真实，哪一边是浮夸呢？向皇帝进表，把自己说得太可怜相，其实是会得到相反效果的。那样说，等于指责在上者无知人之明，使贤人不得其所。《雕赋》献上去，不报；《三大礼赋》献上去虽得到"待诏集贤院"而同样无结果，看来恐怕不单是文章并不那么杰出的原故吧。

进《封西岳赋》的表文，应该更加成为问题。表文中在大捧杨国忠，说什么"维岳授陛下元弼，克生司空"。当时杨国忠以宰相而兼司空，虽然大恶未著，但杨国忠何许人也？他是一名阿飞，靠着西蜀土豪鲜于仲通的推荐和资助，得到机会进京，为章仇兼琼奔走；更靠着和"从祖妹"杨玉环有些暧昧的裙带关系，便飞黄腾达，位极人臣。这个人的历史，杜甫不会不知道，怎么能以"维岳降神"（《大雅·崧高》）的调子来恭维呢？杜甫在《登慈恩寺塔》中能够讽刺唐玄宗的荒宴，在《丽人行》中能够揭露杨家姊妹兄弟的豪奢，而在这篇表文中却这样低首下心、卑躬屈节、奉承权贵，实在出人意外！

恳求有权位者的荐举，那就更加频繁了。在诗集中，下列若干首，都是在天宝年间，恳求荐举的长诗。

（一）《赠韦左丞丈济》；

（二）《奉赠韦左丞丈（济）二十二韵》；

（三）《奉赠鲜于京兆二十韵》；

（四）《投赠哥舒开府翰二十韵》；

（五）《赠翰林张四学士垍》；

（六）《奉赠太常张卿垍二十韵》（"垍"或作"均"，乃垍之兄，但张均曾为大理卿，不曾为太常卿）；

（七）《上韦左相（见素）二十韵》，等等。

用力之勤、数量之多，远远超过了韩愈的三《上宰相书》。他照例把自己说得非常可怜，把对方捧得非常崇高。他在《秋日荆南述怀》一诗中所描绘的自画像："苦摇求食尾，常暴报恩鳃"，真可谓传神之笔了。

更令人诧异的是：他所恳求的人，往往不择对象。让我们把那些人物来检查一下吧。

左丞韦济，他在开元二十二年曾经把一位骗子道士张果推荐给唐玄宗，以事逢迎。张果说，他在唐尧时做过"侍中"的官，他已经活了几千岁了。这样的鬼话竟公然骗上了当时糊涂透顶的君臣。一生迷信仙术的杜甫，想来也是信以为真的。他不觉得韦济的丑恶，反而认为可以依靠，一再恳求。在第一首里说："老骥思千里，饥鹰待一呼"，虽然在以鹰骥自拟，其实是自比于禽兽。第二首稍稍换了一个调门，说什么"今欲东入海，即将西去秦"，意思是说你再不推荐，我就要远走高飞了。到那时，"白鸥没浩荡，万里谁能驯？"我成了一只飞到万里海外的白鸥，在海波上载沉载浮，你要驯化我，便难之又难了。可惜那位左丞大人却始终无意来驯化这只"白鸥",而这只"白鸥"毕竟也没有飞到海外去。

鲜于京兆是什么人呢?是四川的土豪鲜于仲通。他和杨国忠两人狼狈为奸,利用杨国忠和杨玉环的亲族关系,把杨国忠捧上了台;回头又由杨国忠来提拔他,让他做到京兆尹;又曾为剑南节度使。在剑南节度使任内,他把南诏逼反了;兴兵讨伐,被南诏打得大败。这样的害虫,杜甫求他荐举,在赠诗中竟称之为"骅骝"(千里马),为"间出"的"异才"(根据孟子的说法,五百年间才能出现一次的大人物)。连他的六个儿子都是"凤雏",门下是一片"义声"。恭维一个坏人,竟这样不惜工本!看他说到自己时,则是"学诗犹孺子!"既不是司马相如,也不是班固和扬雄,而是一个才学做诗的小娃娃。——实际上,他当时已经四十一岁了!说自己因科考受绌,弄得走投无路;于是,在诗的最后,等于大声急呼地喊出:"有儒愁饿死,早晚报平津!"——我这个区区小学生("儒")穷得快要饿死了,快快转报给丞相吧!平津侯,是汉武帝时的丞相公孙弘的封爵。在这儿是借用来比当朝宰相杨国忠,也就是那位"岳降"的"元弼"。请看杜甫为了求取功名,是多么不择对象!这岂不是有忝"诗圣"或者"人民诗人"的称号吗?

哥舒翰也被捧得没有边际。他称之为麒麟阁上的第一人,是"英雄",是"当朝杰",而以自己没有成为哥舒翰的部下,深为遗憾。哥舒翰当时在任河西节度使,他比之以"崆峒"——西边的一座大山,而愿为之保镖——"防身一长剑,将欲倚崆峒!"当然,哥舒翰这位突骑施族的军阀,在未失败以前,和混血胡人安禄山相抗衡,是赫赫有名的。诗人高适就出自他的幕下。然而李白却对哥舒翰抱着蔑视的态度,在《答王十二寒夜独酌有怀》诗中说:"君不能学哥舒横行青海夜带刀,西屠石堡取紫袍",把他和斗鸡之徒相提并举。(李白诗集中有《述德兼陈情上哥舒大夫》一首,已被证明为伪作。)看来,李白的识见是高于杜甫的。哥舒翰在天宝十五年六月失守潼关,向安禄山投降了,称安为"陛下",并甘愿为之招降纳叛。没有见效,为安庆绪所杀。杜甫的吹捧,不是太无知人之明吗?

杜甫不仅对哥舒翰本人吹捧,而且还吹捧他的部下。有《赠田九判官梁丘(在哥舒翰幕中)》诗一首,起句是"崆峒使节上青霄",所谓"崆峒"和前一首的比喻相同，即指哥舒翰。连他幕下的人，都像天上人一样。接着便称颂哥舒如汉朝的霍去病，他的幕府中人都是曹操幕府中的阮瑀之流。据说收揽了这么多美才，都是出于田九的推挽，因而希望田九也把自己推荐给哥舒。"麾下赖君才并美，独能无意向渔樵？""渔樵"是自比。这也幸好田九无能为力，或者哥舒无意引用，不然《潼关吏》中的"请嘱防关将，慎勿学哥舒"，恐怕也就不好下笔了。

张垍，也是大成问题的人。他是燕国公张说的儿子，唐玄宗的女婿。玄宗特别宠爱他，住在宫中，曾经面许以宰相之位，没有实现。天宝十五年六月中旬，玄宗奔蜀，他没有跟上去；下旬长安沦陷，他却投降了安禄山，但仍为安的部下所杀。降贼虽然是后事，但可见张垍是没有骨气的人。而且他还谗毁过李白，连魏颢都知道的事，杜甫不应该不知道。杜甫在当年是与李白情如兄弟的，为什么对于谗毁过李白的人，却一再地赠诗吹捧，卑辞恳求？特别是第二首，把自己说得太不像样了。"顾深惭锻炼，材小辱提携；槛束哀猿叫，枝惊夜鹊栖。"说受到深厚的照顾，自惭"锻炼"不够；材能太小，够不上驸马的"提携"。自比为"哀猿"，为"夜鹊"，又是一套禽兽。当然，赠诗的目的是在紧接着的最后两句："几时陪羽猎，应指钓璜溪？"图穷匕首现，是希望张垍在玄宗面前说话，让自己直上青云。使用了"钓璜溪"的故事，是以吕尚自比，仿佛占了身份，其实为了凑韵自比为老渔翁而已。期待唐玄宗成为周文王，把自己立即提升到太公望的高位，倒是很恳切的。

白居易有《见尹公亮新诗偶赠》一首，我觉得倒可以借来赠给杜甫。

> 袖里新诗十首余，吟看句句是琼琚。
> 如何持此将干谒，不及公卿一纸书？

以诗文求有权位者荐举（"干谒"），是唐代士子的通习，倒不能以此苛责杜甫。但杜甫是以"独耻事干谒"（《赴奉先县咏怀》）自行标榜的人，而实际的情况却是这样。未免有点言行不一致吧？

杜甫勤于做诗投赠，求人荐举，但也不能说没有效果。天宝十四年，他曾经被任为河西尉，没有接受；继改任右卫率府胄曹参军，他便接受了。有人说，这是出于韦见素的推荐，是杜甫在一年前《上韦左相二十韵》求荐的结果。韦见素这个人虽然没有什么特著的恶迹，但他是杨国忠所引用的人，其人的品质也就可想而知。他的唯一被前人称许的劳绩，是跟着唐玄宗一道逃到了四川。如果授杜甫为河西尉，回头又改任京官，真是出于韦的照顾，可见他还是比较看得起杜甫。然而杜甫，对于这种应付式的照顾，却不大领情。他有《官定后戏赠》一诗叙述了自己的心境。

> 不作河西尉，凄凉为折腰。老夫怕趋走，率府且逍遥。
> 耽酒须微禄，狂歌托圣朝。故山归兴尽，回首向风飚。

河西县在唐代有两处：一属于云南，在蒙自附近，天宝后没入南诏；一属于四川，在宜宾附近。估计杜甫被任为县尉的是后者。两者都是西南偏僻小县，杜甫不愿意去做县尉，他自己解嘲，是在学陶渊明不愿为五斗米折腰。但右卫率府胄曹参军，是一个管兵甲器仗和门禁锁钥的八品以下的小京官，他却又屈就了。他说他宁肯在京师当逍遥派，有不多的俸禄可以买酒喝，有多余的闲暇可以狂歌度日。所以他归故乡的念头也就没有了，而且回头还有机会被大风吹到天上去。这些都是老实话，但也不免有点难乎为情，故他只好向自己开玩笑。题为"戏赠"，是表明自己的又高兴而又不太高兴。高兴是乐得做了京官，不太高兴是嫌官卑职小。

事态是十分清楚的，表明着杜甫的挑肥选瘦，想做大官而不愿意做小官，留恋都门生活而不愿意去穷乡僻境与民众接近。但近代的研究者，却在这个问题上也要挖空心思为杜甫辩护。有人说，县尉这种地方官职是"鞭挞"老百姓的。高适曾经做过封丘县尉，他在《封丘县》一诗中自叹："拜迎长官心欲碎，鞭挞黎庶令人悲。"因此，他把县尉抛弃了，转入哥舒翰的幕府，杜甫有《送高三十五书记十五韵》贺他，说"脱身簿尉中，始与棰楚辞"。据说，杜甫的不就河西尉也就是不愿意去"鞭挞黎庶"，要永"与棰楚辞"。

又有人说，县尉是肥缺。岑参有《送张子尉南海》诗，"不择南州尉，高堂有老亲……此乡多宝玉，慎莫厌清贫！"据说，杜甫的不就河西尉，也就是不愿意去刮地皮。

遇有问题便替杜甫辩护，是煞费苦心的，深怕有损于"诗圣"或"人民诗人"的徽号。但可惜不能使人轻易信服。县尉照例要"鞭挞"老百姓，但是谁叫你一定要"鞭挞"？县尉照例可以刮地皮，但是谁叫你一定非刮不可？

管理兵甲器仗和门禁锁钥的差事也并不那么光荣。兵甲器仗、宫闱仓库等哪一样不是从老百姓那里聚敛来的？聚敛时有多少吏人能不用"鞭挞"？"彤庭所分帛，本自寒女出；鞭挞其夫家，聚敛贡城阙"（《赴奉先县咏怀》），这些很有光辉的诗句表明杜甫的认识很明确。况"兵甲"之类是杀人的武器，这些不在老百姓手里的武器，而杜甫却愿去管理，他不见得就那么心安理得。此其所以有《官定后戏赠》之作，不是在为自己解嘲，而是在向自己嘲笑了。

事实上，他的不就河西尉，不久之间是有些后悔的。《赴奉先县咏怀》中有这样的一节话：

> 许身一何愚，窃比稷与契！居然成濩落，白首甘契阔。顾惟蝼蚁辈，但自求其穴；胡为慕大鲸，辄拟偃溟渤？

自己在埋怨，为什么这样"愚"，公然以稷契自比！到头来一无所成。想到蝼蛄和蚂蚁都还有它们的巢穴，自己为什么总希望学鲸鱼，要在大海深处游泳？他分明是在责备自己所好太高而所骛太远了。

完全可以肯定，杜甫是有雄心壮志的人，他总想一鸣惊人，一举而鹏程九万里。但这种希望，他一辈子也没有达到。很强的功名心不能落实，结果可以转化为很强的虚荣心。杜甫也就为这种毛病所侵犯，他的虚荣心也十分惊人。他平生有三件得意事，几乎使他可以抓到满足功名心的希望，他始终认为是十分光荣的。

第一件是天宝十年献《三大礼赋》，奉命待制集贤院。这和李白的待诏翰林相同，他和李白一样在诗中常常夸耀这件事。

> 忆献三赋蓬莱宫，自怪一日声辉赫。
>
> 集贤学士如堵墙，观我落笔中书堂。
>
> 往时文采动人主，今日饥寒趋路旁。（《莫相疑行》）
>
> 曳裾置醴地，奏赋入明光。天子废食召，群公会轩裳。（《壮游》）
>
> 明光起草人所美，肺病几时朝日边？（《十二月一日三首》之一）

蓬莱宫就是明光宫。"置醴地"是用西汉楚元王刘交敬礼穆生的故事，穆生不喝酒，每有宴集，楚元王要为他备甜酒（"置醴"），以示优遇。杜甫进献了《三大礼赋》，俨然在以王者之师自居了。

　　第二件是至德二年初夏，杜甫由长安贼中潜投凤翔，被肃宗朝廷任命为左拾遗。左拾遗属于门下省，在皇帝左右尽拾遗补阙的责任。官虽然不大（只是七、八品的小官），却是皇帝的"近臣"或"近侍"之臣，是可以向皇帝提意见的谏官。这比待制集贤院又高了不止一等了。

> 微躯忝近臣，景从陪群公；登阶捧玉册，峨冕聆金钟。（《往在》）
>
> 我昔近侍叨奉引。（《忆昔二首》之一）
>
> 往时中补右，扈跸上元初……
>
> 通籍蟠螭印，差肩列凤舆……
>
> 不才同补衮，奉诏许牵裾。（《赠李八秘书别》）

"中补右"系李八秘书的旧职，中书省右补阙的省称；照此类推，则门下省左拾遗自可称为"门拾左"了。"补阙"这个官名，从《大雅·烝民》"衮职有缺，惟仲山甫补之"而来。拾遗与补阙同是谏官，故言"同补衮"。（"衮"是天子的衮龙袍，不敢斥言天子，故以"衮"字代替。）拾遗和补阙，所用的印信是盘着螭龙的。天子出行时同陪"凤辇"，天子祭祀时戴着高帽子，捧着"玉册"赞礼。请看《往在》里的那几句，把左拾遗的官样，叙述得多么神气！

　　第三件是唐代宗广德二年（七六四）严武第三次入蜀，再为东西川节度使。六月表奏杜甫为节度使署中参谋，检校工部员外郎，赐绯鱼袋。员外郎是从六品，这比七、八品的左拾遗又升了级。杜甫已经五十三岁了，他是相当满意的。在这以后的诗中便屡屡提到他做了员外郎（省称为"郎"或"省郎""台郎""郎官"）；"银章""朱绂""纱帽""绯鱼"和他的诗笔纠缠着，似乎摆脱不掉。

　　一　"台郎选才俊，自顾亦已极……居然绾章绂。"（《客堂》）

　　二　"朱绂犹纱帽，新诗近玉琴。"（《西阁二首》之一）

　　三　"幕府初交辟，郎官幸备员。"（《秋日夔府咏怀》）

　　四　"身觉省郎在，家须农事归。"（《复愁十二首》之四）

五 "莫看江总老! 犹被赏时鱼。"（《复愁十二首》之十二）

六 "素发干垂领，银章破在腰。"（《奉赠卢琚》）

七 "衰老自成病，郎官未为冗。"（《晚登瀼上堂》）

八 "不才名位晚，敢恨省郎迟？"（《夔府书怀》）

九 "通籍恨多病，为郎忝薄游。"（《夜雨》）

十 "为郎未为贱，其奈疾病攻！"（《赠苏四徯》）

差不多念念不忘自己是"员外郎"，这虚荣心的强烈也真是有点出人意外。无怪乎南宋诗人陆游也提出了诘问。

> 功名不垂世，富贵但堪伤；底事杜陵老，时时矜省郎？（《秋兴》）

杜甫如有知，对于这个诘问是难于回答的。

要之，杜甫的功名心很强，连虚荣心都发展到了可笑的程度。他不愿意做小官，但在实际上他也缺少办事务的才干。他担任右卫率府胄曹参军的期间很短，没有留下什么德政；由于安禄山叛变，长安沦陷，他的职务大约很快便被吹掉了。《夔府书怀》一诗的开头两句是："昔罢河西尉，初兴蓟北师"，由不就河西尉直接连到安禄山的叛变，率府胄曹参军一职根本没有提到。可见为期很短，无话可说。

在左拾遗的任内，留下了一些歌咏宫廷生活的诗，那在目前看来是毫无价值的。不久，因疏救房琯，触犯了肃宗的怒鳞，被罢为华州司功参军，掌管地方上的文教祭祀等工作。这在他的宦途上是一大蹭蹬，比李白在天宝三年被赐金还山的待遇，还要冷落。他到了华州就职，一和案牍接触，便大不耐烦，甚至光火了。有《早秋苦热堆案相仍》一诗可证。

> 七月六日苦炎热，对食暂餐还不能。
> 每愁夜中自足蝎，况乃秋后转多蝇。
> 束带发狂欲大叫，簿书何急来相仍！
> 南望青松架短壑，安得赤脚踏层冰？

大诗人不耐烦做刀笔小吏的神态，写得活现。天气满热，饭都吃不下；晚上既多蝎子，秋后反而又多苍蝇；真是要叫人发狂大叫了。公文堆满案头，不断地来麻烦我。朝南望，华山上的青松横躺在狭窄的山谷上，多么自在呵！我恨不得打着赤脚去踏上深厚的坚冰呵！可以看出诗人是多么不耐烦！

其实杜甫在华州司功任内不足一年，看来倒是很受到优待的。他秋间到了华州，冬天便远赴洛阳，翌年三四月之交又才从洛阳回华州。在这次旅途中做了不少的诗，有名的《三吏》和《三别》便是在回华州时做的。他自己也承认过："曾为掾吏趋三辅，忆在潼关诗兴多。"（《峡中览物》）假如他是深受束缚，他不会有那样大的自由和那么多的雅兴。但是，到了这一年的秋天，由于关辅地区饥馑，他索性掼掉了乌纱帽，自行离开了华州的职守。这也应该说是分外的自由了。

广德元年杜甫在梓州时，曾被朝廷任命为京兆功曹参军，殆由严武归朝后所推举，但因已定计出峡，不就。第二年三月严武再任东西川节度使，他折回成都，做了严武幕府中的参谋；在职仅半年光景便解职回草堂。据说是由于同幕府中年轻的人们不能相处，实际上同严武本人也有一定的矛盾。《莫相疑行》："晚将末契托年少，当面输心背面笑"；《赤霄行》："孔雀未知牛有角，渴饮寒泉逢抵触"；都是这时候做的诗。细玩辞句，是有上下级的关系存在，决不是单因为同僚间的不能相处。

在夔州主管过东屯百顷田，如果也是官职的话，他只有在这项任务上处理得相当胜任愉快，但也不安于此而买舟出峡了。在夔州，他在诗歌创作上也是丰收的。《峡中览物》诗在"曾为掾吏趋三辅，忆在潼关诗兴多"之后，接下去也就是"巫峡忽如瞻华岳，蜀江犹似见黄河"——这也等于说："曾为屯守趋三峡，忆在夔州诗兴多"了。

杜甫毕竟只是诗人而不是政治家。作为政治家虽然没有成功，但作为诗人他自己是感到满足的。

注释

①《尚书·周官》。

杜甫的地主生活

　　杜甫爱诉述自己的贫困，但往往过分夸大，和实际情况核对起来有很大的悬隔。

　　例如他在乾元二年（七五九）初冬寓居同谷（今甘肃成县）时所做的有名的《同谷七歌》中，便有不少极其夸大的成分。第一歌里说："有客有客字子美，白头乱发垂过耳。岁拾橡栗随狙公，天寒日暮山谷里。"这把自己写得来就像周口店的"北京人"一样，年年岁岁都跟猴子一道，在山谷里过野人生活。其实乾元二年杜甫只有四十八岁，即使早衰，也还不至于就白发垂耳吧？那一年的初冬他只在同谷住了个把月光景便出发往成都去了，怎么好说"岁拾橡栗"呢？就在那一年，他自己在《发同谷县》一诗中说过："奈何迫物累，一岁四行役。"一年之中就旅行过四次：春末从洛阳回华州，秋天由华州往秦州，初冬由秦州往同谷，仲冬由同谷往成都，他何尝是周年四季都在"山谷里"挨饥受冻？把自己的贫困夸大得太不着边际了！

　　第七歌里面也有这样的话，"男儿生不成名身已老，三年饥走荒山道。长安卿相多少年，富贵应须致身早。"这说得来好像三年之间他都在逃荒。由乾元二年冬倒数上去的"三年"，是唐肃宗乾元二年，乾元元年，至德二年。至德二年四月，杜甫由贼中逃出，赶赴凤翔行在，被任命为左拾遗。继因疏救房琯获罪，八月遣回鄜州省家。十月肃宗李亨回长安，杜甫扈从。乾元元年六月被谪贬为华州司功。冬末乘间赴洛阳。乾元二年便是上面说过的"一岁四行役"之年，杜甫的名诗《三吏》和《三别》即产生于这一年的春夏之交。行役的情况，深幸杜甫在诗中多所叙述。《潼关吏》："要我下马行，为我指山隅"，可见由洛阳至华州是乘马。《发秦州》："中宵驱车去，饮马寒塘流"，可见由秦州到同谷是有车和马。《自沙渡》："我马向北嘶……揽辔复三叹"，可见由同谷到成都也是一样。只有由华州到秦州的一段不详，但由华州出发以后是带着妻子同行的，妻子坐车，杜甫骑马，可毫无疑问。多谢杜甫这些杰出的纪行诗，证明了他自己并不是穷年累月饿着肚子在荒山深谷里徒步窜走。

乾元二年（七五九）十二月到了成都之后，靠着朋友的帮助，不久便着手经营浣花溪畔的草堂。起初的面积并不大，只有一亩地光景。他在《寄题江外草堂》一诗中说得明白："诛茅初一亩，广地方连延。"题下原注："梓州作，寄成都故居。"杜甫在梓州住了一年半光景，宝应元年（七六二）的秋天去梓州，广德二年（七六四）的春末回成都。去是因送严武赴京，回是因严武第三次入蜀。在他去梓州时，成都草堂已经经营了三年，规模大有可观了。看他以下的一些诗作吧：

> 奉乞桃栽一百根，春前为送浣花村。
> 河阳县里虽无数，濯锦江边未满园。（《萧实处觅桃栽》）

桃树发育快，布局宽，一百棵桃树的栽种，估计要五亩地左右。草堂的园子可就够大了。当然，除种桃之外还早有其他的花木，因为他说的是园子"未满"。

> 华轩蔼蔼他年到，绵竹亭亭出县高。
> 江上舍前无此物，幸分苍翠拂波涛。（《从韦续处觅绵竹》）
> 草堂堑西无树林，非子谁复见幽心？
> 饱闻桤木三年大，与致溪边十亩阴。（《凭何邕觅桤木栽》）

除桃园之外，又曾布置竹林、桤木林。桤木林是"十亩"。竹林呢？有一百亩还多。《杜鹃》一诗里说过："我昔游锦城，结庐锦水边。有竹一顷余，乔木上参天。"这"一顷余"是实数，不是夸大，因为他有一次除竹，一下便斫去了一千根。

> 我有阴江竹，能令朱夏寒……
> 爱惜已六载，兹晨去千竿。（《营屋》）

能够一次去掉一千根的竹林，要占地一顷多，是一点也不夸大的。正因为有这样的底子，所以当严武第三次入蜀，他《将赴成都草堂，途中有作，先寄严郑公（武）五首》之四里面有这样的豪语：

> 新松恨不高千尺，恶竹应须斩万竿！

草堂里有四棵小松树，是他所关心的。所谓"新松"就是这四棵小松树，他在希望它们赶快成长起来。草堂里的竹林占一百亩地以上，自然有一万竿竹子可供他斫伐。但是，松树要高到一千尺，是不可能的；竹而赐之以"恶"名也未免有欠公平。杜甫在这儿是有所讽喻，"新松"指有品格的士大夫，"恶竹"指多逾牛毛的外寇或者"盗贼"。

杜甫其实是爱竹林的。就在《寄题江外草堂》诗里已经说得很明白："我生性放诞，雅欲逃自然。嗜酒爱风竹，卜居必林泉。"后来在离开夔州，《将别巫峡，赠南卿兄瀼西果园四十亩》一诗里也说过："苔竹素所好，萍蓬无定居。远游长儿子，几地别林庐。"他的成都草堂在经营就绪之后，他也经常赞美他所栽种的竹木。

> 背郭堂成荫白茅，缘江路熟俯青郊。
> 桤林碍日吟风叶，笼竹和烟滴露梢。（《堂成》）
> 万里桥西宅，百花潭北庄。层轩皆面水，老树饱经霜。（《怀锦水居止二首》之二）

把这些诗读起来，要说杜甫过的不是地主生活，那是很难令人首肯的。特别值得注意的是杜甫在梓州时曾经送他的老弟杜占回成都去料理草堂，他有五律一首谆嘱他：

> 久客应吾道，相随独尔来。熟知江路近，频为草堂回。
> 鹅鸭宜长数，柴荆莫浪开。东林竹影薄，腊月更须栽。（《舍弟占归草堂检校，聊示此诗》）

后四句，赤裸裸地是一种地主心理。鹅鸭不少，怕被人偷掉，故"宜长数"；柴门闩好，不要乱开，提防强盗进来。请注意那个"频"字，可见杜占是草堂留守，经常往来于成都与梓州之间。到后来杜甫索性离开了成都，草堂无疑就让给杜占去了。在杜甫诗中，以后便不再见杜占之名。

但杜甫总是喜欢诉说自己的贫困。说自己吃不饱饭，"百年粗粝腐儒餐"（《宾至》）。说妻子也经常啼饥号寒，"恒饥稚子色凄凉"（《狂夫》），"入门依旧四壁空，老妻睹我颜色同；痴儿不知父子礼，叫怒索饭啼门东。"（《百忧集行》）这些都是在成都草堂做的诗。这样夸大地诉苦，和"风含翠篠娟娟净，雨浥红蕖冉冉香"（《狂夫》），"榉柳枝枝弱，枇杷树树香"（《田舍》），看来是怎么也不能调和的。

当然，杜甫也常说他在靠朋友帮助，所谓"故人施禄米"（《酬高适》），所谓"忧我营茅栋，携钱过野桥"（《王十五司马出郭相访兼遗营草堂资》），但这些是初到成都时的事。到后来已经有了那么大的院落，有林园、菜圃、荷池、药栏，而杜甫依然爱发牢骚，说到"厚禄故人书断绝"，他自己"欲填沟壑"（《狂夫》）。可能是规模太大了，需要的经费和人手更多了，因此有时无法周转。但为什么要把规模搞得那么大？那么大的一座园林是怎样扩张起来的？他在自笑为"狂"，实际上恐怕是适当的解嘲。

永泰元年（七六五）四月，严武再次任东西川节度使刚满一年，突然在任上病死了，这对于杜甫是很大的打击。五月，他就断然离开了他的成都草堂，买舟南下，经过嘉州（乐山）、戎州（宜宾）、渝州（重庆）、忠州（忠县），想直下夔门，但因病在云安呆了几个月，终于到夔州（奉节）留下来了。他在夔州住了三个年头，得到夔州都督柏茂琳（琳或作贞）的照顾，生活是稳定的，使他在那里又做了不少的诗。

他在夔州主管东屯的一百顷公田，这大约是由于柏茂琳的推荐而得到"朝廷"的允许。他有一首五律，题名为《晚》，第五、六两句云："朝廷问府主，耕稼学山村。"这可透露了他主管东屯的内部事实。是"朝廷"向夔州都督打听了杜甫的情况，故柏茂琳让他主管东屯。但也并不是他亲自主管，而是有代理的执行官——"行官张望"，他在诗中称之为"主守"，其下还有所谓"家臣"，当然是些农奴了。

> 东屯大江北，百顷平若案……
>
> 主守问家臣，分明见溪畔。(《行官张望补稻畦水归》)
>
> 尚恐主守疏，用心未甚臧。清朝遣婢仆，寄语逾崇岗。
>
> 西成聚必散，不必陵我仓。岂要仁里誉？感此乱世忙。(《秋，行官张望督促东渚耗稻向毕，清晨遣女奴阿稽、竖子阿段往问》)

此外还有好几首同性质的诗，表示了杜甫勤于督察，耕稼管理得很认真。他既为东屯主管，一百顷公田的收成虽不必全归于他，所谓"西成聚必散，不必陵我仓"，即秋天的收成要分献出去，不是全部使我的仓廪如岗如陵的，但总有相当一部分作为他的俸米归他所得。因此，他能慷慨地分送一些给他的邻里。

> 明朝步邻里，长老可以依。时危赋敛数，脱粟为尔挥。(《甘林》)

把糙米分散些给老农，这就是所谓"仁里"（对邻里讲人道主义）。但杜甫为什么要施行仁义呢？《甘林》的末尾两句说得很露骨："劝其死王命，慎勿远奋飞！"真是好一个称职的"主管"！这位"主管"之所以能施行仁义，明显地是靠着有多余的禄米。也就是这一项收入使他能够买下瀼西的四十亩果园和古堂。

> 客病留因药，春深买为花。(《小园》)

"小园"是买来的，为了种花，当然也种药草，还有其他的果木。

> 有客乘舸自忠州，遣骑安置瀼西头。
>
> 古堂本买藉疏豁，借汝迁居停宴游。(《简吴郎司法》)

"古堂"也是买来的，看样子相当宽敞，可供游览，可备宴客。"吴郎司法"就是后来受到瀼西四十亩果园赠送的"南卿"。他和杜甫有亲戚关系，诗中作了交代。瀼西果园很可能就是所谓"小园"了。自谦曰"小"，实际上并不小。

> 柴门果树向千株，丹橘黄柑北地无……
>
> 桃蹊李径年虽古，栀子红椒艳复殊。(《寒雨朝行视园树》)

园里有向千株的果树，无论如何，应该是一位庄园主了。但杜甫并不以此而满足。

> 此邦千树橘，不见比封君……
>
> 万里巴渝曲，三年实饱闻。（《暮春题瀼西新赁草屋五首》之二）

这诗充分表明了杜甫对于生活要求的过高标准。《史记·货殖列传》："蜀汉、江陵千树橘，此其人与千户侯等。"但在杜甫看来，还不足以相等。他在夔州呆了"三年"（仅三个年头），对于下里巴人所唱的歌曲，实在听饱了，听厌了。

一百顷公田的耕作是要费大量的劳动力的，想来不外是租赁给农民而收取赋税。四十亩果园的经营也不那么容易。杜甫诗中透露出了好几个用人的名字，有"隶人"伯夷、辛秀、信行，又有"獠奴"阿段，"女奴"阿稽，果园的管理大约就靠着这些人了。有《课小竖锄斫舍北果林，枝蔓荒秽净讫，移床三首》诗，在题上透露了这个消息。

杜甫还养了将近一百只可以治风湿病的乌骨鸡，见《催宗文树鸡栅》。宗文是杜甫的大儿子，单从诗题看来，好像宗文也是一个劳动力。因此有人说："杜（甫）为人似有偏爱，故诗中屡称骥子（次子宗武）……不似宗文（长子，小名熊儿）之遣树鸡栅也。"（胡小石《杜甫〈北征〉小笺》，见《杜甫研究论文集》三辑二一〇页）但诗里面明明有"课奴杀青竹"句，则宗文也不过是监工而已。

要之，杜甫的生活，本质上，是一个地主的生活。他有时也穷，但是属于例外。他是以门阀的高贵自矜许的人。在年轻时裘马轻肥，在偃师县有陆浑山庄，在长安的杜曲有桑麻田（见《曲江三章》第三首），在成都有草堂，在夔州有果园，这些杜甫自己并不想隐讳。他也说过"穷冬客江、剑，随事有田园"（《建都十二韵》），研究家们却偏偏要替他隐讳，有意无意地是"诗圣"或"人民诗人"的观念在作怪。

在这里倒应该提出一个问题。杜甫在夔州的生活是相当稳定而优裕的，为什么他一定要离开四川？他在夔州住了三个年头，终于在大历三年（七六八）的正月买舟出峡了。他为什么一定要离开那比较稳定的生活？对于这个问题，杜甫有两句诗作了明确的回答："此身那老蜀？不死会归秦！"（《奉送严公（武）入朝十韵》）这简直等于在发誓了。

杜甫在四川住久了，他有时很讨厌四川，无论在成都，在梓州，在夔州，时时在诗中吐露出这种心境。"厌蜀交游冷，思吴胜事繁；应须理舟楫，长啸下荆门。"（《春日梓州登楼二首》之二）"巴蜀倦剽劫，下愚成土风。"（《赠苏四徯》）"夷音迷咫尺，鬼物傍黄昏。"（《奉汉中王手札》）"异俗吁可怪，斯人难并居；家家养乌鬼，顿顿食黄鱼。"（《戏作俳谐体遣闷二首》之一）"瘴疠浮三蜀，风云暗百蛮；卷帘唯白水，隐几亦青山。"（《闷》）像这样的诗句，举不胜举。他所以"思吴"的"胜事"是些什么呢，没有明说。但在老来回忆青壮年游吴越时事的诗——《壮游》中吐露了一些消息：

> 越女天下白，鉴湖五月凉；剡溪蕴秀异，欲罢不能忘。

写得很浑朴，不像李白的《对酒》《杨叛儿》，韦庄的《菩萨蛮》等写得那么显露。且把韦庄的《菩萨蛮》之一引在下边，以当注脚吧。

> 人人尽说江南好，游人只合江南老。春水碧于天，画船听雨眠。垆边人似月；皓腕凝双雪。未老莫还乡，还乡须断肠。

"垆边人似月，皓腕凝双雪"，不就是"越女天下白"吗？"未老莫还乡，还乡须断肠"，不就是"欲罢不能忘"吗？杜甫所"思吴"的"胜事"，毫无疑问，就是这些风流逸事。杜甫也并不经常是那么道貌岸然的。

"乌鬼"有种种解释；有人解为鸬鹚（四川人呼为"渔老鸦"），我认为比较可靠。《埤雅》引《夔州图经》称"峡中人谓鸬鹚为乌鬼，养使捕鱼"。沈存中《梦溪笔谈》中也有此说。峡中滨江之人在当年专倚捕鱼为生，故家家有乌鬼之畜养，顿顿有黄鱼可供膳。"黄鱼"，杜甫有诗咏之，诗之前四句云："日见巴东峡，黄鱼出浪新。脂膏兼饲犬，长大不容身。"《尔雅·释鱼》鳣字下注云："大鱼，似鳣而短鼻，口在颔下。体有邪行甲，无鳞，肉黄，大者长二三丈。今江东呼为黄鱼。"陆机谓"身形似龙……大者千余斤"[①]。殆海鱼溯江产卵者。但所谓"家家""顿顿"亦极言其多而已，有钱人家便当除外。家有鸬鹚、顿吃黄鱼，在老百姓说来，正是可庆幸的事；而在杜甫则视为"异俗"，叹为"可怪"，谓为难与共同生活，所谓"鸟兽不可与同群"。杜甫在这时显然忘记了他在《同谷七歌》之一中所自描绘的"岁拾橡栗随狙公，天寒日暮山谷里"了。

杜甫讨厌四川的情绪有时到了相当惊人的程度，连"青山""白水"都是看不惯的。当然，这是在"闷"时做的诗，说得倒很直爽。在他不闷的时候，他对于四川的山水也还说了不少的公道话。"远游虽寂寞，难见此山川"（《季秋江村》）。"俗薄江山好"（《续得观（杜甫之弟）书迎就当阳居止，正月中旬定出三峡》）。"形胜有馀风土恶"（《峡中览物》）。他是比较喜欢四川的自然，而很不喜欢当时四川的社会。当时的四川，特别在夔州附近，还不十分开化。因此，人被斥为"下愚"，为"鸟兽"；风俗被斥为"薄"，为"怪"，为"恶"。他在四川得过疟疾，在《哭郑司户（虔）、苏少监（源明)》诗里说："疟痢餐巴水，疮痍老蜀都。"但他在长安也得过疟疾，《病后，过王倚饮》中说："疟疠三秋孰可忍！寒热百日相交战。"看来四川的风土也不见得特别坏。杜甫的讨厌四川，更重要的原因是心理作用，他是以地主贵族的眼光在看当时的四川。他向往长江下游的吴越，尤其向往三秦。三秦是"朝廷"所在之地，"每饭不忘君"的人要向往"朝廷"，是丝毫也不足怪的。吴越，则是地主生活的典范。当然，吴越也有另一面。杜甫所憧憬的是"胜事繁"的吴越，而不是"滂沱洗"的吴越。

在这里又有第二个问题值得提出来。那就是，杜甫既那么眷念"朝廷"，在出峡之后为什么不直上三秦，而却南下潇湘？

对于这个问题，在杜甫的诗中，也有明确的回答。那就是大历四年（七六九）在湘潭写的《酬韦韶州见寄》的开头两句：

> 养拙江湖外，朝廷记忆疏。

是北方的"朝廷"把他忘记了，没有召他回去或给予出路。根据他到夔州时曾经得到过"朝廷问府主"的经验，估计他在离开夔州出峡前一定给"朝廷"打过报告（或者是通过柏茂琳转报），说他准备回京，在江陵等地等候"朝廷"的指令。他出峡后，在江陵、公安、石首等地徘徊了将近一年，看来就是在等待朝命，然而"朝廷"把他忘记了，没有下文。因此，他才南下"养拙"——是说不会做官,只好休养藏拙。但除"养拙"外,也还有一项更实际的要求,便是养病。他在出峡前后是病得相当厉害了。本来有消渴症(糖尿病),又在"病肺"(不知是喘息症还是肺结核),进而半身不遂,以致"右臂偏枯半耳聋……悠悠伏枕左书空"(《清明二首》之二)。聋的是左耳,牙齿落掉了一半:"牙齿半落左耳聋。"(《复阴》)视力衰退:"眼复几时暗,耳从前月聋。"(《耳聋》)脚也不灵了:"卧愁病脚废。"(《客居》)这些都是他出峡前的情况。《清明二首》作于入湘以后,但在出峡前的《送高司直》诗中已经说:"我病书不成,成字字亦误",可见他的"右臂偏枯"不能写字,发病是在出峡之前。

因为"朝廷"疏远了他,又因为病,所以他在大历四年的《暮秋枉裴道州手札,率尔遣兴寄递,近呈苏涣侍御》一诗中竟说出这样等于绝望的话:"此身已愧须人扶;致君尧舜付公等,早据要路思捐躯。"他说自己不行了,连走路都要人搀扶了;治国平天下的大事谈不上了,请裴虬和苏涣二位仁兄努力吧!早一点青云直上,下定决心,为报国而献身!倔强的杜甫说出了这样的话,悲凉的心境是可以揣想的。

因为病,但也不愿意屈服于病魔,因此也就加强了求仙炼药的念头。快出峡前的《忆昔行》落尾两句是:"更讨衡阳董炼师,南游早鼓潇湘舵!"董炼师是董奉先,他在"天宝中修九华丹法于衡阳,栖朱陵后洞"(见《舆地纪胜》)②。杜甫入湘后到过衡阳,不知道他是否去访问过董奉先。但即使访问过也是无济于事的。炼药还丹是破费的事,杜甫早就知道。"苦乏大药资,山林迹如扫"(《赠李白》)。到老来漂泊到三湘时,更没有这样的物质条件了。因此他转换了一个法门,便是由求仙炼药转而为参禅向佛。《秋日夔府咏怀奉寄郑监(审)李宾客(之芳)一百韵》中,对于这种心境有明白的表示。

　　　身许双峰寺,门求七祖禅。落帆追宿昔,衣褐向真诠。

杜甫是禅宗的信徒。"落帆"是说人生到了晚景,何逊诗"解缆及朝风,落帆依冥浦"③。"追宿昔"是说要找寻本来面目。杜甫打算走向顿门,明心见性,立地成佛,以求得所谓"禅悦"。这不用说完全是主观主义的形而上学的空想。关于宗教信仰问题另作讨论,在此不必多说。总之,杜甫在物质生活和精神生活两方面都遵循着地主生活的方式，是无可讳言的。

在这里想附带着叙述一下杜甫对待屈原的态度。

湘水流域，和屈原的生世也有密切关联。屈原是赴湘水支流而溺死的，古人称之为"湘累"。因此，入湘的文人往往有诗凭吊。乾元二年（七五九）秋，杜甫时在秦州。他揣想李白尚在长流夜郎（今遵义附近）途中，可能是取道湖南。他在《天末怀李白》的末尾猜想李白"应共冤魂语，投诗赠汨罗？"但李白当时走的是长江水路，而且已经遇赦，杜甫没有猜中。杜甫出峡后南下三湘，他自己是不是曾经"投诗赠汨罗"呢？在杜甫入湘后的诗中，就只有一处提到屈原，而是带有谴责的意思的。《上水遣怀》中有这样四句：

> 中间屈贾辈，谗毁竟自取；郁没二悲魂，萧条犹在否？

这冷淡严格的态度有点惊人，照他看来，屈原和贾谊的遭到谗毁是活该，是咎由自取。贾谊还比较受优待些，在入湘后的诗中还有四五处提到：

> 贾生骨已朽，凄恻近长沙。（《入乔口》）
>
> 长怀贾傅井依然。（《清明二首》之一）
>
> 贾傅才未有。（《发潭州》）
>
> 鵩鸟长沙讳。（《哭韦大夫之晋》）
>
> 载感贾生恸。（《别张十三建封》）

屈原呢？在同贾谊一道被谴责过一次之外，便再也没有提到了。当然这说的是入湘以后的事，在入湘以前是屡次提到的。例如，《最能行》中便说："若道士无英俊才，何得山有屈原宅？"又每每把屈原与宋玉并提，如说"窃攀屈宋宜方驾"（《戏为六绝句》之五），"不必伊周地，皆登屈宋才"（《秋日荆南述怀》），"羁离交屈宋"（《赠郑十八贲》），"迟迟恋屈宋，渺渺卧荆衡"（《送覃二判官》）。屈原的才具和文章，杜甫是不能否认的。但比较起来，杜甫对于宋玉是无条件的同情和向往，而对于屈原则有所保留。特别值得注意的是：含有敬意的辞句是以"屈宋"并称，含有谴责或抗衡之意的辞句则是以"屈贾"并称。"屈贾"并称的辞句，在《壮游》中还有一例——"气劘屈贾垒"，自己的气势能使屈原和贾谊的壁垒披靡。这儿就断断不肯说"屈宋垒"了。

杜甫的抑屈扬宋，在《咏怀古迹五首》中表现得最为突出。这五首七律，第一首是有关庾信的古迹，第二首是有关宋玉，第三首是王昭君，第四首是刘备，第五首是诸葛亮。五位历史人物的古迹，都在由夔州至江陵的一段地带中，故联类而及。但在这一段地带里面，秭归有屈原宅，杜甫明明知道，但却没有兴趣来专门咏吟了。而且咏庾信的一首还是因宋玉而发。江陵有宋玉的故宅，庾信由建康避难至江陵时，在这里住过。这故宅是杜甫所特别向往的。"宋玉归州宅，云通白帝城"（《入宅三首》之三），"曾闻宋玉宅，每欲到荆州"（《送李功曹之荆州》），真真是一往情深。最好还是看他在《咏怀古迹》第二首中，对于宋玉是怎样倾慕吧。

> 摇落深知宋玉悲，风流儒雅亦吾师。
>
> 怅望千秋一洒泪，萧条异代不同时。
>
> 江山故宅空文藻，云雨荒台岂梦思？
>
> 最是楚宫俱泯灭，舟人指点到今疑。

他视宋玉为"师"。所谓"亦吾师"者，是承第一首来，庾信是师，宋玉也是师。在这里屈原的位置便没有了。

为什么杜甫要这样抑屈扬宋？这表示了杜甫封建意识的特别森严，他是继承了班固、颜之推等人的传统的。班固曾经指责屈原"露才扬己……强非其人"；颜之推也说他"露才扬己，显暴君过"，而且还肯定为"轻薄"。（见王逸《楚辞》洪兴祖补注）屈原是忠于楚王的，但他的忠君方式不合乎杜甫的标准。杜甫的标准是什么呢？在宋玉的《九辩》中可以找到。"专思君兮不可化"，"窃不敢忘初之厚德"，"窃不自聊而愿忠"，这些都是"每饭不忘君"的源泉了。这种忠君的方式，为后来的韩愈概括成为两句话，便是"臣罪当诛，天王圣明"。

总之，屈原是不合格的。极力赞扬屈原的人，如贾谊，如司马迁，如李白，也都是不合格的。杜甫晚年，和李白显然有些隔阂（杜甫没有哀挽李白的诗），从这一个角度上，大可以看出一些微妙的根源。

或许有人会说：杜甫既抑屈扬宋，何以又屡以屈宋并举？理由很简单，屈原毕竟高于宋玉，屈宋并举也就是抑屈扬宋。

但杜甫诗中，有一处被前人解错了的，有必要在这里加以纠正。《地隅》中有云："丧乱秦公子，悲凉楚大夫；平生心已折，行路日荒芜。""秦公子"，注家以为王粲。谢灵运《拟邺中诗序》有云："王粲，家本秦川贵公子孙。"又王粲在荆州时曾作《登楼赋》。这解释是正确的。但说"楚大夫"是三闾大夫屈原或者包含着屈原，那就错了。其实，这个"楚大夫"是专指宋玉。宋玉在楚由"小臣"而做到"大夫"，故也可以称为"楚大夫"。《隋书·经籍志》有《楚大夫宋玉集》三卷，正称宋玉为"楚大夫"。说到"悲凉"（一本作"悲秋"），正合乎宋玉的性格；说到"心折"，也正合乎杜甫对于宋玉的向往。宋玉以《九辩》的"悲秋"著名，杜甫屡次说到他的"悲"。除《咏怀古迹》中的"摇落深知宋玉悲"之外，还有"清秋宋玉悲"（《垂白》），"直觉巫山暮，兼催宋玉悲"（《雨》），"悲秋宋玉宅"（《奉汉中王手札》）。故"悲凉楚大夫"或"悲秋楚大夫"，断然为宋玉无疑。

以宋玉为"师"的人对于屈原不大满意，这正是地主阶级在精神生活上的一种合乎逻辑的表现。

注释

①见《毛诗草木鸟兽虫鱼疏》卷下《有鳣有鲔》条。
②粤雅堂刻本《舆地纪胜》卷五十五。
③汉魏百三家集本《何水部集》；《宿南洲浦》。

杜甫的宗教信仰

　　杜甫曾经以"儒家"自命。旧时代的士大夫尊杜甫为"诗圣"，特别突出他的忠君思想，不用说也是把他敬仰为孔孟之徒。新的研究家们，尤其在解放之后，又特别强调杜甫的同情人民，认为他自比契稷，有"人饥己饥，人溺己溺"的怀抱，因而把他描绘为"人民诗人"，实际上也完全是儒家的面孔。其实杜甫对于道教和佛教的信仰很深，在道教方面他虽然不曾像李白那样成为真正的"道士"，但在佛教方面他却是禅宗信徒，他的信仰是老而愈笃，一直到他的辞世之年。

　　关于宗教信仰这一方面的实际，完全为新旧研究家们所抹杀了。姑且把新近的见解，举出一二例如下，以见一斑吧。有人说："他（杜甫）和佛教没有发生过因缘，王屋山、东蒙山的求仙访道是暂时受了李白的影响"（冯至《杜甫传》四一页），又有人说："道家和佛家思想，在杜甫思想领域中并不占什么地位……在他的头脑中，佛道思想只如'昙花一现'似的瞬息即逝，特别是佛家的思想。"（萧涤非《杜甫研究》五〇页）这些研究杜甫的专家们，对于杜甫现存的诗文，是否全体通读过，实在是一个疑问。

　　我现在想让杜甫自己来反驳他们的主观臆断。

　　先从道教说起吧。杜甫在天宝三年（七四四）和李白相识以前，早就有求仙访道的志愿和实践了。晚年的回忆诗《壮游》里面有这样几句："东下姑苏台，已具浮海航。到今有遗恨，不得穷扶桑。"这是说他在开元十九年（七三一）二十岁时南游吴越，已准备浮海，去寻海上的仙山——扶桑三岛。这愿望没有具体实现，直到晚年都还视为"遗恨"。这难道是"暂时受了李白的影响"吗？

他快要去世的一年，在湖南境内做的一首诗《风疾舟中伏枕书怀》，注家多认为是杜甫的绝笔，虽然并不是那样，但离死期已经不远了。那诗的最后四句是：

> 葛洪尸定解，许靖力难任。家事丹砂诀，无成涕作霖。

他相信炼丹修道的葛洪（抱朴子）八十一岁死时一定是"尸解"了。葛洪炼就了金丹，因而成了仙，而他自己丹砂没有炼成，成仙无望，故不得不痛哭流涕，像霖雨一样，泪下不止。请看他对于神仙的信仰是怎样坚定！许靖是另外一回事，《三国志·蜀书》中有传，他是一位"先人后己"的人，曾避难交趾，亲属死亡几尽；后入蜀，做到刘备的太傅兼司空，诸葛亮也特别尊敬他。杜甫诗中提到许靖，是说他安排"家事"难得像许靖那样周到；再就是许靖终于入蜀任职，自己则在功名方面也一事"无成"，故也成为"涕霖"的一种因素。这四句诗是说自己出世入世都没有成功，因而使他伤心。除去入世的一面，他相信炼丹服药可以成仙是至死不变的。这一层信念的坚定，超过了身为道士的李白。李白在去世前从迷信中觉醒了，而杜甫则一直没有觉醒，这是值得注意的。

如上所述，可知杜甫的求仙访道早在与李白相遇之前，而他迷信道教，至死不变，更笃于李白。或许有人还难于相信，以为证据不够充分吧。那我就不怕读者厌烦，要把这方面的证据再举出一些。

杜甫早年的诗作，遗留下来很有限，和李白相遇以前的诗中，如《题张氏隐居二首》之第一首，《已上人茅斋》《临邑苦雨，黄河泛滥》等诗中都含蕴着道家的气息，请读者就原诗去领略。在与李白相遇以后，最早《赠李白》一诗中叙述到两人对于道教的关系。

> 二年客东都，所历厌机巧。野人对腥膻，蔬食常不饱。岂无青精饭，使我颜色好？苦乏大药资，山林迹如扫。李侯金闺彦，脱身事幽讨。亦有梁宋游，方期拾瑶草。

这里也说明在与李白相遇之前自己早有意于求仙访道，但所"苦"的是缺乏办"大药"的资本。"大药"是什么呢？就是要从水银矿的丹砂中提炼出金丹，服食了便可以成为仙人，长生不死，遨游太清。两人相遇之后，深感志同道合，杜甫想炼"大药"，李白想"拾瑶草"。"瑶草"又是什么呢？"瑶草"就是灵芝草。这东西，道家者流认为服食了可以延年益寿，但要采访到手是不容易的。对于灵芝，也同对于丹砂一样，杜甫一生中都在追求，在他的诗里面留下了一连串的追求脚印，从青年时代一直到老。

一　"浊酒寻陶令，丹砂访葛洪。"（《奉寄河南韦尹丈人》）

二　"存想青龙秘，骑行自鹿驯……

肘后符应验，囊中药未陈。"（《寄张山人彪》）

三　"丈人祠西佳气浓，缘云拟住最高峰。

扫除白发黄精在，君看他时冰雪容。"（《丈人山》）

四　"交趾丹砂重，韶州白葛轻。幸君因估客，时寄锦官城。"（《送段功曹归广州》）

五　"远惭勾漏令①，不得问丹砂。"（《为农》）

六　"本无丹灶术，那免白头翁！"（《陪章留后宴南楼》）

七　"衰颜欲赴紫金丹。"（《赴成都草堂五首》之四）

八　"蓬莱如可到，衰白问群仙。"（《游子》）

九　"范蠡舟偏小，王乔鹤不群。此生随万物，何处出尘氛？"（《观李固山水图三首》之二）

十　"懒心似江水，日夜向沧洲……

豪华看古往，服食寄冥搜。"（《西阁二首》之二）

十一　"姹女萦新裹，丹砂冷旧秤……

养生终自惜，伐叛必全惩！"（《寄刘峡州伯华使君》）

十二　"岂辞青鞋胝？怅望金匕药……

妻子亦何人？丹砂负前诺。"（《昔游》）

十三　"秘诀隐文须内教，晚岁何功使愿果？

更讨衡阳董炼师，南游早鼓潇湘柁。"（《忆昔行》）

十四　"往与惠询辈②，中年沧洲期。

天高无消息，弃我忽若遗……

　　　　咽漱元和津，所思烟霞微。

　　　　知名未足称，局促商山芝。"（《幽人》）

十五　"我欲就丹砂，跋涉觉身劳。安能陷粪土？有志乘鲸鳌。或骖鸾腾
　　　天，聊作鹤鸣皋。"（《送王砅使南海》）

　　以上举了十好几例，基本上是按着年代先后叙列的，可以看出杜甫从年轻时分一直到他临终，都在憧憬葛洪、王乔，讨寻丹砂、灵芝，想骑白鹤、跨鲸鳌、访勾漏、游仙岛。他是非常虔诚的，甚至于想成为彻底的禁欲主义者（"伐叛必全惩"）。由于办不到，他埋怨妻子的牵连、家事的累赘，在临终时公然涕泗滂沱。这怎么能够说是"暂时受了李白的影响"，有如"昙花一现"呢？

　　如果一定要说是受了影响，那倒可以更正确地说：李白和杜甫的求仙访道，都是受了时代的影响。不要忘记，唐朝的统治者姓李，他们把老子李耳（所谓"李老君"）奉为鼻祖，在极力推崇道教。特别是唐玄宗李隆基，他更是迷信神仙符箓的糊涂大仙，他的尊号是"玄宗至道大圣大明孝皇帝"，不已经就"玄之又玄"了吗？生在这样时代的士大夫阶层，无论是想做官或想出世，都不能不受时代思潮的影响。不仅李白和杜甫而已，所有盛唐的诗人如王维、高适、岑参等等，都有同样的倾向。更不仅是诗人，当时的画家、音乐家、舞蹈家也都受了同样的影响。所谓《霓裳羽衣曲》难道不就是求仙访道思想的音乐化或舞蹈化吗？

　　杜甫是淑世心切的人，以契稷自比，想拯济天下苍生，但朝廷既重视道教，即使不是出于信仰的虔诚，你也非歌颂道教不可。不要忘记，杜甫在天宝十年（七五一）曾经奏献《三大礼赋》，一时受到唐玄宗的欣赏，杜甫也视以为无上的光荣。在他的诗里面屡屡提到他所认为光荣的这件往事。

　　　　忆献三赋蓬莱宫，自怪一日声辉赫。

　　　　集贤学士如堵墙，观我落笔中书堂。（《莫相疑行》）

　　　　曳裾置醴地，奏赋入明光。天子废食召，群公会轩裳。（《壮游》）

　　这是多么得意呀！因此，他很在自负："赋或似相如"（《酬高使君适相赠》），"赋料扬雄敌"（《奉赠韦左丞》），他的《赋》可以和司马相如、扬雄

抗衡，所指的主要就是这《三大礼赋》了。

《三大礼赋》到底是怎样的性质呢？都是十足地歌颂道教的东西，今天读起来，实在令人难受。

早在天宝九年十月，大骗子太白山人王玄翼向唐玄宗李隆基说，他看到了"玄元皇帝"，"玄元皇帝"亲自告诉他，在宝仙洞里有《妙宝真符》。李隆基派遣大臣去寻找这项《真符》，果然找到了。于是便朝献太清宫，并朝享太庙，合祭天地于南郊。杜甫"不觉手足蹈舞，形于篇章"。于是便呈献了《朝献太清宫赋》，同时又呈献了《朝享太庙赋》和《有事于南郊赋》。这就是所谓《三大礼赋》。作赋的灵感是从骗子道士太白山人王玄翼那里得来的，杜甫的研究家们似乎把这事完全丢在脑后了。

尽管是令人难受的陈腐文字，为了把问题弄清楚，不能不加以探讨。姑且把《朝献太清宫赋》作为一个解剖的对象吧。

什么是"太清宫"？那是西京长安崇祀老子的地方。唐高祖李渊既尊老子为鼻祖，高宗李治以乾封元年（六六六）更尊称之为"玄元皇帝"。玄宗天宝二年又上尊号为"太圣祖"。依据道教的说法，有所谓"三清"，即"圣（人）登玉清，真（人）登上清，仙（人）登太清。太清有太极宫殿"（《太真经》）。老子是至上的仙人，所以崇祀他的地方便称为"太清宫"。但在东都洛阳的老君庙，则别称为"太微宫"。两者都是当时至高无上的神庙。

杜甫在《太清宫赋》中大捧而特捧其"天师张道陵"，说什么"列圣有差，夫子（孔丘）闻斯于老氏"。以契稷自比的圣人之徒，为了谄媚皇家，在这里降身为张道陵的小徒孙子了。我们要知道，在唐时老子的地位是在孔子之上的。老子是"玄元皇帝"，孔子则只封为"文宣王"，在初只是配享周公旦的。杜甫于老子与孔子有所轩轾，这也是时代使然。

当然，我们也不要忘记，在《朝享太庙赋》里面也有讥刺方士的话："孝武之淫祀相仍，方士奋其威棱，以轻举凭虚。"注家认为，是借汉武帝来对唐玄宗进行诵谏。其实这又是另一种方式的投机。开元初年在姚崇、宋璟的影响之下，曾经有过一段时期排斥佛老。例如，开元二年沙汰（淘汰）僧尼，以伪妄还俗者万二千余人。禁止创建佛寺，命令百官家毋得与僧尼道士往还。又如开元十三年改"集仙殿"为"集贤殿"，谓"仙者凭虚之论也，贤者济理

（治）之具也"。当年并曾禁州县更献祥瑞。杜甫是有意投这个已成往事的旧机，称颂唐玄宗是远远超过了汉武帝的。

杜甫还有一首长诗，《冬日洛城北谒玄元皇帝庙》也就是朝拜太微宫。这是天宝八年（七四九）在洛阳做的，和《朝献太清宫赋》是相为表里的作品。诗写得很庄重，杜甫是费了大力气的。在诗里，他谴责了司马迁，推崇了唐玄宗。"世家遗旧史，《道德》付今王。"上一句就是说：司马迁的《史记》把孔子的传记列为世家，而把老子仅与庄周、申不害、韩非同入一列传，尊孔子而贬老子，这是遗憾。下一句是说：唐玄宗为老子《道德经》作注，传遍于天下。

关于《史记》的篇次，唐玄宗在开元二十三年曾经作过一次篡改。他从《老庄申韩列传第三》中，把《老庄列传》剔出，与《伯夷叔齐列传第一》相合，作为《老庄伯夷叔齐列传第一》。现存张守节《史记正义》本便还保留着这种篇次。但照杜甫的诗看来，李隆基的篡改，做得还不够彻底。他应该把《老子列传》提升为世家，或者和《孔子世家》合并而为《老子孔子世家》。甚至提升为本纪，率性与帝王同列。这样才可以补救司马迁所留下的遗憾。

太微宫里面有壁画，是名画家吴道子的手笔，画着唐代的高祖、太宗、高宗、中宗、睿宗，即所谓"五圣"，附有千官的行列。杜甫大力赞扬了壁画的气魄，说它气象森罗，转移着大地的心轴，笔意超妙，动摇着神庙的官墙。杜甫怀着一片的虔诚，竟想留在神庙里当一名掌管香火的执事。"谷神如不死，养拙更何乡？"——这是诗末的最后两句。"谷神不死，是谓玄牝；玄牝之门，是谓天地根。"是老子《道德经》里面的一章[③]。这里在"谷神不死"之中加了一个"如"字，是"俨如"的如，而不是"假如"的如，也就是"祭如在，祭神如神在"（《论语·八佾》）的如。加添一个"如"字，正表明杜甫的毕恭毕敬。这首诗，竟有人说是"对于玄宗过分地推崇道教表示不满"（冯至《杜甫传》四六页），这样替杜甫护短，未免过于滑稽了。

杜甫还有一篇特别古怪的文章，《前殿中侍御史柳公（涉）紫微仙阁画太乙天尊图文》。假托一个"石鳖老"和"三洞弟子"的对话，谈得玄之又玄、神乎其神，一个石鳖老俨然像一个老道士。文中有"今圣主诛干纪，康大业，物尚疵疠，战争未息"，注家以为"当是乾元初回京后所作"。肃宗乾元元年

（七五八），杜甫四十七岁，那样的怪文章，像道士的疏荐文，亏他做了出来，而且保留下来了。对于《庄子》读得很熟，但参加进了一些"仙官、鬼官""四司五帝""北阙帝君""龙虎日月之君""北斗削死，南斗注生"等等货色，杜甫的道家面貌完全暴露无遗了。

要之，杜甫对于道教有很深厚的因缘。他虽然不曾像李白那样，领受道箓成为真正的道士，但他信仰的虔诚却有过之而无不及。他的求仙访道的志愿，对于丹砂和灵芝的迷信，由壮到老，与年俱进，至死不衰。无论怎么说，万万不能认为，"暂时受了李白的影响"，有如"昙花一现"的。

其次说到杜甫的信仰佛教。

杜甫不仅信仰道教，而且还信仰佛教。这也是时代潮流的影响。唐代帝室尽管推崇老子，但自南北朝以来日益兴盛的佛教，特别经过武则天的扶植，确实达到了发展的最高峰。就以唐玄宗李隆基为例吧，他注了《孝经》，注了《道德经》，同时又注了《金刚经》，儒释道三家，在他看来，是三位一体。在这样一个时代的士大夫阶层，要想不受佛教的影响，那是很难办到的。因此，说"杜甫和佛教没有发生过因缘"，那完全是可笑的主观臆断。还是让杜甫自己来进行反驳吧。

一般编年体的杜甫诗集，大都把《游龙门奉先寺》列为第一首，注家认为诗作于开元二十四年（七三六）杜甫游东都洛阳时，当年杜甫二十五岁。这要算是早期的作品了。请看诗的内容吧：

> 已从招提游，更宿招提境。阴壑生虚籁，月林散清影。天阙象纬逼④，云卧衣裳冷。欲觉闻晨钟，令人发深省。

流露出这样深厚的宗教情绪，怎么能够说"和佛教没有发生过因缘"呢？

龙门奉先寺是武则天捐助脂粉钱二万贯，在唐高宗调露元年（六七九）开凿创建的。所谓"寺"，在目前已经没有了，但是石窟和佛像保存得相当完好，是龙门一带最大的石窟，佛像雄伟。一九五九年我曾经去游览过，我能够欣赏那雕刻艺术的杰出，但如杜甫所感受到的宗教情绪，我却丝毫也没有感受到。这也就是由于时代不同、意识不同的原故了。"阴壑生虚籁，月林散清影"，在这里不是蕴含着充分的"禅味"吗？"欲觉闻晨钟，令人发深省"，简直像一个和尚在做诗了。

事实上杜甫是一位禅宗信徒，有诗为证。

> 许生五台宾，业白出石壁。余亦师粲可，身犹缚禅寂。

在这首《夜听许十一诵诗》一诗中他交代得很明白。"白业"是佛教用语，据《翻译名义集》，"十使十恶，此属乎罪，名为黑业。五戒十善，四禅四定，此属于善，名为白业"。"石壁"，注家以为是汾州北山石壁玄中寺，"（高僧）昙鸾，大通中游江南，还魏后移驻玄中寺，今号鸾公岩"云云（见《续高僧传》）；但我怀疑就是禅宗始祖达摩面壁的故事。"粲可"是璨与慧可，《唐书·神秀传》："达摩传慧可，慧可尝断其左臂以求其法。慧可传璨，璨传道信，道信传弘忍。"弘忍是神秀与慧能的师傅，神秀为北宗，慧能为南宗。北宗以普寂为第七祖，曾盛极一时。开元中，慧能弟子神会入东都，住荷泽寺，面抗北祖，大播曹溪顿门，把普寂的门徒们争取过去了。

杜甫集中最长的一首诗《秋日夔府咏怀》，五言百韵，长达一千字。其中也叙述到他和禅宗的关系。

> 身许双峰寺，门求七祖禅。落帆追宿昔，衣褐向真诠。

关于"双峰寺"与"七祖"的说明，注家之间有所争论。一说"双峰寺"是指北宗。《神秀传》云："弘忍与道信并住东山寺，故谓其法为东山法门。"东山寺在蕲州（今湖北蕲春县）双峰山。故"双峰寺"当指北宗，北宗以普寂为"七祖"。但南宗的发祥地也可称为"双峰寺"。《宝林传》云："慧能大师传法衣在曹溪（广东曲江县东南）宝林寺，宝林后枕双峰。咸淳中，魏武帝玄孙曹叔良住双峰山宝林寺，人呼为双峰曹侯溪。"南宗的"七祖"则是荷泽神会，神会虽于德宗时始正式立为"七祖"，但在肃宗时已召入宫中供养，是事实上的南宗七祖。杜甫诗中的"双峰寺"和"七祖"究竟何所指呢？《秋日夔府咏怀》一诗作于唐代宗大历二年（七六七），于时北宗已早衰，诗中的"双峰寺"指曹溪宝林寺，"七祖"指荷泽神会，是毫无疑问的。因而杜甫是南宗的信徒也是毫无疑问的。

正因为这样，杜甫在同一诗的煞尾处还把自己对佛道二教的信仰作了一番比较。两者他都是信仰的，但他认为求佛近而求仙远，成佛易而成仙难，因而他有意于舍远求近、避难就易。这也就是说，他是更倾向于信仰佛教了。这是他的晚年定论，我们不能加以忽视。为了把问题彻底阐述清楚，不妨把《秋日夔府咏怀》的结尾几句，仔细地作一番解释。

> 本自依迦叶，何曾籍偓佺？炉峰生转盼，橘井尚高褰。东走穷归鹤，南征尽跕鸢。晚闻多妙教，卒践塞前愆。顾恺丹青列，头陀琬琰镌。众香深暗暗，几地肃芊芊。勇猛为心极，清羸任体孱。金篦空刮眼，镜象未离铨。

用典太多，诗意十分晦涩，但大体上是可以了解的。杜甫承认他自己是真正的佛教信徒（"本自依迦叶"——迦叶是佛教三十五祖之首）；虽然也信仰道教，但并没有入道籍（"何曾籍偓佺"——偓佺是能飞行的仙人，代表道家）。"炉峰"即指庐山香炉峰，晋代名僧惠远居东林寺，所藏南北翻译的佛经最多，白居易《东林寺经藏西廊记》云："一切经典，尽在于是。"故"炉峰生转盼"喻言佛教的净土近在咫尺。"橘井"则切道教而言，《神仙传》：苏耽将仙游，辞其母，谓"明年天下将大疫，庭边井水、檐边橘树，可以代养"。届时患者饮井水，食橘叶而愈。故"橘井尚高褰"喻言道教的修积，还高不可攀。

"东走穷归鹤"是用丁令威的故事。丁令威是辽东人，学道化为鹤，飞回辽东，集于城门华表。有少年弯弓射之，翱翔于空中而歌："有鸟有鸟丁令威，去家千岁今来归。城郭犹是人民非，何不学仙冢累累！"冲霄而飞逝。仙人远在辽东，而且仙鹤一去不复返了。

"南征尽跕鸢"是马援的故事。马援征伐交趾，谓其僚属："我在浪泊西里间，下潦上雾，毒气熏蒸，仰视飞鸢，跕跕堕水中。"⑤这一典故用到这里十分勉强，与马援的事迹无关，只是取其有关产丹砂的交趾而已。丹砂是修仙炼丹的人所依赖的原料，据说交趾所产最好，但要到交趾去采集，岂不是为道太远？

因此，"东走""南征"都不是路，不要外求，更不要远求，最好回到自己的心境上来。极乐不在远，此心即是佛。故接着说："晚闻多妙教，卒践塞前愆。"所谓"妙教"就是指禅宗的道理，特别是南宗顿门，不立言说，见性成佛。由外求转入内省，由飞仙转入成佛，这样认真地实践到底，便可以堵塞了以前走错了的道路。

顾恺之在瓦官寺所画的维摩诘壁画是很有名的。王简栖所做的《头陀寺碑文》，碑在鄂州，文词巧丽，为世所重。有好些庙宇，人为的香烟弄得昏昏暗暗；庭园的草木长得森森芊芊。神气俨然，但都是求诸迹象，执空无而为实有。这些也都属于"前愆"之列，是前人走错了的道路。看来，杜甫到晚年也好像彻底大悟了，所以他要"勇猛为心极，清羸任体孱"。内心要彻底扫除烦恼，身体即使衰老残废也满不在乎，好像他自己也可以做到像慧可那样断臂而求法了。

当然，杜甫在实际上并没有做到，末尾两句正是对自己的批评。"金篦空刮眼，镜象未离铨"，就是说自己虽然知道，并没有做到；眼睛虽然用"金篦"（喻佛理，见《涅槃经》）刮过，仍然还有内障，把镜内的虚象看得太认真，仍然是执空无而为实有。这自我批评倒是满老实的，他在苦心惨淡地做五言百韵的排律诗，大立言说，实际上和顾恺之的丹青、王简栖的碑文，同一是人为的香烟、多余的花草。

然而杜甫是一位禅宗信徒，是毫无疑问的。

由上可见，杜甫和佛教的因缘很深，决不是什么"昙花一现似的瞬息即逝"。同样为了避免孤证单行的谴责，我要再多引些证据在下边。

一 "近公如白雪，执热烦何有？"（《大云寺赞公房四首》之四）

二 "漠漠世界黑，驱驱争夺繁。惟有摩尼珠，可照浊水源。"（《赠蜀僧闾丘师兄》）

三 "老夫贪佛日，随意宿僧房。"（《和裴迪登新津寺》）

四 "客愁全为解，舍此复何之？"（《后游（修觉寺）》）

五 "甫也南北人，芜蔓少耘锄。久遭诗酒污，何事忝簪裾？王侯与蝼蚁，同尽随丘墟。愿闻第一义，回向心地初。"（《谒文公上方》）

六 "庾信哀虽久，周颙好不忘。白牛车远近，且欲上慈航。"（《上兜率寺》）

七 "不复知天大，空馀见佛尊。时应清盥罢，随喜给孤园。"（《望兜率寺》）

八 "传灯无白日，布地有黄金。休作狂歌老，回看不住心。"（《望牛头寺》）

九 "穷子失净处，高人忧祸胎……

思量入道苦，自哂同婴孩。"（《山寺》）

十　"清闻树杪磬，远谒云端僧……

永愿坐长夏，将衰栖大乘。"（《陪章留后惠义寺饯嘉州崔都督赴州》）

十一　"重闻西方止观经，老身古寺风泠泠。

妻儿待米且归去，他日杖藜来细听。"（《别李秘书始兴寺所居》）

十二　"问法看诗妄，观身向酒慵。未能割妻子，卜宅近前峰。"（《谒真谛寺禅师》）

十三　"放神八极外，俯仰俱萧瑟。终然契真如，得匪金仙术？"（《写怀二首》之二）

十四　"五月寒风冷佛骨，六时天乐朝香炉。

地灵步步雪山草，僧宝人人沧海珠……

方丈涉海费时节，玄圃寻河知有无？……

飘然斑自身奚适？傍此烟霞茅可诛。"（《岳麓山道林二寺行》）

就只举出这十四例吧，大抵上是依照着编年的次第，表明杜甫从早年经过中年，以至暮年，信仰佛教的情趣是一贯的，而且年愈老而信愈笃。在这里特别值得注意的是"不复知天大，空馀见佛尊"二句，把释迦牟尼看得比天还大，天上地下，唯佛独尊。比较起来，"先圣文宣王"的孔丘没有了，"至圣玄元皇帝"的老聃也没有了。俗世的荣华富贵不用说是虚幻，连自己拼命做出来的"诗"都是胡闹（"妄"），和他一辈子所嗜好的"酒"同时把他"污"了。所以他很想出家，但是又丢不下妻子。这些零碎摘录出的诗句所表现的一贯的情趣，和《秋日夔府书怀》中的心境，是完全合拍的。他为了极端信佛，连长沙岳麓山的大小和尚都被看成大海里的明珠。（"僧宝人人沧海珠"，释家以佛、法、僧为"三宝"，僧是"三宝"之一，故称"僧宝"。）他屡次说他想学周颙，周颙是何许人呢？据《南史》本传，此人是南朝宋齐间人，"音词辩丽，长于佛理……兼善《老》《易》"，"清贫寡欲，终日长蔬。虽有妻子，独处山舍。"杜甫想学他，从这里也可以看出他实在想抛妻别子，但又割舍不得。杜甫曾经有诗讥评过陶渊明，说"陶潜避俗翁，未必能达道……有子贤与愚，何其挂怀抱！"（《遣兴五首》之三）其实他比陶渊明还要关心他的妻子。

以上我就杜甫的诗文来证明了他相信道教，也相信佛教。比较起来，他信佛深于信道。他是禅宗的信徒，相信明心见性，不立言说。"方丈涉海费时节，玄圃寻河知有无？""方丈"就是方壶，海上三神山之一；"玄圃"在昆仑山上；两处都是神仙所居。两句诗的意义就是说：求仙既费事，而且毫无把握。所以他宁愿就在岳麓山道林寺附近筑一间小茅房（"诛茅"）住下来，当个老和尚了。这就是想实现"炉峰生转盼"——西天近在咫尺的拟想中的实践，但是，没有办到。

很明显，杜甫的精神面貌，在他辞世前的几年，特别倾向于佛教信仰。他虽然没有落发为僧，看他的情绪似乎比所谓"僧宝"还要虔诚。"不复知天大，空餘见佛尊"的老诗人，与其称之为"诗圣"，倒宁可称之为"诗佛"；难道不更妥当吗？

注释

①"勾漏令"即指葛洪。葛洪曾求为勾漏县令，以便于向交趾采集丹砂。其地在广西的东南部，离越南不很远。——作者注

②"惠询辈"：晋代名僧惠远与道家许询，借此二人以代表释道两家的道友。——作者注

③《道德经》第六章。

④"天阙"即指伊阙龙门，言高与天逼。有人改"阙"字为"闻"，非是。——作者注

⑤《后汉书·马援传》。

杜甫与苏涣

　　唐代宗大历四年（七六九），杜甫将要去世的前一年，他在长沙遇见一位他所十分钦佩的诗人。那就是苏涣。杜甫作了一首诗来记述他们的相遇。诗题是：《苏大侍御访江浦，赋八韵纪异，有序》。有的集本没有另标题目，即以九十余字的序文为题。其文如下：

　　　　苏大侍御涣，静者也。旅寓于江侧，不交州府之客，人事都绝，久矣。肩舆江浦，忽访老夫舟楫而已。茶酒内，余请诵近诗，肯吟数首。才力素壮，辞句动人。接对明日，忆其涌思雷动，书箧几杖之外，殷殷留金石声。赋八韵纪异，亦见老夫倾倒于苏备至矣。（据明刊《集千家注杜工部诗集》本）

　　单看此文，已经表现了"备至"的"倾倒"，附有五言诗一首，现只存七韵，竟说苏涣的诗超过了建安文学，足与西汉的司马相如、扬雄相比。听了他的朗诵，使得乾坤几次反复，使得自己返老还童，如像吃了灵芝仙草，使得湘妃、湘夫人在船窗外呜咽，使得精灵们都聚集着不肯离开，使得湘江的流水镇静了下来，不再翻波涌浪。真正是"倾倒备至"，这在杜甫的一生是第一次，也是惟一的一次。他对于李白的佩服没有到这样的程度，对于郑虔和苏源明没有到这样的程度，对于高适与岑参更没有到这样的程度。杜甫的诗，自言"纪异"，的确是奇异的一件事。以下请读他的诗的原文：

　　　　庞公不浪出，苏氏今有之。再闻诵新作，突过黄初诗。乾坤几反复，

扬马宜同时。今晨清镜中，胜食斋房芝。余发喜却变，白间生黑丝。昨夜
舟火灭，湘娥帘外悲。百灵未敢散，风波寒江迟。

苏涣虽身为侍御，却"不交州府之客"，故比之为东汉的庞德公。庞德公
隐居于襄阳岘山之南，足迹不入城市。但庞德公是隐者，苏涣却不是真正的隐
者，诗的开头两句只是泛泛相比而已。"黄初"是魏文帝曹丕的年号，与汉献
帝的建安年份相衔接，故"黄初诗"即指建安文学。"突过黄初诗"便是说远
远超过了建安诸子和曹丕、曹植的作品。言"黄初诗"而不言"建安诗"，在
杜甫的心目中或许是把曹操和孔融的诗除外了的。

诗序与诗题都说是"赋八韵纪异"，但现存的诗却只有七韵，无疑是失去
了一韵，即是失去了两句共十字。在"突过黄初诗"之后，照诗的局势看来，
一定还有两句以表示苏诗的内容如何杰出、朗诵的声调如何雄壮，兼缩二者以
收承上启下之效。因此，我不揣冒昧，根据诗序中的叙述，试为补写了两句：

殷殷金石声，滚滚雷霆思。

要这样才足以表明所以能"突过黄初诗"的实际，所以能具有使"乾坤
几反复"的气魄。我所试补的这两句及所插入的地位，虽然不敢说一定和杜
甫的原文相符，但我相信是相去不远的。

"乾坤几反复"的"几"字，可以读为"几乎"的几（平声），也可以读
为"几何"的几（上声）。应该采取后者。因为，如果是乾坤几乎反复，那就
不足以表达"倾倒备至"之意，和下文的泣鬼神也不相称。解为乾坤几次反
复，便犹如《观公孙大娘弟子舞剑器行》里面的"天地为之久低昂"了。

这样使得杜甫为之"倾倒备至"的苏涣，到底是怎样的人呢？唐人高仲
武的《中兴间气集》中选了他的《变律诗》三首，并附有小传。

涣本不平者，善放白弩，巴中号曰白跖。实人患之，以比盗跖。后自
知非，变节从学。乡赋擢第，累迁至御史，佐湖南幕。崔中丞（瓘）遇
害，涣遂逾岭，扇动哥舒（晃）跋扈交广。此犹龙蛇见血，本质彰矣。
三年中作《变律诗》十九首（或作'九首'，殆误），上广州李帅（勉）。
其文意长于讽刺，亦育陈拾遗（子昂）一鳞半甲，故善之……

《新唐书·艺文志》著录"苏涣一卷",注文略本此,谓"巴蜀商人苦之,号白跖,以比庄蹻"。庄蹻是楚庄王的兄弟,初为盗贼,即古有名的盗跖。其后向西南开拓,成了云南的滇王。云南的楚雄,据说即因庄蹻而得名。涣与蹻的行径极相似,只是一成功,一失败而已。

崔瓘以潭州(今湖南长沙)刺史兼湖南观察使是在大历四年(769)七月,兵马使臧玠据潭州作乱,杀了崔瓘,是在大历五年四月。苏涣到长沙实际还要早些,但杜甫是大历四年正月到长沙的。未几杜甫入衡州,夏季因怕热复折回长沙。因此,可以肯定,杜甫与苏涣的相遇是在大历四年的秋末。诗中有"风波寒江迟"句,可以为证。他们两位见面后,在长沙城外的湘江边上时相过从,杜甫还在其他的诗中提到苏涣。《暮秋,枉裴道州(虬)手札,率尔遣兴寄递,近呈苏涣侍御》中有这样的一段:

> 宴筵曾语苏季子,后来杰出云孙比。
> 茅斋定王城郭门,药物楚老渔商市。
> 市北肩舆每联袂,郭南抱翁亦隐几。
> 无数将军西第成,早作丞相东山起。

这是裴虬去道州时在长沙的饯行宴上,杜甫曾经向他提到苏涣,说这位苏秦的后人真正杰出,住在"定王城"(即长沙城)外和自己经常在药商鱼市中见面,有时同坐轿子到城北去游览,有时又到城南坐在矮椅上看农家种地。他认为这位朋友具有宰相才,不久的将来希望他像谢安石一样抛去东山的隐居生活,拯救天下的苍生。比之为苏秦,只是切他的姓氏;比之为谢安石,那就又一次表达了"倾倒备至"的情怀。诗的最后四句是:

> 附书与裴因示苏,此身已愧须人扶。
> 致君尧舜付公等,早据要路思捐躯。

说得相当诚实,相当殷切。自己老了,不行了,连行动都需要人扶持了。一切雄心壮志都让给两位仁兄,请你们早一点青云直上,致君于尧舜,为治国平天下而奋不顾身吧!以"致君尧舜"期待苏涣与裴虬(裴是附带着说的),较之比以谢安石又算进了一境,是比之以契稷了。

臧玠之乱，杜甫与苏涣同往衡州避难。杜甫有《入衡州》一诗，对当时的衡州刺史阳济，也把苏涣盛加称赞了一番。

（司马相如字长卿，故省称为"马卿"。又"四赋"谓《子虚赋》《上林赋》《大人赋》《哀二世赋》。此言苏涣足比司马相如，有文才。）

剧孟七国畏，马卿四赋良。门阑苏生在，勇锐白起强。

比之为侠客剧孟，比之为文豪司马相如，比之为名将白起，说他有文武全才，而又任侠好义。杜甫对于苏涣的生平与性格，看来是十分清楚的。期之以"致君尧舜"，是出于杜甫忠君思想的主观愿望。苏涣后来要造反，恐怕杜甫不曾料到，或者有所感触而预为之规戒吧。在这一点上，可以明白地说，杜甫也并不是苏涣的真正的知己。

使杜甫"倾倒备至"的还有苏涣的诗。苏涣诗一卷可惜失传了，于今存世的只有四首。在三首《变律诗》之外，另有《怀素上人草书歌》一首，与《变律诗》同收入《全唐诗》中，仅此而已。

……

进一步来谈苏涣的《变律诗》吧。原诗本有"十九首"，估计是因袭《古诗十九首》的数目而撰作的一套组诗。仅存三首，其他十六首可惜不可复见了。诗是五言，正是"黄初诗"的主要体裁。仅存的三首，从内容来说，实在是别创一格。要这些诗才足以使杜甫"倾倒备至"。然而作诗的年代和地点却有问题。

南宋人洪迈在《容斋随笔》卷十六中收录了两首《变律诗》（即《养蚕》与《毒蜂》两首），据云"在广州作《变律诗》十九首上广帅"。案此说实以《中兴问气集》为蓝本。后书，前面已征引，在叙述苏涣进入岭南后，接着说"三年中作《变律诗》十九首，上广州李帅（勉）"。这仿佛认为《变律诗》十九首不是组诗。而是在"三年"之中断断续续作成的。"三年"的期限，很明显是从推算得来。李勉是以代宗大历三年（768）十月任广州刺史兼岭南节度使，在职凡四年，他的后任就是吕崇贲。吕是大历七年十月被任为广州都督充岭南节度使。（见《唐书·代宗记》）苏涣入广州，确切的年月虽不得而知，但总是在大历五年四月之后，故在广州与李勉相处可能有三个年头。这就是

"三年中作《变律诗》十九首，上广州李帅"的依据了。

然而十九首分明是拟《古诗十九首》的组诗，决不会是在三年中断断续续作成的。到了广州，忙于实际工作，也不会有多的闲暇来从事诗作了。"上广州李帅"当是事实，然安知不是在大历五年四月以后不久苏涣初到广州时作为赞见礼而奉献的？

值得注意的是，《中兴间气集》撰成于大历后不久，对杜甫的诗一首也没有选，而却把《变律诗》选了三首。把叛逆者的诗选作"中兴间气"之作，高仲武是有胆量的。幸亏他选了这三首，不然一首也不会保留下来了。这也就证明《变律诗》确是出色之作，要这样的诗才能使得杜甫"倾倒备至"。

因此，我能心安理得地相信：《变律诗》在长沙时就应该有了。杜甫所听到朗诵的，现存的三首诗一定被包含在内，让我们逐一地加以玩味吧。

《变律诗》之一：

> 日月东西行，寒暑冬夏易。阴阳无停机，造化渺莫测。开目为晨光，闭目为夜色。一开复一闭，明晦无休息。居然六合内，旷哉天地德。天地且不言，世人浪喧喧。

这首可以说是苏涣的宇宙观。宇宙是采取辩证的方式无休息地发展着的。天地、日月、阴阳、晦明、昼夜、冬夏、东西、开闭……由无数矛盾的对立统一而形成造化，这里没有人格神的存在。大抵是由《周易》的阴阳对立、"刚柔相推而生变化"的思想演变而来的。他主张效法"不言"的天地，注重实践。他的行事和他的这种主张相符，言行一致。因此，他的诗，读起来便不觉得陈腐、空洞，而是有他的行为作为保证的。杜甫称他为"静者"。"静者"的意思，杜甫在别的诗中曾下过界说，即"静者心多妙"（《寄张彪》），也就是说是有思想的人。其实苏涣不仅有思想，而且有行动，他大抵上是一个不言而行的人。他既不是消极的遁世者，也不是浮夸的愤俗派，而是胸有成竹的实践家。

《变律诗》之二：

> 养蚕为素丝，叶尽蚕不老。倾筐对空林，此意向谁道？（"林"或误作"床"。）一女不得织，万夫受其寒。一夫不得意，四海行路难。祸亦

不在大，福亦不在先。世路险孟门，吾徒当勉旃！

他是深知民间疾苦的，借养蚕女的劳心焦思以概其余。的确，锦衣玉食的人，谁知道耕织的辛苦?！"一女不得织"不仅是一女的问题，而是养蚕缫织者的共同灾难。"一夫不得意"也不仅是一男的事情，而是劳动人民的联带关系。一发可以牵动全局，一举可系国家安危。由微可以知著，从小可以观大。涓涓之水，将为江河。笑得太早，不是太好。天下的局势是很艰险不平的，有识者能不黾勉努力吗？努力的目标是什么呢？就是要铲平险阻，争取劳苦人民能各得其所。志趣是够宏大的，但他说得相当委婉。他之所以成为造反者的"谋主"，并不是偶然的。

《变律诗》之三：

毒蜂一成窠，高挂恶木枝。行人百步外，目断魂亦飞。长安大道边，挟弹谁家儿？右手持金丸，引满无所疑。一中纷下来，势若风雨随。身如万箭攒，宛转迷所之。徒有疾恶心，奈何不知几？

这是一首讽喻诗。"毒蜂成窠"暗喻当时的政治舞台。当时的帝王将相、地方官吏、显族豪绅就是一大颗毒蜂窠。你要除去它，却不可轻率从事。一弹子打去，毒蜂群起而围攻，使得你身受万箭，无法摆脱，而终至于丢命。你虽然疾恶如仇，可惜太不懂策略（"几"）了。诗中的"挟弹儿"显然有所指。我认为所指的很可能就是李白。

李白生平曾经遭受过两次谗毁。第一次在天宝初年被张垍、高力士等轰出了长安；第二次是安禄山叛乱后随永王璘东巡被认为叛逆，初被囚于浔阳，后被长流夜郎。虽然在长流夜郎的途中遇赦放回，但李白以刑馀之身，在暮年还受到"世人皆欲杀"的围攻。这两次谗毁有内在的因果关系。李白豪放，写了不少忧谗畏讥、愤世嫉俗之作，有时非常沉痛，非常激烈。这其实就是打中蜂窠的弹子了。尽管玄宗换为肃宗，而毒蜂成窠依然还是那个局面。因而李白便不容于世而困死在当涂。

苏涣一定是同情李白的。他们同是蜀人，同是诗人，又同样不合乎流俗。苏涣要作诗惋惜李白，是极在情理中的事。他在舟中和杜甫见面时，所朗吟的

"近诗"中无疑包含有《变律诗》，更无疑包含有"毒蜂成窠"这一首。他们除吟诗之外，也一定还交谈过李白的往事。长沙是李白曾游之地，李白受冤屈的遭遇，正好成为比较有正义感的苏杜二人间的话题。

李白并不曾认真造反，而以谗毁终其身，苏涣说他"不知几"——不懂策略。怎样才算是懂策略呢？照着苏涣后来的行径来看，那就是要沉默寡言、发动群众认真造反吧？苏涣是这样办了，造反持续了两年半，但他也终至遭到杀身之祸。这是表明毒蜂窠太大了，整个封建社会就是颗大毒蜂窝，一颗弹子自然无可奈何，弹子少了也是无济于事的。封建社会在苏涣死后还持续了一千多年，不敢弹打毒蜂窠的人，如不是自己成为毒蜂，便只好苟且偷安或潦倒至死。杜甫便是这潦倒至死一类的典型，尽管他"每饭不忘君"，尽管他反对"盗贼"——反对造反，但他的一生依然是一个悲剧。

造反诗人苏涣，在封建时代毫无疑问是一位突出的人物。他的起义虽然失败了，他的诗虽然只剩下四首（毁灭了的一定还有更好的作品），但他的造反精神是愈会被后人重视的。

如果要从封建时代的诗人中选出"人民诗人"，我倒很愿意投苏涣一票。

三、杂论

　　我所采取的是历史唯物主义的立场，在这个立场上我仿佛抬举了先秦儒家，因而也就有人读了我的书而大为儒家扶轮的，那可不是我的本意。先秦儒家在历史发展中曾经起过进步的作用是事实，但它的作用老早变质，它的时代也老早过去了。这和爬虫时代一去不复返的一样，我们今天虽然在研究恐龙，珍惜恐龙的骨化石，乃至有时颂扬它的庞大，但有谁会希望恐龙夫子再来作一次生物界的主人呢？即使你希望，也是枉然的。在今天依然有人在怀抱着什么"新儒家"的迷执，那可以说是恐龙的裔孙——蜥蜴之伦的残梦。

蜥蜴的残梦

——《十批判书》改版书后

　　《十批判书》的初版是一九四五年在重庆付排的，现在把它改排了一次。趁着这改版的机会，我做了一些修改和补充。

　　比较重要的是"子夏氏之儒"的发见。我在写"儒家八派"的时候，是根据《韩非子·显学篇》的列举而叙述的，但"八派中把子夏氏之儒除外了"，我当时"不知道是什么缘故"（见旧版《儒家八派的批判》）。这缘故，在一两年之后我突然发觉到了。我所清理过的"前期法家"，其实，主要就是"子夏氏之儒"。法家多出于三晋，大体上是渊源于子夏的。韩非子的《显学篇》主旨是在骂儒、墨，而韩非子是法家，当然不好骂自己的祖宗，故把"子夏氏之儒"从儒家中剔出了。至于"子夏氏之儒"在西汉以后又成为了儒家的正宗者，那又是古文家们所玩弄的手法。我有了这一发觉，因此在《儒家八派的批判》与《前期法家的批判》中便有了一些添改，特别是在后者我添了一段"结语"，把这些意思写进去了。

　　《周颂》的《噫嘻》一诗，我在旧版中曾经说它是"没有韵的诗"，那是错误。那诗是有韵的，即以"谷""耦"为韵，而"尔""里"亦可为韵。这要感谢马夷初先生的指示，我在新版中是把这个错误改正了。

　　在这里还有须得补叙的一两件事。

　　第一件是《信南山》"中田有庐，疆埸有瓜"的解释。承江绍原先生的指示，解"庐"为植物不始于我，王闿运的《周易说》于《剥》之上九"硕果不食，君子得舆，小人剥庐"是解"庐"为蓏，而且引证了《信南山》。

> 庐蓏通用字，艮为果蓏。《诗》"中田有庐，是剥是菹"，言天子藉田树果蓏，剥取以荐，是小人之职。果在木、象阳，庐在田、象阴也。"得舆"言当恤下，不可自高。

王解，江先生以为不仅比我占先，而且比我正确。这是应该感谢的。不过我觉得解"庐"为芦菔，恐怕还是要妥当一些。诗上既说"中田有庐，疆场有瓜"，是以两种东西对言，而蓏乃瓜属，似嫌重复。又《周易》"君子得舆"的"舆"字，王仍依字面讲，亦有未照。案当解为蓣，即藷蓣、薯蓣、山药。结在树上的果子虽大而不能食（大约还没有熟），老爷只好吃山药，侍候老爷的只好啃芜菁。山药与芜菁同是块根，但亦有贵贱。山药与芜菁同在地下埋藏，而硕果是在空中悬挂，相为对待，大约也就是阴阳相对吧。阳气未盛，暂仰息于阴元，不得其时，不可亢进，《剥》之上九的爻辞大约也就是这样的意思吧。但这倒无足重轻，解"庐"为植物，王的确是先我而发的。

另一件是关于殷墟的发掘。前中央研究院在安阳小屯及侯家庄曾发掘到殷代宫殿遗址及殷王陵墓，均以大量的活人埋藏于地以供地下的保卫。以墓而言，一墓的殉葬者多至三四百人。这是前史所未有的。《史记·秦本纪》载秦武公殉葬者六十六人，秦穆公殉葬者一百七十七人，比起来已大有逊色。二十多年前在中东所发掘的古代巴比伦的乌尔王墓，仅仅五十九人殉葬而震动了全世界的，更是小巫见大巫了。这样大规模的用人遗迹，自然是奴隶制的铁证。这些资料都不曾发表，遗物已全部搬往台湾，一时无由考见。我曾经请求参加发掘的郭宝钧先生把大概的情形叙述一下，承他以书面答复了我。我并征得了他的同意，把他的叙述附录在这儿：

> 承询殷代用人情形，略叙如下：
>
> 殷代用人遗迹，见于小屯与侯家庄，小屯为殷人宗庙宫室所在地，侯家庄为殷人陵寝所在地。
>
> 宫室情形，现有堂基柱础遗存。堂基皆夯土筑成，规模宏大，方隅整齐。柱础以大石卵为之，排列有序，距离有定。在正房堂基下中央生黄土内，多埋犬骨一架或至五架。此项犬骨埋葬，必在版筑之先，推想当为破土时厌胜用者。堂基将成，于其上或门旁或门前，多开小方坑，埋人守

卫。卫者均跪像，在堂上或门旁者面向前，在门前者面向后，随葬物一戈一盾，或一戈一狗，或仅一戈，此随建筑而殉者。基址之外，在厢房后者，为南北长方坑，殉斩头人架，其数颇多；间有牛羊兽骨，杂埋其间。正房之前，有车马礼器人骨葬坑，层层前列，渐展渐南。保存较完者，为四列葬坑，有童骸（三架）觚爵车舆等之殉。五列葬坑，有人架二十，分埋五坑，两人跪顶鼎、献、斝、罍、簋、觚、爵等八器，五人承弓饰、刀、戈、觚、爵、斝、卣、壶、罐、方彝等多器。又有牛羊犬骨葬坑多列及烧残牛骨遗存，此当系基址宫室落成后陆续葬入者。甲骨文有埋祭、燎祭、伐人、卯牛卜辞，此项遗存，应为实例。

侯家庄殷陵，分东西二区。西区大墓六，皆亚字形，有东西南北四墓道，规模宏伟，深可十一二公尺。递推建造之时，墓穴穿成，先于墓底开小方坑，殉人一犬一，然后铺板其上，此颇似殷墟堂基下之犬，当亦厌胜用，盖圹穴死者宫室也。亚形墓室八隅，开方坑八，殉八人。棺椁放置后，加抗木其上，此层陈列仪仗，殉者随仪仗排列，得全首领。以当盗掘者入口处，多被破坏，其数无定。此略当于堂基上之殉者。再上封筑，与墓道平，北墓道近墓室处，排髑髅多级，皆南向，每排十级，多可二十余排。南墓道近墓室处，排无头人骨多架，颈北向，数列略与髑髅等。此略当于两厢后之殉者。封筑至地平，周围复有小墓葬，殉车马礼器，每墓五至十人不等，多可二十墓。此一大墓殉葬情形也。他五大墓亦略若是。东区亚形大墓一，长方形大墓二，墓内葬仪如西区。其西侧另有殉者多列（但不属于此三墓），其墓形若员字，口形穴内，置髑髅十，皆北向；目形穴内，置无首人架十，五颈南，五颈北，皆俯身，或有随葬一刀一斧一砺，人各一组。如是者每十墓为一排，共数十排。其北更有小墓多座，或专殉器物，或专殉车马，或鸟，或兽，或身首同坑之断头人架，其数另有统计。

两地相比，以殷陵殉者为多，殷墟较少，合共二千人以上。此皆三千年前残暴社会下之牺牲者（推想奴隶居多，近身者或亲信）。即骨架，想实况，当日惴惴临穴之状，令人悯恻，述之有余恨焉！

殷代而后，此风稍戢。濬县辛村西周墓，发现御夫一，两手背缚，俯身，在车旁。另墓一人，屈肢，与犬同葬，在北墓道。另一车马葬坑，车十二辆，马七十二，无人。汲县山彪镇战国一墓，殉四人，分卧墓主前后左右，皆全首领，殆墓主亲近生殉者。然人数均少，较之殷代，所逊远甚。

不持锄头，十三年矣！当日记录，均不在手，骤承下问，愧不能详，谨就追忆所及，参以《考古学报》石璋如先生所述，及闻之于梁思永先生者，撮述一二，聊备采择……（一九五〇年一月二十九日）

应该感谢郭宝钧先生，他所提供的这项资料是非常重要的。关于殷代的社会制度，好些朋友一直到现在都还采取着很慎重的态度，不敢断定为奴隶社会。有了这项资料，我认为是毫无可以怀疑的余地了。以前搞田野考古的人大抵缺乏社会发展史的知识，有的人更根本不相信社会发展史的阶段划分，故他们对于这些史料不加重视，或则兢兢于古器物尺度轻重的校量，或则根据后来的历法推谱所谓"殷历"，真可以说是捧着金饭碗讨饭了。

最近读了参加殷墟发掘的另一人董作宾的《殷墟文字甲篇自序》（载《中国考古学报》），其中有些地方在斥责我，而且在反对殷代是奴隶社会的说法。我且摘录一段在下边吧。

殷代不是创造文字的时代，我们就不能根据甲骨文字来研究殷代的社会背景……我们不能据字形说"民"是刺瞎眼睛，"臣"是俯首听命，民与臣是奴隶，殷代的臣民也就是奴隶，因而断定殷代是奴隶社会。这是很有问题。臣、民两字，创造时的用意是否就是如此？即使如此，是否又经过了假借？而殷代的人民也称"人"，也称"众"，众是一块地方下有三人，又何尝又有奴隶的痕迹呢？

虽然承蒙董先生没有直接指出我的名姓，但这指责的是我，那倒毫无问题。但可惜董先生的关门主义关到了家。他虽然也在参加殷墟的发掘，而且在发掘着一个典型的奴隶社会，而他却找不出"奴隶的痕迹"实在也是值得同情的。

殷代诚然不是开始创造文字的时代，而文字本身却在不断创造之中，就在今天也还在创造，何能一口说尽"不能根据文字来研究社会背景"？据我所知道，甲骨文中就还没有发现民字或从民之字。我说民字是盲的初文，像目中着刺，是据周代的金文来说的。其用为人民之民，可能就是古时候的生产奴隶曾经被盲其一目。盲目为奴的残忍行为一直到最近都还有，请联想一下广东所有的"盲妹"吧。

我说殷代是奴隶社会，而且周代也是，并不是单拿臣民两个字来判断的。我说臣民是奴隶，也并不是单根据臣民的字形。我的头脑幸好还没有那么简单。我所列举的证据，其他还很多。董作宾却仅仅抓到一两个字，根据自己的敌忾来随便逻辑一下，便想把臣民是奴隶的本质否定了，把殷代是奴隶社会的说法否定了。这根本就不是学者的态度。就是这种非学者的态度，逼得他在今天跑到台湾去准备殉葬，这一层，我倒是能够充分理解的。

众字，据我所了解的，在甲骨文中是作日下三人形。殷末周初称从事耕种的农夫为"众"或"众人"，正像农民在日下苦役之形，谁能说没有"奴隶的痕迹"？

人字是大公名，奴隶固然是人，主人也是人，而且男人女人都是人，它并不是奴隶的专名，谁叫你要在它身上去找"奴隶的痕迹"？不逻辑竟到了这样的地步！老实说，做学问的人是不能够这样的，一定要虚心，要把别人的著述先作适量的体会，从全面来了解别人，然后才能进行批判。不懂就不要假充内行。假充内行的结果，只是表示自己的无知。单纯的无知倒还可以救药，只要虚心地多读书，改正一下头脑，知识倒也会积蓄得起来的。假使在无知之中再加上敌忾，敌忾而且很强，巍巍乎俨然一个大权威那样，是的，那才是"很有问题"的！

在今天看来，殷、周是奴隶社会的说法，就我所已曾接触过的资料看来，的确是铁案难移。因此，我对于《十批判书》的内容，整个的说来，依然感觉着是正确的。

我所采取的是历史唯物主义的立场，在这个立场上我仿佛抬举了先秦儒家，因而也就有人读了我的书而大为儒家扶轮的，那可不是我的本意。先秦儒家在历史发展中曾经起过进步的作用是事实，但它的作用老早变质，它的时代也老早过去了。这和爬虫时代一去不复返的一样，我们今天虽然在研究恐龙，珍惜恐龙的骨化石，乃至有时颂扬它的庞大，但有谁会希望恐龙夫子再来作一次生物界的主人呢？即使你希望，也是枉然的。在今天依然有人在怀抱着什么"新儒家"的迷执，那可以说是恐龙的裔孙——蜥蜴之伦的残梦。

一九五〇年二月十七日记于北京

王羲之的笔迹

《兰亭序》是依托的，它既不是王羲之的原文，更不是王羲之的笔迹。

那王羲之的笔迹究竟应该是怎样？

先请注意一下离王羲之只有一百六十年左右的梁武帝的《书评》吧。这篇《书评》是根据袁昂《古今书评》（见《法书要录》卷二）而把它稍稍整理、润色、扩充了的。袁昂以梁武帝普通四年（公元五二三年）奉命评书，他只评了二十五人，梁武帝却扩充为三十四人。评语大同小异，唯袁昂文字颇零乱，疑有错简，故今不根据袁昂，而根据梁武帝。梁武帝总比唐人较多地看见过王羲之的笔迹。

隋僧智果所书梁武帝《书评》被收入《淳化阁法帖》中。其中关于王羲之的评语是这样：

"王右军书，字势雄强，如龙跳天门，虎卧凤阙，故历代宝之，永以为训。"

"字势雄强"和性格倔强很相一致，但《兰亭序》的字势却丝毫也没有雄强的味道。韩退之的《石鼓歌》早就讥讽过，"羲之俗书趁姿媚"，《兰亭序》的字迹是相当妩媚的。清人包世臣，在他的《艺舟双楫》中也说："《书平》谓'右军字势雄强'……若如《阁帖》所刻，绝不见'雄强'之妙。即《定武兰亭》亦未称也。"（见《艺舟双楫》卷四。）《阁帖》即《淳化阁法帖》，其第六、七、八诸册收入了王羲之的草书，在包世臣看来，连那些字迹都是有问题的。唐人张怀瓘的《书议》（《法书要录》卷四），列王羲之的草书于八人之末。他也早就说过："逸少（草书）则格律非高，功夫又少。虽圆丰妍美，乃乏神气，无戈戟铦锐可畏，无物象生动可奇。"又说："逸少草，有女郎材，无丈夫气，不足贵也。"这些批评是相当严峻的，和梁武帝的《书评》恰恰相反，这就表明：现存王羲之草书，是否都是王羲之的真迹，还值得作进一步的研究。

但梁武帝的《书评》评得却很抽象，有意追求辞藻。所谓"字势雄强"，所谓"龙跳天门，虎卧凤阙"，使人很难想象王羲之的字迹到底是怎样一种体裁。

梁代庾肩吾有《书品》一文，他把汉魏以来迄于梁代的名书家一百二十八人分为三等九品，统称之为"善草隶者"。其中包含着王羲之与王献之父子，王羲之是上上品三人中的第三人，王献之是上中品五人中的第五人。

何谓"草隶"？庾肩吾是分开来说的，草是草书，隶是隶书。

> 寻隶体发源秦时，隶人下邳程邈所作。始皇见而重之，以奏事繁多，篆字难制，遂作此法，故曰隶书。今时正书是也。
>
> 草势起于汉时，解散隶法，用以赴急。本因草创之义，故曰草书。建初中京兆杜操始以善草知名，今之草书是也。

隶书是没有问题的，这儿所说的"今之草书"指的是章草。建初是后汉章帝的年号，后人虽然有的把章草说成为章帝所造，其实是章帝时代所开始流行的一种写表章的草写隶书，字字分离，不相连接。故庾又云："隶既发源秦史，草乃激流齐相，跨七代而弥遵，将千载而无革。"自秦至梁为"七代"，这是说梁代以前，正书就是隶书，草书就是章草。庾所说的过去的事是正确的，但他说到将来千年也不会变，那就没有说对。

"齐相"即指杜操。杜操之名，后人书中每改为杜度，如庾肩吾《书品》列"杜度伯度"于上中，谓"杜度，滥觞于草书，取奇于汉帝，诏复奏事。皆作草书"。"汉帝"即指汉章帝。唐人张怀瓘《书断（中）》（《法书要录》卷八）列杜度于"神品"，云："后汉杜度字伯度，京兆杜陵人。御使大夫延年曾孙，章帝时为齐相，善章草。"又引萧子良云："本名操，为魏武帝讳，改为度。"怀瓘不同意萧说，谓"蔡邕《劝学篇》云'齐相杜度，美守名篇'，汉中郎不应预为武帝讳也。"其实萧子良是说后人为曹操讳，非杜操自讳。怀璀似将杜操与杜度判为二人，在其《书断（上）》（《法书要录》卷七）论章草条下，既引萧子良说"章草者汉齐相杜操始变稿法"，又云"至建初中，杜度善草，见称于章帝，上贵其迹，诏使草书上事"。杜操与杜度既误为两人，因而"汉齐相"亦有误作"魏齐相"者。如齐人王僧虔录宋羊欣《采古来能书人名》（《法书要录》卷一）云："京兆杜度为魏齐相，始有草名。"此又后人妄作聪明者所臆改。唯庾氏《书品》中杜度与杜操之名亦歧出，此盖由于讳改未尽，或则回改未尽。（前代讳者，后代因不讳而又改回原字，故书中往往零乱。）窦臮《述书赋（上）》窦蒙注："杜操字伯度，京兆人，终后汉齐相。章帝贵其迹，诏上章表，故号章草。"（见《法书要录》卷五）此最为翔实。

还请注意羊欣《采古来能书人名》那篇纪录吧。羊欣是王献之的弟子，是晋宋两代的人。文中在草书之外还有所谓"草稿"，或单称"稿"。

一、卫瓘字伯玉，"更为草稿。草稿，相闻书也"。（"相闻"乃尺牍之意）

二、杜畿、杜恕、杜预，"三世善草稿"。

三、王导"善稿、行"。（稿书与行书）

四、王献之"善隶、稿"。（隶书与稿书）

说到王羲之，则是"博精群法，特善草隶"。草、隶者章草与隶书。这和王献之"善隶、稿"对照起来看，草书与稿书的差别、大王与小王的差别，可以一目了然。宋代宗炳的九体书中，"稿书"与"半草书"、"全草书"并列（见《法书要录》卷二梁庾元威《论书》），宋代王愔《文字志》（见《法书要录》卷一）在"古书有三十六种"中亦以"稿书"与"草书"并列。这些都证明：唐以前所说的"草"是章草，唐以后所说的"草"是"稿书"。章草有一定的规律，"稿书"则比较自由。故张芝曾云："匆匆不暇草书"，是说没有工夫作有规律的章草，只好写"稿书"。实际上"稿书"并不始于卫瓘，特卫瓘的稿书写出了风格而已。近代发现的西陲魏晋竹木简上的文字其实都是"稿书"。但那些稿书虽然没有章草那么谨严，却总还保留着隶书的笔意。这是时代使然，任何变化都是有一定的过程的。

我很欣赏上举李文田的推测，"故世无右军之书则已，苟或有之，必其与《爨宝子》《爨龙颜》相近而后可"。请注意，他说的是"相近"，也就是说必须有隶书笔意而后可。隶书的笔意究竟是怎样的呢？具体地说来，是在使用方笔，逆入平出，下笔藏锋而落笔不收锋，形成所谓"蚕头"和"燕尾"。南北朝人的碑刻字或写经书，虽已收锋，仍用方笔；凡一点一画、一起一收，笔锋在纸绢等上转折如画三角形。这样的用笔法，就是所谓隶书笔意。

再者，李文田所提到的《爨宝子碑》（见图），以清乾隆四十三年出土于云南曲靖县南七十里杨旗田，后移人城内武侯祠侧。《爨龙颜碑》（见图）在云南陆良县东南二十里贞元堡，直到清代道光年间才被当时的云贵总督阮元幕下的文人们所注意到，而加以重视，《宝子》刻于东晋安帝义熙元年（公元四〇五年）五月。——碑文作"太亨四年，岁在乙巳，四月"，盖安帝元兴元年（公元四〇二年）曾改元为太亨，后又改回元兴，元兴只有三年，于第四年春正已改元为义熙，陆良道远，不知道中央已屡次改元，故犹沿用太亨年号至于四年四月。《龙颜》则刻于宋孝武帝大明二年（公元四五八年）。

有趣的是，《王兴之夫妇墓志》的字迹与《宝子》极相类似，而《谢鲲墓志》的字迹则与《龙颜》相近。这可证明，在南朝的晋宋时代，无论在中央或极僻远的地方，文字结构和北朝的碑刻完全是一个体段，对于两汉的隶书都是一脉相承的。这就是李文田所说的"时代为之，不得作梁陈以后体"。

故有《王兴之夫妇墓志》与《谢鲲墓志》的出土，李文田的预言可以说已经实现了一半。我很相信，在南京或其近境的地下，将来很可能有羲之真迹出土，使李的预言能得到全面的实现。姑且写在这里，作为第二次的预言。

《兰亭序》与老庄思想

　　传世《兰亭序》，与《世说新语》刘孝标注所引《临河序》相比，多出了自"夫人之相与"以下一百六十七字。清末李文田认为："此必隋唐间人知晋人喜述老庄而妄增之。"这一断案说得不够明确，没有表明《兰亭序》文和老庄思想的关系究竟是怎样。

　　今案：自"夫人之相与"以下一大段文字中，在叙出"死生亦大矣，岂不痛哉"之下有这样的一句话：

> 固知一死生为虚诞，齐彭殇为妄作。

　　这明白地在反对庄子。"一死生"之说，在《庄子》书中，集中表现在《大宗师》篇；"齐彭殇"之说，则见《齐物论》。不妨把《庄子》的原文引证些在下边。

> 夫大块载我以形，劳我以生，佚（逸）我以老，息我以死……孰能以无为首，以生为脊，以死为尻；孰知死生存亡之一体者，吾与之友矣。（《大宗师》）
>
> 天下莫大于秋毫之末而泰山为小，莫寿乎殇子而彭祖为夭。天地与我并生，而万物与我为一。（《齐物论》）

　　这些话，在《庄子》书中，是比较精粹的语句。庄子是一位唯心论者。他认为宇宙万物的背后有一个超越感官、超越时间和空间的"大块"，即所谓

"道"，亦即后人所谓本体。"大块"似无而实有，宇宙万物都是它的化身，人也是它的化身。人在未生之前，原在"大块"里面；即死之后又还原于"大块"。一切生死成毁，自本体的"大块"而言，只是一条长河中的波纹，波纹有起伏消涨，长河无增无减，流动不息。

本体是超越空间的。无生命的"秋毫之末"，那是再小也没有了，但它是本体的表相之一。如果从本体的范围而言，它却是无乎不在。"泰山"自然也是本体的表相之一，但如仅从表相而言，则"泰山"虽大仍自有限。故可说"秋毫之末"大于"泰山"。

本体是超越时间的。有生命的"殇子"生下地来就夭折了，但他是本体的表相之一。如果从本体的范围来说，他却是无始无终。"彭祖"自然也是本体的表相之一，但如仅从表相而言，则"彭祖"虽活到八百岁，也自有限了。故可以说"殇子"比"彭祖"寿考。

因此，人们的这个有限的"我"，虽然寿命有限，所占有的空间也有限，但从"我"的本体上来说，"我"在时间上是与天地同生，在空间上是和万物一体。

因此，人生在世就要像在未生之前与既死之后那样，浑浑沌沌地与本体合而为一。不要妄生差别，不要妄生是非，不要妄动感情。要把宇宙万物看成是一体，把生死存亡看成是一事。能做到这样的人才算是真正的人，即所谓"真人"。

这就是庄子的宇宙观和人生观，是典型的形而上学。老子的思想也大体是这样。

中国古代思想的发展是有一定的历程的。原始社会的多神论变而为奴隶社会的一神论，再变而为封建社会的泛神论。多神反映了原始人的愚昧，一神则反映了奴隶主们阶级统治的需要。地上王的影子投射到天上而成为上帝。地上王之下有百辟庶民，天上王之下有百神群鬼。天上是地上的翻版，一神与多神共处，阶级社会因而具有着双重的控制。

地上由于生产力的发展冲破了奴隶所有制，封建地主代替了奴隶主，于是天上的上帝也一时被打破成浑沌，整个宇宙成为泛神。老庄思想首先是适应着社会发展的这种趋势而产生的。然而统治阶级虽然换了，阶级统治却更加严密而狡猾了。多神、一神、泛神，又成为和平共处的局面。尤其是泛神论的作用，它不仅可用以麻痹斗争，而且还可用以陶醉自己，说穿了不外是更巧妙的一个阶级骗局。

然而尽管这样，"一生死""齐彭殇"之说是有它的玄学渊源的。魏晋地主阶级中的高级知识分子之好玄谈、尚旷达，确实是依仿于老庄。传世《兰亭序》中比《临河序》所多出的那一大段文字，却恰恰从庸俗的观点而反对这种思想。这和"晋人喜述老庄"是貌合而神离的。

那么，是不是同王羲之的思想有相同之处呢？也不尽然。属于统治阶级的王羲之，他的思想是儒家与道家的混合物。他一方面渴想用世，另一方面又颇想遁世。如果用"穷则独善其身，达则兼善天下"这两句话来概括它，也勉强可以概括。

有隶书笔意的《十七帖》里面，有《吾为逸民之怀久矣》一帖，便明白地表示着他的遁世思想这一面。

《誓墓文》中自言"每仰咏老氏周任之诚"，又言"止足之分，定之于今"，可见他所"仰咏"的老氏之诚是"知足不辱，知止不殆"等语。至于周任之诫"陈力就列，不能者止"，见《论语·季氏》，也是知足的意思。到了晚年，他确是颇能知足的。《十七帖》中有《七十帖》，亦见《淳化阁法帖》第七册，中有语云："吾年垂耳顺，推之人理，得尔，以（已）为厚幸。但恐前路转欲逼耳。以尔，要欲一游目汶领（岷岭），非复常言。"这和同在《十七帖》中"要欲及卿在彼，登汶领峨眉而旋，实不朽之盛事"，无疑是先后年代给益州牧周抚的书简。

王羲之西游峨眉的愿望虽然没有达到，但他却曾东游东海。《晋书·羲之本传》："羲之既去官，与东土人士尽山水之游，弋钓为娱。又与道士许迈共修服食，采药石。不远千里，遍游东中诸郡，穷诸名山，泛沧海。叹曰：我卒当以乐死。"这就是王羲之晚年情况。

《晋书·郗愔传》中也有旁证。"会弟昙卒，益无处世意。在郡优游，颇称简默，与姊夫王羲之、高士许询（玄度），并有迈世之风，俱栖心绝谷，修黄老之术。"郗昙卒于晋穆帝升平五年（三六一），时羲之年五十五岁（据鲁一同《年谱》）。足见羲之晚年的遁世思想已经达到了迷信神仙的地步。

　　《兰亭序》作于羲之四十七岁时，离他辞郡誓墓只相隔两年。如果说他当时还有用世之念，那是说得过去的。但自"夫人之相与"以下一大段感慨文字，却只因"死生亦大矣"，"修短随化，终期于尽"而"悲夫""痛哉"起来。无论从哪一方面来看，不是王羲之的文字是断然可以肯定的。

　　因此，我对于李文田的说法要加以补充。增加"夫人之相与"以下一百六十七字的人是不懂得老庄思想和晋人思想的人，甚至连王羲之的思想也不曾弄通。

　　或许有人会说：张彦远《法书要录》卷十《右军书纪》中有这样一条："省示，知足下奉法转到胜理……荡涤尘垢，研遣滞虑，可谓尽矣，无以复加。漆园比之，殊诞谩如下言也。""漆园"就是庄子，王羲之明明斥庄子为"诞谩"，难道这一条也是后人依托的？

　　我的回答：这一条不一定出于依托，而且很有可能为依托《兰亭序》者之所本。但依托者同样没有懂得这段话的意思。这是说：王羲之和他的朋友非常旷达，超越了庄子。他们把一切俗虑都荡除尽了，在不言而行，而庄子则漫衍为文，长篇大论，故斥之为"诞谩如下言"。这和束缚于俗虑、贪生怕死，而斥"一死生为虚诞，齐彭殇为妄作"，是大有径庭的。当然，我们在这里也不好用"过犹不及"的说法把它们等同起来。

　　或许有人又会说：王羲之的书简中有不少因疾病丧亡而感伤悲痛的文字，可见羲之为人也并不那么旷达。他在《兰亭序》文中因感到生命短促而悲痛，又何足怪？

　　我的回答：是的，王羲之的书简中因疾病丧亡而感伤悲痛的话的确很多，而且非常琐碎。王羲之是未能完全忘情于世俗的人，他的性格实在相当矛盾。但感伤悲痛总要有一定的诱因，例如疾病丧亡之类。兰亭修禊，是在暮春游乐，既在饮酒赋诗，又未感时忧国，而却突然以老生常谈的"死生亦大矣"而悲痛起来，这是无病呻吟的绝顶了。以"骨鲠"著称的王羲之，以"有裁鉴"（能明辨是非）著称的王羲之，颇能关心民生疾苦、朝政得失、国势隆替的王羲之，有"为逸民之怀"而又富于真实感情的王羲之，才是这样贪生怕死的、百无聊赖的人吗？这却是依托者把王羲之过分歪曲了。

　　我曾经说过，这所增加的一大段文字是以同游者孙绰《兰亭后序》中的语句为其胎盘。即《后序》中的"乐与时去，悲亦系之……今日之迹，明复陈矣"，便是"俯仰之间，已为陈迹"的不胜今昔之感的蓝本。今案：这样的说法也还不够。事实上连孙绰的那几句话都是脱胎于石崇的《金谷集序》的。后者中有两句话：

"感性命之不永，惧凋落之无期。"

孙绰的感慨实脱胎于此。增加《兰亭序》者把两者合而为一，而又把它扩大了。王羲之的为人与为文，似不应如此雷同一响。因此，像《临河序》那样没有这一段文字，是更合乎王羲之的面目与性格的。

但有人说：对于艺术，不好用冷酷无情的科学方法来对待。这也是一种老生常谈了。具有这种见解的人，可以说既不懂得科学，也不懂得艺术。艺术的创造和欣赏都离不开科学方法。书法也就是一种科学。不懂书法，佳书无由产生，也无从说到欣赏。

欣赏前人的佳书，最好也要以批判的态度独立思考，不要过分相信前代帝王将相的评鉴。就是"唐宗宋祖"，毫无疑问，也确实是"稍逊风骚"的。

总之，传世《兰亭序》既不是王羲之作的，更不是王羲之写的。思想和书法，和东晋人相比，都有很大的距离。

《兰亭序帖》的时代性

存世《兰亭序》文，既不能相信为王羲之的原文，那么《兰亭序帖》更不能说是王羲之的笔迹了。

《兰亭序帖》，无论是写本或刻本，都是后来的楷书笔法，把东晋人书所仍具有的隶书笔意失掉了。这也正表明着它的时代性。

东晋人所书的砖刻，自前清中叶以来，即有不少的发现。所有的字迹都是隶书，有的还带篆书笔意。砖文大多是陶工所书，这就表明隶书在当时的普遍性。阮元首先注意到这一层，是有卓识的（请参看宗白华：《论〈兰亭序〉的两封信》）。

云南曲靖县的"爨宝子碑"发现后，继之以四川涪陵县的"杨阳神道碑"（或称"枳杨府君碑"，案"枳"乃县名，在今之涪陵附近。碑刻于晋安帝隆安三年，公元399年）。今又继之以南京出土的"谢鲲墓志"及王兴之夫妇与其长女王丹虎的墓志，都还保留着极其浓重的隶书笔意。

我们也知道碑刻与简牍，所用字体有正整与草率的不同，但用笔的方法是有同一的时代性或同一作者的个性的。即使把砖石之类抛开，专就字帖而言，王羲之的《豹奴帖》是章草，有名的《十七帖》是稿书，但仍带有章草笔意。这些和《兰亭序帖》是大有距离的。《十七帖》中的《青李来禽帖》是行书，颇带后来的楷法，但与《兰亭序帖》也截然不同。我们不能以王羲之"兼精诸体"为辞而掩去这个时代性的矛盾。篆书时代的人不能写隶书，隶书时代的人不能写楷书。但反过来，隶书时代的人能写篆书，楷书时代的人能写篆隶。王羲之是隶书时代的人，怎么能把隶书笔意丢尽呢？

唐玄宗时传入日本的《丧乱帖》与《孔侍中帖》，我们也看见过。那是双钩填墨本，字体颇为流媚，相传是隋以前书。仔细推敲起来，用笔与《宝子》《杨阳》及王谢墓志等尚有一脉相通之处。特别是《丧乱帖》，还有梁代徐僧权和姚怀珍押缝书的痕迹，足以证明所据以拓摹的原迹之古。其中有一两则特别好，但原迹是否王羲之亲笔或其晚年代笔者所作，无法判定。

至于清高宗所盛为赞赏的《快雪时晴帖》，与《兰亭序帖》笔意颇相近似者，在我们看来，则直是更晚时代的伪作了。

对于羲之字帖，应该分别研究，定其真伪；不好抱着一成不变的态度，认为"一真一切真，一伪一切伪"。不是这样。我们并没有意思否认所有王羲之的字帖，更没有意思推翻王羲之的地位。《兰亭序帖》即使肯定不是王羲之写的，它的书法价值是谁也不能抹杀的。

总之，我们一样重视字帖，于碑与帖之间并无偏袒。帖只要是真的，好的，我们总是赞扬的，碑如果是假的，坏的，我们也要揭发的。但出乎意外的是，世间重视帖学的人，却藐视碑刻，甚至视如寇仇。同样是祖国的文物，为什么要发生这样的差别呢？这是我们所不能理解的。

据我所知，有的朋友也有这样的意见：传世《兰亭序》是初稿，而《临河序》则是定稿；初稿没有用，被保存了下来，故同是一篇文章，而有两种面貌。这说法倒比较圆到，看来似乎可以相安无事。然而遗憾的是：《兰亭序》在思想上既不合乎王羲之的思想，在书法上也不合乎王羲之的时代。把王羲之与《兰亭序》的关系分割开来，一分为二，各有千秋，恐怕是更能相安无事的吧。

《再生缘》的前十七卷和它的作者陈端生（节录）

陈端生的确是一位天才作家，她的《再生缘》比《天雨花》好。如果要和《红楼梦》相比，与其说"南花北梦"，倒不如说"南缘北梦"。她的年代略后于曹雪芹（1715～1763），当曹雪芹死时，她只有十二岁。她是否看见过《红楼梦》不得而知，从《再生缘》的结构与文词中看不出什么痕迹。假使她是看过，但她却没有受到《红楼梦》的影响，她的创作是发挥了她的独创性的。《红楼梦》是现实主义比重较大的长篇小说，而《再生缘》却是浪漫主义非常浓厚的长篇叙事诗，两者的风格判然不同，但两者都善于描写人物，都具有反封建的精神。而同样令人遗憾的，是两者都是未定稿。这种偶然的一致，正表明封建社会对于天才作家的摧残。这是我们生在二百年后的现代人所不能不惋惜的。陈端生的诗才有家学渊源。她的祖父陈句山以诗文名于时，有《紫竹山房诗文集》传世。陈句山是主张女子有才兼有德的人，他有《才女说》一文（见《紫竹山房文集》卷七），表达了这种主张：

> 世之论者每云："女子不可以才名，凡有才名者往往福薄。"余独谓不然……诚能于妇职余闲，浏览坟索，讽习篇章，因以多识故典，大启性灵，则于治家相夫课子，皆非无助。以视村姑野媪惑溺于盲子弹词、乞儿谎语，为之啼笑者，譬如一龙一猪，岂可以同日语哉？又《经解》云：温柔敦厚，诗教也……由此思之，则女教莫诗为近，才也而德即寓焉矣。

可见陈端生小时在家庭中受过诗教。她的才华的确惊人，六十万字的叙事诗，是用七言排律的体裁写成的。除掉有时用三字句的衬词或用两个三字句来代替七言句外，基本上是一部长篇的七言排律。通篇的平仄和规律都很严（正因为这样，所以有素养的人容易发现书中有错落字句），转韵很自然，对仗很工整，只是韵脚每每是用杭州方言押韵而已。中间间插的一些叙述文字和说白也很简洁，雅俗共赏。别的弹词作家，很少见到具有她这样的功力。例如梁楚生所续的《再生缘》后三卷，诗体便迥然不同。她是用古风写的，平仄不拘，规律散漫；而叙述文则有时繁冗得惊人。像孟丽君最后上元成宗的陈情表，她用骈体文写了一长篇，吃力而并不讨好。

陈句山的诗教是传统的"温柔敦厚"，而受了诗教结果的陈端生却是奔放激烈。最有趣的是，陈句山在骂"盲子弹词、乞儿谎语"，而陈端生却背着他写了六十万字的弹词。上面已经说过，陈端生开始写《再生缘》是在乾隆三十三年的秋冬之交，第二年正月陈句山请假出京，回杭州扫墓；到三十五年（据《陈端生年谱》，陈句山是乾隆三十四年五月返京）五月才假满返京。但在三十四年八月陈端生已经跟着她父亲陈玉敦到山东登州去了。这样她就离开了她的祖父直到三十六年正月她的祖父去世。作者曾作过这样的自白："朝朝敷演兴亡事，日日追求幻化情"（第四卷卷末）；"翻云覆雨朝朝是，散锦飞霞日日然"（第十三卷卷首）。看来陈端生的确是在以全力来写《再生缘》。尽管她的祖父在骂"盲子弹词"，而她却当作耳边风。这也表明了陈端生的叛逆性格。

弹词是背着陈句山写的，在学写之前有读的阶段，当然也会是背着老祖父读的。《再生缘》是续《玉钏缘》而作，陈端生读过《玉钏缘》，是毫无疑问的事。我们从《再生缘》中还可以看出，陈端生的母亲汪氏夫人是喜欢读弹词的人。前引"慈母解颐烦指教，痴儿说梦更缠绵"（第十七卷卷首），已经说得很明白了。又如第三卷的开头说："已废女工徒岁月，因随母性学痴愚"，而末尾又说："原知此事终无益，也不过暂慰慈亲笑口开。"这所谓"痴儿说梦"，所谓"痴愚"，所谓"无益"，其实也就是陈句山所说的"惑溺于盲子弹词"的"村姑野媪"行径，而比之于"猪"的了。时代转变，猪化成为龙，龙反不如猪，这倒是一个很有趣的辩证逻辑。

当然，《再生缘》前十七卷也并不是毫无缺点。如果要认真加以指摘，它的缺点很多。脱不了神道佛法、仙行妖术等的非现实成分，可无用说。作者对于历史的真实性是完全置诸度外的。故事被拟定在元成宗时代，元成宗铁穆耳生于元世祖忽必烈至元二年（一二六五），是世祖的孙子，即位于至元三十一年（一二九四），其时已经三十岁，而书中却说他是"少年天子"。

元代，汉人的地位很卑下。民分四等，蒙古人为第一等，色目人为第二等，黄河流域的居民是第三等，长江流域和以南的是第四等。在《再生缘》中，元帝竟接连以汉人为后，且在朝廷中担任王侯将相的都是汉人，而且都是南方的汉人，此外却看不见有什么显赫的蒙古人。这是完全违背史实的。

从地理上来说，她同样不顾实际。元时，北京只是陪都，而她把它写成了清代的北京。由云贵到北京，可以一直走水路。由云贵或荆襄到北京，要经过浙江的温州。再如海船上可以骑马作战，朝廷上可以赐坐花墩，服装是舞台上的服装，制度是清代的制度，这些都不能说不是缺点。

陈端生应该说是一位顽强的女性，但她毕竟是女性。因此，在书中的眼泪真是太多。凡她所写的人物，无论男的女的，老的少的，强的弱的，贵的贱的，好的坏的，差不多动辄就是"痛泪淋"或"双泪垂"之类。哭的机会未免太频繁了。

然而以上所述的一些缺点，倒不限于陈端生一个人，所有写弹词的女作家大抵都犯有同样的毛病。尤其违背历史地理的真实，那更差不多是旧时代小说家的通病。像《再生缘》这样浪漫主义的作品，出现在两百年前，而前十六卷还是出于一位十八九岁的少女之手，我们是可以不必过分苛求的。

尽管有这些缺点，但终归瑕不掩瑜。《再生缘》前十七卷的确是部杰出的作品。陈寅恪很欣赏它，在他看来，陈端生的成就竟在杜甫之上。唐代的元稹（微之）是赞美杜甫的，他认为李白不如杜甫。他说："其壮浪纵恣，摆去拘束，模写物象"，李白勉强可以和杜甫相比；"至若铺陈终始，排比声韵，大或千言，次犹数百，辞气豪迈而风调清深，属对律切而脱弃凡近"，则李白远远不如杜甫（见《长庆集》卷五十六《唐工部员外郎杜君墓系铭》）。这种抑李扬杜之论，如使杜甫再生恐怕会感到一些意外。但陈寅恪却在这个基础之上，更使陈端生远远超过了杜甫。他是这样说：

"弹词之作品颇多，鄙意《再生缘》之文最佳。微之所谓'铺陈终始，排比声韵'，'属对律切'，实足当之无愧。而文词累数十百万言，则较'大或千言，次犹数百'者，更不可同年而语矣。"

这话说得很胆大。陈寅恪说，他是"噤不敢发，荏苒数十年，迟至暮齿，始为之一吐"；他是"不顾当世及后来通人之讪笑"的。我不是所谓"通人"，因此我不仅不"讪笑"他，反而要为他的敢于说话而拍掌。的确，我们是有点厚远薄近、厚雅薄俗、厚男薄女、厚外薄中的。对唐宋的旧诗人我们每每奉之为圣哲；而把明清的弹词女作者则一概屏之于俗流。我们能够欣赏《孔雀东南飞》，但很少人能回顾一下这条无尾的神龙《再生缘》。我们能够歌颂希腊的荷默（今通译荷马——编者），意大利的但丁，英国的莎士比亚，德国的歌德，俄国的普希金，因为他们有长篇叙事诗或诗剧，然而知道陈端生这个名字的人，恐怕就没有好几位。因此，我也"不顾当世及后来通人之讪笑"，把《再生缘》前十七卷仔细核校了，并主张把它铅印出来。我要请求爱好诗歌、爱好文学的朋友们能够阅读它一遍，然后再给予正确的评价。

《西厢记》艺术上的批判
与其作者的性格

　　文学是反抗精神的象征，是生命穷促时叫出来的一种革命。屈子的《离骚》是这么产生出来的，蔡文姬的《胡笳十八拍》是这么产生出来的，但丁的《神曲》、弥尔敦的《失乐园》，都是这么产生出来的。周诗之"变雅"生于幽厉时期，先秦诸子的文章焕发于周末，歌德、席勒出世于德国陵夷之时，托尔斯泰、多士陀奕夫士克产于俄国专制之下，便是我国最近文坛颇有生气蓬勃之概者也由于受着双重压迫内之武人与外之强邻。

　　我国文学史中，元曲确占有高级的位置。禾黍之悲，山河之感，抑郁不得志之苦心，欲死不得死、欲生不得生的渴望，遂驱使英秀之士群力协作以建设此尊严美丽的艺堂。人们居今日而游此艺堂，以近代的眼光以观其结构，虽不免时有古拙陈腐之处，然为时已在五百年前，且于短时期内成就得偌大个建筑，人们殆不能不赞美元代作者之天才。更不能不赞美反抗精神之伟大！反抗精神、革命，无论如何，是一切艺术之母。元代文学，不仅限于剧曲，全是由这位母亲产出来的。这位母亲所产生出来的女孩儿，总要以《西厢记》为最完美、最绝世的了。《西厢记》是超过时空的艺术品，有永恒而且普遍的生命。《西厢记》是有生命的人性战胜了无生命的礼教的凯旋歌、纪念塔。

　　礼教是因人而设，人性不是因礼教而生。礼教得其平，可以为人性的正当发展之一助，不能超越乎人性之上而狂施其暴威。男女相悦，人性之大本。种族之繁衍由是，人文之进化亦由是。纯爱之花多结优秀之子，这在一般常识上和学理的实验上均所公认。职司礼教者固当因善利导，以扶助其正当的发展，不能多方钳制，一味压抑，使之变性而至于病。我国素以礼教自豪，而于男女间之防范尤严，视性欲若洪水猛兽，视青年男女若罪囚，于性的感觉尚未十分发达以前即严加分别以催促其早熟。年青人最富于暗示性，年青人最富于反抗性，早年钳束已足以催促其早解性的差异，对于父母长辈无谓的压抑，更于无意识之间，或在潜意识之下，生出一种反抗心：多方百计思有以满足其性的要求。然而年龄愈进，防范愈严，于是性的焦点遂移转其位置而呈变态。数千年来以礼教自豪的堂堂中华，实不过是变态性欲者一个庞大的病院！例证不消多举，便举缠足一事已足证明。就男子方面而言，每以脚之大小而定爱憎，爱憎不在乎人而在乎脚。这明明是种"拜脚狂"（Foot—fetishism）。就女子方面而言，不惜自受摧残以增添男女间性的满足，此明明是种"受动的虐淫狂"（Masochism）。礼仪三百不过制造出拜脚狂几千，威仪三千不过制造出受动的虐淫狂几万。如今性的教育渐渐启蒙，青年男女之个性觉悟已如火山喷裂。不合学理、徒制造变态性欲者的旧式礼制，已如枯枝槁叶，着火即化为灰烬。已死的权威我们固无所忍悼，特今痛定思痛，见多少老年男女已固定于变态性欲之下，实不得不令人深受感触。

> 你不拘箝我，可倒不想。
> 你把我越间阻，越思量！

郑德辉《倩女离魂记》中由张倩女所唱出的这两句歌辞，正道尽我国数千年来数万万变态性欲者的病根。

> 想嫦娥西没东生有谁共？
> 怨天公，裴航不作游仙梦，
> 劳你罗帏数重，愁她心动……

《琴心》中莺莺看见月晕时唱出的这几句歌辞，也道尽了我们青年男女对于礼教的权威所生出的反抗心理。《倩女离魂记》所描写的只是潜意识下第二重人格的活动，而《西厢记》所描写的却是第一重人格的有意识的反抗；虽同是反抗旧礼教的作品，《西厢记》的态度更胆大，更猛烈，更是革命的。我说它是"人性战胜了礼教的凯旋歌、纪念塔",我想凡是有青春的血液在脉管中流动着的人,凡是不是变态性欲者的人,总会表示赞成的。《西厢记》所描写的是人类正当的性生活,所叙的是由爱情而生的结合,绝不能认为奸淫,更绝不能作为卖淫的代辩!

《西厢记》有南北两种之分。《南西厢》据我所见,更有李日华、陆天池两种,词句较俗。《北西厢》即世间流传的《西厢记》,王实甫作而关汉卿续之。《惊梦》以后的四出相传汉卿所续。王实甫是大都人,其生平事迹不详。或以为金时人,或以为元时人,大概是元金之交的人物。其作品除《西厢记》外尚有十二种:

芙蓉亭	丽春堂	破窑记	多月亭
贩茶船	明达卖子	陆绩怀橘	七步成章
丽春园	于公高门	进梅谏	双题怨

——见《涵虚子》

然除《西厢记》与《丽春堂》外,余者均已散佚。《丽春堂杂剧》叙金时完颜徒单克宁事,然其结构与词子均远在《西厢记》下,现存《元曲选》中。《涵虚子词品》评"王实甫如花间美人",这是从作品中所窥出的作者的风格,然而印象模糊,恐王实甫见之亦未为心许。我们细读《西厢记》一书,可知作者的感觉异常锐敏,几乎到了病态的地步。作者的想象异常丰赡,几乎到了狂人的地步。他在音响之中可以听出色彩来。你看他叙莺莺听琴说出"其声幽,似落花流水溶溶",落花的红色,流水的绿色,和两种的动态都听出来了。这分明是种"色听";他见了作对的昆虫和鸟雀也可以激起一种性的冲动,你看他说:"春心荡,怪黄莺儿作对,怨粉蝶儿成双。"这明明是种"见淫"。他这人的性的生活,我看是有很大的缺陷:他是犯过非法淫的人,他更几乎有拜脚狂的倾向。你看他说:"休提眼角留情处,只这脚跟儿将心事传。"此外在《西厢记》中叙到脚上来、鞋上来的地方还有好几处。对于女性的脚好像有很大的趣味。所以我揣想王实甫这人必定是受尽种种钳束与诱惑,逼成了个变态性欲者,把自己纯粹的感情早早破坏了,性的生活不能完完全全地向正当方面发展,困顿在肉欲的苦闷之下而渴慕着纯丑的爱情。照近代精神分析派的学理讲来，这部《西厢记》也可以说是"离比多"（Libido）的生产——所谓"离比多"是精神的创伤（Psychische trauma），是个体的性欲由其人之道德性或其他外界的关系所压制而生出的无形伤害。

　　精神分析派学者以性欲生活之缺陷为一切文艺之起源，或许有过当之处；然如我国文学中的不可多得的作品如《楚辞》，如《胡笳十八拍》，如《织锦回文诗》，如王实甫的这部《西厢记》，我看都可以用此说说明。屈原好像是个独身生活者，他的精神确是有些变态。我们试读他的《离骚》《湘君》《湘夫人》《云中君》《山鬼》等作品，不能说没有色情的动机在里面。蔡文姬和苏蕙是歇斯底里性的女人，更不消说了。如此说时，似乎减轻了作者的身价和作品的尊严性，其实不然，唯其有此精神上的种种苦闷才生出向上的冲动，以此冲动以表现于文艺，而文艺之尊严性才得确立，才能不为豪贵家儿的玩弄品。假使屈子不系独身，则美人芳草的幽思不会焕发；蔡、苏不成为歇斯底里，则《胡笳》《回文》之奇制不会产生。假使王实甫不如我所想象的一种性格，则这部《西厢记》也难产出。瓦格奈（Wagner）有句话说得好："生活能如意时，艺术可以不要，艺术是到生路将穷处出来的。到了无论如何都不能生活的时候，人才借艺术以鸣，以鸣其所欲。"

历史 · 史剧 · 现实

一

我是喜欢研究历史的人，我也喜欢用历史的题材来写剧本或者小说。这两项活动，据我自己的经验，并不完全一致。

历史的研究是力求其真实而不怕伤乎零碎，愈零碎才愈逼近真实。史剧的创作是注重在构成而务求其完整，愈完整才愈算得是构成。

说得滑稽一点的话，历史研究是"实事求是"，史剧创作是"失事求似"。

史学家是发掘历史的精神，史剧家是发展历史的精神。

史学家是凸面镜，汇集无数的光线，凝结起来，制造一个实的焦点。史剧家是凹面镜，汇集无数的光线，扩展出去，制造一个虚的焦点。

史有佚文，史学家只能够找，找不到也就只好存疑。史有佚文，史剧家却须要造，造不好那就等于多事。

古人的心理，史书多缺而不传，在这史学家搁笔的地方，便须得史剧家来发展。

历史并非绝对真实，实多舞文弄墨，颠倒是非，在这史学家只能纠正的地方，史剧家还须得还它一个真面目。

史学家和史剧家的任务毕竟不同，这是科学与艺术之别。

二

自然，史剧既以历史为题材，也不能完全违背历史的事实。

大抵在大关节上，非有正确的研究，不能把既成的史案推翻。但因有正确的研究而要推翻重要的史案，却是一个史剧创作的主要动机。

故尔，创作之前必须有研究，史剧家对于所处理的题材范围内，必须是研究的权威。

关于人物的性格、心理、习惯，时代的风俗、制度、精神，总要尽可能的收集材料，务求其无瑕可击。

优秀的史剧家必须得是优秀的史学家，反过来说，便不必正确。

三

然而有好些史学专家或非专家，对于史剧的创作每每不大了解，甚至连有些戏剧专家或非戏剧专家，也有些似是而非的妙论。

他们以为史剧第一要不违背史实，但他们却没有更进一步去追求：所谓史实究竟是不是真实。

对于史剧的批评，应该在那剧本的范围内，问它是不是完整。全剧的结构，人物的刻画，事件的进展，文辞的锤炼，是不是构成了一个天地。

假使它是对于历史的翻案，那就要看它翻案的理由，你不能一开口便咬定它不合乎史实。

譬如我们写杨秀清，作为叛逆见于清人纪录或稗官野史上的是一回事，作为革命家在他的本质上又另外是一回事。在这儿便可以写成两个面貌。

你如看见有人把他作为革命家在描写，你却不能说这就是违背史实。

或者你看见两个人写杨秀清，一个把他写成坏蛋，一个把他写成好人，你便以为"不妥"。

先要看作家是怎样在写，写得怎样，再说自己的意见：得该怎样写，写得该怎样。

写成坏也好，写成好也好，先要看在这个剧本里面究竟写得好不好。

应该写成好还是坏，你再要拿出正见来，然后才能下出一个"不妥"。

批评家应该是公平的审判官，不是刽子手呀！

> 写历史剧就老老实实的写历史，不要去创造历史，不要随自己的意欲去支使古人。

这样根本的外行话，最好是少施教训为妙。

究竟还是亚理士多德不可及，他在两千多年前说过的话比现代的说教者们高明得无算：

> 诗人的任务不在叙述实在的事件，而在叙述可能的——依据真实性、必然性可能发生的事件。史家和诗家不同！

史剧家在创造剧本，并没有创造"历史"，谁要你把它当成历史呢？

四

史剧这个名称，也只是一个通俗的说法。认真说凡是世间上的事无一非史，因而所有的戏剧也无一非史剧。

"现在"，究竟在哪儿？

刚动一念，刚写一字，已经成了过去。

然而有好些专家或非专家却爱把史剧和现实对立，写史剧的便被斥责为"逃避现实"或"不敢正视现实"。

"现实"这个字我们用得似乎太随便了一点。现在的事实固可以称为现实，表现的真实性也正是现实。我们现在所称道的"现实主义"无疑是指后者。

假使写作品非写现成事实不可，那中国的几大部小说《水浒》《西游》《三国》等等都应该丢进茅坑。《元曲》全部该烧。但丁、莎士比亚、歌德、托尔斯泰都是些混蛋。

大家都在称赞托尔斯泰的《战争与和平》，说是现实现实，但人们却忘记了他所写的是拿破仑侵略俄罗斯的"历史"。

请不要只是把脚后跟当成前脑。

五

史剧的用语有一个时期也成过问题。

有的人说应该用绝对的历史语言,这简直是有点滑稽。

谁能懂得绝对的历史语言?绝对的历史语言又从什么地方去找?

我们现代的言语在几百、千年后一部分倒是可以流传下去的,因为我们已经有录音的工具。但几百、千年前的言语呢?不要说几百、千年,就是几十、百年前也就无法恢复。

但史剧用语多少也有限制,这和任何戏剧用语都有限制是一样。

根干是现代语,不然便不能成为话剧。但是现代的新名词和语汇,则绝对不能使用。

在现代人能懂得的范围内,应该要掺进一些古语或文言,这也和写现代剧要在能懂的范围内使用一些俗语或地方语一样。不同的只是前者在表示时代性,后者在表示社会性或地方性。

写外国题材的剧或翻译,不曾听见人说过剧中人非得使用外国语不可,而写历史剧须得用历史语,真是不可思议的一种奇谈。